株長者が絶対にハズさない「売り」「買い」サインはこれだ！

杉村富生の株の教科書Ⅱ

杉村富生

ビジネス社

◉まえがき

千載一遇の投資チャンスが到来「チャートは投資家の杖」である！

未曾有《みぞう》の活況相場が展開されています。安倍晋三政権のアベノミクス（日本再生↓失われた25年の克服）、黒田東彦《くろだはるひこ》日銀総裁による異次元の金融緩和（円高阻止↓デフレ克服）を評価する相場です。

恐らく、日経平均株価は２０１６年には2万８０００円がらみの水準に上昇、３万円の大台が見えてくるでしょう。そう、株式投資にとって、千載一遇《せんざいいちぐう》のチャンスが続いているのです。この好機を逃してはなりません。

先人は、「寝て待てば果報は隣《となり》をすぎていく。起きてこちらに誘い込むべし！」と教えています。そう、果報は自らの手でつかみ取るものです。

しかし、株式投資はそんなに簡単なものではありません。皆さん、十分にお分かりでしょう。株式投資において肝要なのはタイミングです。すなわち、どこで買うか、どこで売るか、これに尽きます。

どんなに良い銘柄でも、素っ高値圏を買ってしまってはどうにもなりません。相場格言は「株を買うより、時を買え！」と諭《さと》しています。さらに、「漁師は潮目を見る！」ともいわれています。それはトレンド（流れ）を読むことの大切さを語ることわざです。

要するに、株価の位置、水準、方向をしっかり確認し、売買を行なうのです。そうすることによって、過熱ゾーンの銘柄をムード買いして嘆き、せっかく我慢し続けたのに反騰の初期段階を売って悲しむ……こんな〝失敗〟が避けられます。

もちろん、ドン安値を恐怖心に耐え切れず、ぶん投げた経験がほとんどの投資家の皆さんにあるでしょう。天底の判断を間違えたケースです。

そこは投げるのではなく、絶好の買い場だったのに……。「いや〜、そうはいっても、どこが天井なのか大底なのかが分からない」。いやはや、大事なお金を投資するのですから、こんなことでは困ります。

そのために、テクニカル・アプローチ（チャート分析）があるのです。古来、「チャートは投資家（相場師）の杖！」というではありませんか。

さらに、兜町では「チャートを笑う者はチャートに泣く！」といわれています。まさに、そのとおりです。

実際、相場の世界における〝傑物《けつぶつ》〟はW・D・ギャン、本間宗久《ほんまそうきゅう》など、いずれもチャーチストでした。山崎種二《やまざきたねじ》、是川銀蔵《これかわぎんぞう》、吉田虎禅《よしだこせん》など、相場巧者といわれた人たちはすべてチャート重視派でした。そうでなければ、相場のトレンド、売り買いのタイミングを判断することはできません。

本書は、2014年12月に刊行した拙著『あなたも株長者になれる39の秘訣』の第2弾として書いたものです。前著は〝杉村流〟有望銘柄の探し方、および株長者になるための心構えと投資手法などについて述べました。おかげさまでご好評をいただき発売即重版となりましたが、本書ではより実践投資に役立つ「売買サイン」の読み方、チャートの活用法についてできるだけ分かりやすく記したつもりです。

また、第7章には週足チャートから選んだ妙味銘柄〈厳選10〉、第8章には月足チャートから選んだ妙味銘柄〈厳選10〉を掲載してあります。なぜそのような銘柄を選んだのか、その理由と筆者の考え方を参考にしていただければ幸いです。

日経平均株価は、２０１５年4月22日に2万１３３円90銭で引けました。終値で2万円台を回復したのは、２０００年4月以来、実に15年ぶりのことです。まさに、昭和バブル崩壊後の〝失われた25年〟が克服されつつあるのです。

相場環境は劇的に好転しました。とはいえ、いくら相場環境が良くなっても、安易なムード買い、値ごろ感などによる曖昧《あいまい》な買いで資産を殖やすことはできません。資産を殖やすどころか、逆に減らす羽目になってしまいます。

投資の成果を一段と向上させるためには、チャートの知識を身につけることです。この絶好機に、本書を通じてチャートの基本、実践的な活用法をじっくり学んでください。

さあ皆さん、「売り」「買い」サインの読み方を理解して、株長者への道を歩もうではありませんか。

２０１５年5月

杉村　富生

杉村富生の株の教科書Ⅱ　株長者が絶対にハズさない「売り」「買い」サインはこれだ！――【目次】

◉まえがき
千載一遇の投資チャンスが到来
「チャートは投資家の杖」である！――2

[第1章] チャートを極めて株長者になる！

❶儲けるためにはトレンドを読むことが大切――14
❷儲けるためには相場観測と〝緩急〟が大事――20
❸株価は「未来」を示唆する――24
❹株を買うより時を買え！――28
❺下げの途中で買ってはいけない――30
❻ジャッジメンタル・アプローチの役割――32
❼チャートの限界を認識しておこう――34
❽「良くなる株」を見つけるコツ――38

［第2章］

銘柄選びと売買タイミング

❶短期・順張りは強い銘柄にマトを絞る！――44
❷順張りパターン銘柄の押し目を買う――48
❸ストップ高銘柄を徹底マークせよ――52
❹出来高急増銘柄は宝の山――56
❺長期・逆張りは徹底して安値を拾う――60

［第3章］

実践版「チャートの基本」

❶チャートとは何だろう――66
❷株価チャートにはいろいろな種類がある――68
❸数字で見るよりチャートなら一目瞭然――70
❹ローソク足の〝足〟とは？――72
❺ローソク足の期間〈その①〉…年足――74
❻ローソク足の期間〈その②〉…月足――76

❼ローソク足の期間〈その③〉…週足　78
❽ローソク足の期間〈その④〉…日足　80
❾ローソク足の期間〈その⑤〉…分足　82
❿ローソク足の基本形を覚えよう　84
⓫ローソク足の応用形を覚えよう　88
⓬ローソク足の組み合わせ①…抱き線　92
⓭ローソク足の組み合わせ②…はらみ線　94
⓮ローソク足の組み合わせ③…切り込み線　96
⓯ローソク足の組み合わせ④…かぶせ線　98
⓰ローソク足の組み合わせ⑤…三兵　100
⓱ローソク足の組み合わせ⑥…窓　102

[第4章]

実践版「トレンドの読み方」

❶トレンドの基本パターン　106
❷トレンドラインを描いてみよう　108

❸トレンドラインの転換 ―― 114
❹トレンドを使った短期売買戦略 ―― 116
❺トレンド転換を見逃さない売買術 ―― 118
❻2本のトレンドラインを引く ―― 122
❼ブレークアップとブレークダウン ―― 124
❽ボックス放れの儲け方と注意点 ―― 128
❾もみ合いと、もみ合い放れ ―― 130

［第5章］大底確認10のパターン

❶大底確認のパターン①…逆三尊 ―― 136
❷大底確認のパターン②…ダブルボトム、ソーサーボトム ―― 140
❸大底確認のパターン③…線状ライン、スネーク ―― 144
❹ローソク足による大底確認①…大陽線 ―― 146
❺ローソク足による大底確認②…長い下ヒゲ ―― 148
❻ローソク足による大底確認③…十字線 ―― 150

❼ローソク足による大底確認④…毛抜き底――152
❽移動平均線で売買タイミングを判断する――158
❾移動平均線の組み合わせによる判定法――160
❿大底確認には複数の指標を組み合わせる――162

［第6章］天井確認10のパターン

❶天井確認のパターン①…三尊天井――166
❷天井確認のパターン②…ダブルトップ、ソーサートップ――170
❸ローソク足による天井確認①…大陰線――174
❹ローソク足による天井確認②…長い上ヒゲ――176
❺ローソク足による天井確認③…十字線――178
❻ローソク足による天井確認④…上放れ陰線――180
❼ローソク足による天井確認⑤…逆V字――182
❽ローソク足による天井確認⑥…毛抜き天井――184
❾移動平均線による売りシグナル①――190

❿移動平均線による売りシグナル②――192

［第7章］週足から選んだ好チャート銘柄　厳選10

■週足チャートから妙味銘柄を見つける方法――196

三井住友建設 198／日医工 199／三洋化成工業 200／富士フイルムホールディングス 201／富士機械製造 202／NTN 203／パナソニック 204／兼松日産農林 205／アクリーティブ 206／KNT-CTホールディングス 207

［第8章］月足から選んだ好チャート銘柄　厳選10

■月足チャートから妙味銘柄を見つける方法――210

双日 212／味の素 213／セントラル硝子 214／リゾートトラスト 215／ダイフク 216／日本電気 217／タムラ製作所 218／任天堂 219／三菱UFJフィナンシャル・グループ 220／東映 221

●コラム《杉村富生のブレイクタイム》
お金持ちほど積極運用に走る！ ——42
「官製相場」だけでは株高が持続しない ——64
主要ホテルは「超強腰」の営業を展開 ——104
下落率は突っ込み買いの目安となる？ ——134
知られていないテーマ株の安値を拾う ——164
上場来高値銘柄のその後 ——194

装丁◎中村　聡
本文デザイン・図版作成◎笹森　識
本文校正◎相良孝道
チャート提供◎ゴールデン・チャート社

第1章

チャートを極めて株長者になる!

① 儲けるためにはトレンドを読むことが大切

■チャートほど便利な投資ツールはない

筆者は株式講演会、およびラジオ出演などを通して、たくさんの個人投資家の皆さんと接する機会があります。そのとき質問される内容の多くは、大きく値下がりした手持ち銘柄（塩漬け株）をどうしたらいいか、利が乗った銘柄についてはどこで売ればいいか、というものです。

すなわち、「好業績、好材料含みといわれて買ったが、ズルズルと下がる一方で困っている」とか、「アベノミクスの恩恵で買い値より2割以上値上がりしているが、いくらで売ればいいか分からない」などといったものです。

もちろん、株式投資で失敗するにはそれなりの理由があります。高値づかみの得意（?）な人は株価水準を無視し、株価のトレンドもまったく考えずに買っているケースが多いのです。急騰直後、かつ大幅プラスかい離状態の銘柄に飛びつき、一度に大玉を購入してしまえば誰だって苦労します。

このような苦労、失敗をしてはいけません。楽しく儲けるためにはチャートを正し

用語解説

●トレンド

トレンドとは本来、「水路」を意味する。すなわち、「流れ」である。水は水路を沿って流れる。株式も流れに逆らった投資は厳禁である。

く読む必要があるのです。基本を理解し、上手に活用すればチャートほど便利な投資ツールはないのです。

■チャート重視で財を築いた大物相場師たち

一方、売りのタイミングは買う以上に難しいですね。株式投資のプロは、「天井確認後、下に売りたたけ」などといいます。しかし、大方の個人投資家は、「天井がどこか分からない」と反論します。

もっともな話ですが、安易に納得してしまっては進歩がありません。このために、株価チャート（罫線《けいせん》）があるのです。チャートは売買のタイミングを教えてくれます。株価の位置・水準・方向を教え、強弱（勢い）を示唆します。株式投資を行なううえで、これほど便利なツール（道具）はないのです。

チャートは個別銘柄の投資判断だけでなく、相場の大勢感をつかむうえでも有効です。これらの手法をチャート分析、テクニカル・アプローチといいます。これに対し、企業業績や財務諸表などを投資判断の基本とするやり方をファンダメンタルズ（経済の基礎的諸条件）・アプローチと呼びます。

兜町では、「歴史的に大成功を収めたチャーチストはいない。『古来、罫線屋、足を

●**罫線**
相場の動きを示したグラフのこと。本来は、文章を分かりやすくするため紙面の区切りや囲みに用いる線を意味する。

引き引き足を出し』という格言もあるじゃないか」とチャートを否定するアナリストたちもいます。

しかし、この考えは間違っています。もちろん、チャートだけに頼るのは危険です。ファンダメンタルズ分析も欠かせません。ただ、過去において確かなことは、相場の世界における〝傑物〟はいずれもチャートに造詣《ぞうけい》が深かったし、チャーチストの相場巧者がいました。実際、そうじゃありませんか。

そう、うまく使いこなせばチャートは最大の武器になります。相場のトレンド（全体観）、個々の銘柄の売り場、買い場をつかむことができるのです。

次ページの上段はナブテスコ（６２６８）の週足チャートです。先の高値、２０１４年２月26日の２７２６円、および同年12月12日の３０５０円を上抜けたところが追撃買いのタイミングです。すなわち、このような局面が買い場になるのです。

下段のチャートは日立製作所（６５０１）の週足です。２０１４年５月20日の安値６６０円を底に同年10月16日が７３８・３円→２０１５年２月17日が７６６円と下値を切り上げる形です。

このようなケースでは、「押し目買いで儲かりますよ」とチャートが教えてくれるのです。

●チャーチスト
グラフ化した株価の動きをもとに、将来的な株価の動きを分析・予測する専門家。テクニカル・アナリストとも呼ばれる。

●押し目
上昇トレンド中の銘柄の株価が、その途中で少し安くなること。タイミングよく押し目を買えれば儲けのチャンスは広がるが、安いところを買おうとして待っていると、なかなか買えないことがある。「押し目待ちに押し目なし」という格言もある。

▼ナブテスコの週足

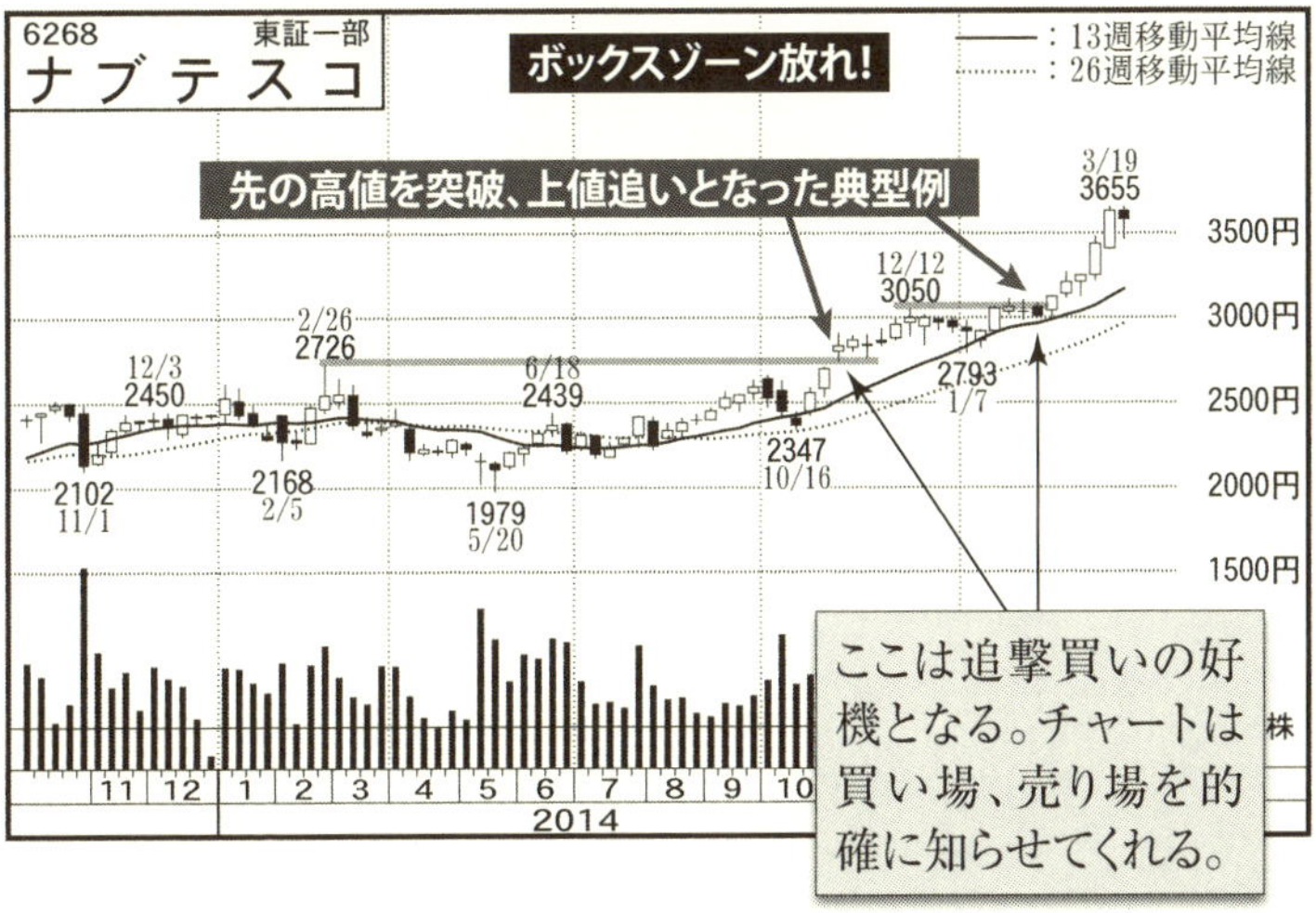

▼日立製作所の週足

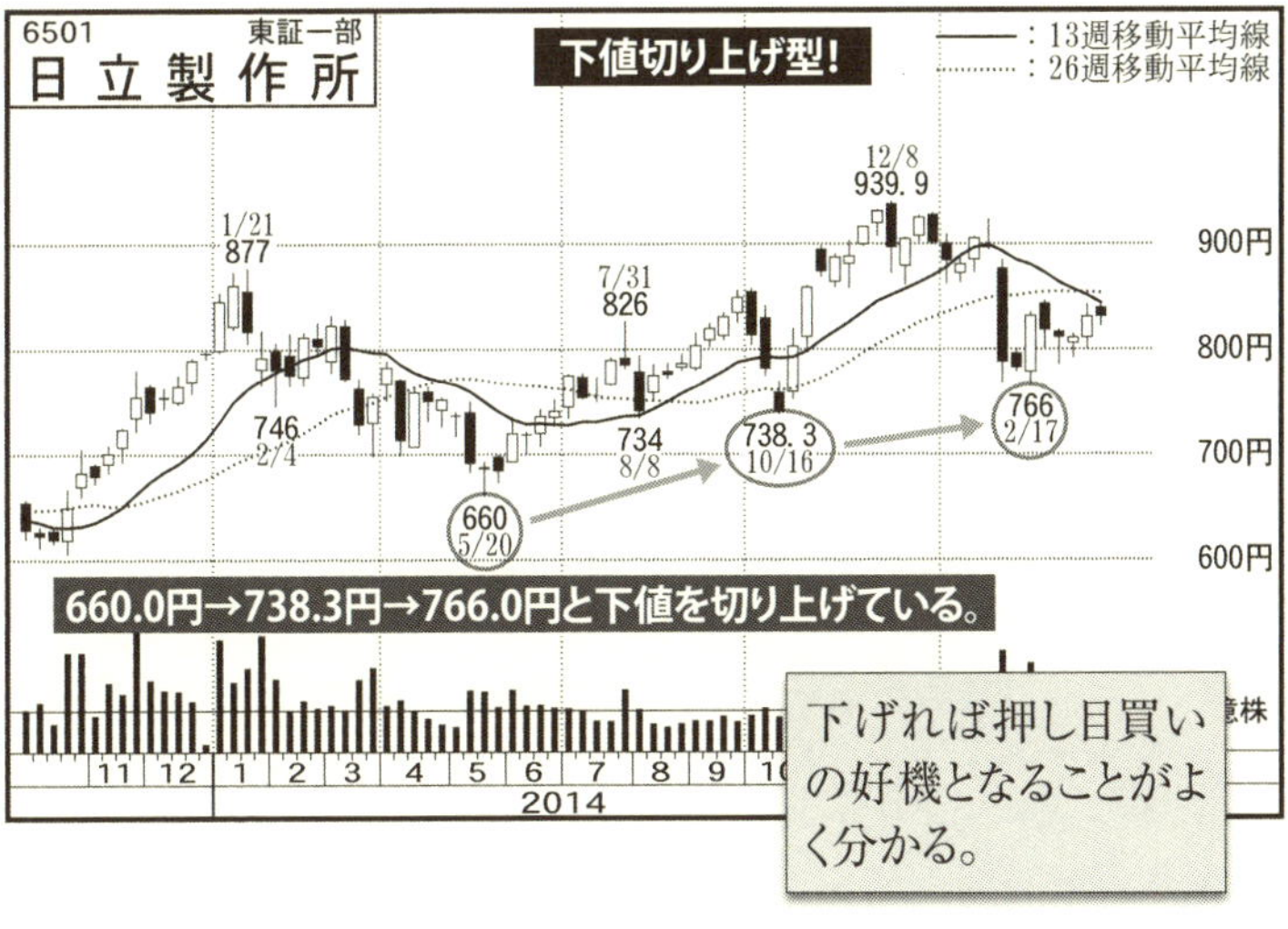

■トレンドに逆らった投資は労多くして実りが少ない

株式投資の成否のカギは、銘柄選びと売買のタイミングが握っています。要するに、「何を買うか」「何を売るか」「どこで買うか」「どこで売るか」です。

どこで買い、どこで売るかを考えるとき、まず大切なのがトレンドを読むことです。トレンドとは方向性です。トレンドを無視して投資するのは、信号を無視して車を運転するのと同じようなものです。

全体相場が下げ基調のとき、「森が沈めば木（個別銘柄）も沈む」というのが物事の道理です。このような場合は、一部の逆行高銘柄を除いて買いに出てはいけません。少しばかり安くなったからといって買えば、大ヤケド（大損）をするだけです。トレンドに逆らった投資は、労多くして実りが少ないのです。

次ページのチャートは日経平均株価の月足とNYダウの月足を比較したものです。1990年以降、NYダウが着実に上値を切り上げたのに対し、日経平均株価は下げ続けました。しかし、2013年に入ると、ついにレジスタンスライン（上値抵抗線）を突破したのです。「歴史的な反騰相場がスタート」したことを、このチャートは明確に示しています。

●**逆行高銘柄**

悪材料が出るなどしてほとんどの銘柄が値を崩すなか、その銘柄だけが株価を上げること。全面安のときでも上がる銘柄にはそれなりの理由があり、全体相場が落ち着けば大相場に発展する可能性を秘めている。

日経平均株価とNYダウの月足

▼日経平均株価(月足)

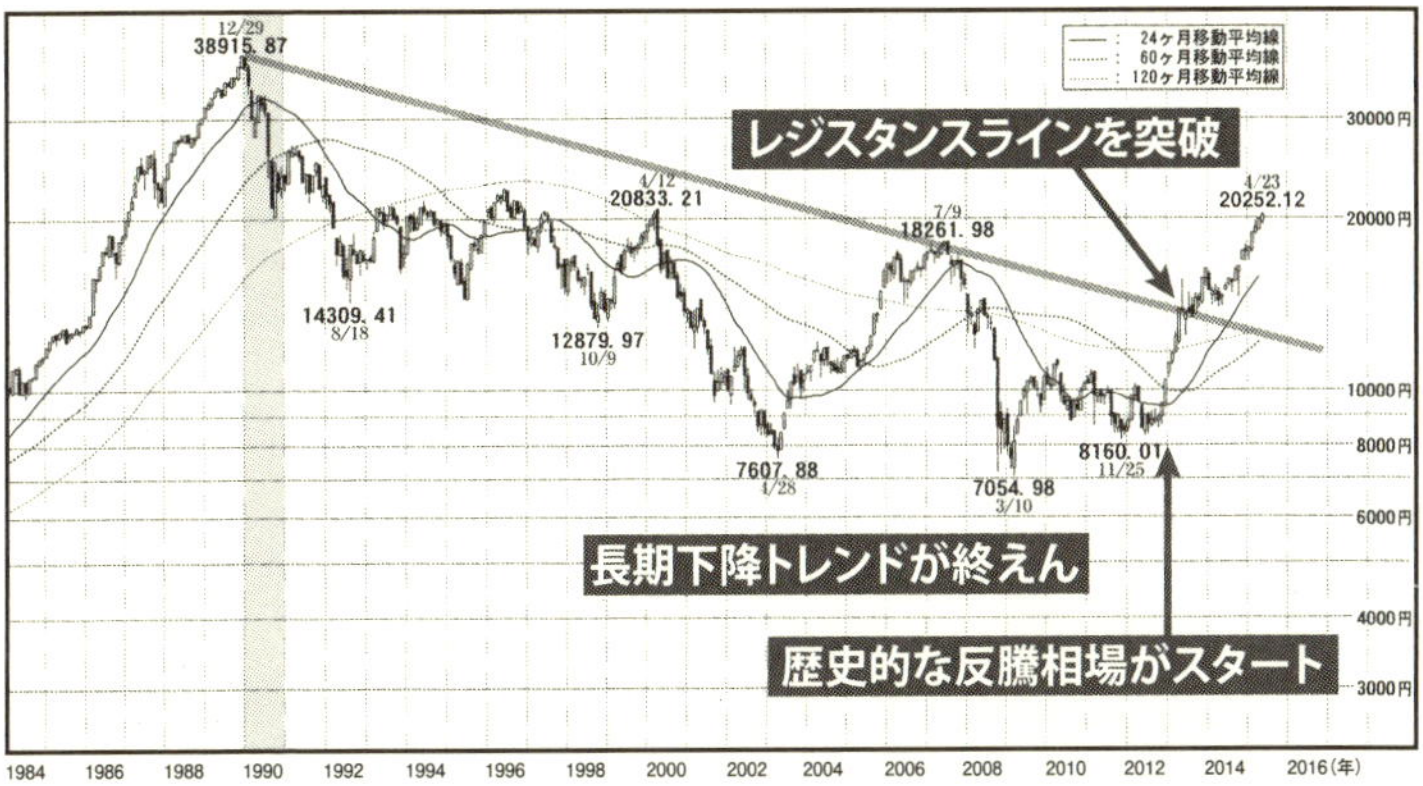

▼NYダウ(月足)

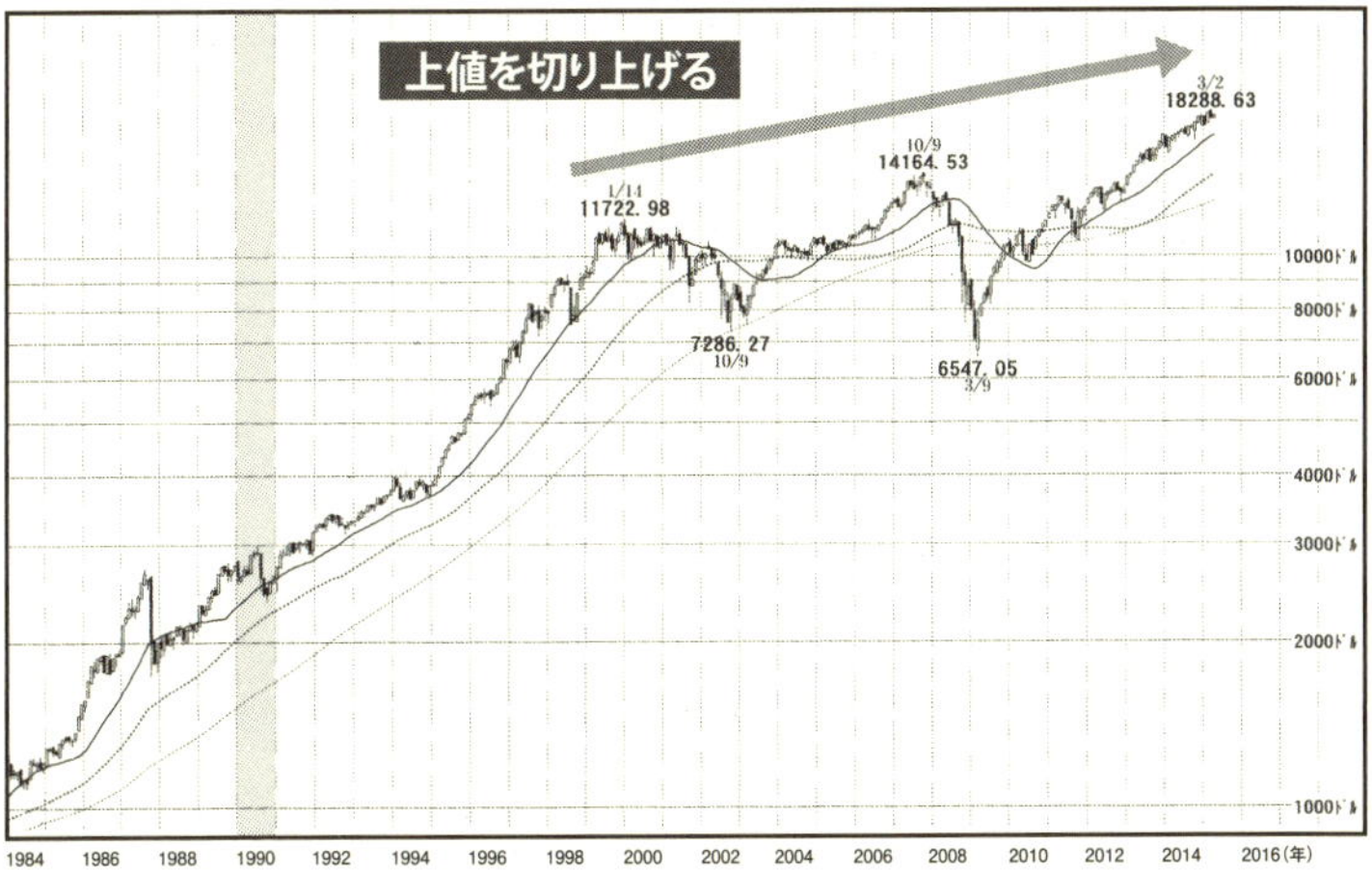

② 儲けるためには相場観測と〝緩急〟が大事

■チャートを〝羅針盤〟として活用する

株式投資の基本哲学、およびノウハウのひとつである「投資の3術」では相場観測術の重要性を教えています。ボックスゾーンを突き抜けていく強い銘柄は、徹底して上値を追わなければいけません。

次ページ上のチャートは参天製薬（4536）の週足ですが、2014年5月まで長期もみ合い相場が続きました。しかし、2013年の高値5050円（株式分割前の株価）を上抜くと株価に勢いがつきました。典型的な長期もみ合いからゾーンを放れた例です。

一方、ボックスゾーンを上抜けない場合、その上限では買いを控え、利食いを優先させるのが基本原則です。逆に、このようなチャートの銘柄の場合、ボックスゾーンの下限で弱気になってはダメです。そう、買わねばなりません。

次ページ下のチャートは沖電気工業（6703）の週足ですが、2014年1月の高値285円をどうしても抜けません。しかし、深押し懸念は薄いと判断できます。

●投資の3術
投資に成功するために身につけることが必要な基本テクニック。相場観測術、銘柄発掘術、売買手法術の3つ。トレンドを読み、銘柄を選び、それをいかに買って売るかが大切だと教えている。

●ボックスゾーン
株価がボックス（箱）のなかに収まっているような動きに終始する相場のこと。「往来相場」ともいう。この相場の場合、高値と高値を結んだ線がボックス上限となり、安値と安値を結んだ線が下限となる。

▼参天製薬の週足

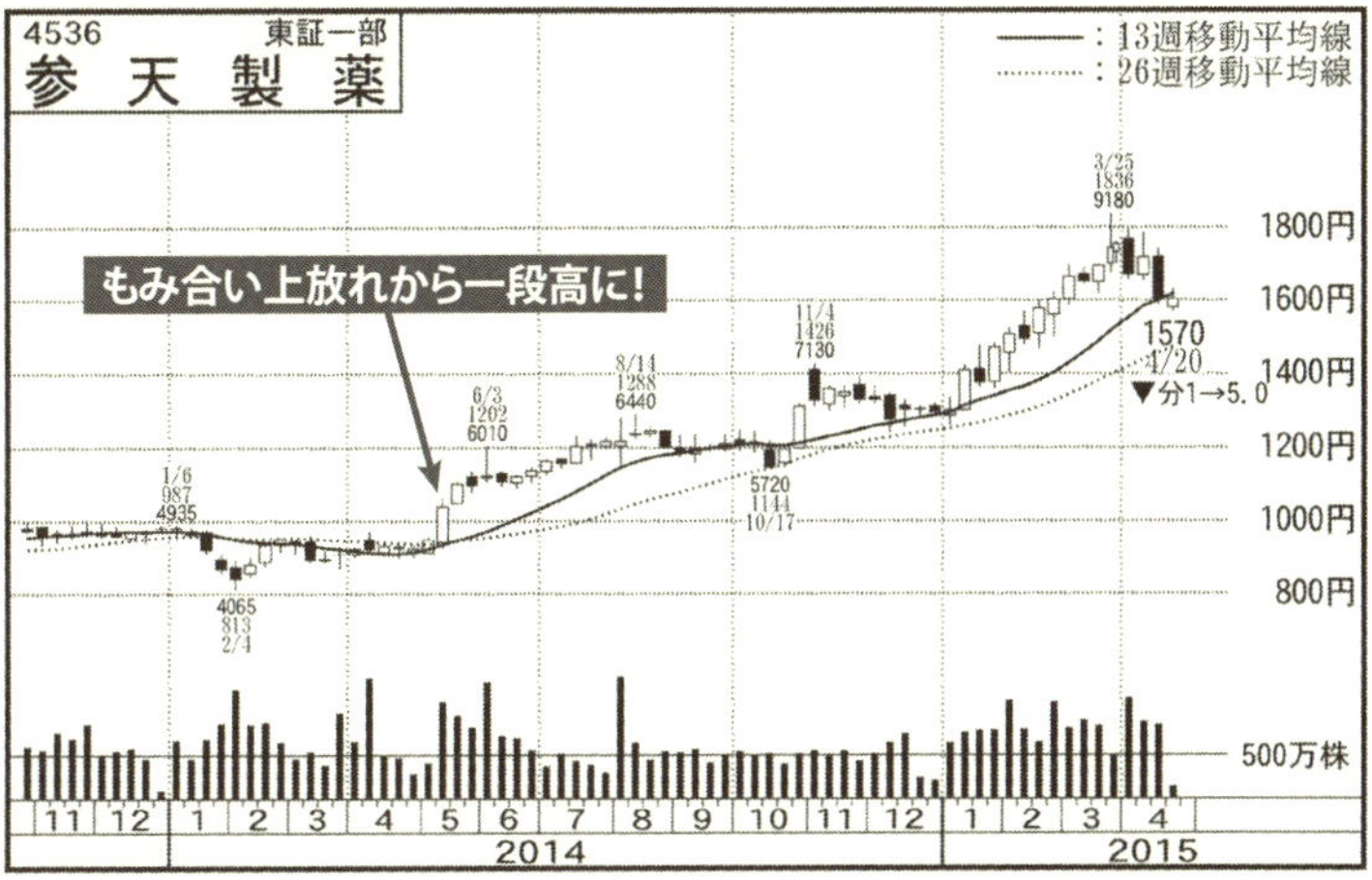

（注）日付（最上部）のすぐ下の数字は株式分割後の株価、一番下は株式分割前の株価。
以下同じ

▼沖電気工業の週足

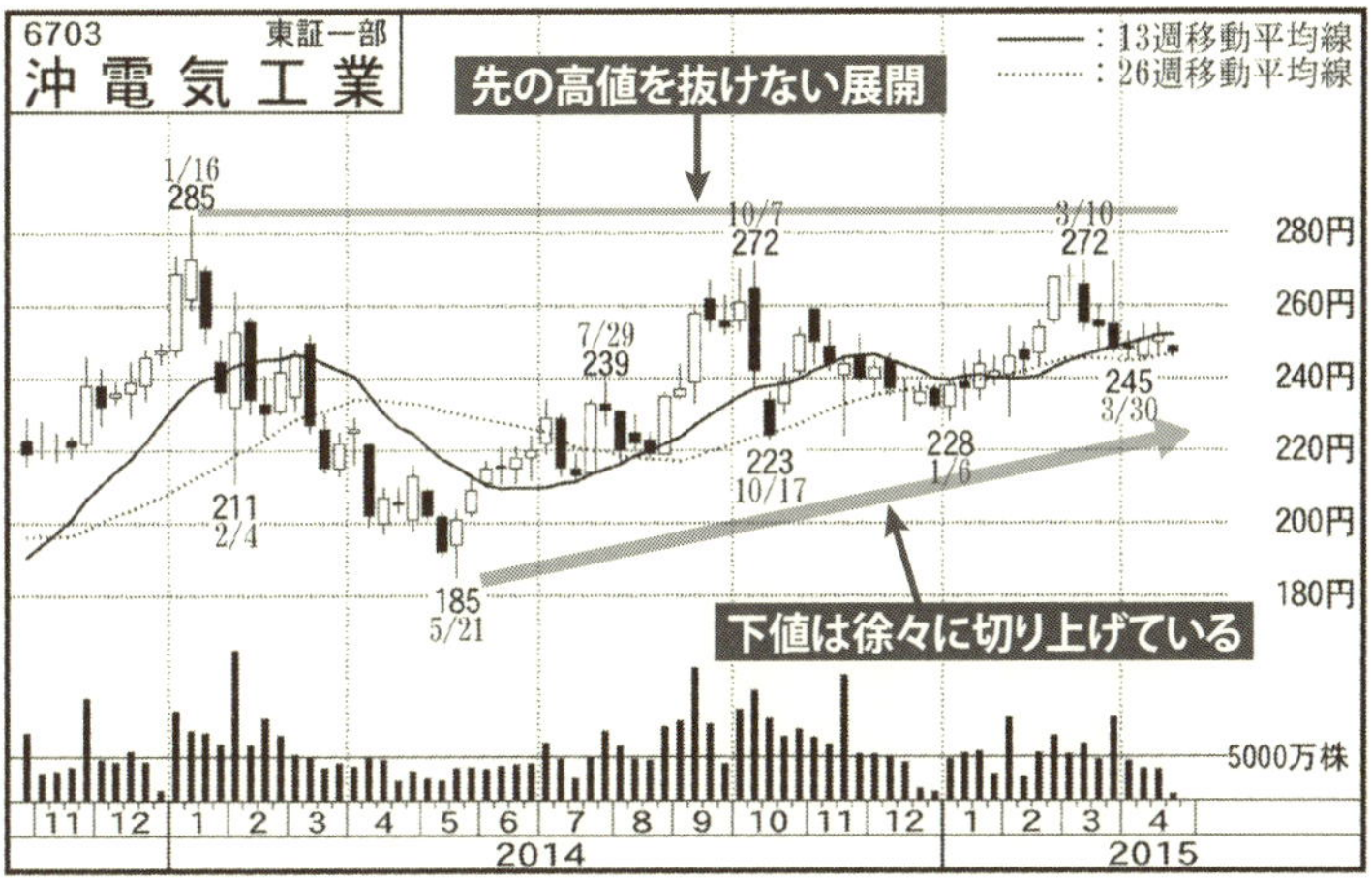

■攻めるときは攻め、休むときは徹底して休む

往来相場ではその特性を十分に理解し、チャートを羅針盤《らしんばん》として行動することが重要です。すなわち、安いところを買う、高いところを売る作戦です。

もうひとつ、相場観測と並んで大切なのが〝緩急《かんきゅう》〟をつけることです。株式投資は「売り買い休みの3筋道《すじみち》が重要」といわれますが、攻めるときは攻め、休むときは徹底して休むことが肝要です。車の運転でも、休むべきときに休まず居眠り運転をしてしまえば大事故になります。

次ページ上のチャートは川田テクノロジーズ（3443）の週足です。2014年の5月末から急騰相場に転じ、先の高値3340円を上抜きました。このようなときが攻めるときです。結果的に6月18日には6750円まで買われました。まさに、「上放れの初期につけ！」が成功した典型例です。

しかし、その後は大相場後の崩れが続いています。このようなトレンドのときは熱くなって買い向ってはいけません。休むときです。

逆に、攻め続けていいのは、次ページ下のクックパッド（2193）のようなチャートです。実に力強い上昇波動を描いているではありませんか。

●上放れ
上放れとは、もみ合い相場から放れて一段高に買われること。上放れの逆が下放れで、もみ合い相場から下に売られることをいう。

▼川田テクノロジーズの週足

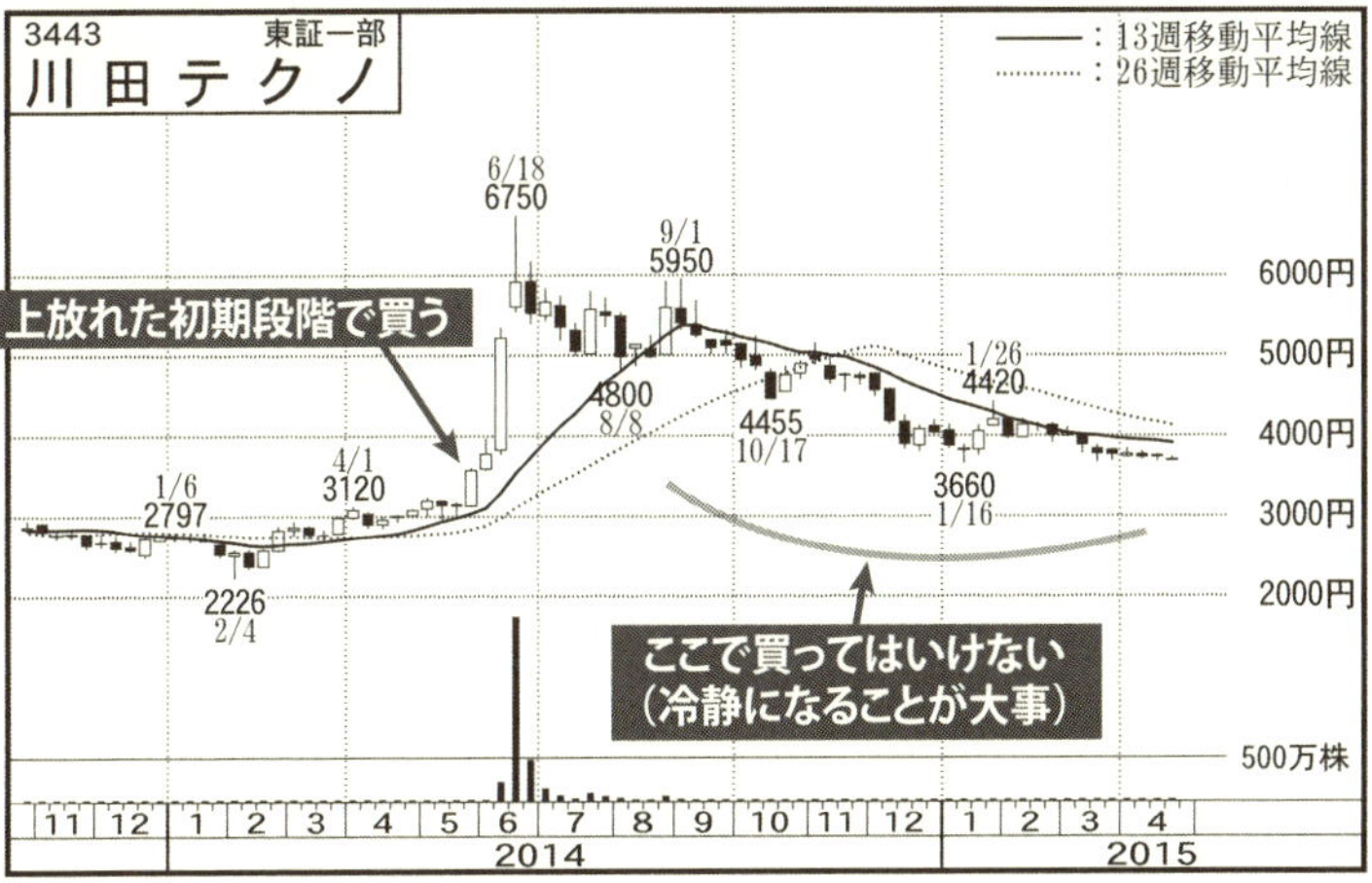

▼クックパッドの週足

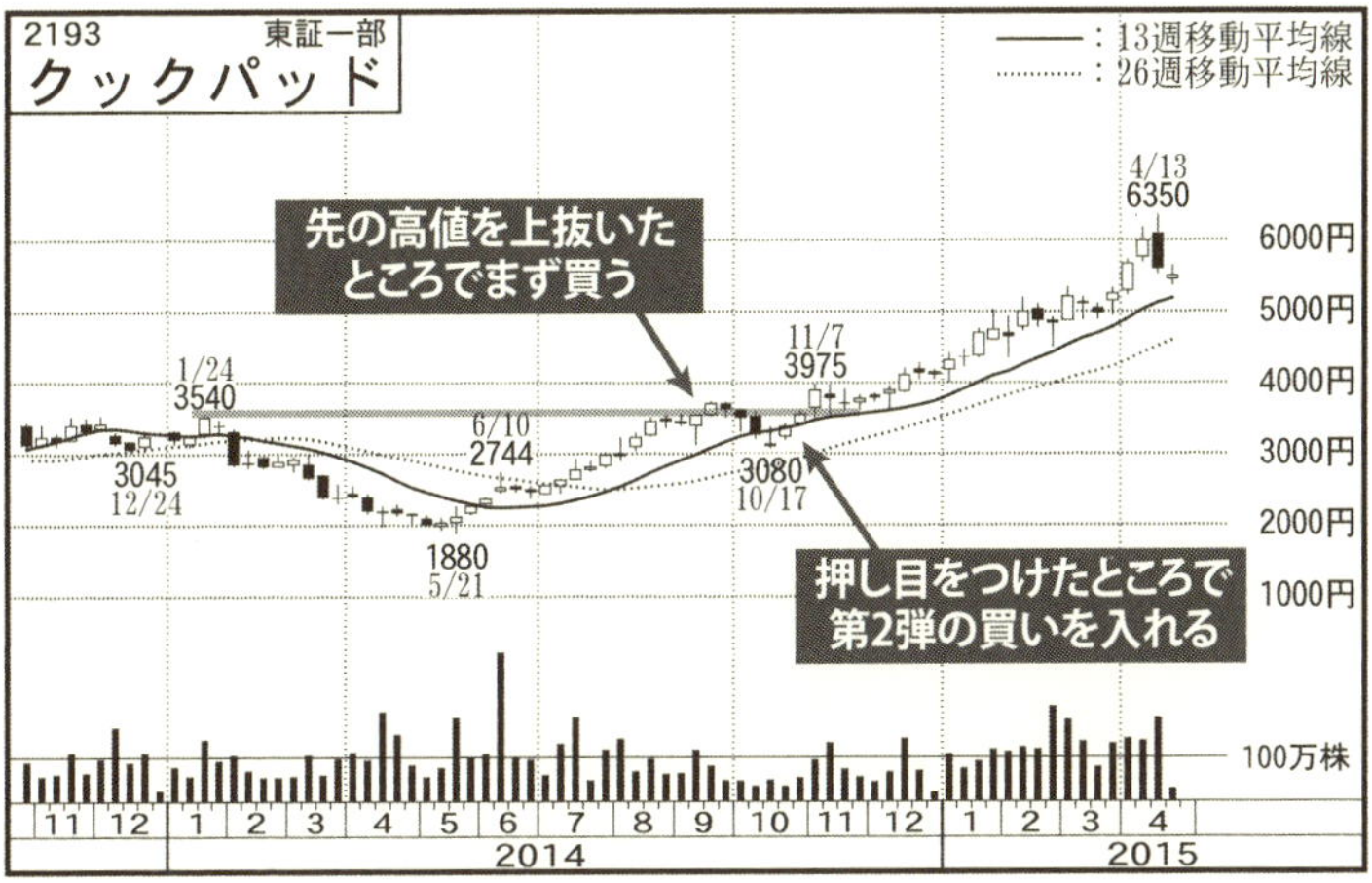

③ 株価は「未来」を示唆する

■投資判断にはバランス感覚が不可欠

まえがきでも述べましたが、投資判断にはファンダメンタルズ分析とチャート分析の2つをうまく組み合わせて使うことが重要です。どちらか一方に偏《かたよ》ると失敗します。

昔から投資家のなかには、ファンダメンタルズ派とチャート派が存在します。ファンダメンタルズ重視派はチャートを軽視し、チャート重視派はファンダメンタルズを無視しがちです。それどころか、ファンダメンタルズだけが頼り、あるいはチャートしか見ないという人がいます。これではいけません。

株式投資にはリスクがあります。そのリスクをなるべく軽減するためにはバランスを欠いてはいけないのです。次ページのチャートは共立メンテナンス（9616）の週足チャートです。2014年11月11日に先の高値4860円を上抜くと、株価に勢いが出ました。同社はホテル事業と寮事業が主力の会社で、ビジネスホテル「ドーミーイン」を展開しています。2015年2月9日に業績を上方修正すると、さらに上値を切り上げました。

●ファンダメンタルズ分析
ファンダメンタルズ分析は、株式の本来的価値と市場価値（株価）にギャップがあっても、いずれは本来的価値が市場で実現されるという考え方に基づく。具体的には企業業績・財務分析などを行なう。

▼共立メンテナンスの週足

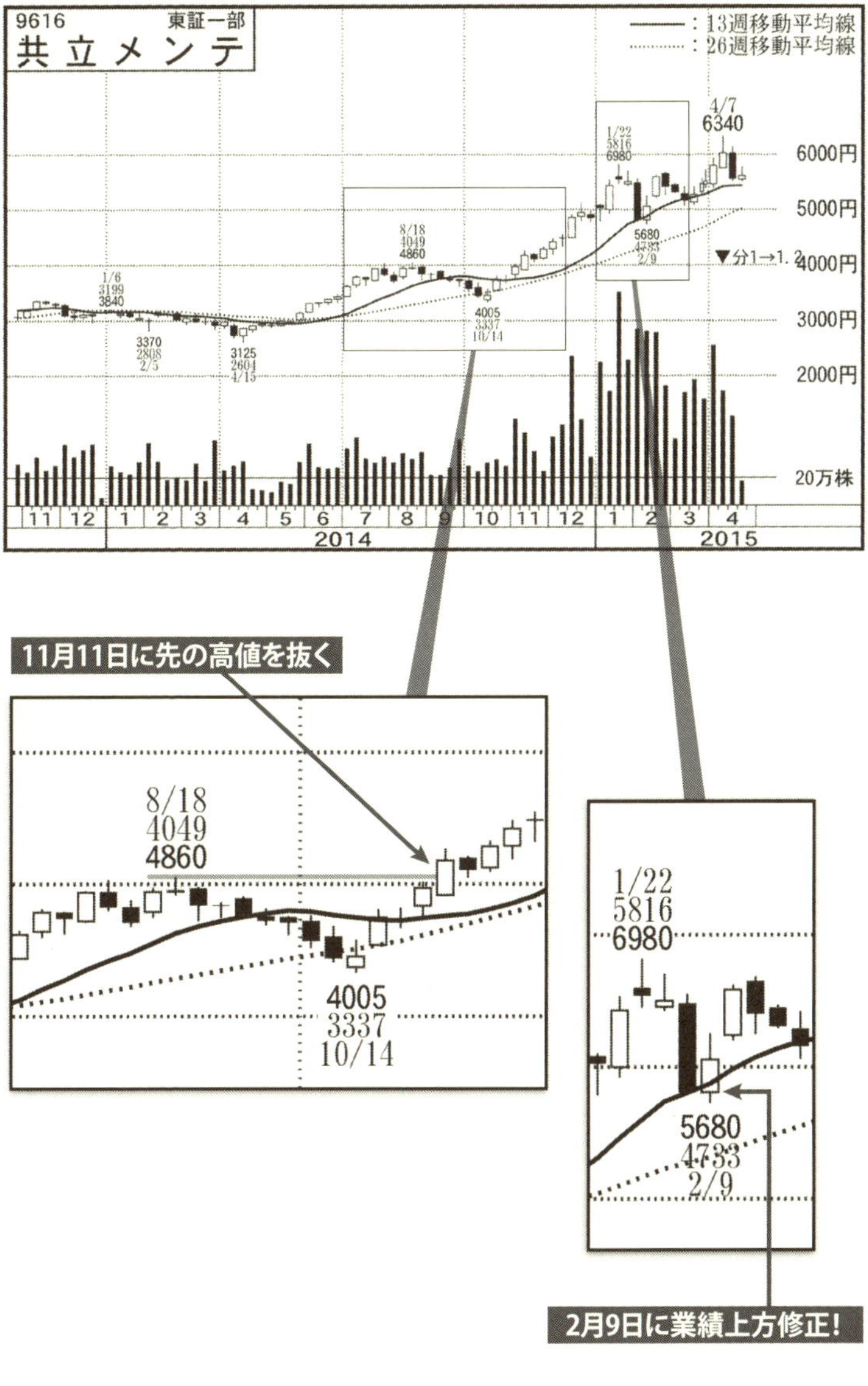

■エーザイ株が示したファンダメンタルズ分析の限界

ちなみに、マクロデータは遅行性が強く、基本的に「過去」のものといえます。投資判断に影響を与えるマクロデータには、ＧＤＰ（国内総生産）、景気動向指数、鉱工業生産指数、失業率などがあります。

一方、これらに対し、株価は先行指標、すなわち「未来」のものです。古来、「株価は正直である。株価は正しい。株価は何でも知っている」などといいます。株価の動きは現在の企業の姿だけでなく、将来の状況も示唆しています。チャートは、それを図案化したものとの見方もできるのです。

次ページのチャートはエーザイ（４５２３）の週足です。２０１４年10月17日、大和証券は同社株のレーティングを異例の「４」（売り）としました。これを受けこの日には４０７３・５円まで売られました。しかし、そこを安値に株価は急騰、２０１５年３月24日には９７５６円の高値まで駆け上がりました。なぜそのようになったのでしょうか。実は、「株価は何かを知っている」――テクニカル・アプローチはそれを教えてくれます。エーザイの場合は新薬の開発でした。これは株価分析においてとても大切なことなのです。

●ＧＤＰ
その国で1年間に生み出された付加価値の総額。市場で取引された財、サービスによる生産額を意味する。経済成長率はＧＤＰの伸び率を表したもの。

▼エーザイの週足

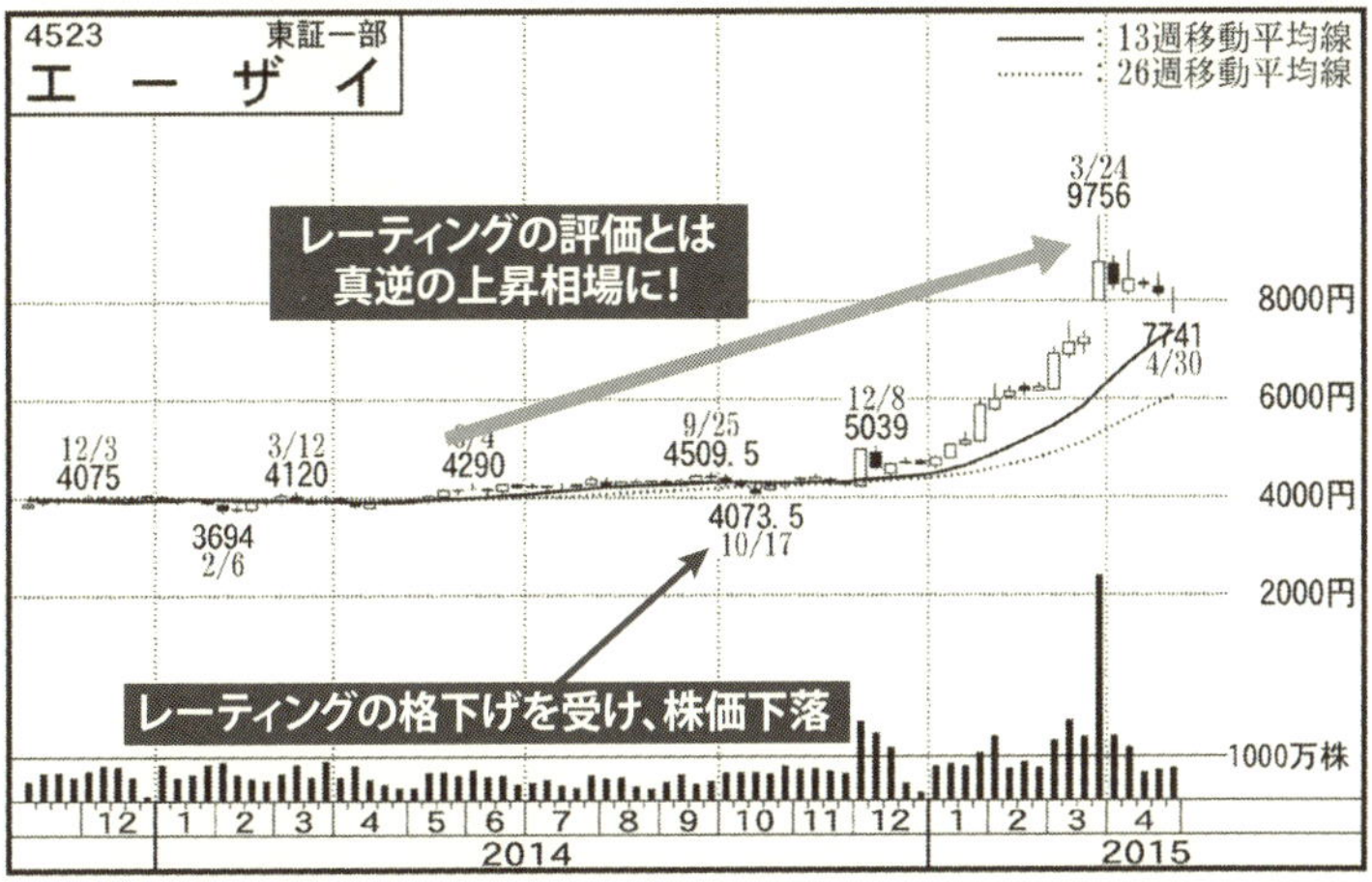

4523 東証一部
エーザイ
13週移動平均線
26週移動平均線
3/24
9756
レーティングの評価とは
真逆の上昇相場に!
8000円
7741
4/30
12/8
5039
6000円
9/25
4509.5
12/3
4075
3/12
4120
4290
4000円
3694
2/6
4073.5
10/17
2000円
レーティングの格下げを受け、株価下落
1000万株
12 1 2 3 4 5 6 7 8 9 10 11 12 1 2 3 4
2014
2015

エーザイ株に対する証券各社のレーティング

2014年 10月17日　大和証券がレーティングを「4」に格下げ
▶この日のエーザイの終値＝4073.5円

2014年 12月 9日　大和証券がレーティングを「5」に格下げ
▶この日のエーザイの終値＝4728.0円

2014年 12月15日　ゴールドマン・サックスが新規の「売り」に
▶この日のエーザイの終値＝4487.0円

2015年　1月23日　みずほ証券が「中立」→「アンダーパフォーム」に格下げ
▶この日のエーザイの終値＝5161.0円

2015年　3月20日　大和証券がレーティングを「4」から「1」に格上げ
▶この日のエーザイの終値＝7248.0円

レーティングを信じ、カラ売りをした人は大ヤラレ!

ファンダメンタルズ・アプローチの限界を露呈!

▼

テクニカル・アプローチ（チャート分析）の勝利!

④ 株を買うより時を買え！

■森永製菓が証明したチャートの先見性

株式投資は仕掛けのタイミングが命です。先にも述べましたが、「株を買うより、時を買え！」「漁師は潮目を見る」という相場格言もあるほどです。いずれも仕掛け（買い・売り）のタイミングの大切さを教えています。

森永製菓（２２０１）は２０１４年の９月まで長期間もみ合いを続けていました。ところが10月に入ると、関門であった２３３円を上抜いたのです。同社株は２００８年から２００円をはさみ、上下30～40円幅でのもみ合いを続けてきました。実に７年間もの長期もみ合いです。これを放れたのです。絶好の買いタイミングでした。

２０１５年２月９日には２０１４年４月～12月期の連結営業利益が前年同期比41％増になったと発表されました。さらに、３月16日には利益率の改善などが評価され、野村証券が投資判断を新規の「買い」、目標株価４７０円としたのです。

しかし、チャートはこれらよりはるか前に長期間のもみ合いを上放れていました。これがチャートの先見性です。

●漁師は潮目を見る

漁師が潮の流れを見て漁場を決めるように、株式投資も相場の流れを見て波に乗らないと儲けることはできない、という例え。トレンドと潮目（相場の転換期）の重要性を表している。

▼森永製菓の週足

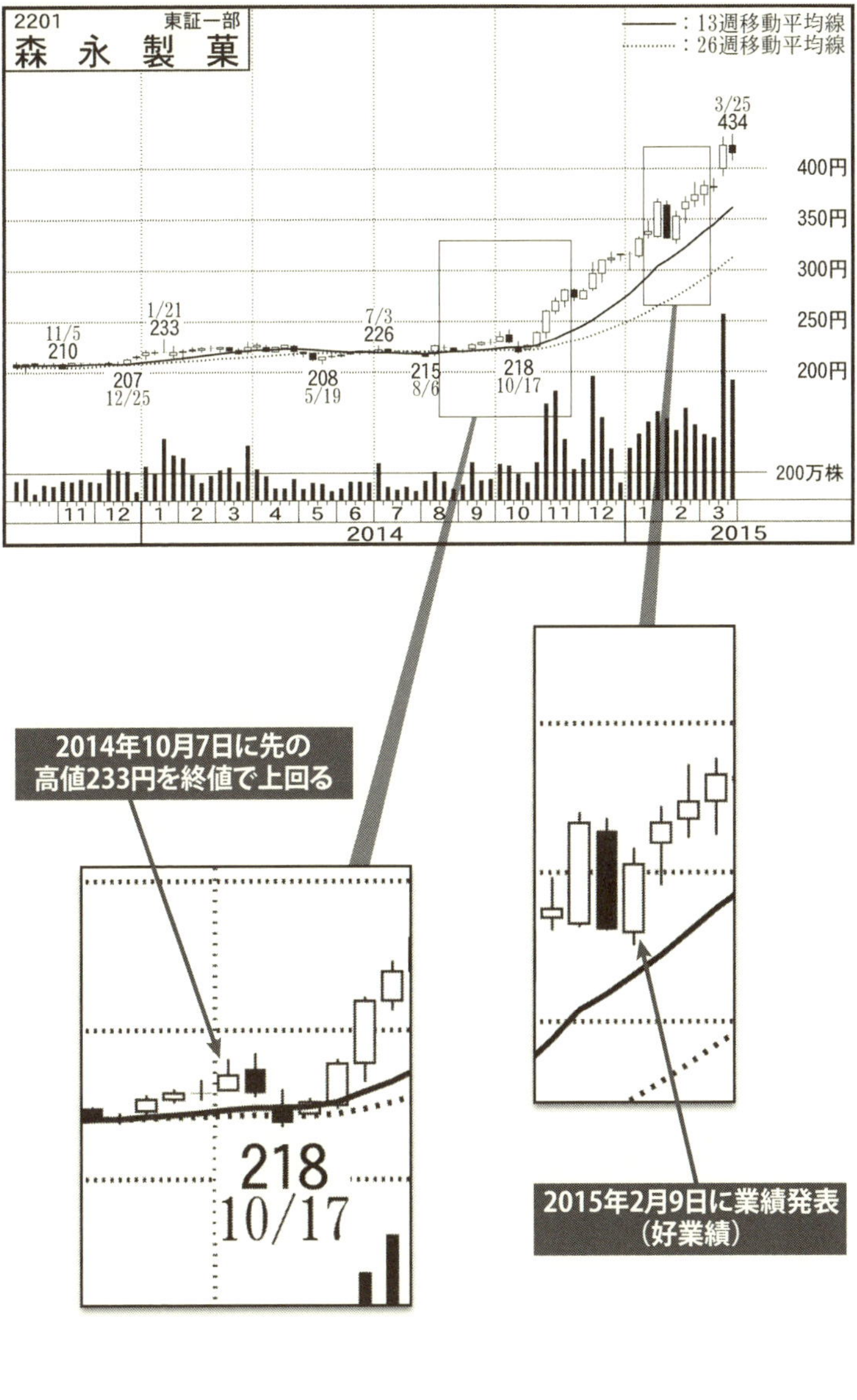
2201
東証一部
森　永　製　菓
：13週移動平均線
：26週移動平均線
3/25
434
400円
350円
300円
250円
200円
200万株
11/5
210
207
12/25
1/21
233
208
5/19
7/3
226
215
8/6
218
10/17
11
12
1
2
3
4
5
6
7
8
9
10
11
12
1
2
3
2014
2015
2014年10月7日に先の
高値233円を終値で上回る
218
10/17
2015年2月9日に業績発表
（好業績）

5 下げの途中で買ってはいけない

■業績堅調でも下降トレンドが継続する銘柄

第2章で詳しく述べますが、株式投資は強い銘柄を攻める順張りが基本です。特に短期投資の場合は、これが絶対的なルール、鉄則となります。大底確認→上昇トレンド銘柄の押し目買いが正解です。

これを逆にしてしまうと大変なことになります。大天井形成→下降トレンドの銘柄を〝値ぼれ買い〟すると悲惨です。これが大ヤラレの原因になるのです。「下げの途中で買うな」「落ちる短剣はつかむな」というのに……。

次ページのチャートは、シップヘルスケアホールディングス（3360）の週足です。同社は医療機関へのコンサルティング、メディカルサプライ事業が主力で調剤薬局や介護付き老人ホームなども手掛けています。

堅調な業績を受け、2013年12月には4400円まで買われました。これは上場来高値でしたが、その後、株価は下げに転じました。日経平均株価が戻り高値を更新する地合いのなか、2015年2月16日には2530円まで売られています。

●**値ぼれ買い**
「この株価は安い」と値段にほれて買うこと。あとで振り返るとさらに安くなり、それが本当の安値でなかったことに気づくことも多い。順張り投資では〝値ぼれ〟の買いは厳禁である。

▼シップヘルスケアホールディングスの週足

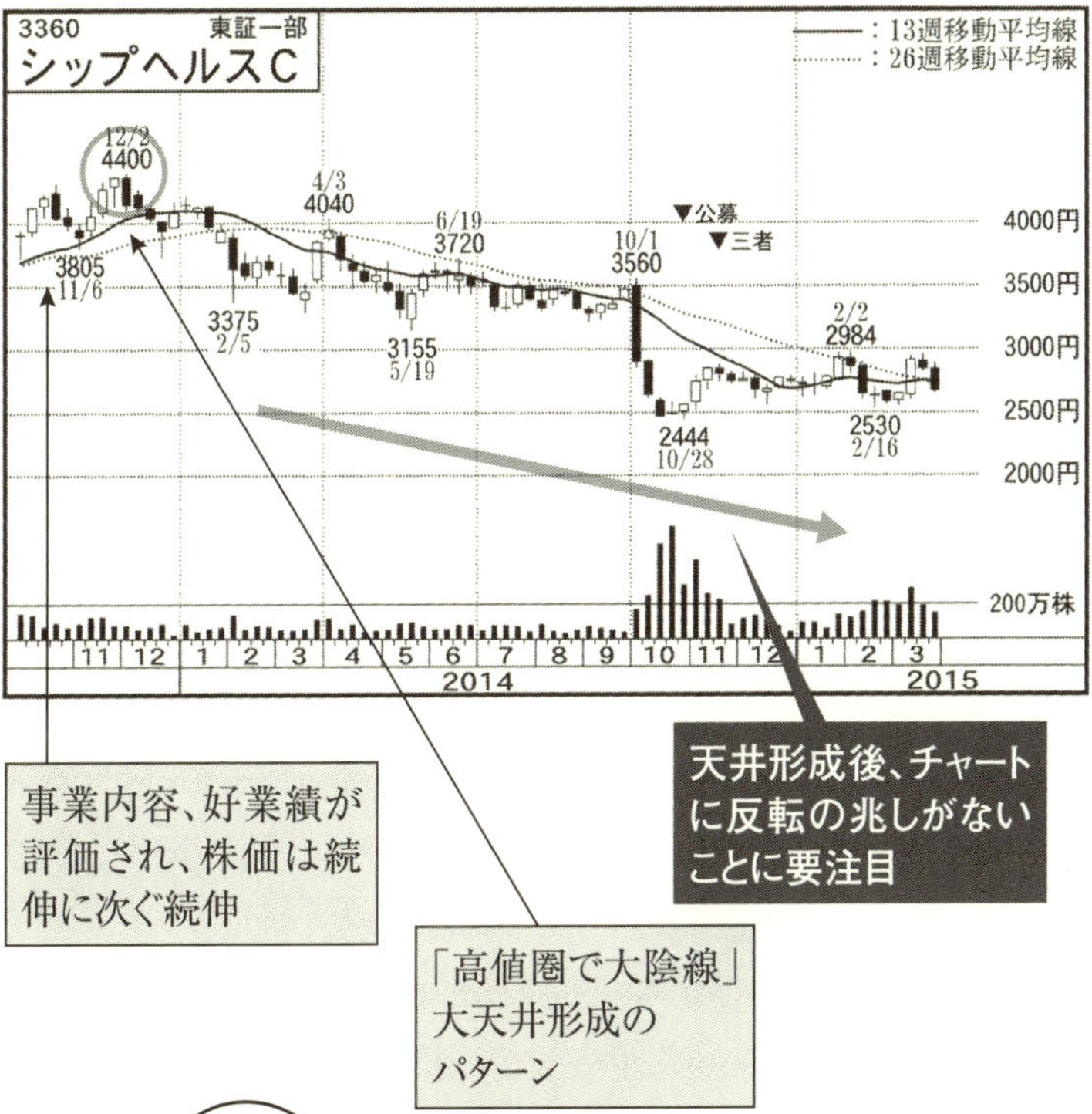

⑥ジャッジメンタル・アプローチの役割

■世の中の動きも判断材料となる

前項の例でお分かりいただけたと思いますが、下げの途中で買わないためには、テクニカル・アプローチ（チャート分析）によるトレンドの判断が有効です。もちろん、これに企業業績などファンダメンタルズ・アプローチを加味すると、その判断はより正確なものとなります。売られるには売られるだけの理由があるのです。

加えて、個別銘柄のトレンドを判断する場合、ジャッジメンタル・アプローチが威力を発揮します。ジャッジメンタル・アプローチとは企業業績に加え、テーマ性、世相、新製品・新技術など幅広い切り口で銘柄を選ぶ手法です。うわさ、ジンクスの類も判断材料とします。いわゆる、テーマ性です。一言でいえば、世の中の動きによって判断するやり方です。

かつて、青山商事（8219）が地方から都心部に華々しく進出したときとか、マツモトキヨシホールディングス（3088）のように社長がマスコミにたびたび登場し、「時代の寵児《ちょうじ》」ともてはやされるようになると（先代の話）、結果的にそこが株価

●**下げの途中で買うな**

相場格言の「落ちる短剣はつかむな」と同じ意味。株価が下げ続けている銘柄を買えば大きなケガをする、死に至る（市場からの撤退）という戒め。

の天井になったことがあります。また、「立派な本社が完成すると社業が傾く」とか、「経営者が都心に豪邸を購入すると株価の転換点になる」、さらには「創業者が自伝を出版するとそこが人生のピーク」といったジンクスもあります。もっとも、最近は必ずしもそうではありませんが……。

よく社長がマスコミに登場する企業には、ファーストリテイリング（９９８３）、ソフトバンク（９９８４）、楽天（４７５５）、日本電産（６５９４）などがあります。２０１５年に入ってからは何といっても大塚家具（８１８６）でしょう。

ただ、これは判断が難しいですね。株主総会における委任状の争奪戦で企業イメージは悪化しましたが、その後の〝お詫びセール〟などがマスコミで大きく取り上げられたことにより、企業の宣伝効果は１００億円単位であったのではないでしょうか。

とにかく、有名社長の企業はその言動が株価に反応しがちですから、テクニカル・アプローチ、ファンダメンタルズ・アプローチとともに、ジャッジメンタル・アプローチにも気を配る必要があるのです。この点に関しては、日本経済新聞の「ニュース一言」（２０１５年4月30日の紙面ではブイ・テクノロジーの杉本重人《すぎもとしげと》社長が登場）、「私の履歴書」（同年4月はニトリホールディングスの似鳥昭雄《にとりあきお》社長）などが企業情報だけでなく、業界動向を知る参考になります。

●世相にカネを乗せよ

世相とは世の中のありさま、社会の様子のこと。株式投資は世の中のありさまに合わせて行ないなさい、という相場格言。

⑦ チャートの限界を認識しておこう

■チャートに頼りすぎてはいけない

株価チャートは投資判断の際に大きな力を発揮します。これは確かです。そして、チャートの読み方をマスターし、使いこなせるようになれば株式投資で着実に利益を上げられるようになります。ただし、チャートに頼りすぎると危険です。チャートには〝ダマシ〟が入ることがあるからです。

次ページのチャートは鉄建（1815）の週足です。2014年7月17日に、2013年の戻り高値362円を上抜いてから株価は勢いづき、9月2日には534円まで急騰しました。しかし、2015年に入ると下げに転じ、2月6日には424円まで売られたものの、2月第2週、第3週と2週連続でローソク足の陽線《ようせん》（第3章で詳述）が出現したのです。これは目先的な底打ちを示唆するものでしたが、結果的にダマシとなり、その後、同社株は下値を切り下げてしまいました。

株価は、市場参加者すべての思惑を集めた結果です。つまり、森羅万象《しんらばんしょう》あらゆるものを反映しているといっても過言ではないのです。しかし、それは所詮〝影〟にすぎ

●チャートのダマシ
チャートでは売買サインが出ているが、その後サインと逆の方向に株価が行ってしまうこと。チャートの基本となるテクニカル指標は、いずれも過去の価格から分析した結果をもとにしているので、チャートのパターンや売買サインにはある一定の割合でダマシが生じる。

ないのも確かです。では、影の元になっている実像とはいったい何でしょうか。それは「企業の価値」です。

企業の価値は経営資源のすべて（ヒト、モノ、カネ）であり、それによって得られた収益に収れんされます。収益が安定的に拡大していれば、多少の株価のブレは許容できます。

ちなみに、かつて会社の3要素は土地、資本、労働力といわれました。つまり、土地が経営資源としてのモノであったわけです。それが現在では技術（ビジネスモデル）、資本、人財が会社の3要素と称されるようになっています。

まして、最近はヘビー・ネット・トレーダーによる超高速回転商いが主流になっています。こうしたマーケットの特性を理解したうえでチャート分析に臨むことが大切です。

▼鉄建の週足

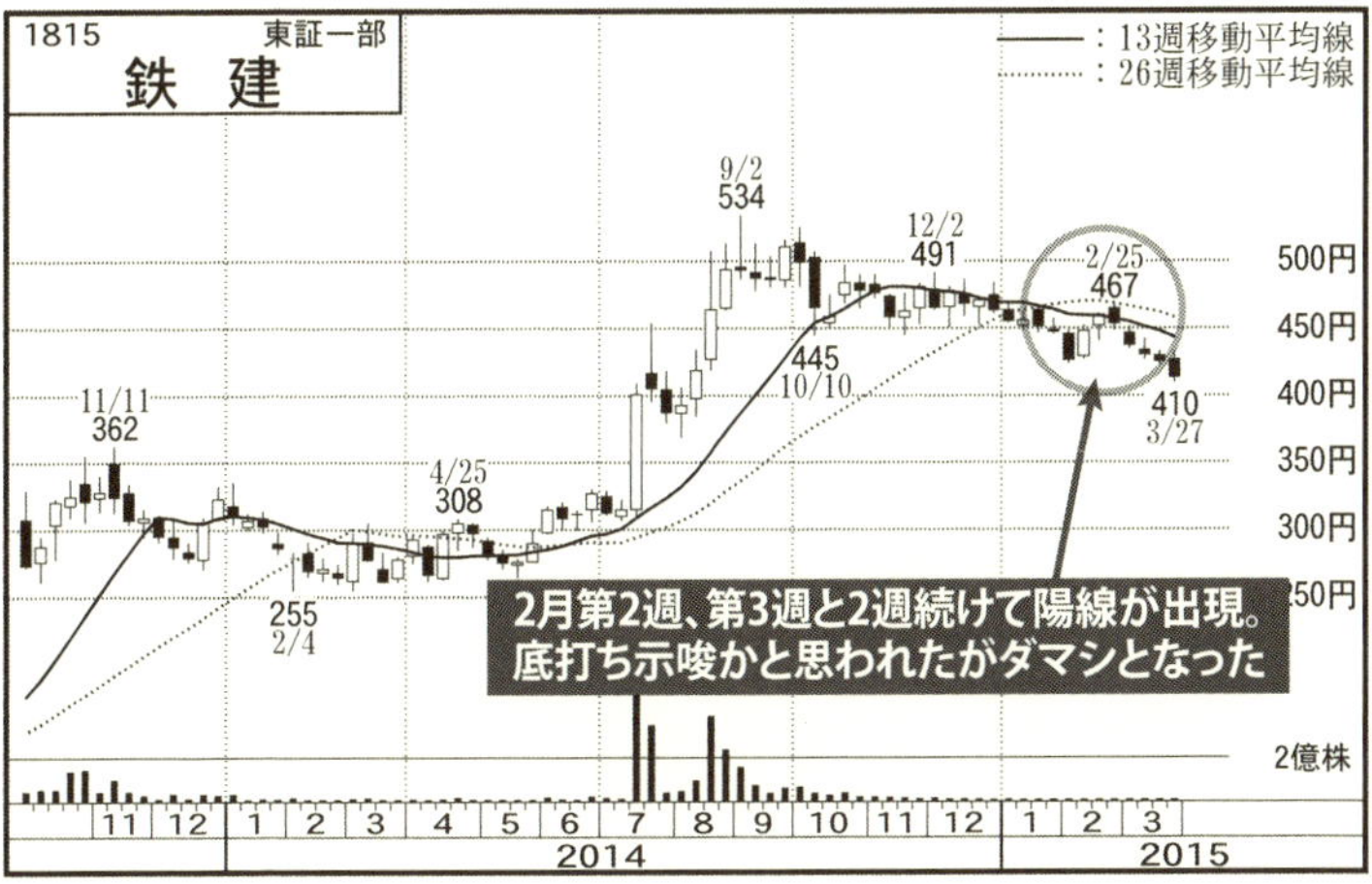
1815 東証一部
鉄 建
：13週移動平均線
：26週移動平均線
9/2 534
12/2 491
2/25 467
11/11 362
4/25 308
445 10/10
410 3/27
255 2/4
500円
450円
400円
350円
300円
250円
2億株
2月第2週、第3週と2週続けて陽線が出現。
底打ち示唆かと思われたがダマシとなった
11 12 1 2 3 4 5 6 7 8 9 10 11 12 1 2 3
2014
2015

■儲けるコツは、「将来良くなる株」を妥当な株価で買うこと

ただし、この企業の価値は現在の価値ではありません。将来の価値なのです。これを間違えてはいけません。

当然、株式投資の銘柄選びでは「これから良くなる株」を買うのが基本であり、「良くなった株」を買ってはいけません。まして、「これから悪くなる株」を買うなど論外です。この判断には、ファンダメンタルズ分析が有効となります。

もちろん、いくら「これから良くなる株」であっても、すでに株価が大きく値上がりしていたらすぐに買うのは手控えるべきでしょう。

株式投資では「織り込み済み」という表現が頻繁に使われますが、好材料も悪材料もみんなが知ってしまえば、株価がそれ以上反応することはありません。このようなときの判断にはチャート分析が不可欠です。

株価が上昇していても、「もっと良くなる」と考えるなら、チャートから押し目を判断して買い出動すればいいのです。上昇トレンド銘柄の押し目買いとは、このことです。押し目買いはチャートをきちんと見て行なってください。トレンドを確認しないと失敗します。

●織り込み済み
株価に影響を与える業績、ニュースなどの材料が、すでにその時点の株価に反映されていること。株価が上昇するのは、株価に織り込まれていない材料が出たときである。

▼日本ペイントホールディングスの日足

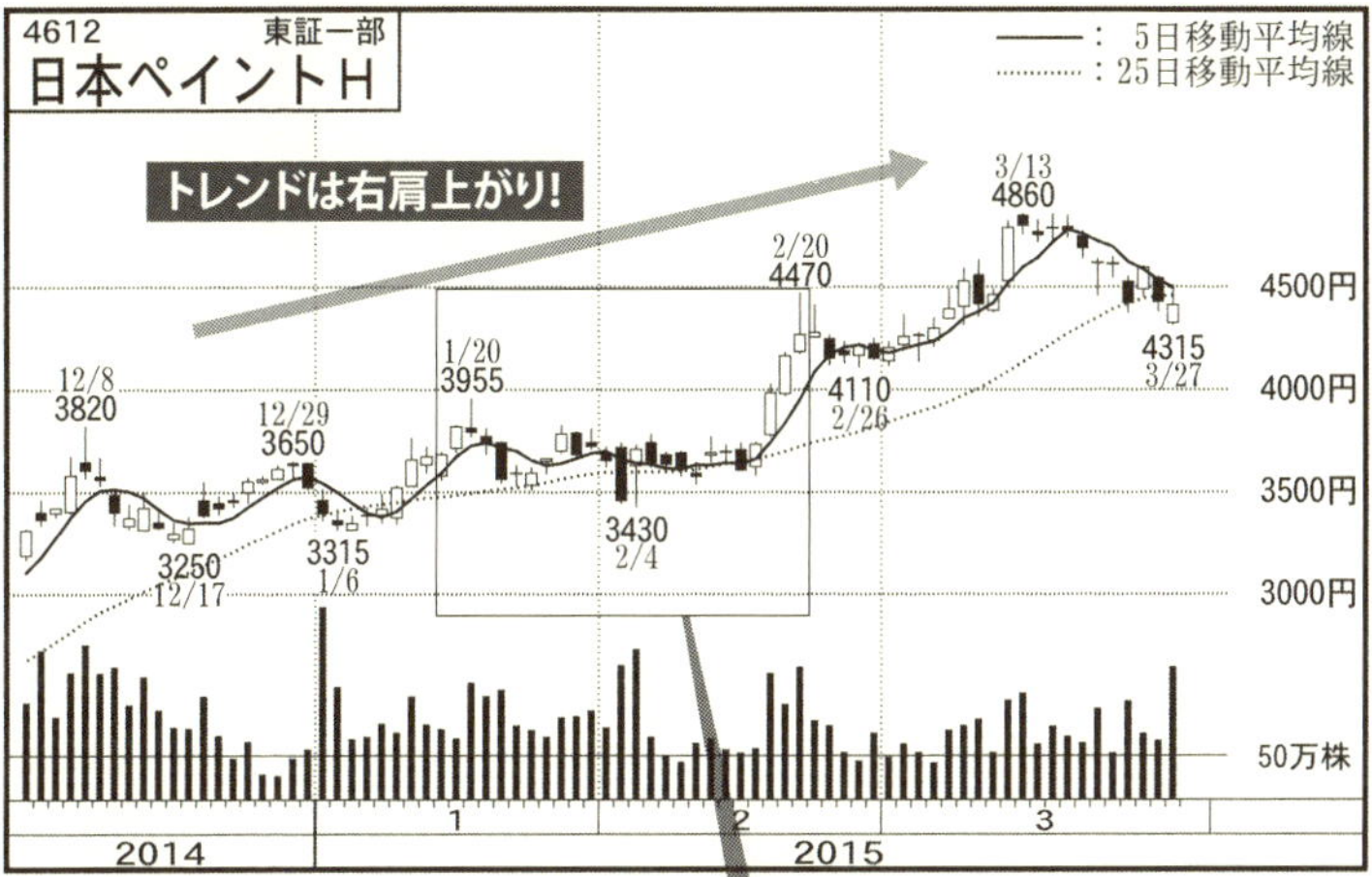

4612 東証一部
日本ペイントH
：5日移動平均線
：25日移動平均線
トレンドは右肩上がり！
12/8
3820
12/29
3650
3250
12/17
3315
1/6
1/20
3955
3430
2/4
2/20
4470
4110
2/26
3/13
4860
4315
3/27
4500円
4000円
3500円
3000円
50万株
1
2
3
2014
2015

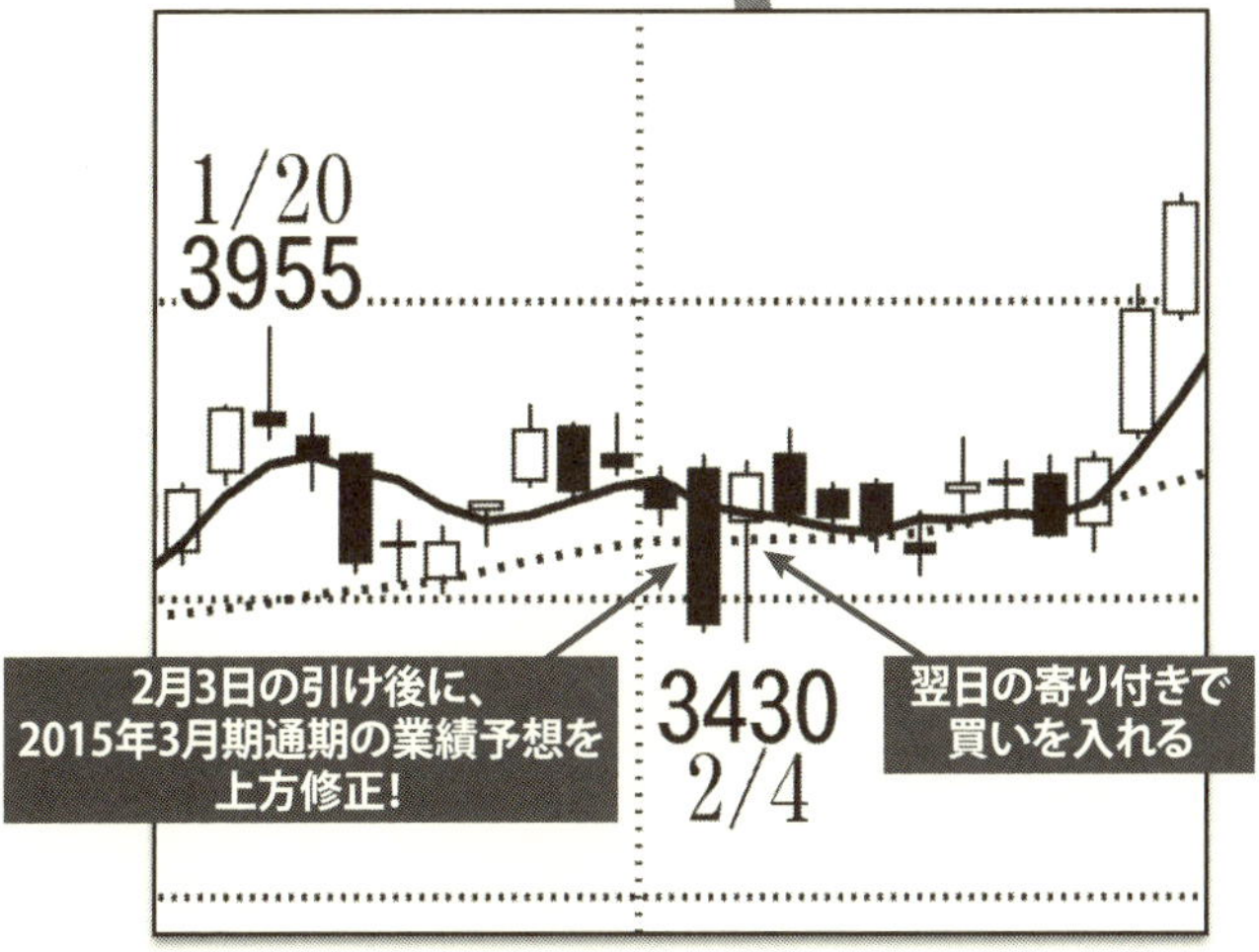

1/20
3955
2月3日の引け後に、2015年3月期通期の業績予想を上方修正！
3430
2/4
翌日の寄り付きで買いを入れる

8 「良くなる株」を見つけるコツ

■受動的な成長が期待できる企業

「これから良くなる株」とは、別の言い方をすれば「成長株」のことですが、それを見つけるための基本原則について触れておきたいと思います。

企業の成長には〝受動的〟な成長と〝能動的〟な成長の2種類があります。受動的な成長とは、その企業が特別な経営努力をしなくても、技術革新やトレンドの変化などによってマーケットの規模が拡大し、売上高が飛躍的に伸びて収益拡大に弾みがつくケースです。もちろん、激しい変化の波に対応できるテクノロジー、マネジメント能力がなければ「猫に小判」なのですが……。

最近では、外国人旅行客が2014年に過去最高となった例があります。中国人旅行客の〝爆買い〟などでドンキホーテホールディングス(7532)、ラオックス(8202)、コメ兵(2780)といったインバウンド業界は大きな恩恵を受けています。

観光庁は、東京オリンピック・パラリンピックが行なわれる2020年までに「訪日外国人2500万人」を目指しています。

●インバウンド業界

インバウンドとは本来、「入ってくる」「内向きの」という意味。電話の受信業務を指す場合が主だったが、株式市場で用いられているインバウンドは日本の外から入ってくる人、旅行者を表す。反対語はアウトバウンド(日本人の外国旅行者)。

主なインバウンド関連銘柄の株価推移(2015年)

コード	銘柄	1月5日始値(円)	4月30日までの高値(円)	上昇率(%)
2353	日本駐車場開発	121	223 (4/15)	84.3
2450	一休	1363	2713 (4/13)	99.0
3099	三越伊勢丹HD	1490	2288 (4/16)	53.6
7532	ドンキホーテHD	8280	10980 (4/15)	32.6
8136	サンリオ	3000	3600 (3/2)	20.0
8202	ラオックス	260	397 (4/27)	52.7

▼ラオックスの週足

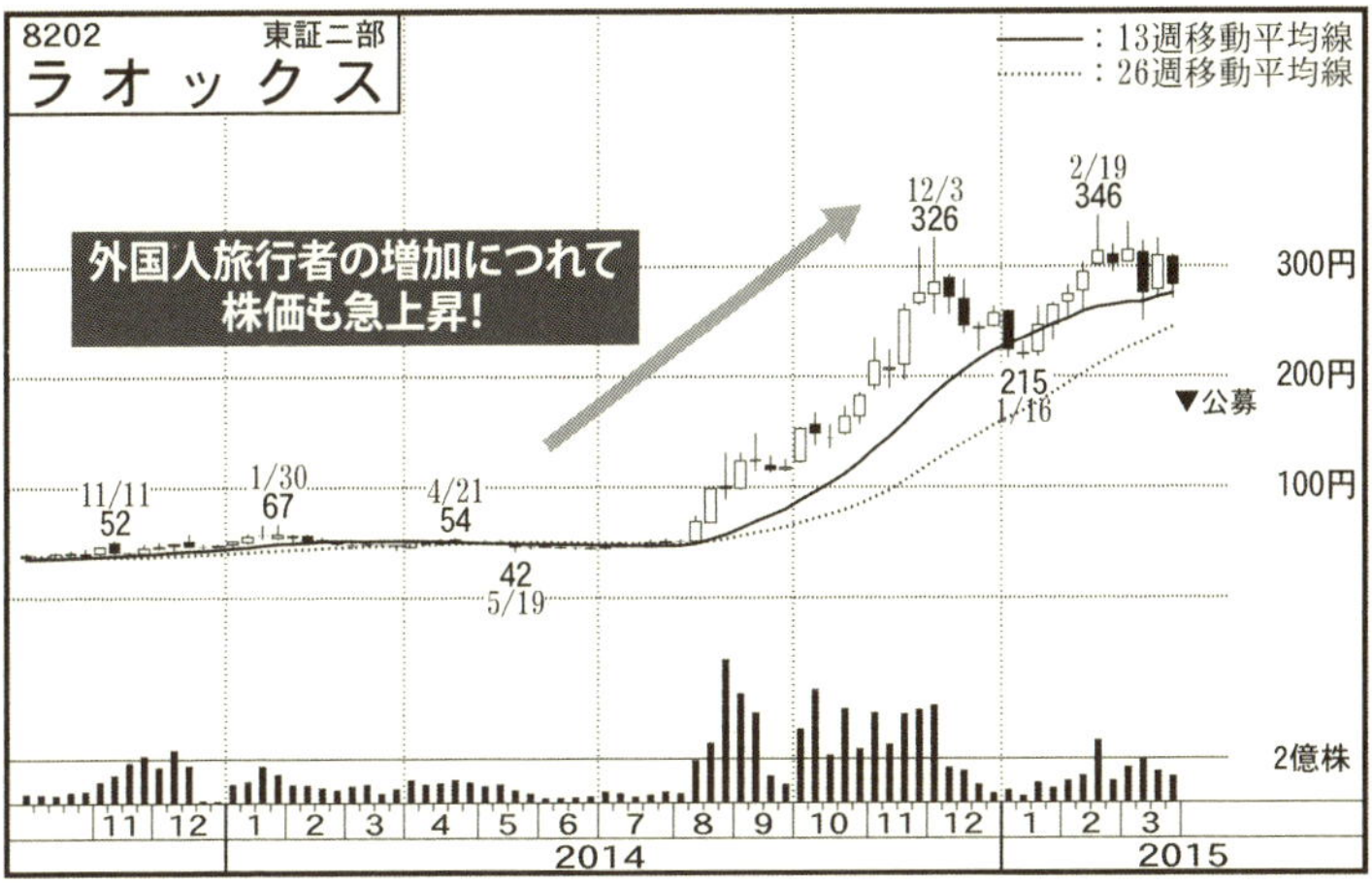

■経営者の力量で能動的な成長を続ける企業

一方、能動的な企業は経営者の力量、ビジネスモデルのユニークさなどによって成長します。その業界が成熟産業であろうと不況業種であろうと、あまり関係がありません。ユーザーに評価される顧客価値を創出し、成長を続ける企業です。すなわち、仕組み（システム）、仕掛け（セッティング）、仕切り（マネジメント）が明快な企業です。

数年前の例でいえば、ファーストリテイリング（9983）が代表格でしょう。消費低迷で衣料品の販売が低迷するなか、柳井正《やないただし》会長兼社長は格安で品質もいい商品を海外（特に中国）で大量に生産・販売し、業績を飛躍的に伸ばしてきました。株価もそれを評価、続伸しています。

モーターが主力の日本電産（6594）も、経営者の力量が企業を急成長させた源泉だといえます。永守重信《ながもりしげのぶ》会長兼社長は町工場並みの零細企業を、強烈なリーダーシップと得意のM&A戦略で巨大ハイテクグループに成長させました。株価は2012年12月の安値2277・5円が2015年4月28日には9200円の高値と、2年間で4倍になっています。成熟産業のなかにも成長企業は存在するのです。むしろ、株価的にはこちらのほうが面白い、という声があります。確かに、そうですね。

●M&A戦略

M&Aとはmergers and acquisitionsの略で、企業合併や買収の総称。ROE（株主資本利益率）の向上にM&A戦略は欠かせないとされ、注目を集めている。

▼日本電産の月足

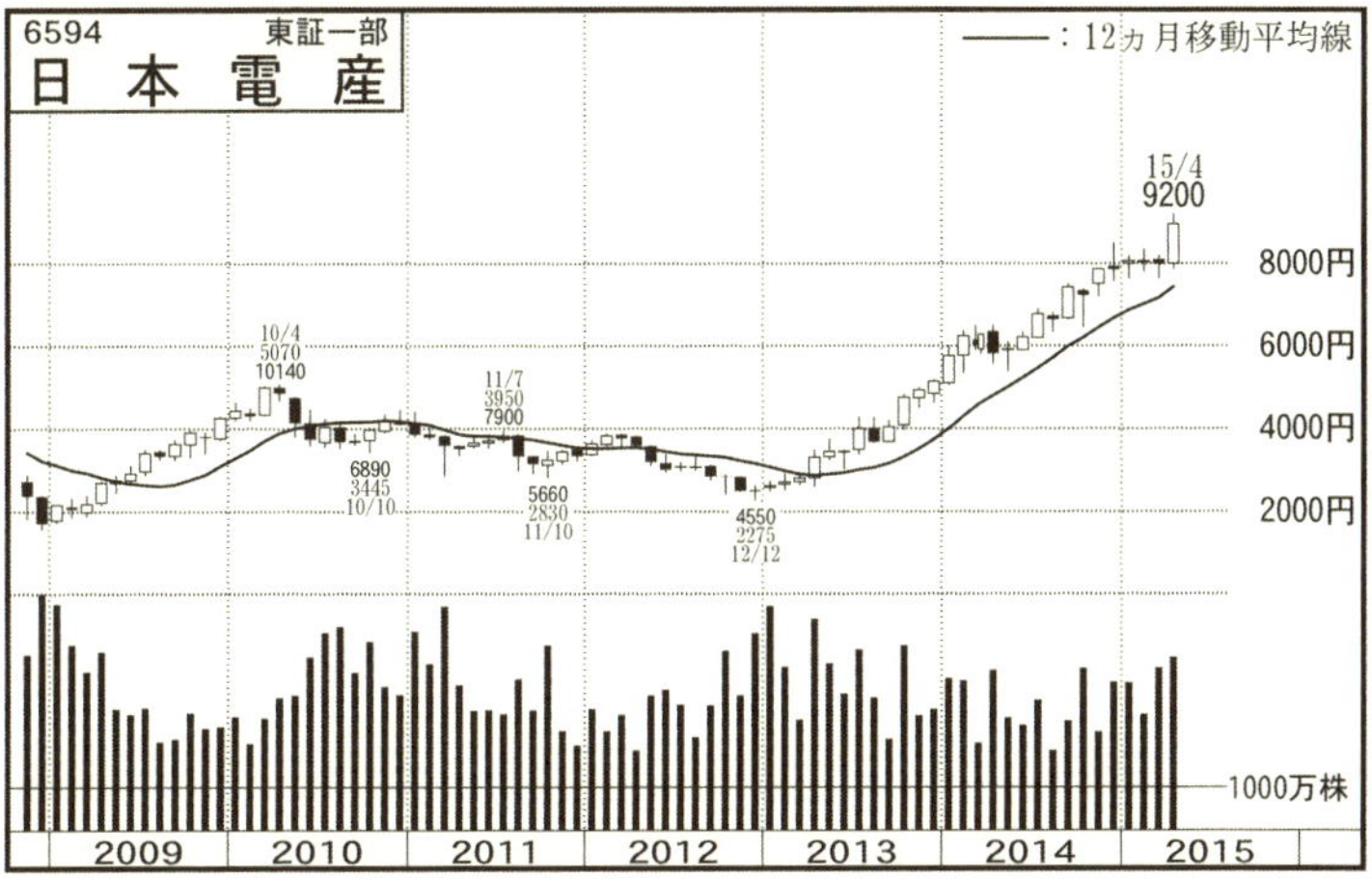

▼日本電産の配当金推移

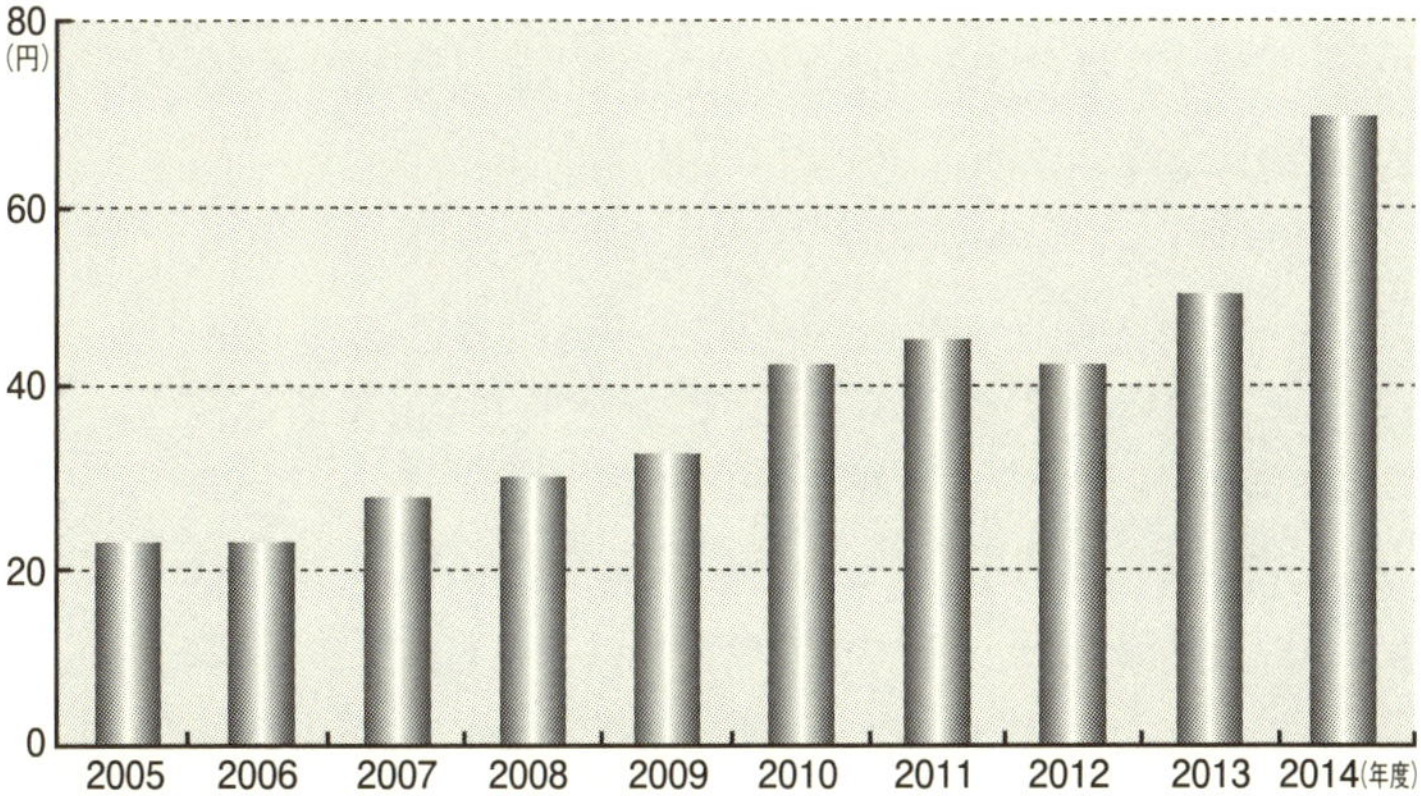

(単位：円)

年度	2005	2006	2007	2008	2009	2010	2011	2012	2013	2014
1株当たり配当金	22.50	22.50	27.50	30.00	32.50	42.50	45.00	42.50	50.00	70.00

〈COLUMN〉杉村富生のブレイクタイム

お金持ちほど積極運用に走る！

古来、「お金は酷使すると逃げる！」といいます。しかし、現在は違います。お金持ちほど積極運用に走っているのです。野村証券のラップ口座の残高は2兆円を超えました。6カ月で1兆円増のペースです。野村証券の預かり資産は、100兆円を突破したそうです。株式投信は2000億円クラスのファンドが次々と設定されています。

もちろん、NISA（少額投資非課税制度）口座の効果、株高の影響もあります。確かに、株式投資家層の裾野は広がっています。ただ、大きな変化が起きているのは富裕層です。彼らは相続税課税の強化、しのび寄るインフレに脅えています。

そう、大きな資金が動き始めたのです。これは株式市場にとって強力な“援軍”となりそうです。

ちなみに、日本には「超富裕層」が5万4000世帯あり、その保有資産額は73兆円に達しています。「超富裕層」とは保有する預貯金、株式、債券、投信、一時払いの年金などから負債を差し引いた純金融資産を5億円以上保有する人です。

さらに、1億円以上～5億円未満に対象を広げると95万3000世帯に増え、その保有資産額は168兆円に膨らみます。お金は当たり前の話ですが、偏在しています。あるところにはあり、ないところにはありません。この“格差”は運用（特に株式を保有しているか、否か）次第によって、もっともっと拡大するでしょう。そう思いませんか。

第2章

銘柄選びと売買タイミング

1 短期・順張りは強い銘柄にマトを絞る！

■成功率の高い上場来高値銘柄

投資家の永遠のテーマともいえる有望銘柄の探し方については、前著『あなたも株式長者になれる39の秘訣』の第1章でも詳しく解説しています。ぜひ参考にしてください。その具体的な方法は、上場来高値銘柄、売買代金ランキング上位銘柄、ストップ高銘柄を毎日チェックするというものです。

2015年の株式相場は1月5日にスタートしました。この大発会の日に上場来高値を更新した〝縁起のいい〟銘柄は東証1部だけで12銘柄ありましたが、そのうち8銘柄がその後も順調に上値追いのトレンドを描いています。

ALSOK（2331）のこの日の終値は2990円。それが適度の押し目をつけながら、3月23日には4445円まで急騰しています。ポイントは、押し目をつけても前の安値を割り込まないという事実です。要するに、上昇トレンドが崩れない限り、保有して大丈夫だということです。これが「天井形成まで保有する」という〝売り方の極意〟につながります。

用語解説

●ストップ高

株価が値幅制限いっぱいまで上がること。株価が極端に変動すると市場が混乱し、投資家保護の面でも問題が生じるとの考え方から、取引所が値幅の制限をしている。制限値幅は株価の水準によって異なる。これの反対がストップ安。

▼ALSOKの日足

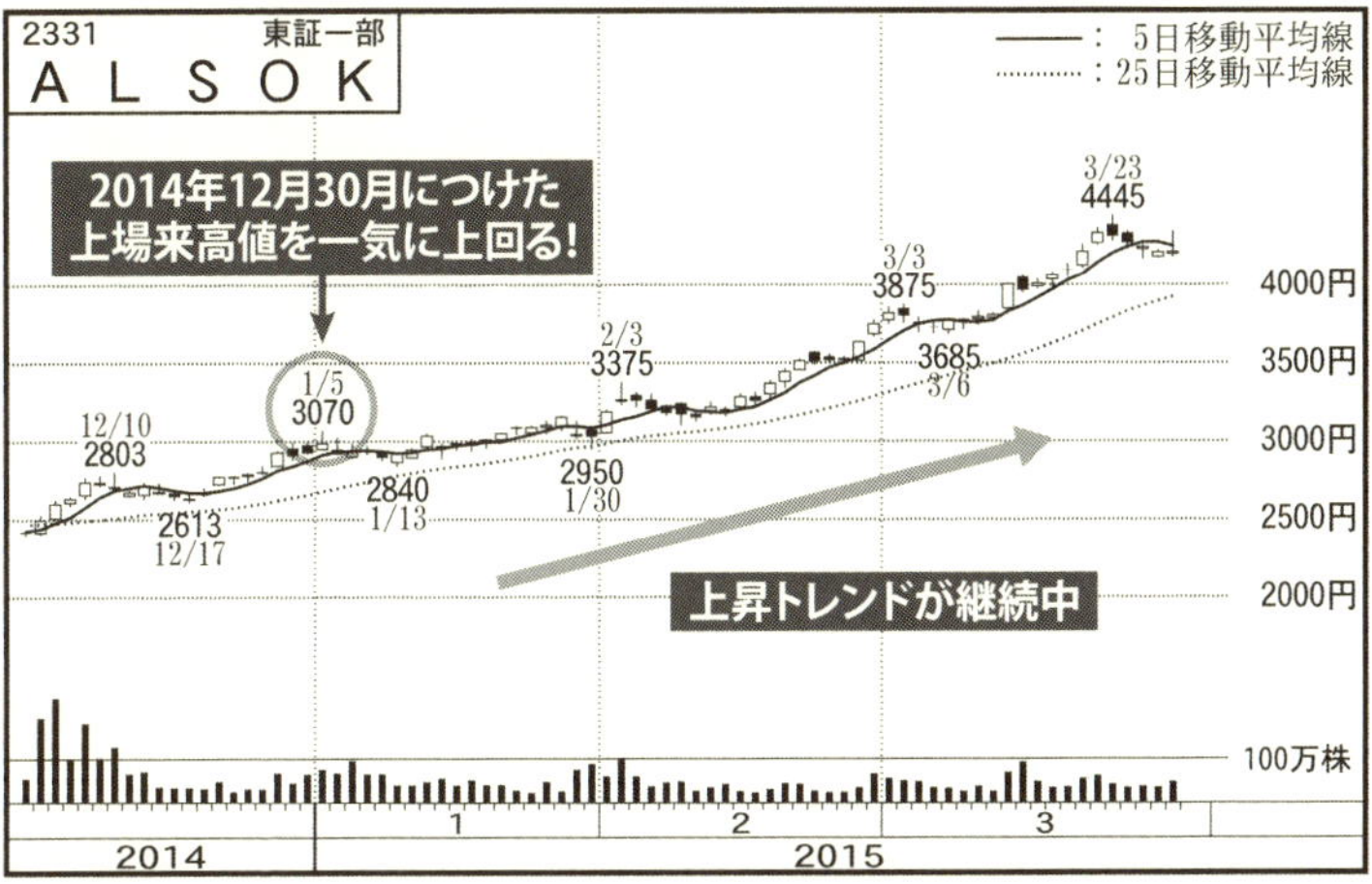
2331 東証一部
ALSOK
――：5日移動平均線
……：25日移動平均線
2014年12月30月につけた上場来高値を一気に上回る!
上昇トレンドが継続中
12/10 2803
2613 12/17
1/5 3070
2840 1/13
2/3 3375
2950 1/30
3/3 3875
3685 3/6
3/23 4445
4000円
3500円
3000円
2500円
2000円
100万株
1
2
3
2014
2015

2015年の大発会に上場来高値を更新した主な銘柄

コード	銘柄	上場来高値(円)	その後の直近高値(円)	上昇率
1333	マルハニチロ	1830	1830 (1/5)	0.0
2331	ALSOK	3070	4445 (3/23)	44.8
2427	アウトソーシング	1996	2117 (1/9)	6.1
3252	日本商業開発	2241	2369 (1/20)	5.7
4923	コタ	1333.3	1960.8 (2/13)	47.1
8159	立花エレテック	1458.3	1600.0 (3/27)	9.7
8200	リンガーハット	1978	2340 (1/30)	18.3
9024	西武ホールディングス	2554	3295 (3/23)	29.0
9025	鴻池運輸	1327	1334 (3/13)	0.5
9551	メタウォーター	2428	2536 (3/23)	4.4

(注)上昇率は1月5日高値から3月末の高値までのもの。

■チャートが教える投資戦略

上場来高値銘柄は上放れの〝初っ端《ぱな》〟に乗ることが肝要です。しかし、上場来高値を更新した日の株価が目先の天井になる銘柄も存在します。マルハニチロ（1333）の2015年1月5日の高値は1830円、終値は1820円です。翌6日は寄り付きから下げ、終値は1766円と安値引けとなりました。

第3章で詳述しますが、ローソク足は大陰線《だいいんせん》を形成、しかも始値（1792円）と高値（1793円）がほぼ同値という最も弱い形です。高値圏でこのようなローソク足が出現すると、相場が反転することがよくあります。

その後、1月22日には1661円まで下げてしまいました。この間の下げ過程で問題なのは、先の安値であった1691円（2014年12月22日）を割り込んでしまったことです。次ページのチャートを見れば一目瞭然、トレンドが右肩上がりではなくなっています。そう、トレンドが崩れたのです。

この形になると、当分の間、上値はあっても限定されます。どうしてもこの銘柄にこだわるなら、小すくい（小幅取り）しかありません。このように、チャートは投資戦略を教えてくれるのです。

●上値

現時点での値段よりもさらに高い値段のこと。たとえば、500円の株価が501円になれば上値であり、502円、503円と上昇を続けていくさまを「上値を追う」という。上値の逆が下値である。

▼マルハニチロの週足

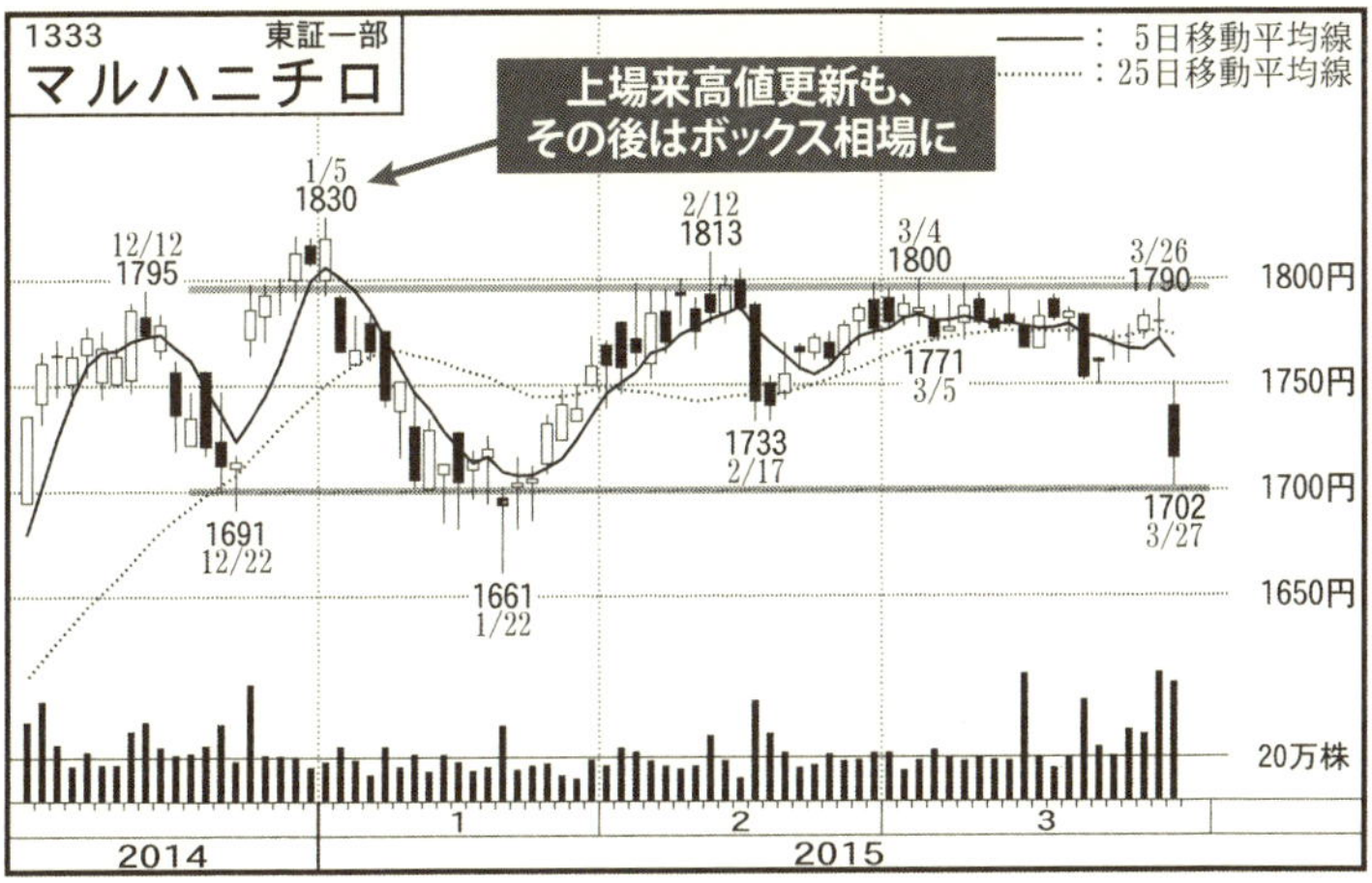
1333
東証一部
マルハニチロ
5日移動平均線
25日移動平均線
上場来高値更新も、
その後はボックス相場に
1/5
1830
12/12
1795
2/12
1813
3/4
1800
3/26
1790
1771
3/5
1733
2/17
1691
12/22
1661
1/22
1702
3/27
1800円
1750円
1700円
1650円
20万株
1
2
3
2014
2015

▼マルハニチロのトレンド図

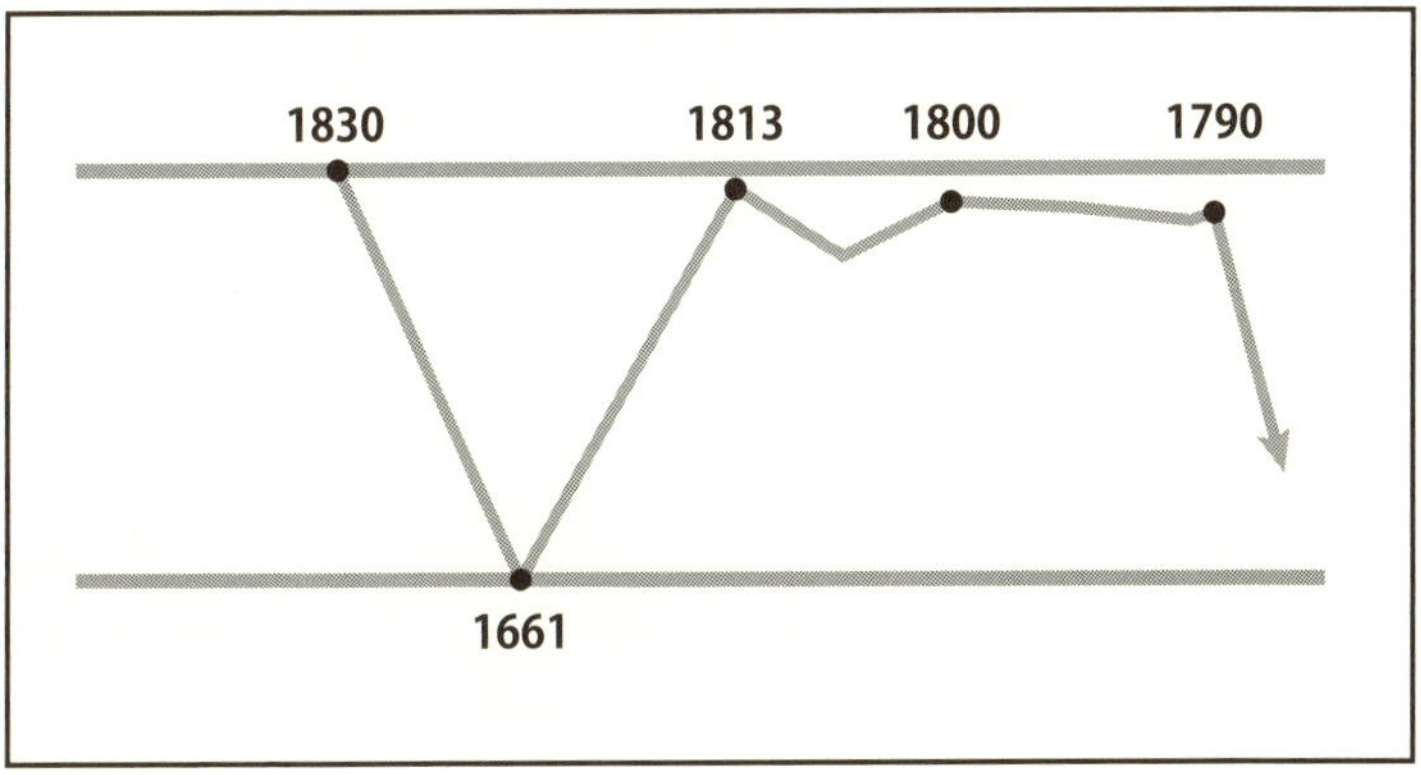
1830
1813
1800
1790
1661

② 順張りパターン銘柄の押し目を買う

■移動平均線の順番をチェックしてみよう

強い銘柄は上場来高値銘柄だけに限りません。順張りパターン銘柄も強い銘柄です。順張りパターン銘柄とは、3本の移動平均線が上向き、かつ上から短期線→中期線→長期線の順に並んでいる銘柄です。このとき時価が一番上に位置していれば、最も強いパターンとなります。いや、順張りパターン銘柄はそうでなければなりません。

移動平均線は日足なら短期線＝5日線、中期線＝25日線、長期線＝75日線が通常よく使われます。週足の場合は短期線＝3週線、中期線＝13週線、長期線＝26週線、月足の場合は短期線＝3カ月線、中期線＝12カ月線、長期線＝36カ月線が一般的です。

もちろん、上場来高値銘柄のほとんどはこの順張りパターン銘柄です。すなわち、順張りパターン銘柄＝上昇トレンド銘柄なのです。

繰り返しますが、株式投資で重要なことは「トレンドを読む」ことです。そして、安全性が高く着実に利益をもたらしてくれるのが、順張りパターン銘柄の押し目を買うということです。

●順張り

株価の方向に合わせて売買する投資手法。すなわち、株価が上向き（上昇トレンド）のときに買い、株価が下向き（下落トレンド）のときに売る。この反対が逆張り。

▼アルプス技研の日足

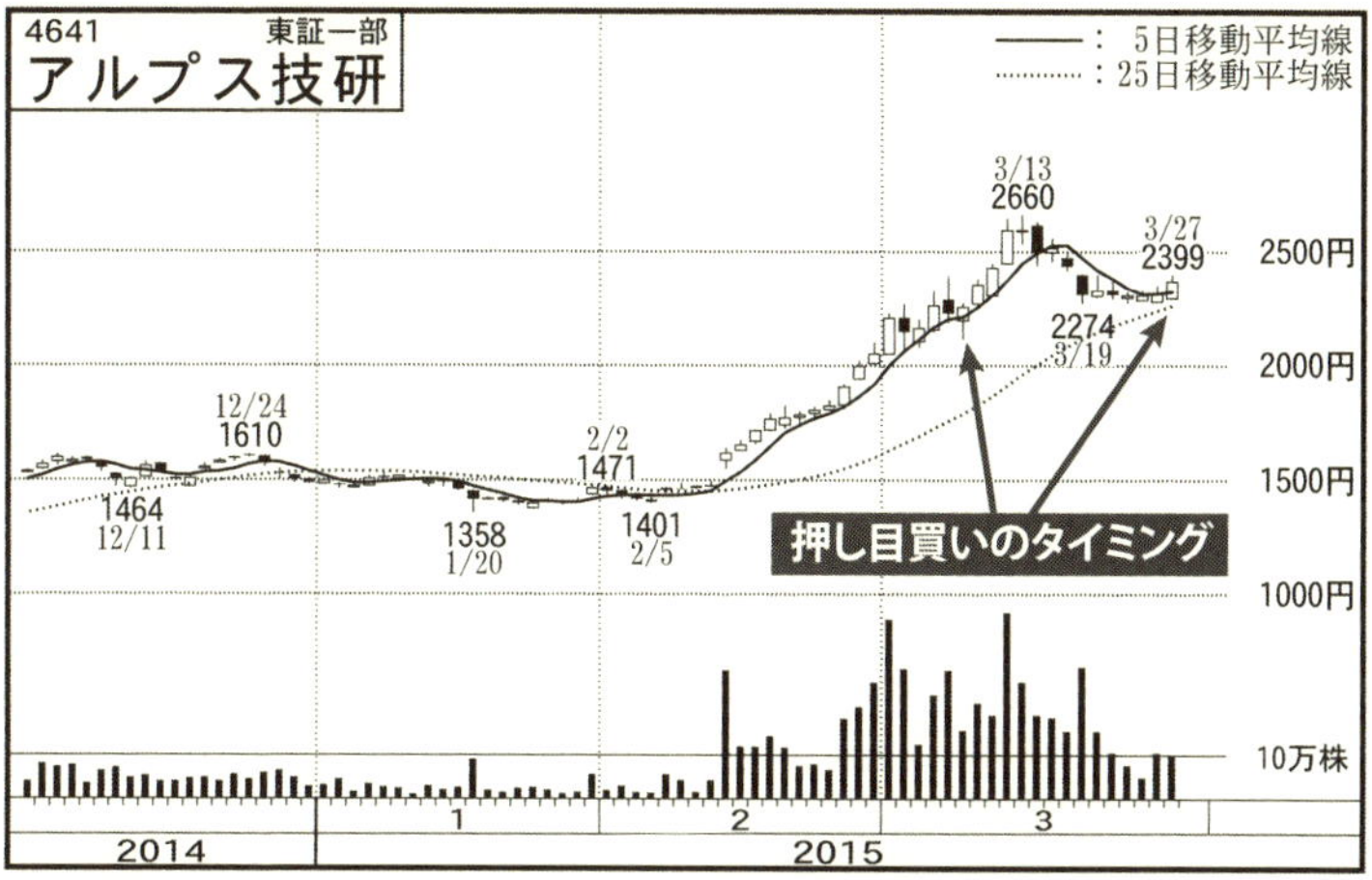
4641 東証一部
アルプス技研
——：5日移動平均線
……：25日移動平均線
3/13
2660
3/27
2399
2274
3/19
12/24
1610
2/2
1471
1464
12/11
1358
1/20
1401
2/5
押し目買いのタイミング
2500円
2000円
1500円
1000円
10万株
1
2
3
2014
2015

（注）本書掲載チャートの移動平均線はすべて日足は5日線と25日線、週足は13週線と26週線の2本。月足は12カ月線の1本。

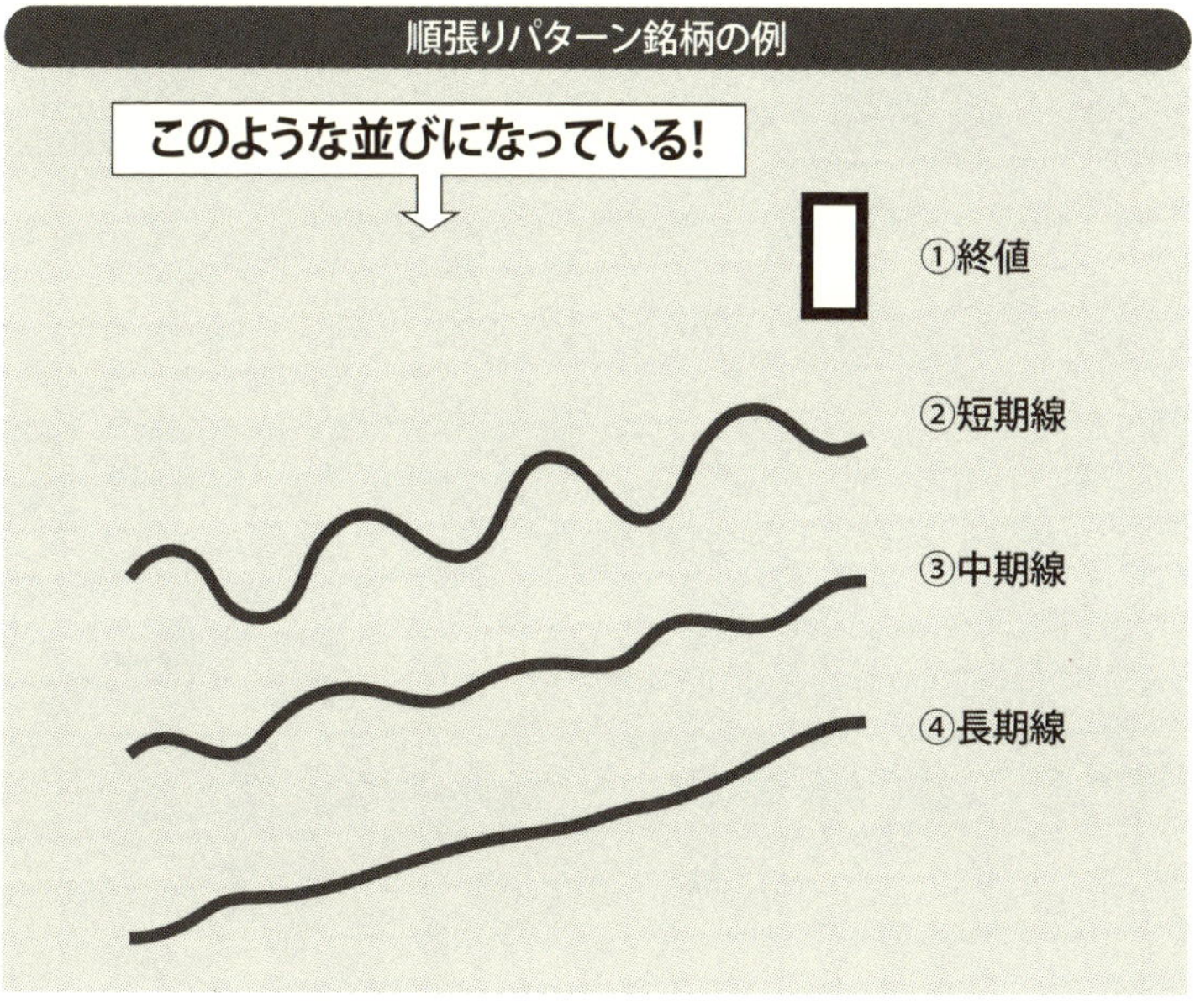
順張りパターン銘柄の例
このような並びになっている！
①終値
②短期線
③中期線
④長期線

■かい離率にこだわりすぎてはいけない

次ページの図表は2015年2月27日時点での主な順張りパターン銘柄です。移動平均線とのかい離率、時価（終値）、その後の高値、時価から高値までの上昇率をそれぞれ示しています。これらの銘柄のチャートはすべて、上から①時価→②短期線→③中期線→④長期線の順に並んでいます。

このなかで2月27日から3月24日までの間に最も上昇したのはFPG（7148）の38・1％、次いでアルプス技研（4641）の29・6％、村田製作所（6981）の20・7％となっています。村田製作所の日足チャートを見ると、2月27日に大陽線《だいようせん》が出現して、その後上げ足を速めているのが分かります。ただ、先の高値1万3780円を上抜いたのは、それより4営業日前の2月23日でしたから、最初の買いタイミングはこの日の大引け（終値＝1万3590円）か、翌営業日の寄り付き（始値＝1万3600円）でもよかったことになります。

なお、かい離率は25日移動平均線との比較ですが、いずれの銘柄も大幅なプラスかい離状態にありました。移動平均線とのかい離が行きすぎると反落する場合もありますが、強い銘柄の証拠でもありますので、それほど気にする必要はありません。

●かい離率
株価が移動平均線からどのくらい離れているかを見る指標。移動平均線より株価が上にあればプラス（順）かい離、下ならマイナス（逆）かい離という。

●大陽線
株価が大幅高になったときに形成されるローソク足のこと。一般的に始値から終値の上昇率が5％以上になったとき、このように呼ばれる。将来的な株高を示す有力なサインとされるだけに、要注目の足型である。これの反対が大陰線。

2015年2月27日時点での主な順張り銘柄

コード	銘柄	かい離率(%)	終値(円)	その後の直近高値(円)	上昇率
7148	FPG	19.37	938	1380 (3/31)	47.1
4641	アルプス技研	28.38	2052	2660 (3/13)	29.6
6981	村田製作所	11.97	14745	17795 (3/24)	20.7
6028	テクノプロ・HD	14.90	2661	3145 (3/13)	18.2
3034	クオール	20.94	1084	1278 (3/6)	17.9
4661	オリエンタルランド	9.71	8057.5	9890.0 (3/30)	22.7
8275	フォーバル	21.52	1630	1869 (3/6)	14.7
7976	三菱鉛筆	16.32	4365	4830 (3/12)	10.7

(注)上昇率は2月27日終値から3月末の高値までのもの。

▼村田製作所の日足

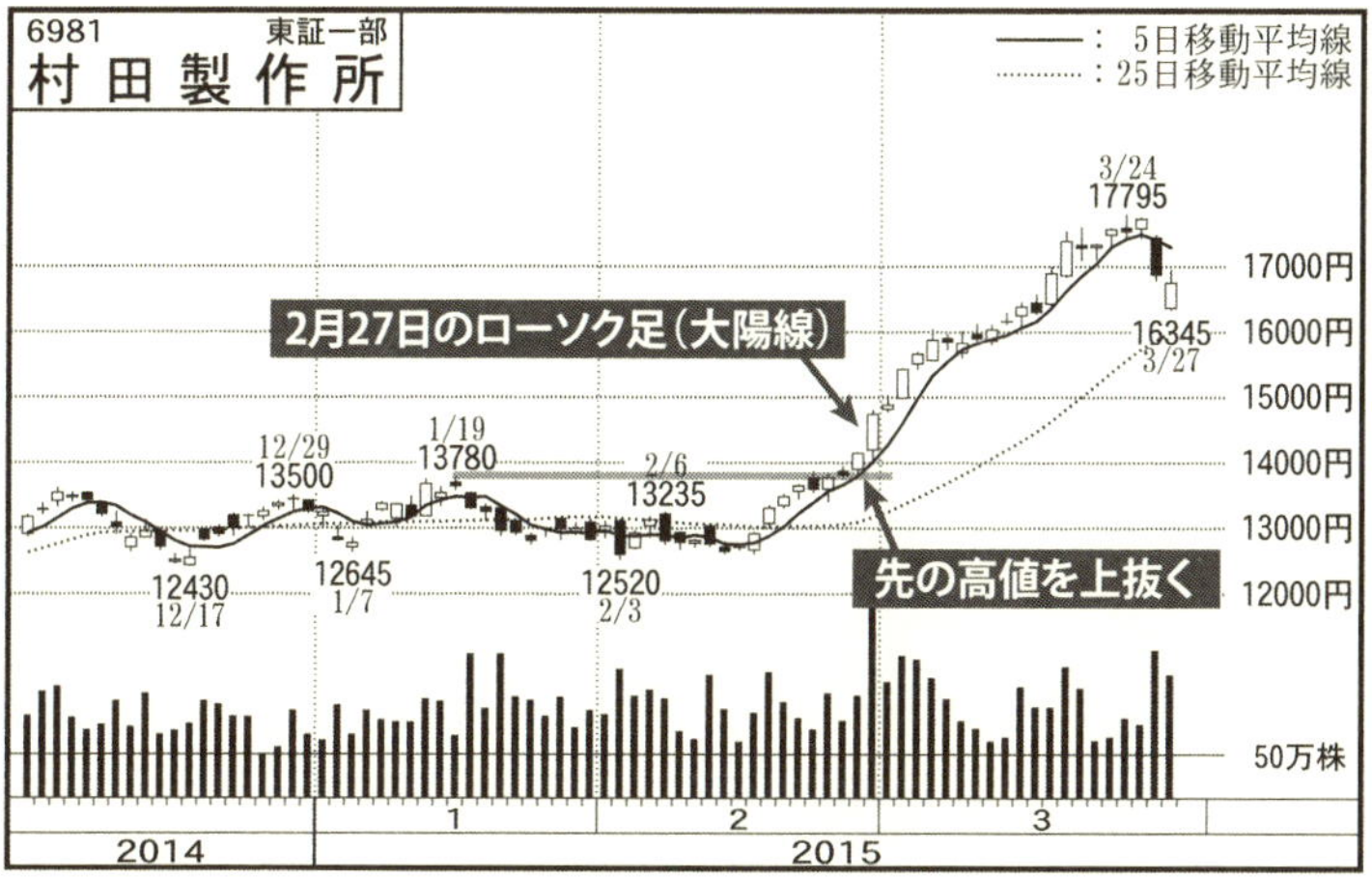

③ストップ高銘柄を徹底マークせよ

■ストップ高は大相場の兆し

前著『あなたも株式長者になれる39の秘訣』で、ストップ高銘柄は「買われた理由」を吟味して売買することが必要だと述べました。最低限、ストップ高銘柄を毎日チェックしてノート・手帳に書き写すことはしなければいけませんが、それだけで済ませていたのでは儲けに結びつきません。

ストップ高になったということは、値幅制限一杯まで買われたことを意味します。つまり、どうしても買いたい（買わなくてはならない）投資家がいたわけです。なぜそこまでして高値でも買いたいのか。その理由を調べれば、翌営業日以降も買いが持続するのか、ある程度見当がつきます。

ストップ高銘柄を運よく買えても、そこを天井に下げてしまうことがあります。すなわち、「高値づかみ」です。この高値づかみを避けるためにも、買われた理由をよく調べなければいけません。チャート的には、「大陽線の出現は大相場の兆し」といえます。大陽線を出現させたストップ高は価値があるのです。

●高値づかみ
相場が上昇しているとき高値で購入、株価がその後下がれば、結果的に高値づかみとなる。強い銘柄の高値買いは順張りの基本の1つだが、安易なムード買いには注意が必要だ。

▼ラクーンの日足

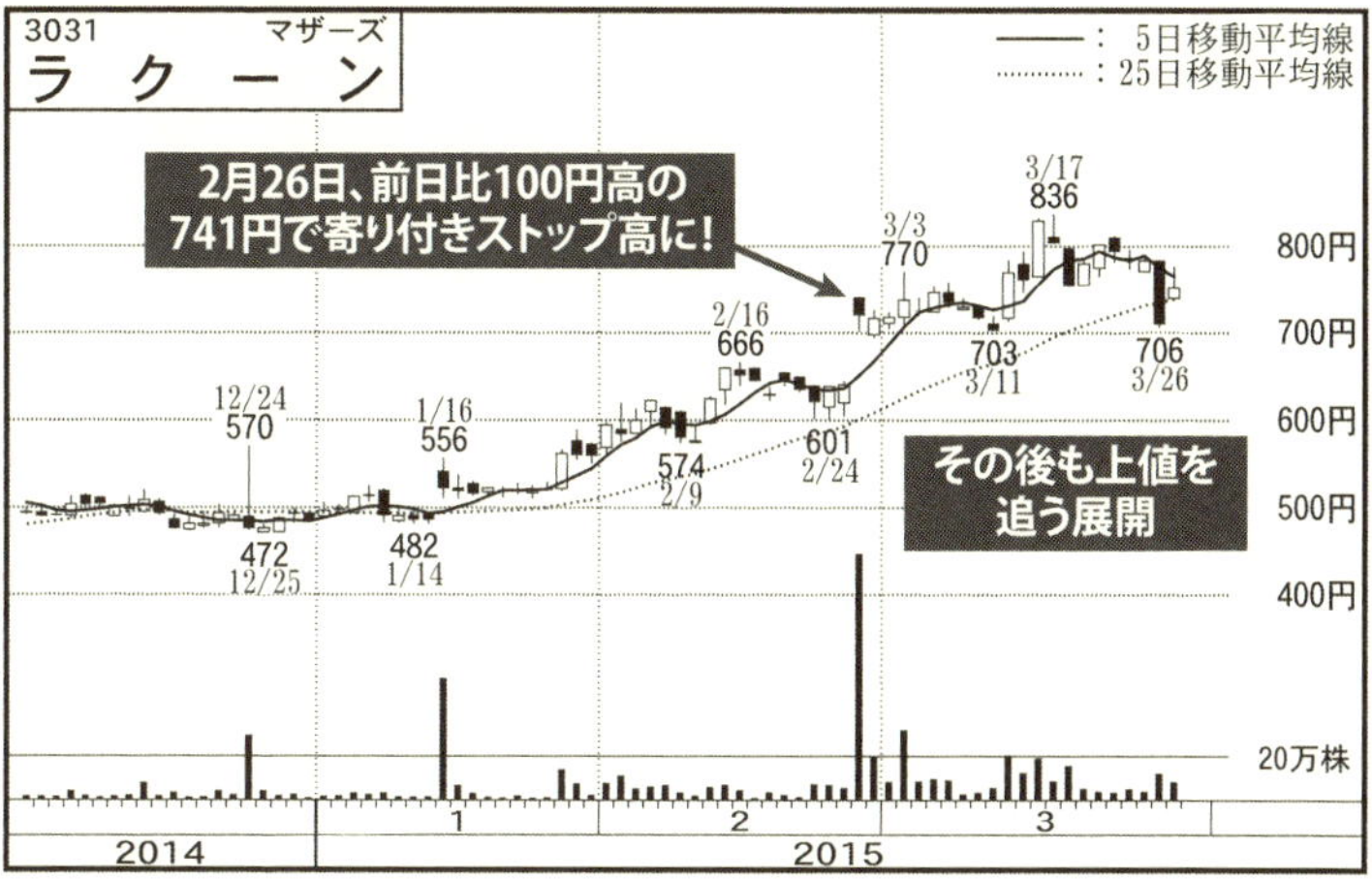

▼ネクステージの日足

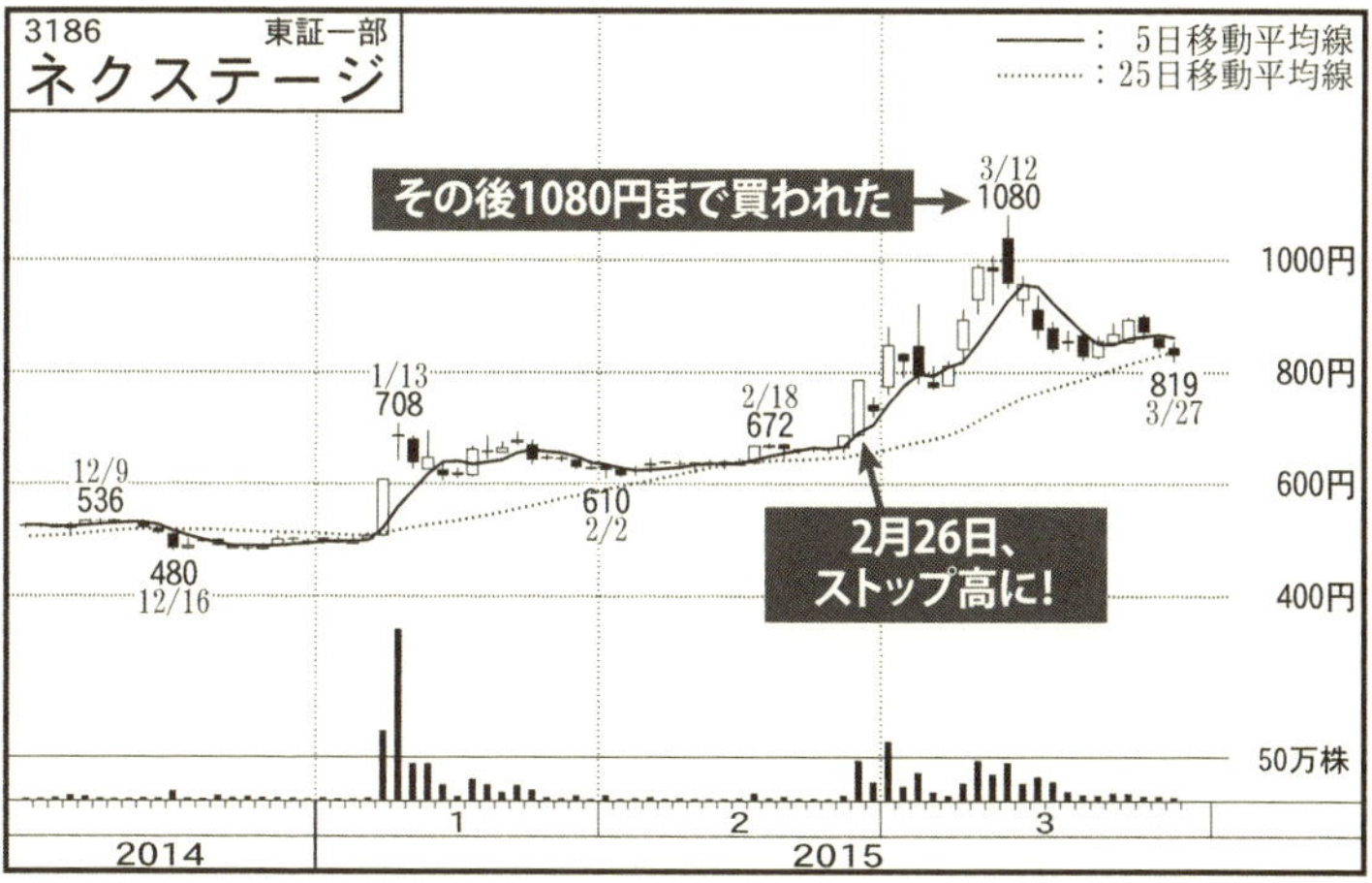

■大塚家具の思惑買いから学ぶべきこと

２０１５年2月26日のストップ高は東証１部＝1銘柄、東証２部＝２銘柄、東証マザーズ2銘柄、ジャスダック＝15銘柄と合計20銘柄ありました。繰り返しになりますが、ストップ高は連続する習性があります。このため、一発目のストップ高は飛び乗ってもまず大丈夫です。

前ページの上段にチャートを掲載したラクーン（３０３１）は衣料・雑貨のコマースサイトを運営しており、決済代行、売掛債権保証事業なども行なっています。この日ストップ高になったのは、発行済み株式数の４・８％に相当する自社株買いを発表したことに加え、２０１５年４月期第３四半期の連結営業利益が、前年同期比38・３％増と順調に推移したことが好感されました。前ページ下段のネクステージ（３１８６）は、中古車販売事業の好調ぶりが評価されたようです。

また、この日の特筆すべき銘柄には大塚家具（８１８６）がありました。経営権をめぐり、父親である大塚勝久会長と長女の大塚久美子社長が対立、新聞・テレビで大きく取り上げられ話題となったのです。日本経済新聞が「委任状争奪戦」と伝えたことなどから、思惑買いを呼び込みました。お互いが「増配合戦」を展開したのも好感

●自社株買い

上場企業が自社の株式を市場などで購入すること。自社株買いを行なえば市場で流通する株式が減少することから、その後の株価上昇につながりやすい。また、ＲＯＥ（自己資本利益率）の向上をもたらす効果もある。

されたようです。

　同社株はその後３月３日に２４８８円まで急騰しましたが、やはり長続きしませんでした。このような話題先行のケースでは高値づかみとなりがちですから、注意が必要です。それに海外の有力ファンドはしっかり売り抜けていました。このような銘柄は、ストップ高になったからといっても、基本的には買えません。まあ、〝お家騒動〟はダメですね。

　前著でも詳しく述べましたが、ストップ高になった理由を調べてから買い出動をしなければいけません。話題性と思惑でストップ高になった大塚家具に対し、ラクーンとネクステージは事業の好調ぶりが評価されたものです。事実、両銘柄ともその後、上値を切り上げています。

▼大塚家具の日足

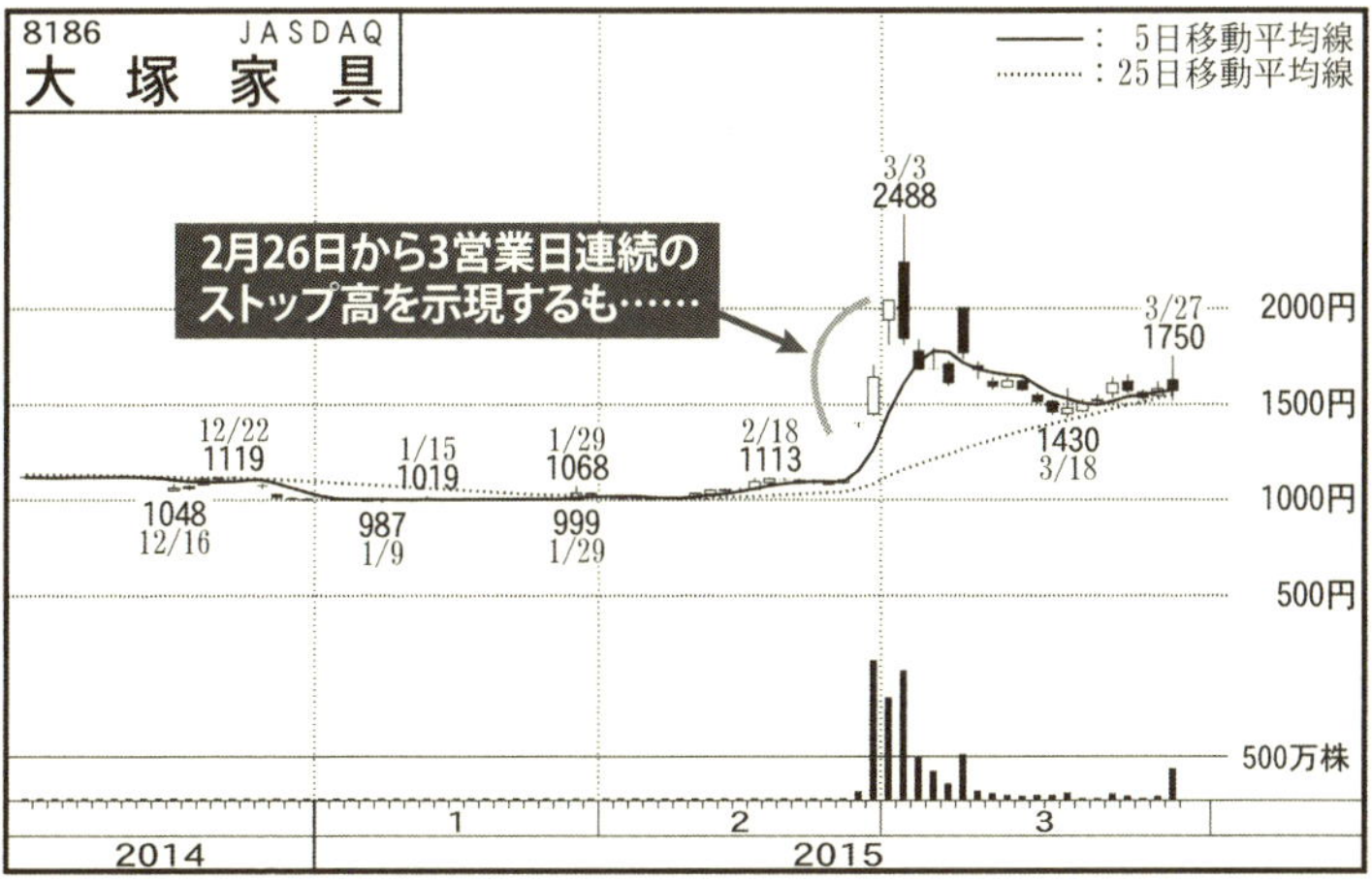

8186 JASDAQ
大塚家具
――：5日移動平均線
……：25日移動平均線
2月26日から3営業日連続のストップ高を示現するも……
3/3 2488
3/27 1750
1430 3/18
12/22 1119
1048 12/16
1/15 1019
987 1/9
1/29 1068
999 1/29
2/18 1113
2000円
1500円
1000円
500円
500万株
1
2
3
2014
2015

④ 出来高急増銘柄は宝の山

■自社株買いの発表で急騰した木村化工機

前著では、売買代金上位銘柄の〝新顔〟を徹底マークする必要性について説明しました。売買代金上位銘柄は通常、毎度おなじみの顔ぶれが並びますが、突如としてランキング上位に飛び出してくるニューフェースがあるのです。

前著では2014年7月30日の例としてクラリオン（6796）と花王（4452）を取り上げましたが、両銘柄ともその後、順調に上値を追いました。そう、出来高と売買代金は株価に先行して膨らむのです。

売買代金は株価×出来高で算出される金額ですから、出来高と同じような側面を持ちます。ただ、売買代金上位銘柄に限るとソフトバンク（9984）、三菱ＵＦＪフィナンシャル・グループ（8306）、トヨタ自動車（7203）など超大型株の常連組が常に上位であり、新顔組が登場しにくいという難点があります。

そこで、今回は出来高急増銘柄に着目してみたいと思います。出来高急増銘柄は小型の株でも頻繁に登場します。銘柄選択に幅が出るのです。

●出来高急増銘柄

文字どおり、出来高が急に増える銘柄のこと。薄商いが続いていた銘柄に好材料、悪材料が出現すると買いたい人、売りたい人が増えて出来高が急増する。大切なのは出来高が急増した理由をきちんと調べることで、一過性のものであれば買いは見送りが賢明。

下のチャートの木村化工機（６３７８）は２０１５年３月２日、１１０万２１００株という同社株としては出色の大商いとなりました。前営業日の出来高はわずか２万８７００株でした。一気に１０７万３４００株も増えたことになります。

出来高が急増した理由は自社株買いを実施する、と発表したからでした。発行済み株式数の４・９％に相当する１００万株の規模でした。それで、市場にこのようなインパクトを与えたのです。同社株はその後６３１円まで急騰しました。もちろん、原発再稼動機運に合わせテーマ性（原子力関連）という側面もあります。

ただ、自社株買いだけの株高には持続性がありません。そこは要注意です。

▼木村化工機の日足

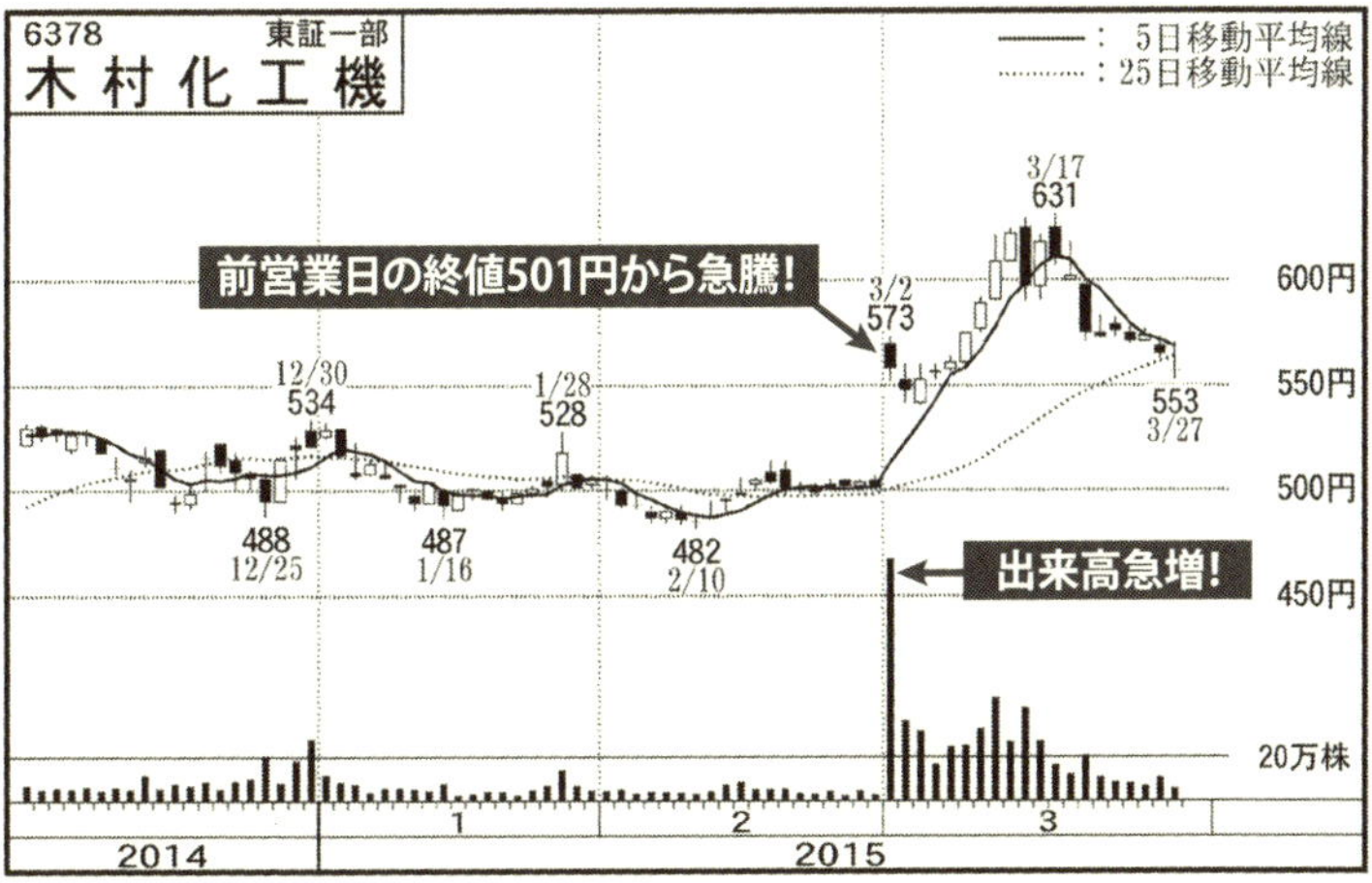

■出来高は株価に先行する！

出来高急増銘柄は、全体相場の地合《じあ》いがパッとしないときでも活躍する確率が高いですね。このため、銘柄選びに欠かせません。日経平均株価は2015年の2月半ばから上げ足を速め、その勢いは3月期末にかけて加速していきました。4月には2万円の大台を奪回しています。

しかし、1月は5日の大発会から下げ基調で、1月16日には1万6592円の安値をつけています。1月はかろうじて月足陽線となりましたが、30日の終値は1万7674円にすぎませんでした。まあ、もち合いだったのです。

これに対し、大発会の日に出来高が急増した銘柄を検証してみると、その多くが上値追いの展開となったのです。これは、チャートを見ればすぐ分かります。

日清製粉グループ本社（2002）は、1月5日に315万8000株の出来高を記録しました。これは前営業日である2014年12月30日に比べて264万株も増えています。その後、利食い売りをこなしながら同社株は1月30日に1464円まで値上がりしました。まさに、「出来高は株価に先行する！」を証明した形となりました。これは強力な買い手が参戦したことを示しています。

●地合い
相場の状況、雰囲気のこと。場味（ばあじ）ともいう。市場全体の商いが膨らみ、株価も順調に上昇しているときは「地合いがいい」、「強い地合い」などと形容される。逆に商いも薄く値を崩すようなときは「地合いが弱い」、「軟調な地合い」などといわれる。

2015年1月5日に出来高が急増した主な銘柄

コード	銘柄	出来高比（万株）	1/5の終値（円）	1月の高値（円）	上昇率
1821	三井住友建設	＋3568.3	164	189（1/21）	15.2
1890	東洋建設	＋51.9	538	594（1/27）	10.4
2002	日清製粉G本社	＋264.0	1245	1464（1/30）	17.6
6632	JVCケンウッド	＋2987.3	292	317（1/8）	8.6
6704	岩崎通信機	＋898.1	104	129（1/8）	24.0
6771	池上通信機	＋5241.5	188	219（1/9）	16.5
7231	トピー工業	＋301.7	251	268（1/30）	6.8
日経平均株価			17408	17850（1/28）	2.5

（注）出来高比は前年大納会（12/30）の日との増減比。

▼日清製粉グループ本社の日足

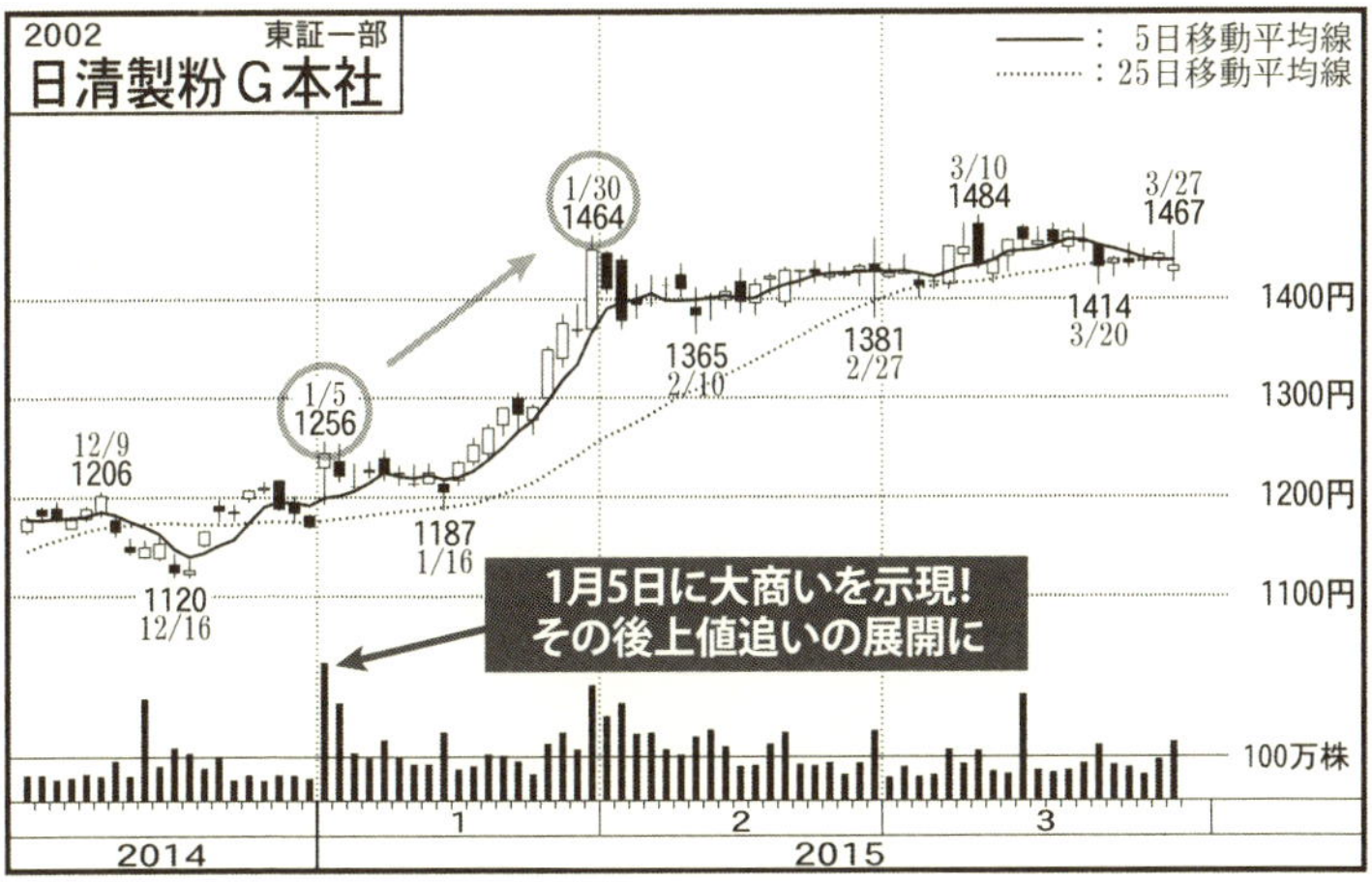

5 長期・逆張りは徹底して安値を拾う

■平均コストを下げながら株数を増やす戦略

短期投資の基本は、順張りが基本です。すなわち、チャートが右肩上がりの上昇トレンド銘柄、〝強い銘柄〟を徹底して攻めます。

この場合、基本的な買いのタイミングは前の高値を上抜いたとき、となります。もちろん、トレンドが崩れない限り、押し目買いも有効です。とにかく、短期・順張り投資の場合は株価の動きと出来高を重視します。これに対し、長期投資の場合は逆張りが基本的なスタンスとなります。長期・逆張り銘柄は「好業績」「好需給」に加え、「テーマ性」が内包されていれば〝鬼に金棒〟です。

次ページの上段は丸紅（８００２）の月足です。２０１３年5月につけた８７２円に対し、２０１５年4月24日の株価は７３０円と大きく出遅れています。同社の業績は連結営業増益が続いており、配当利回りも3・5％あります。

このような銘柄を長期・逆張り投資の対象とした場合、安値を徹底的に拾って平均コストを下げることが肝要です。日足を見ると、買い場がすぐに分かります。

●逆張り
順張りのまさに反対で、株価の方向とは逆に売買する投資手法。株価が下がったときに買いを入れたり、株価が急上昇したときにカラ売りをする。比較的、個人投資家が好む手法だといわれている。

▼丸紅の月足

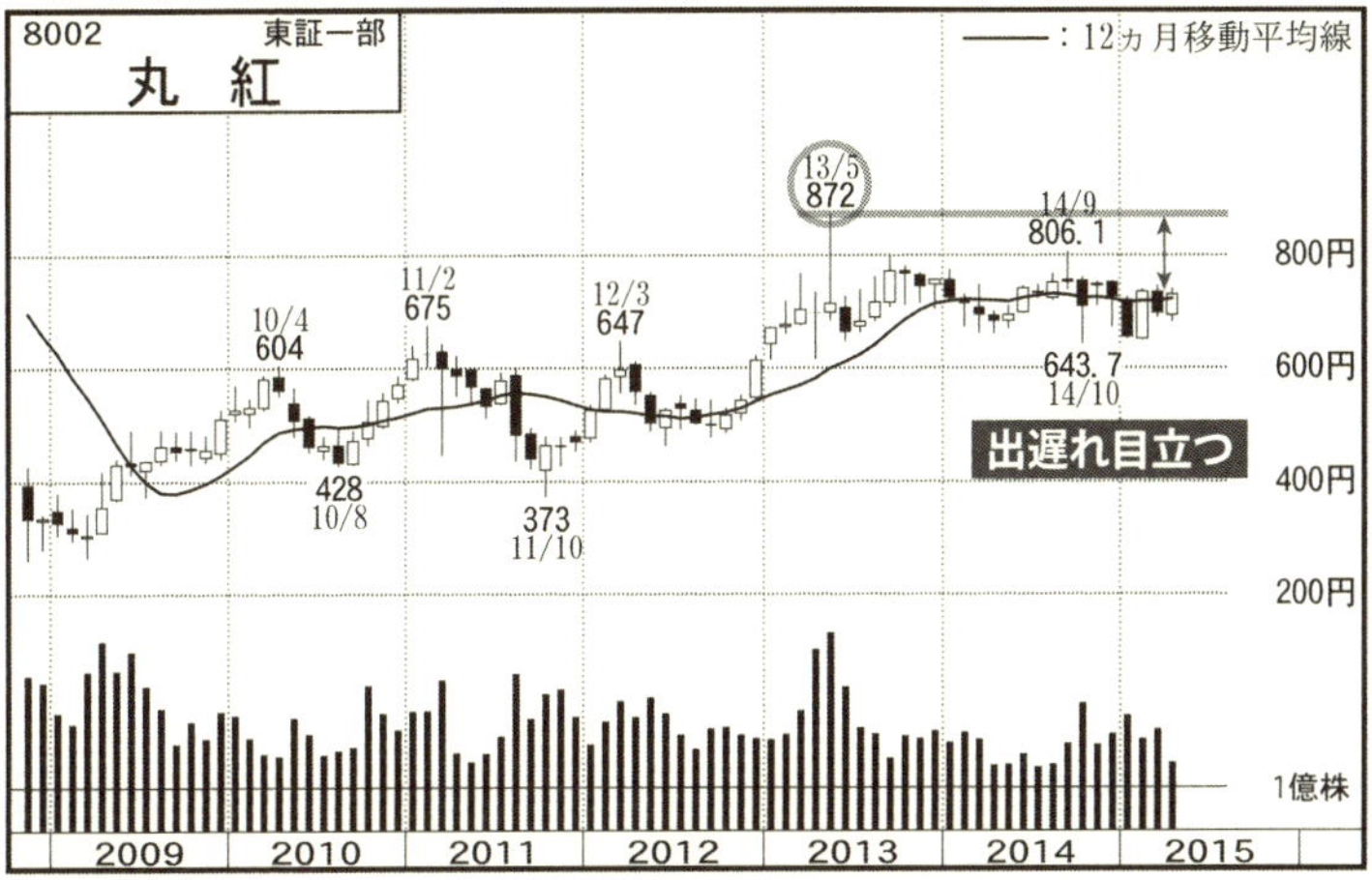
8002
東証一部
丸　紅
——：12ヵ月移動平均線
13/5
872
14/9
806.1
11/2
675
12/3
647
10/4
604
643.7
14/10
428
10/8
373
11/10
出遅れ目立つ
800円
600円
400円
200円
1億株
2009
2010
2011
2012
2013
2014
2015

▼丸紅の日足

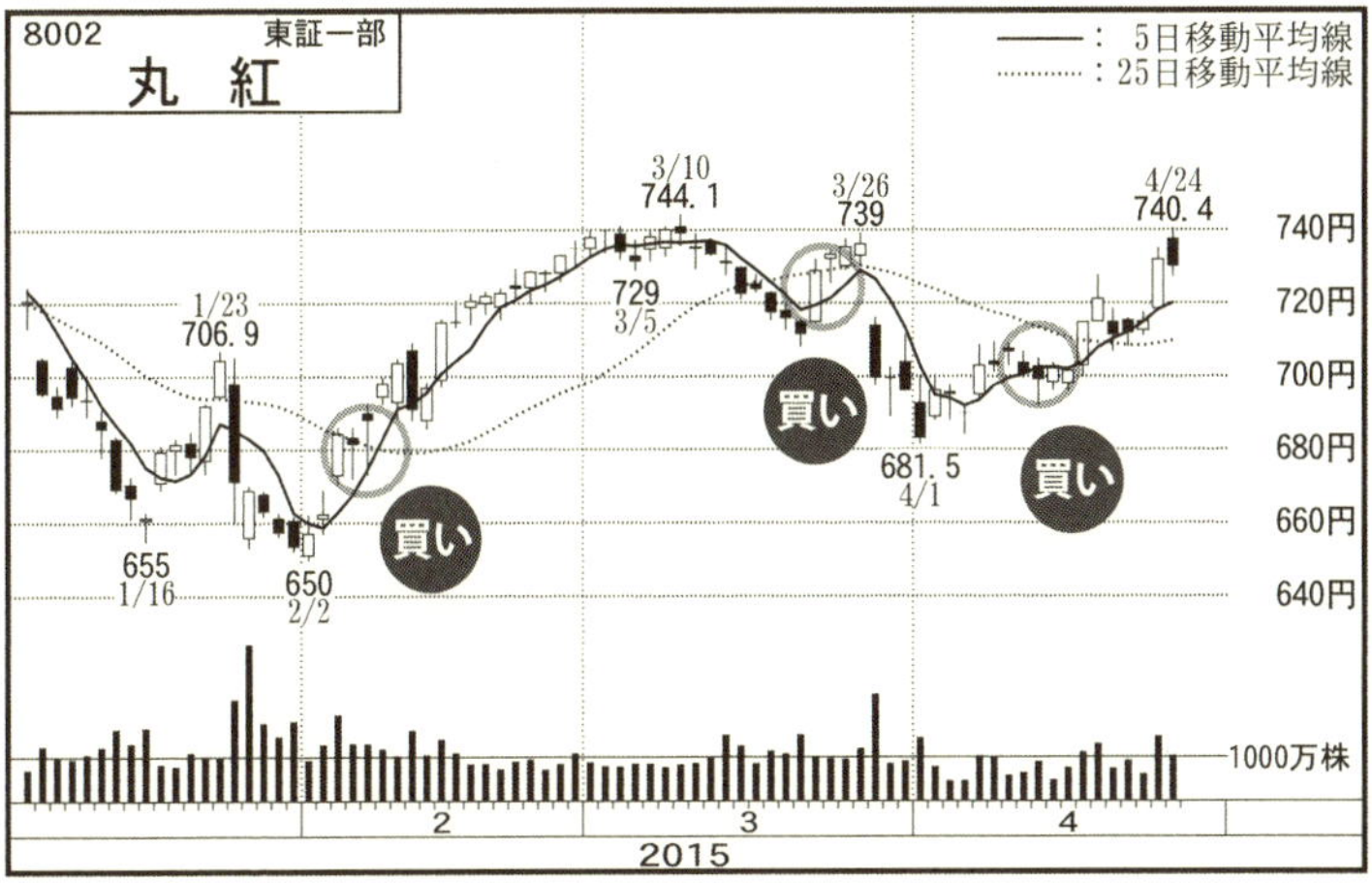
8002
東証一部
丸　紅
——：5日移動平均線
……：25日移動平均線
3/10
744.1
3/26
739
4/24
740.4
1/23
706.9
729
3/5
655
1/16
650
2/2
681.5
4/1
買い
買い
買い
740円
720円
700円
680円
660円
640円
1000万株
2
3
4
2015

■ROEの改善に注力する銘柄を狙う

最近の株式市場では、ROE（自己資本利益率）の改善に向けた動きが活発化しています。日本企業のROEは欧米諸国と比較して低く、これが日本株の低評価につながった、ともいわれています。

しかし、ここにきてROEの改善を強く意識した経営方針が、多くの有力企業から発表され、それをきっかけに株価が急騰する例も目立ち始めました。すなわち、経営計画の数値目標にROEを掲げる、大幅な増配や自社株買いで株主余剰資金を還元する、などです。このようなROEの改善に取り組む企業の株式も、長期・逆張りの対象となります。

次ページのチャートは日立キャピタル（8586）の月足です。ようやくここにきて株価に動きが出てきましたが、2013年12月につけた3160円を抜くところまでには至っていません。

同社のROEは2014年3月期が7.8％でしたが、2016年3月期には8・7％になると予想する調査機関もあります。長期・逆張りならチャートをよく見て、安値をつけたら徹底的に拾うことです。

●ROE
Return On Equity の略で、企業の収益性分析で使われる株価指標の1つ。当期純利益を前期および当期の自己資本の平均値で割り出して算出する。

●PBR
Price Book -Value Ratioの略で、1株当たり純資産に対し、株価が何倍まで買われているかを表したもの。一般的にPBRが1倍であるとき株価が解散価値と等しいとされ、それ以下の場合は割安と判断される。

▼日立キャピタルの月足

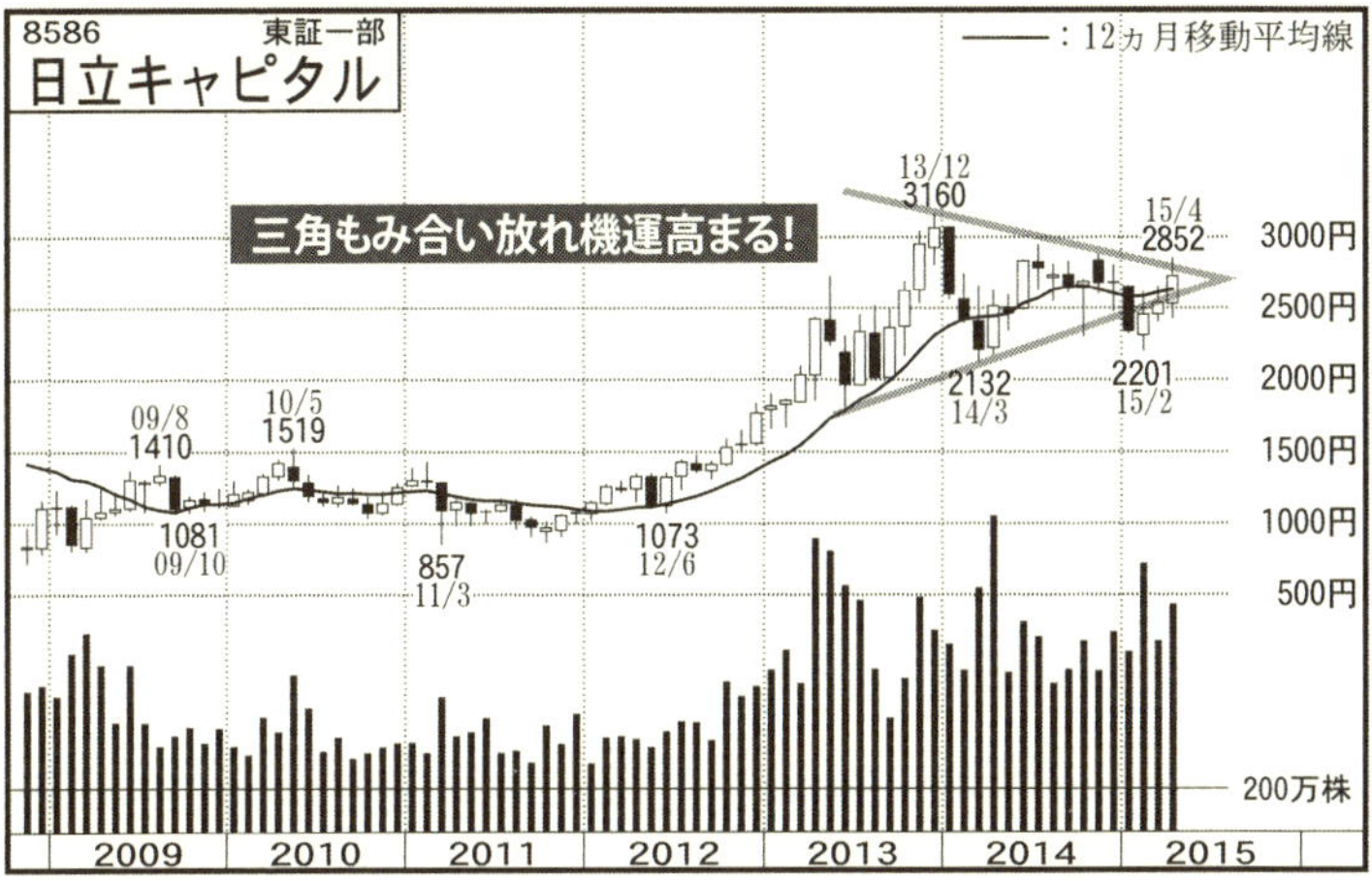

8586 東証一部
日立キャピタル
——：12ヵ月移動平均線
三角もみ合い放れ機運高まる!
13/12
3160
15/4
2852
09/8
1410
10/5
1519
1081
09/10
857
11/3
1073
12/6
2132
14/3
2201
15/2
3000円
2500円
2000円
1500円
1000円
500円
200万株
2009
2010
2011
2012
2013
2014
2015

ROE改善予想の低PBR銘柄

コード	銘柄	株価(円)	予想ROE	PBR
8002	丸紅	745	7.6→12.2	0.92
8586	日立キャピタル	2685	8.0→ 8.7	0.95
5706	三井金属	284	8.8→11.1	0.97
5411	JFEHD	2691	7.9→ 9.6	1.01
4680	ラウンドワン	635	7.0→ 8.5	1.13

(出所)東海東京ウィークリー

(注)株価は2015年5月1日終値。予想ROEは2015年3月期→2016年3月期の数値。
PBRは2014年3月期実績値。

《COLUMN》杉村富生のブレイクタイム

「官製相場」だけでは株高が持続しない

今回の株価反騰劇を、「官製相場」と酷評する向きがあります。しかし、政策対応の効果だけで株高が持続するはずがありません。株高が持続するためには、投資価値の向上が不可欠です。

上場企業（経営陣）は意識を劇的に変化させつつあります。すなわち、95兆円もの剰余金の活用です。それが増配、自社株買いの増加、M＆A、設備投資の活発化につながっているのです。

株主重視の経営も目立っています。実際、株主還元額（配当＋自社株買い）は2014年度が13.4兆円、2015年度が17.1兆円、2016年度が18.6兆円と激増する見通しです。これは投資価値の向上を意味します。

なにしろ、かつては「配当金総額3兆円の壁」がありました。それが2015年3月期では9兆円を超えると予測されているのです。TOPIX500に採用されている銘柄ベースでは、2015年3月期には6割の企業が増配を実施します。

意外なことに（？）、企業規模が大きい会社ほど動きが速いのです。自動車、電機セクターの大幅ベースアップ、日立製作所（6501）、キヤノン（7751）による海外企業の買収、任天堂（7974）とディー・エヌ・エー（2432）との提携などが好例でしょう。

第3章

実践版「チャートの基本」

①チャートとは何だろう

■価格の推移をひと目で分かるようにしたグラフ

チャートは、価格の推移（動き）を図表化したものです。つまり、グラフです。新聞、雑誌には株価だけでなく、数多くのグラフが掲載されています。

なぜ、図表化するのでしょうか。それは「数字」よりも目に訴える「形」のほうが理解しやすいからです。数字の羅列《られつ》をただ単に眺めるのとグラフにするのとでは、視覚的に受ける印象が格段に違います。

左のチャート（グラフ）は米国の失業率推移、円相場（対ドル）の動き、株価指数の推移を表したものです。これを見ると米国の失業率が順調に低下していること、円相場は続落傾向にあることが分かります。実際、2015年2月の米国失業率は5・5％とピーク時（2009年秋）を4・5％下回りました。雇用の回復はFRB（連邦準備制度理事会）による金融政策の成果です。

また、株価指数は2015年1月5日の初値を100とした比較では、日経平均株価→ジャスダック指数→東証マザーズ指数の順に強いことが分かります。

用語解説

●チャートの由来

英語のChartをカタカナ表記したもの。チャートという言葉には海図や水路図、および物価、統計、温度などの動きを図表化したものという意味がある。

チャート＝数値の推移をグラフ化したもの

米国の失業率推移

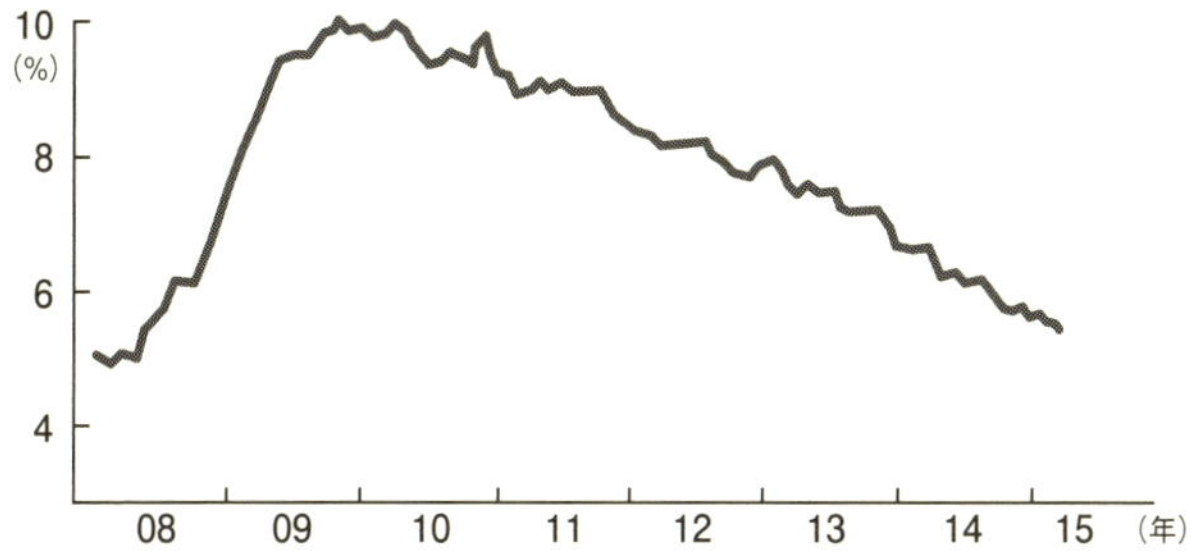

円相場（対ドル）

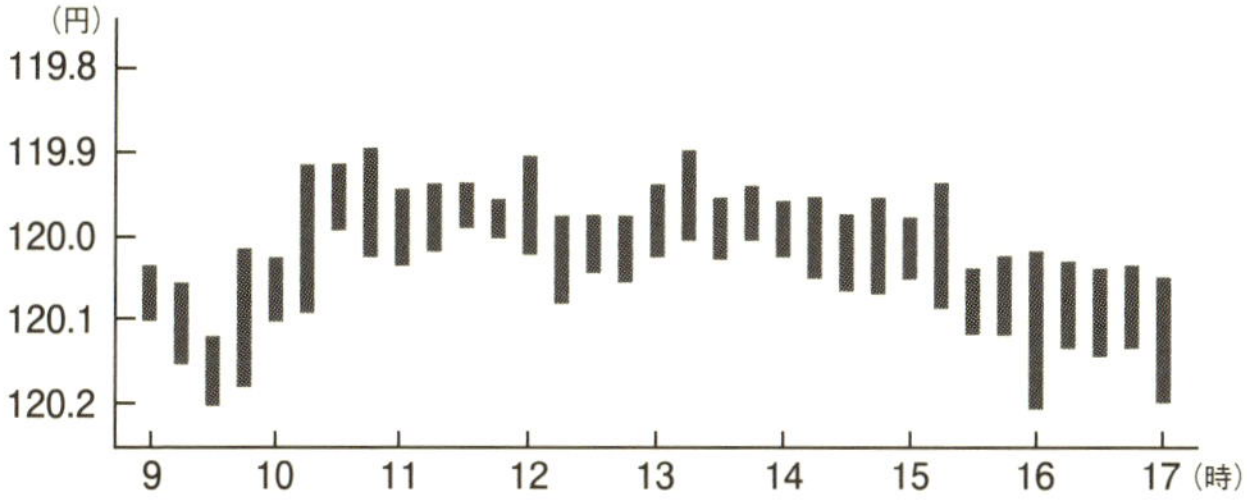

株価指数の推移

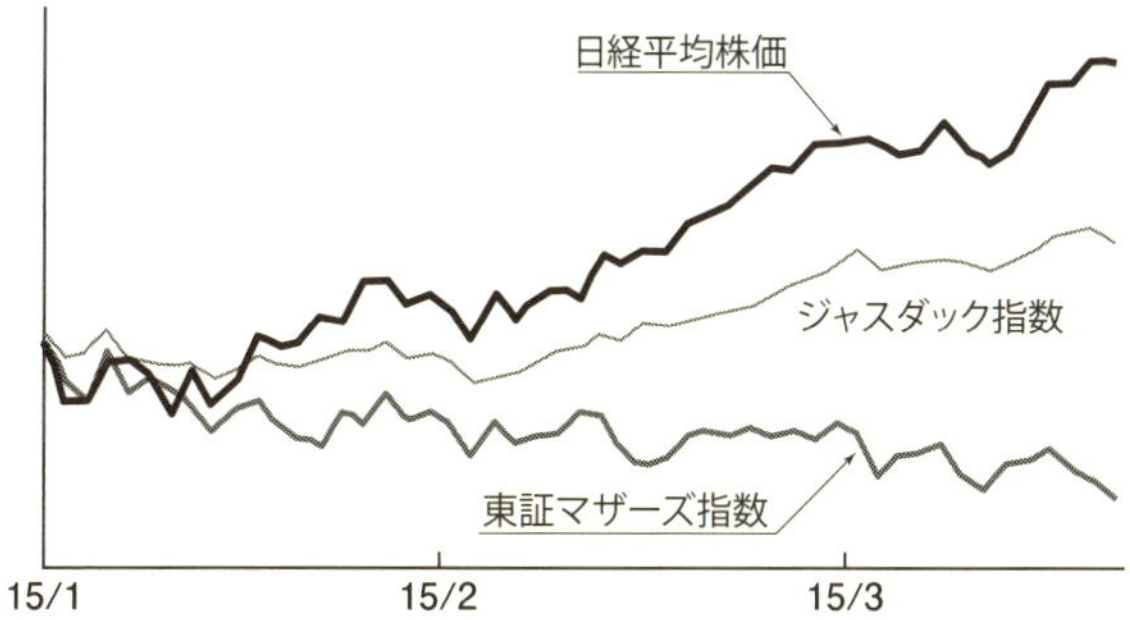

②株価チャートにはいろいろな種類がある

■日本で最もなじみ深いのは「ローソク足」

株価についてグラフ化を行なったのが「株価チャート」です。ただ、これにもいろいろな種類があります。代表的なのは次の6つです。

①止め足
②ホシ足
③棒足
④イカリ足
⑤バーチャート
⑥ローソク足

このなかで最もなじみが深く、よく利用されているのは「ローソク足」でしょう。

このローソク足は江戸時代の米相場に起源がある、といわれています。このため日本では、今でもチャートのことを、米相場以来の呼び名である「罫線」という人もいます。

●バーチャート
高値と安値の間に線を引き（縦線）、終値のところで枝（横線）を出す。大勢的な推移が分かりやすく、アメリカで人気がある。

株価チャートの種類

①止め足

②ホシ足

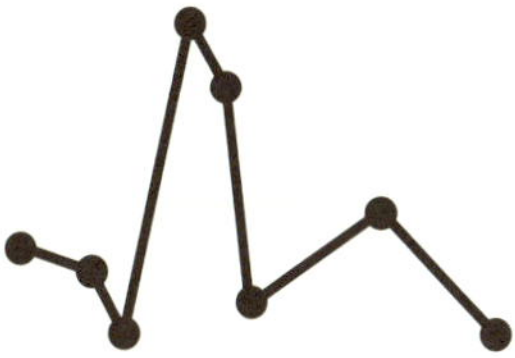

③棒足

④イカリ足

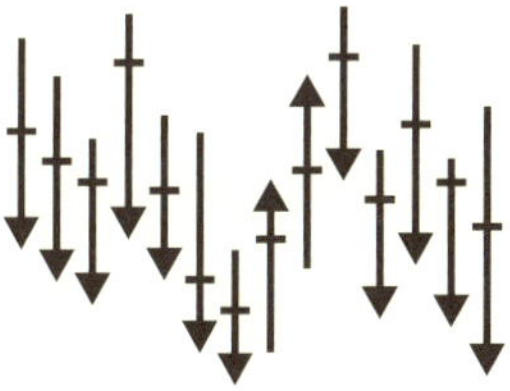

⑤バーチャート

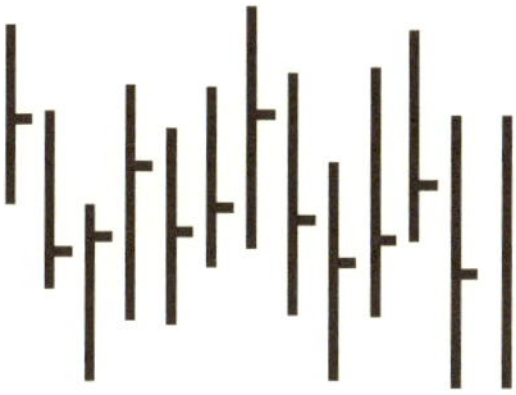

⑥ローソク足

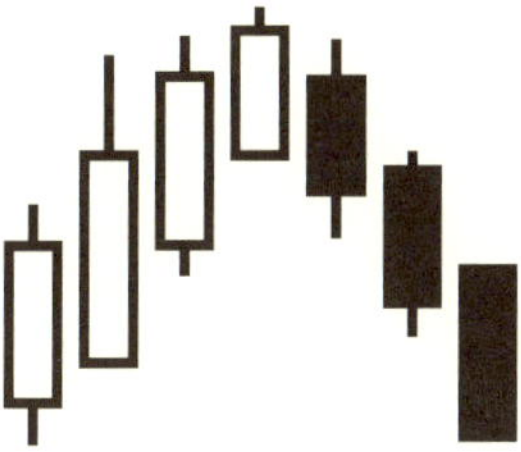

3 数字で見るよりチャートなら一目瞭然

■株価の急騰、急落は企業の先行きに対するサイン

時系列の数字をただ眺めるのとグラフにするのとでは、受ける印象が格段に違います。たとえば、東洋ゴム工業（５１０５）は、２０１５年3月13日の終値２７７１円から翌営業日の16日には２２７１円まで売られました。下落幅は５００円のストップ安です。

これは、同社の子会社である東洋ゴム加工品が免震データを改ざんし、国土交通省の性能評価基準を満たさない「不適合な製品」を製造・出荷していたことが判明したためです。

株価の推移を数字で見るだけではよく分かりませんが、チャートを見ると高値圏から「窓をあけて」急落したことがはっきりつかめます。まあ、株主の皆さんにとってはとんだ〝災難〟です。同社の免震ゴムの年商はわずか7億円にすぎないのに……。

株価はあらゆる悪材料を織り込んで形成されます。株価の急騰はその後の好展開を暗示するサインであり、株価の急落は将来に対する〝警告〟を意味しているのです。

●窓あけ
買いまたは売りの成り行き注文が殺到している状態を表す。２本のローソク足に窓（空間）が生じるのは、下げの場合、投資家がパニックに陥ったために起こる現象。

東洋ゴム工業の株価データとローソク足

2015年	始値(円)	高値(円)	安値(円)	終値(円)	前日比(円)
3/2	2685	2699	2640	2661	▲39
3/3	2675	2675	2611	2647	▲14
3/4	2601	2639	2591	2617	▲30
3/5	2612	2615	2565	2598	▲19
3/6	2630	2684	2629	2671	+73
3/9	2667	2727	2633	2710	+39
3/10	2733	2792	2732	2770	+60
3/11	2750	2790	2718	2748	▲22
3/12	2726	2810	2706	2803	+55
3/13	2780	2798	2760	2771	▲32
3/16	2271	2470	2271	2424	▲347
3/17	2438	2469	2351	2406	▲18
3/18	2381	2382	2264	2307	▲99

▼東洋ゴム工業の日足

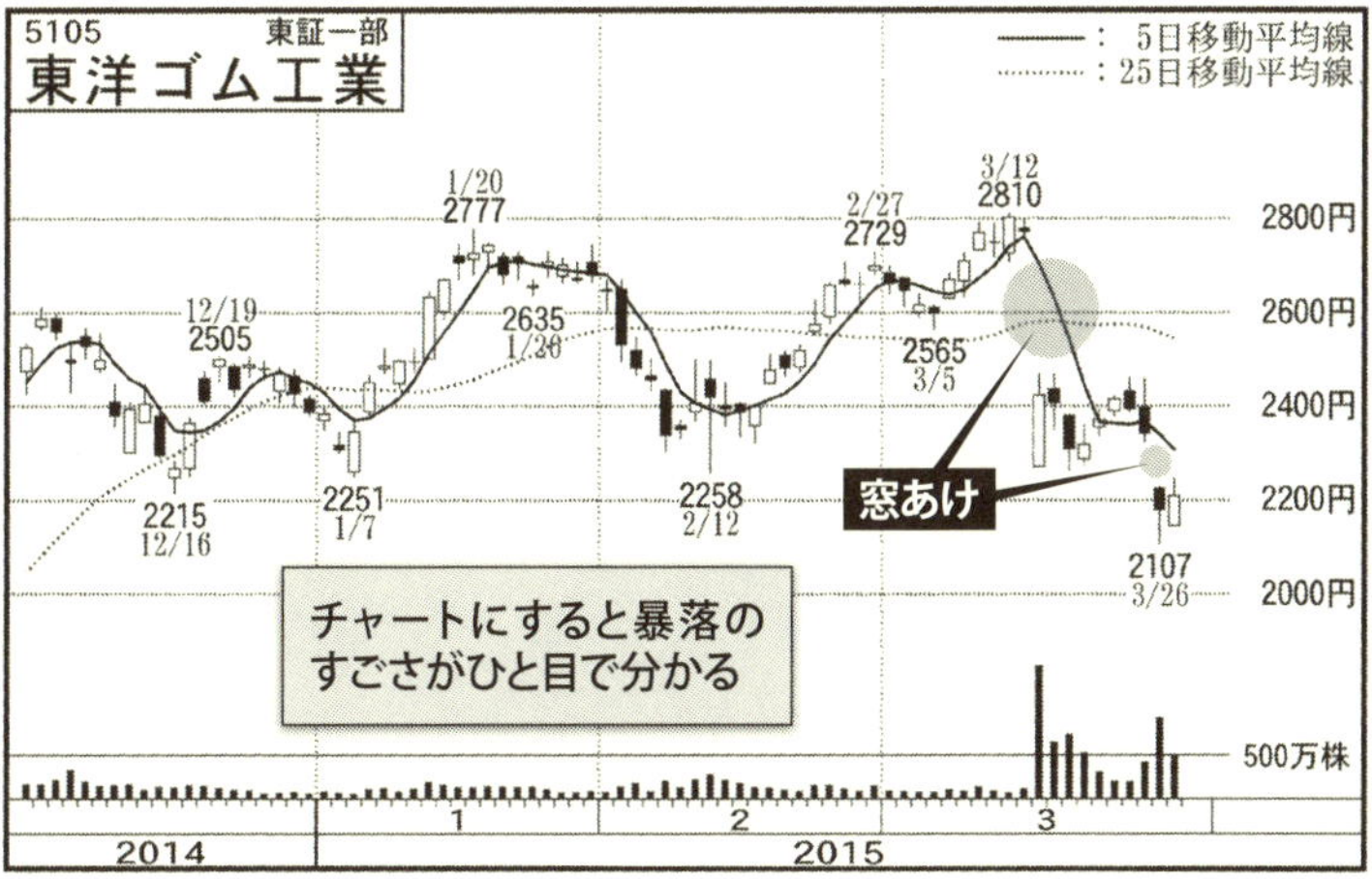

④ ローソク足の〝足〟とは？

■ローソクの柱とヒゲは株価の4本値を表す

ローソク足は愛称で（形が似ている）、正式には「陰陽足《いんようあし》」と呼ばれます。長短さまざまな柱（実体）とヒゲ（影）と呼ばれる上下に伸びた線から構成されています。

株価を表すときには、一般に始値《はじめね》、終値《おわりね》、高値《たかね》、安値《やすね》の4つを使い、これらを総称して「4本値」と呼びます。

ローソク足は期間の取り方によって、年足《ねんあし》、月足《つきあし》、週足《しゅうあし》、日足《ひあし》、分足《ふんあし》などがあります。始値はその期間の最初についた値段、終値はその期間の最後についた値段、高値はその期間での一番高い値段、安値はその期間での一番安い値段です。

柱の部分、すなわち実体部分は始値と終値を使用します。始値よりも終値が高かったときは実体部分の色が「白」になり、これを陽線と呼びます。逆に、始値よりも終値が安かったときは「黒」になり、これを陰線と呼びます。

次ページから年足、月足、週足、日足、分足について説明しますが、期間の取り方が異なっても実体部分の色が白なら陽線、黒なら陰線というのはすべて同じです。

●寄り付きと大引け

東証（東京証券取引所）では午前9時～11時30分（前場）と午後12時30分～3時（後場）に立会い（取引）が行なわれるが、その日の最初の取引を「寄り付き」、そのときの値段を寄り値（始値）という。「大引け」は後場の最終取引のことであり、そのときの値段を大引け値という。

ローソク足は４つの値段で描かれる

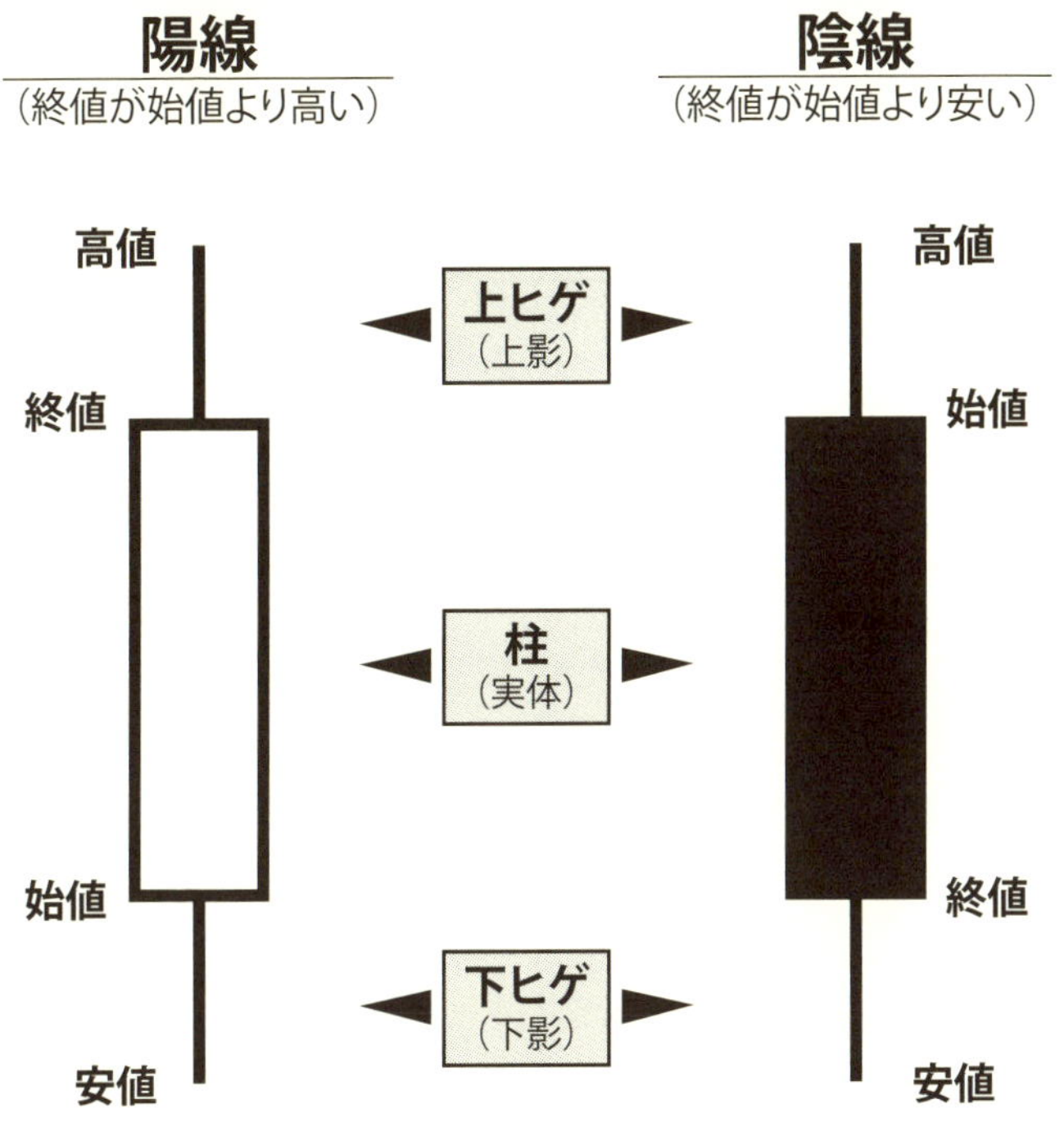
陽線
（終値が始値より高い）
陰線
（終値が始値より安い）
高値
終値
始値
安値
上ヒゲ
（上影）
柱
（実体）
下ヒゲ
（下影）
高値
始値
終値
安値

▼４本値

①始値＝その期間の最初についた値段

②終値＝その期間の最後についた値段

③高値＝その期間で一番高くついた値段

④安値＝その期間で一番安くついた値段

5 ローソク足の期間〈その①〉…年足

■年足を見れば超長期のトレンドが見える

ローソク足は、その期間によって呼び方が変ります。「年足」は年間の値動きを1本のローソク足に表したものです。すなわち、「1年足」であれば年初（大発会《だいはっかい》）の始値から年末（大納会《だいのうかい》）の終値までが実体部分となり、高値は1年間の一番高い値段、安値は1年間の一番安い値段になります。

ちなみに、その対象期間が2年間であれば「2年足」、3年間であれば「3年足」、5年間であれば「5年足」と呼びます。

年足は超長期のトレンドを読むときに大変参考になります。ただ、年足を提供している証券会社などは、まだそれほど多くないようです。とても残念なことですが、方眼紙などを買ってきて自前の年足を描いてみることをお勧めします。

ローソク足の描き方がマスターできると同時に、日経平均株価や保有銘柄のトレンドを長い目で見ることができるはずです。左ページのチャートは、大阪ガス（9532）の2005～2014年までの年足（1年足）です。

●**大発会、大納会**
大発会とは日本の証券取引所で、その年の最初に取引が行なわれる日のこと。1年の最後の取引が行なわれる日は大納会と呼ばれる。

大阪ガスの年足データ（2005年～2014年）

対象期間（年）	始値（円）	高値（円）	安値（円）	終値（円）	始値→終値（円）
2005	320	440	306	407	+87
2006	408	460	344	443	+35
2007	448	513	394	441	▲7
2008	439	459	282	414	▲25
2009	419	422	288	314	▲105
2010	316	340	278	315	▲1
2011	317	334	265	304	▲13
2012	306	350	303	314	+8
2013	316	487	315	413	+97
2014	416	466	370	451	+35

▼大阪ガスの年足

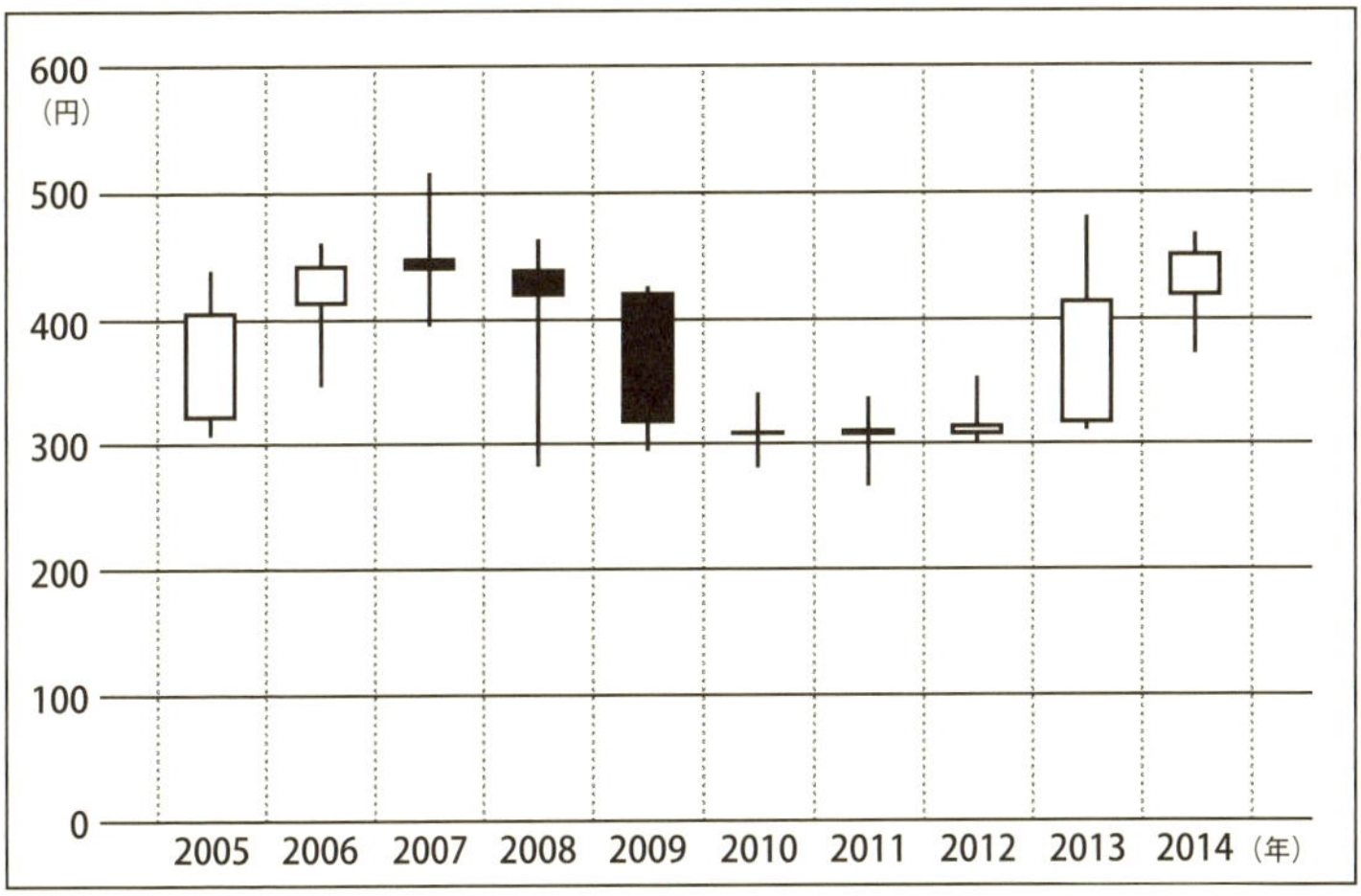

⑥ ローソク足の期間〈その②〉…月足

■長期トレンドは月足で読む

年足（1年足）が1年間の株価を対象にしているのに対し、月足は1カ月の株価を対象にしています。

すなわち、月の初めの寄り値が始値、月末の最後の株価が終値となります。そして、その月の高値が上ヒゲ、安値が下ヒゲとなります。

月足は長期のトレンドを見るために使われます。最近、短期スタンスの投資家が主流になったせいか、ネット・トレーダーを中心に月足など見たことがない（見る必要がない？）という人が増えているのは残念です。「週足、日足、分足だけで十分だ」などと考えず、売買する際には、ぜひ月足もチェックするようにしましょう。

左のチャートは星光ＰＭＣ（４９６３）の月足です。対象期間は２００８年11月～２０１５年４月までの78カ月間、すなわちローソク足は78本になります。株価は２０１４年３月の１９７８円を高値に調整を続けていることが分かります。月足は大きな流れをつかむのに有効です。

●上ヒゲ、下ヒゲ

上ヒゲは実体と呼ばれる足（始値↓終値）の上に伸びる線のこと。上影とも呼ばれ、高値を表す。下ヒゲは下に伸びる線のことで、安値を示す。

▼星光PMCの月足

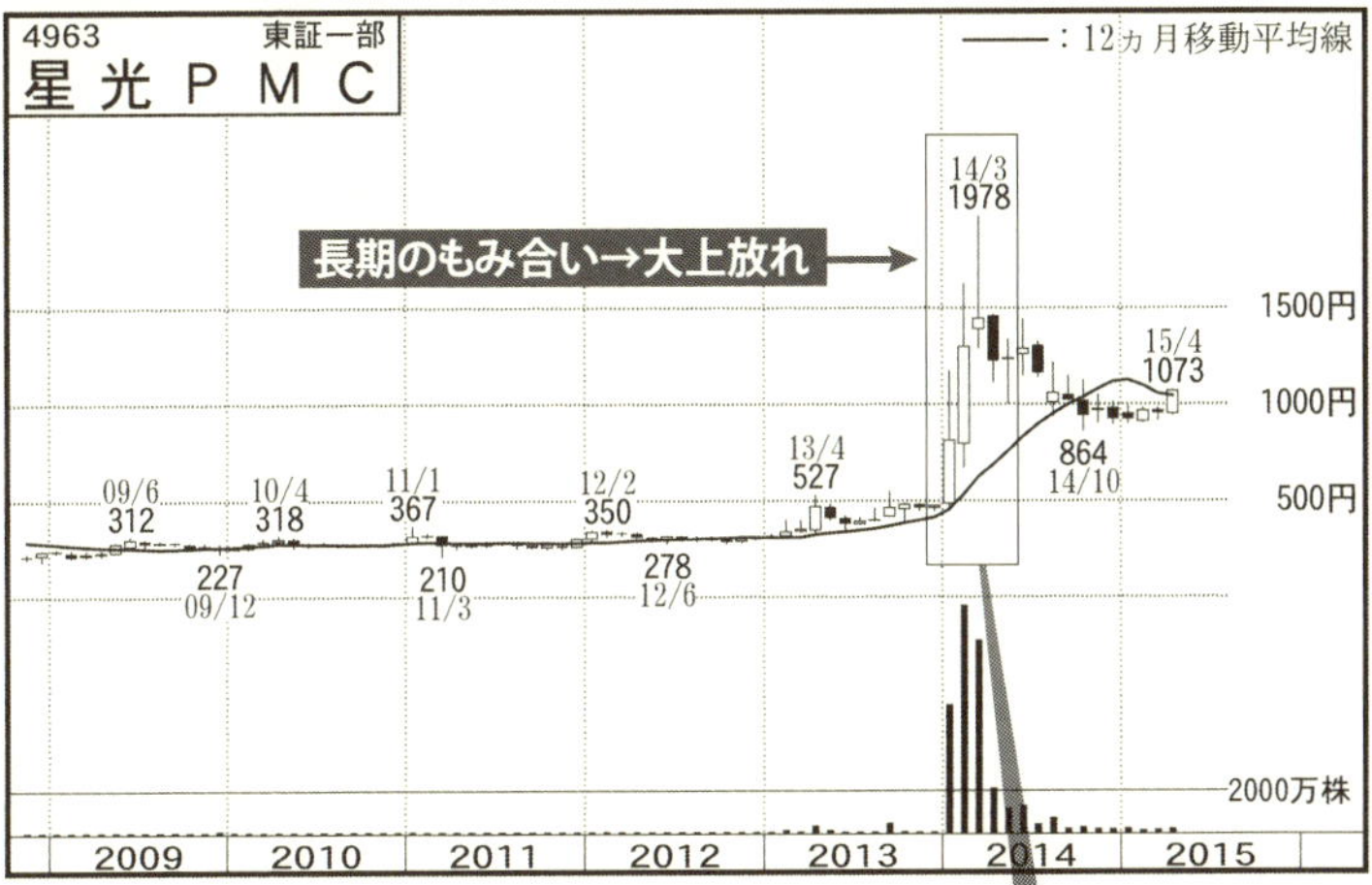
4963 東証一部
星 光 Ｐ Ｍ Ｃ
――：12ヵ月移動平均線
長期のもみ合い→大上放れ
14/3
1978
1500円
1000円
500円
15/4
1073
864
14/10
13/4
527
09/6
312
10/4
318
11/1
367
12/2
350
227
09/12
210
11/3
278
12/6
2000万株
2009
2010
2011
2012
2013
2014
2015

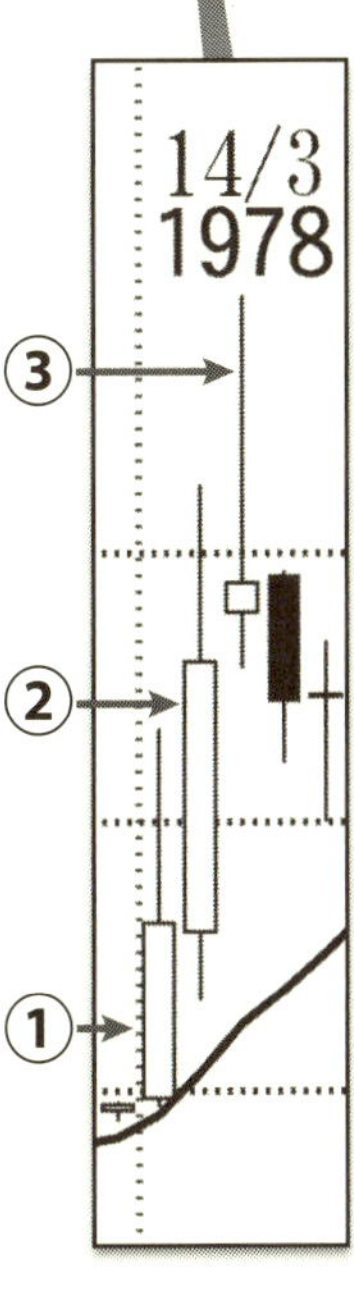
14/3
1978
③
②
①

①＝2014年1月の月足

始値	高値	安値	終値
488円	1171円	474円	815円

②＝2014年2月の月足

始値	高値	安値	終値
796円	1624円	671円	1300円

③＝2014年3月の月足

始値	高値	安値	終値
1390円	1978円	1290円	1446円

⑦ ローソク足の期間〈その③〉…週足

■週足は中期的なトレンドを読むときに役立つ

週足は1週間の値動きをベースに作成します。その週の最初の株価（通常、月曜日の寄り値）が始値となり、終値は週の最後の日の株価（通常、金曜日の大引け値）を使います。中期的なトレンドを読むときに役立ち、多くの投資家が週足を参考に日々売買しています。

次ページのチャートは星光ＰＭＣ（４９６３）の週足です。対象期間は２０１３年10月の第３週から２０１５年４月の第４週までの78週間、ローソク足は78本になります。

週足チャートを見ると、２０１４年３月第１週につけた高値１９７８円から下値模索の展開が続きました。しかし、同年10月の第３週につけた安値８６４円から今度は下値を切り上げる展開に変化しています。

そして、２０１５年４月第２週に１０７３円と急動兆、反発の兆しをみせていることが分かります。移動平均線も13週、26週ともに上向きに転じており、株価とともに収れんしています。このパターンは中期的な妙味大と判断することができます。

●収れん
対象期間の異なる2本以上の移動平均線（短期線と長期線など）が同じような位置に収束すること。この状態は急騰後の反落から日柄整理が終了したと考えられ、上昇に向かう場合が多い。

▼星光PMCの週足

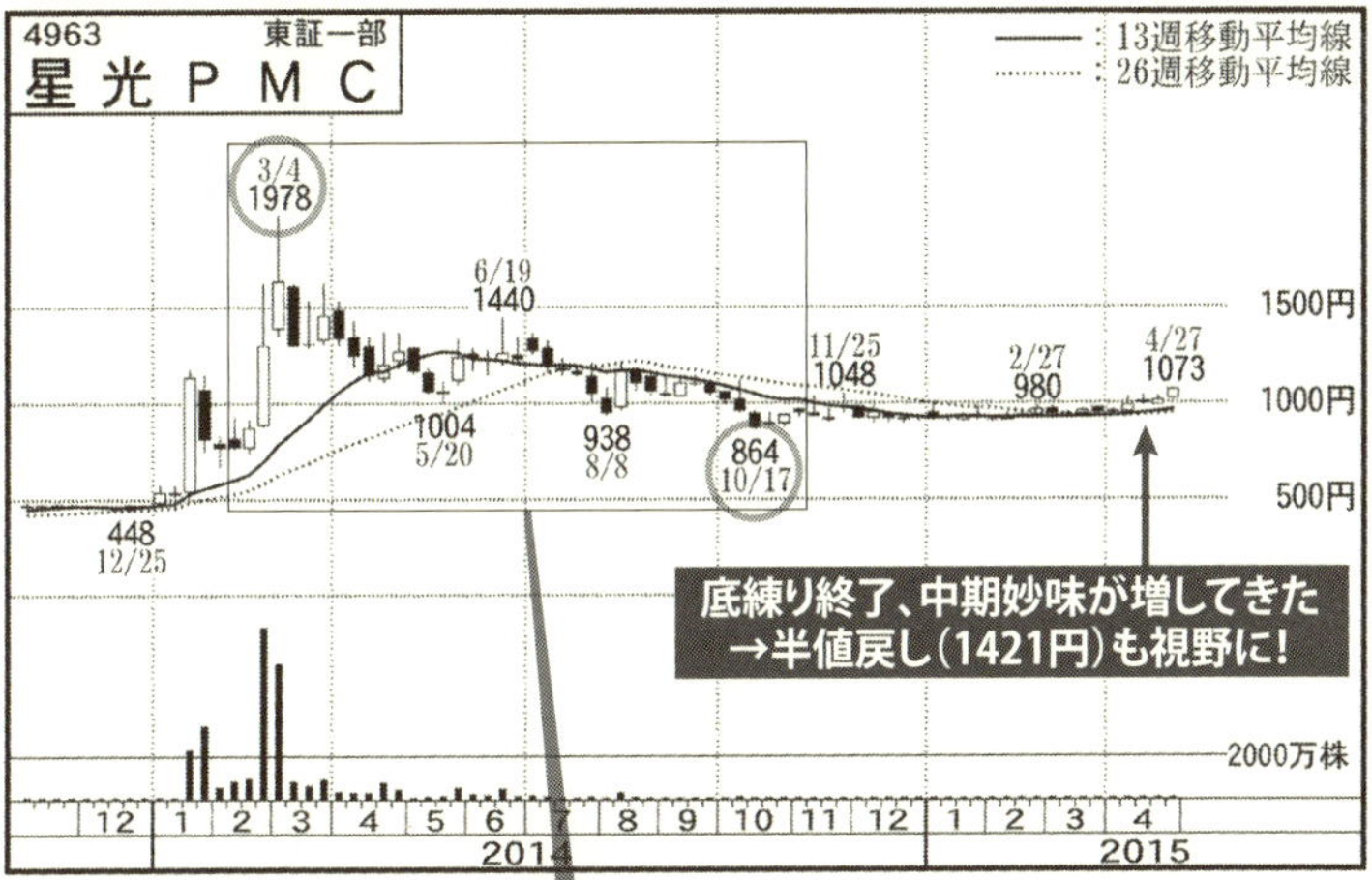
4963 東証一部
星光ＰＭＣ
13週移動平均線
26週移動平均線
3/4
1978
6/19
1440
1500円
1000円
500円
11/25
1048
2/27
980
4/27
1073
1004
5/20
938
8/8
864
10/17
448
12/25
底練り終了、中期妙味が増してきた
→半値戻し（1421円）も視野に！
2000万株
12 1 2 3 4 5 6 7 8 9 10 11 12 1 2 3 4
2014
2015

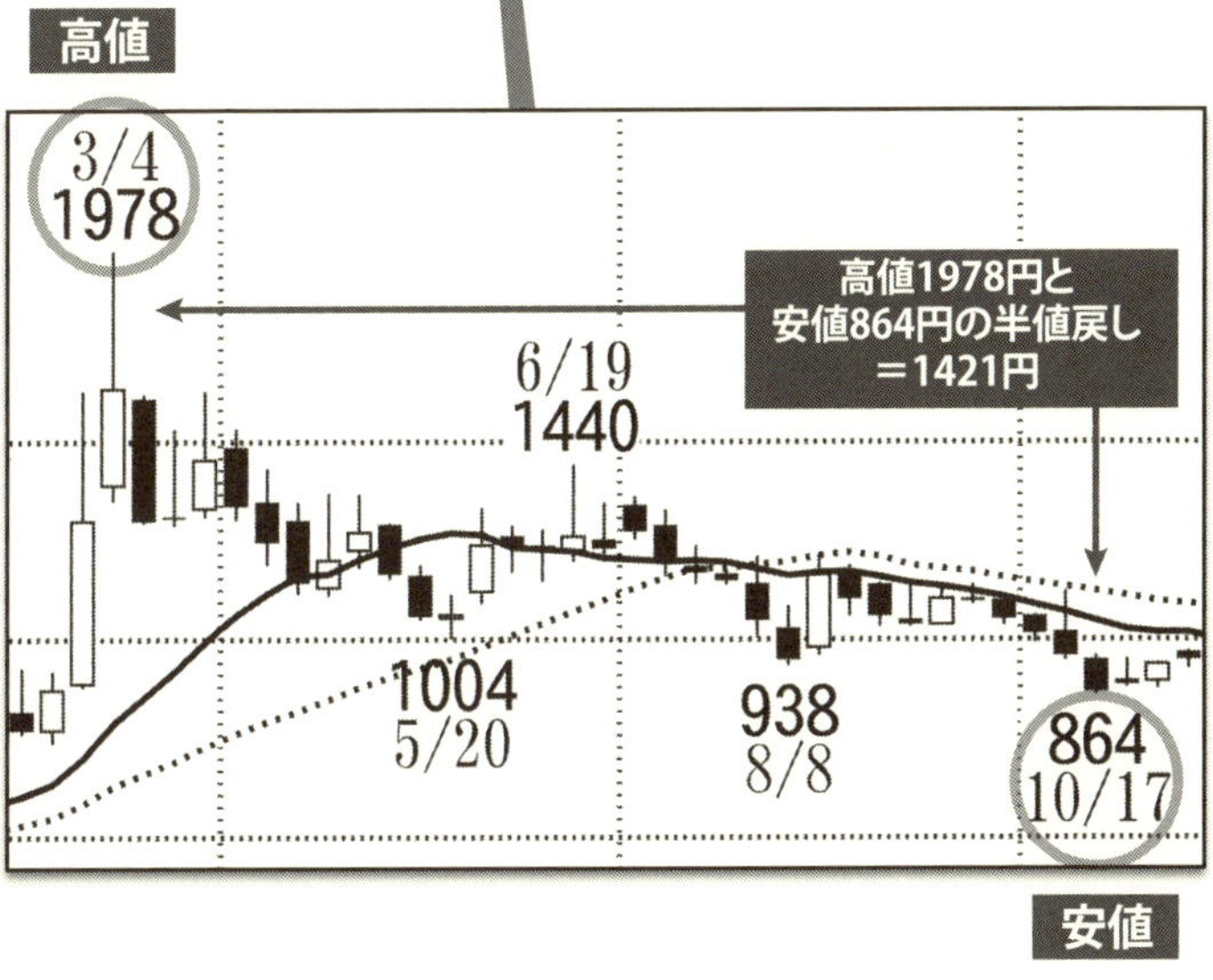
高値
3/4
1978
6/19
1440
高値1978円と
安値864円の半値戻し
＝1421円
1004
5/20
938
8/8
864
10/17
安値

⑧ ローソク足の期間〈その④〉…日足

■短期的な値動きは日足でつかむ

日足は1日の株価の動きを示しています。始値はその日の寄り値、終値はその日の大引け（取引が成立した最後の株価）になります。高値はその日の最も高い値段、安値はその日の最も安い値段になります。高値が上ヒゲ、安値が下ヒゲを形成するのは他の足と同じです。

日足は、短期的な値動きをつかむときに使われるローソク足です。すなわち、変化をいち早くつかむことができます。次ページのチャートは星光ＰＭＣ（４９６３）の日足です。月足、週足では読むことができなかった株価の日々の値動きがよく分かります。同社株は長期間もみ合いを続けていましたが、２０１５年４月７日に１０２９円まで戻し、同月27日には１０７３円を示現。２０１４年11月25日の戻り高値１０４８円を抜けて、上放れました。

このように、同じ銘柄を月足↓週足↓日足の順に見ていくと、大勢的なトレンドを見誤ることなく、妙味株の売買タイミングをつかむことが可能になるのです。

●**もみ合い**

株価がある一定の価格帯で推移し、相場が何度もアップダウンを繰り返すこと。方向性が定まらないのは買い方と売り方の勢力が拮抗しているためだが、もみ合いの期間が長いほど、上下どちらかに放れときのエネルギーが大きくなる。

▼星光PMCの日足

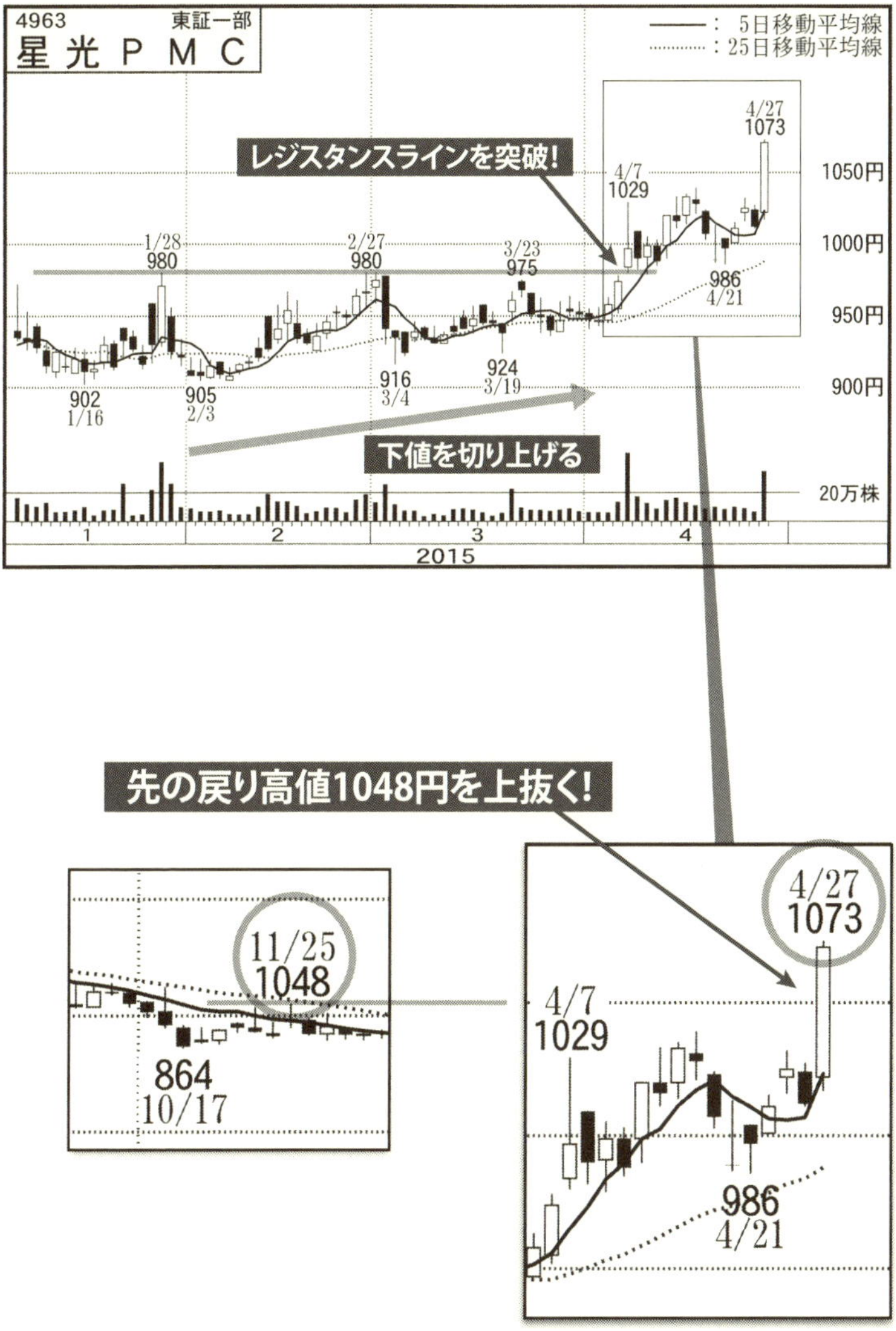

4963 東証一部
星 光 P M C
：5日移動平均線
：25日移動平均線
レジスタンスラインを突破!
4/27
1073
4/7
1029
1/28
980
2/27
980
3/23
975
986
4/21
902
1/16
905
2/3
916
3/4
924
3/19
下値を切り上げる
1050円
1000円
950円
900円
20万株
1
2
3
4
2015
先の戻り高値1048円を上抜く!
11/25
1048
864
10/17

⑨ ローソク足の期間〈その⑤〉…分足

■分足はデイトレード、スイングトレードに不可欠

最後は分足です。分足には1分足、2分足、3分足、4分足、5分足、10分足、15分足、30分足などがありますが、ローソク足の考え方は同じです。すなわち、1分足は1分の値動きを表します。始値は1分の寄り値、終値はその大引け（取引が成立した最後の株価）になります。高値、安値はその1分の最も高い値段、および最も安い値段になります。

分足は、デイトレードをする投資家にとってはなくてはならないツールとなりました。いや、分足の登場がデイトレーダーと呼ばれる超短期指向の投資家を激増させたといってもいいでしょう。いわゆる、超短期の順張りです。

分足のなかで最も人気があり多く使われているのが、「5分足」でしょう。これは5分間の値動きが1本のローソク足になります。左ページはファーストリテイリング（9983）の5分足です。また最近は、「3分足」を主にデイトレードをする投資家も増えているようです。

●デイトレード
売り買いした銘柄をその日のうちに決済して、損益を確定させる取引方法。ネット証券と分足の登場で一気に投資家層が拡大した。

●スイングトレード
2日～数日の間に売買を決済して損益を確定させる取引方法。翌日以降にポジションを持ち越すため、デイトレードに比べてその分リスクは増すが、成功したときの利幅も大きくなる。

また、15分足や30分足はスイングトレードを行なう人に好まれているようです。ともあれ、ヘビー・ネット・トレーダーは保有銘柄の保有時間が、最短5秒といわれています。コンピューターを使った超高速のハイフリークエンシー・トレーディング（今や、東証1部の売買代金の4割を占める）では1秒です。このような人たちと売買のスピードを競っても絶対に勝てません。

一般的な個人投資家である私たちはチャートをよく見て、企業業績、業容などをチェックすることで利益を確保するしか方法はありません。よく、「株式投資の真の勝者は1割にも満たない」などといわれますが、基本を学んでリスクコントロールを徹底すれば勝利の女神は微笑《ほほえ》んでくれるのです。

▼ファーストリテイリングの5分足（2015年4月21日）

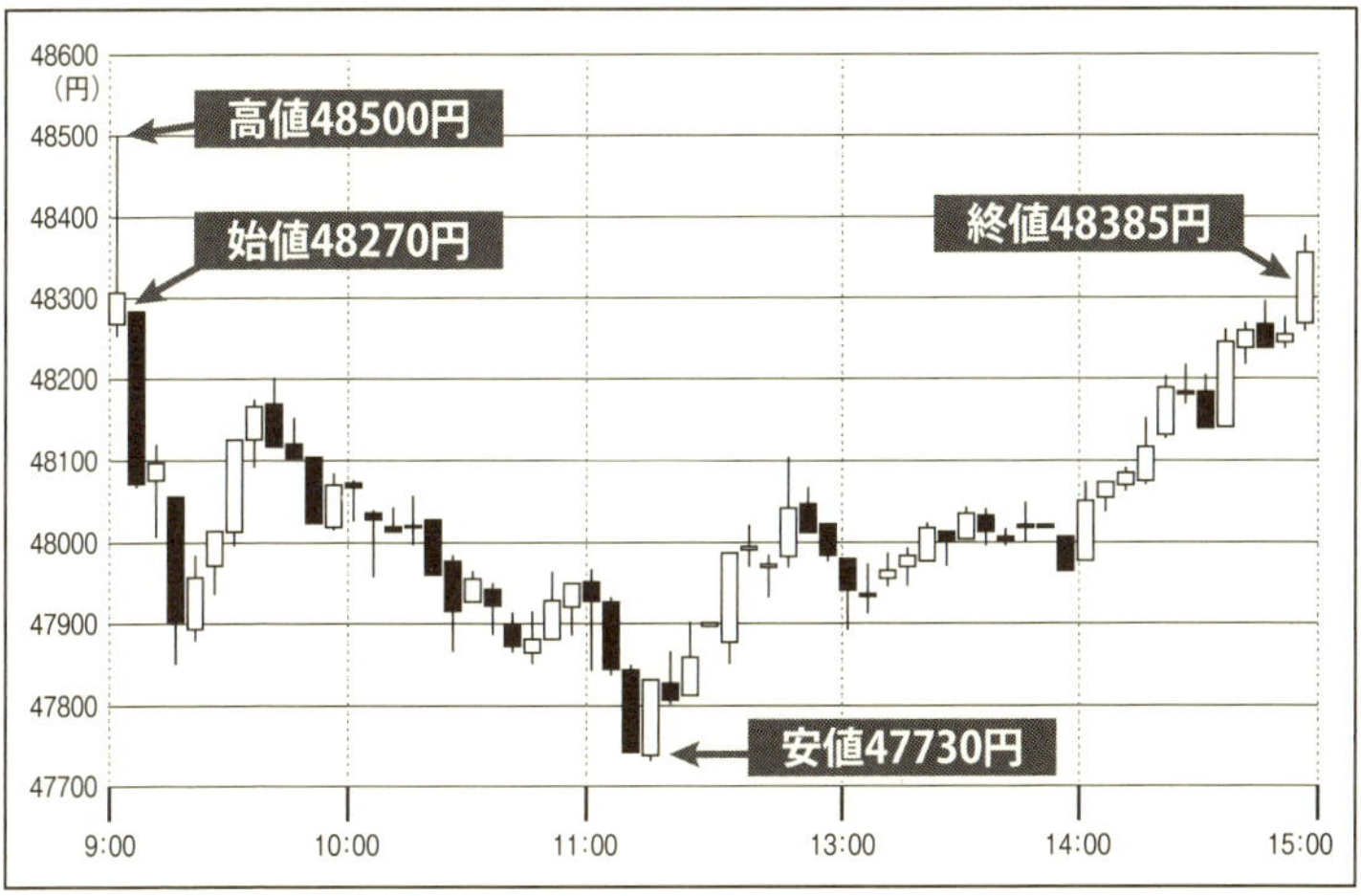
48600
(円)
48500
48400
48300
48200
48100
48000
47900
47800
47700
高値48500円
始値48270円
終値48385円
安値47730円
9:00
10:00
11:00
13:00
14:00
15:00

⑩ローソク足の基本形を覚えよう

■トレンドの転換点に出現する大陽線と大陰線

ローソク足は柱の大きさ、ヒゲの有無や長さなどによって多くの種類があります。基本形9パターン、応用形16パターンに分けることができます。基本的なポイントを押さえておけば、実際の投資において大きな威力を発揮します。

チャートを見てまず目につくのが長いローソク足です。白の長いローソク足を「大陽線」と呼び、株価が大きく上昇したことを示します。黒の長いローソク足は「大陰線」といい、株価が大きく下落したことを表しています。

大陽線と大陰線は、よくトレンドの転換点に出現します。すなわち、底値圏で大陽線が出ると大底確認のパターンとなり、天井圏で大陰線が出ると大天井形成のパターンになるのです。

これは大陽線、大陰線は株価の向う方向の力が大きいことを示しているからで、大陽線は上に向かう力が強く、大陰線は下に向かう力が強いことを表します。それと、大陽線は新たな買い手の出現、大陰線は新たな売り手の出現を示唆しています。

●大底、大天井

下降トレンドの最安値を大底、上昇トレンドの最高値を大天井という。大底、大天井はその値をつけたあとに確認サインが出ることなどで判明する。よって大底を買い、大天井を売るのが理想だが、実際には難しい。

ローソク足9つの基本形

	呼び名	基本形	性質
1	**大陽線**		・上げの勢いが強く、大幅上昇 ・底値圏で出ると大底確認のパターン
2	**大陰線**		・下げの勢いが強く、大幅下落 ・天井圏で出ると大天井形成のパターン
3	**小陽線**		・強いもち合い状態 ・小幅な上げであまり動かない
4	**小陰線**		・弱いもち合い状態 ・小幅な下げであまり動かない
5	**上影陽線**		・弱い線
6	**上影陰線**		・弱い線
7	**下影陽線**		・強い線
8	**下影陰線**		・強い線 ・底値を示し、株価上昇を暗示する
9	**寄り引け同時線** （十字線）		・転換点を示唆

■下値圏での大陽線は買い、高値圏での大陰線は売り

左ページのチャートは、上段がヤフー（４６８９）の日足、下段が日本たばこ産業（JT＝２９１４）の日足です。

ヤフーは２０１４年の年初以降、スマホ対応への遅れなどから日経平均株価に比べてもまったくさえない展開が続いていました。しかし、２０１５年の２月23日から26日まで4営業日連続して大陽線が出現、３月23日には窓をあけて５２８円まで急騰しました。２月23日終値からの上昇率は22％に達します。

一方、ヤフーとは逆に、日本たばこ産業は２０１４年の10月半ばから反発に転じ、11月４日には４１９３円まで買われました。途中、窓あけもありました。これは買い気の強さを示しています。

しかし、この日のローソク足はまれに見る大陰線を形成しました。すなわち４本値は始値（４１８６円）↓高値（４１９３円）↓安値（３８９２円）↓終値（３９３０円）という結果です。始値から終値まで６％強下げたことになります。

その後の株価は、チャートの定石どおり（高値圏での大陰線は売りのシグナル）となりました。２０１５年１月16日には３１０１円まで下落したのです。

●下値圏、高値圏

下値圏とは相場における価格の低いエリア、位置のこと。底値ではないが、少し前の価格より安い水準を示す場合が多い。高値圏はこれの反対で、相場における価格の高いエリア、位置のこと。

▼ヤフーの日足

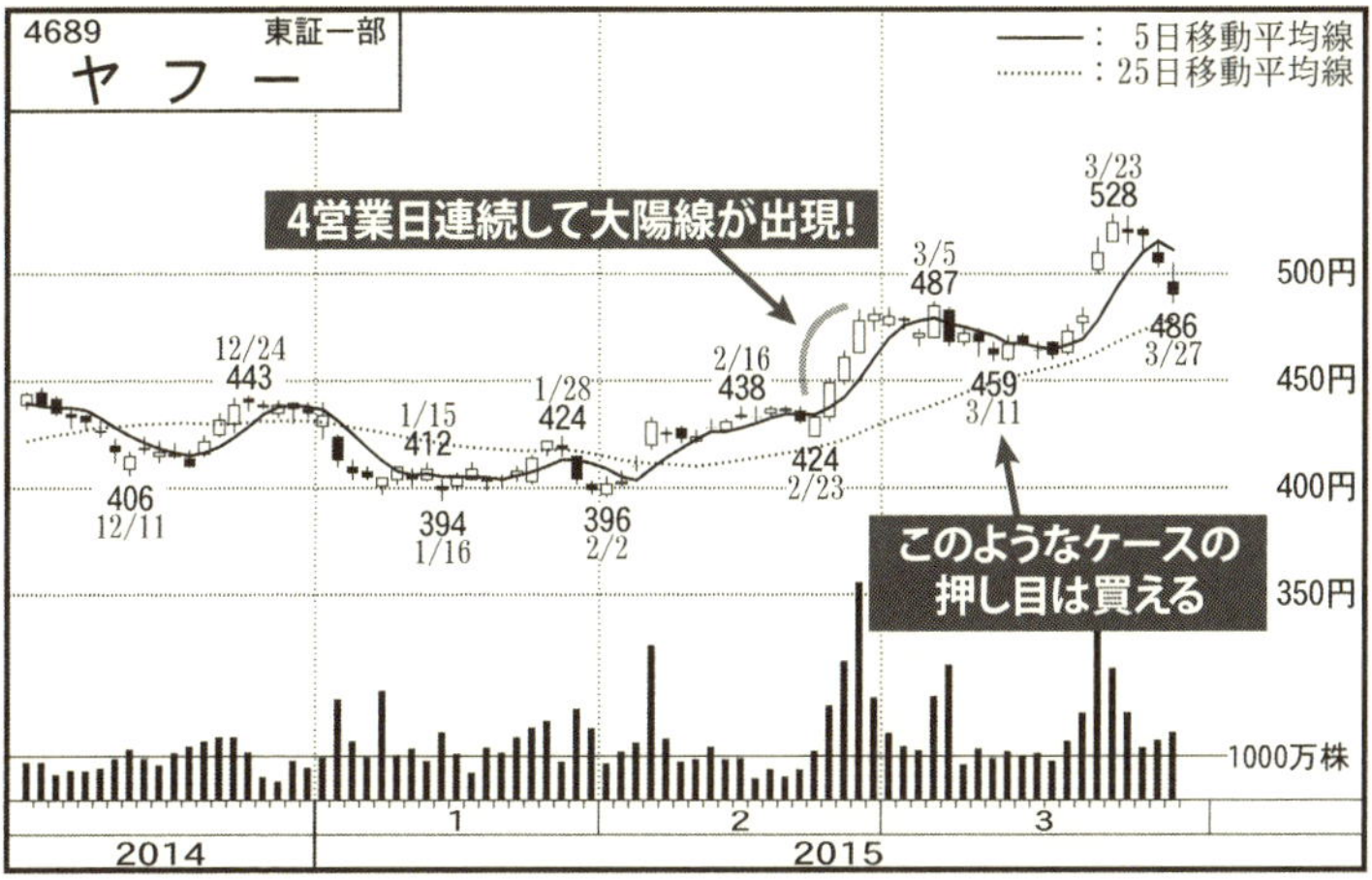
4689 東証一部
ヤ フ ー
——：5日移動平均線
……：25日移動平均線
4営業日連続して大陽線が出現!
このようなケースの押し目は買える
3/23 528
3/5 487
2/16 438
1/28 424
12/24 443
1/15 412
406 12/11
394 1/16
396 2/2
424 2/23
459 3/11
486 3/27
500円
450円
400円
350円
1000万株
1
2
3
2014
2015

▼日本たばこ産業の日足

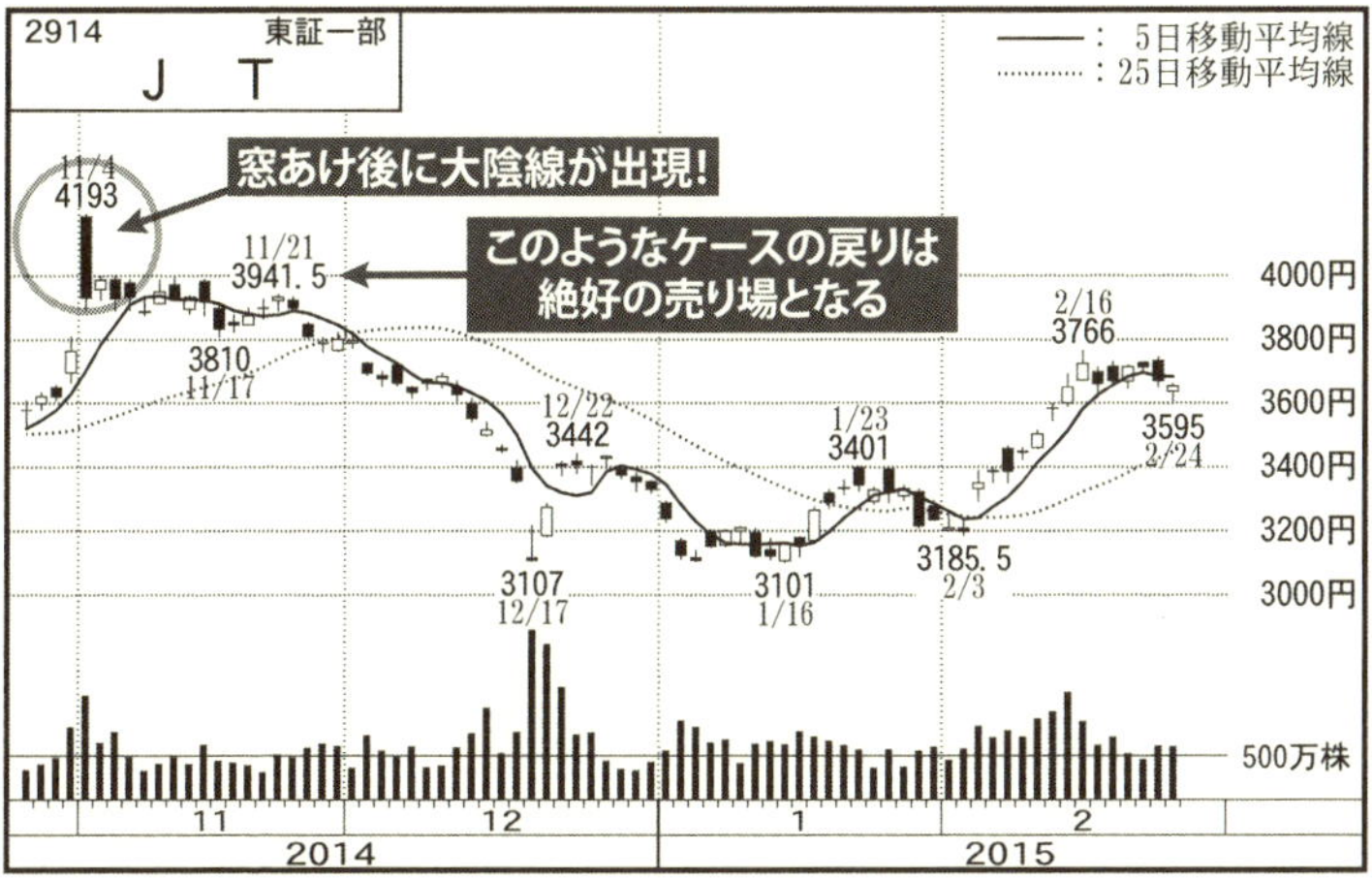
2914 東証一部
J T
——：5日移動平均線
……：25日移動平均線
窓あけ後に大陰線が出現!
このようなケースの戻りは絶好の売り場となる
11/4 4193
11/21 3941.5
3810 11/17
12/22 3442
3107 12/17
1/23 3401
3101 1/16
3185.5 2/3
2/16 3766
3595 2/24
4000円
3800円
3600円
3400円
3200円
3000円
500万株
11
12
1
2
2014
2015

⑪ ローソク足の応用形を覚えよう

■ヒゲのない"坊主"で丸儲け

大陽線（基本形の1）の応用形には、「陽の丸坊主」「陽の大引け坊主」「陽の寄り付き坊主」と3つのパターンがあります。ローソク足では上ヒゲ、下ヒゲともにない形を「丸坊主」と呼びますが、柱が陽線でヒゲがないパターンを「陽の丸坊主」といいます。これは始値が安値、終値が高値のローソク足で、非常に強い線です。柱が長いほど大幅高になったことを示します。この足が出現したら買いのチャンスです。

「陽の大引け坊主」は上ヒゲのない大陽線で、一時的に売り込まれたものの、結局は高値引けで終わっており、上値を暗示しています。「陽の寄り付き坊主」は下ヒゲのない大陽線で、勢いよく買われたものの伸び切れなかったことを示しています。この足が高値圏で出現したり、上ヒゲが長い場合は要注意です。

一方、大陰線（基本形の2）の応用形には、「陰の丸坊主」「陰の大引け坊主」「陰の寄り付き坊主」があります。柱が陰線でヒゲがまったくないパターンが「陰の丸坊主」です。これは始値が高値、終値が安値のローソク足で、非常に弱い線です。

●**丸坊主**

本来、人の頭や山林などが禿げ上がった状態を示すが、これをローソク足に当てはめて形容したもの。ローソク足が長ければ長いほど、チャート画面では最も目立つ形となる。

ローソク足の16の応用形

	呼び名	応用形	性質
1	陽の丸坊主		・非常に強い線
2	陽の大引け坊主		・強い線 ・上値を暗示
3	陽の寄り付き坊主		・強い線 ・上値を暗示
4	陰の丸坊主		・非常に弱い線
5	陰の大引け坊主		・弱い線 ・下値を暗示
6	陰の寄り付き坊主		・弱い線 ・下落一服
7	陽のコマ		・迷っている
8	陰のコマ		・迷っている
9	トンボ		・転換期
10	トンボ		・転換期
11	トウバ		・安値圏で反発 ・高値圏で反落
12	足長同時（クロス）		・気迷い ・転換点接近
13	カラカサ		・安値圏に出れば買い
14	カラカサ		・安値圏に出れば買い
15	トンカチ		・高値圏に出れば買い
16	トンカチ		・高値圏に出れば買い

■柱の長短は相場の勢い、ヒゲの長短は相場の迷いを示す

上ヒゲだけの「陰の大引け坊主」、下ヒゲだけの「陰の寄り付き坊主」は陽線の場合と考え方が逆になり、基本的に弱い線です。

柱、ヒゲの長さは相場の強弱を示します。すなわち、柱の長短は相場の方向、勢いを示し、ヒゲの長短は相場の迷いを示します。当然、大きいほうがより明確な強弱のシグナルになります。すなわち、高値圏で長い上ヒゲが出れば天井確認のパターンであり、底値圏での長い下ヒゲは逆に大底確認のパターンとなります。

小陽線（基本形の3）の応用形である「陽のコマ」、小陰線（基本形の4）の応用形である「陰のコマ」は柱、ヒゲがともに短いローソク足です。これは気迷い状態にあることを示しており、「陽のコマ」は上昇途上（期待）での気迷い、「陰のコマ」は下落途上（失望）での気迷いを表します。

左ページのチャートは上段がキヤノン（7751）の日足、下段が三井物産（8031）の日足です。キヤノンは2015年3月6日に「陽の丸坊主」（始値・安値＝3920円、終値・高値＝4000円）が出現しています。三井物産は2015年2～3月に「陽のコマ」が現れました。気迷いです。

●気迷い
相場で先行きの見通しがはっきりせず、買っていいのか売っていいのか、あれこれと思い迷うこと。短い足や十字足などは、「気迷い線」と呼ばれることもある。

▼キヤノンの日足

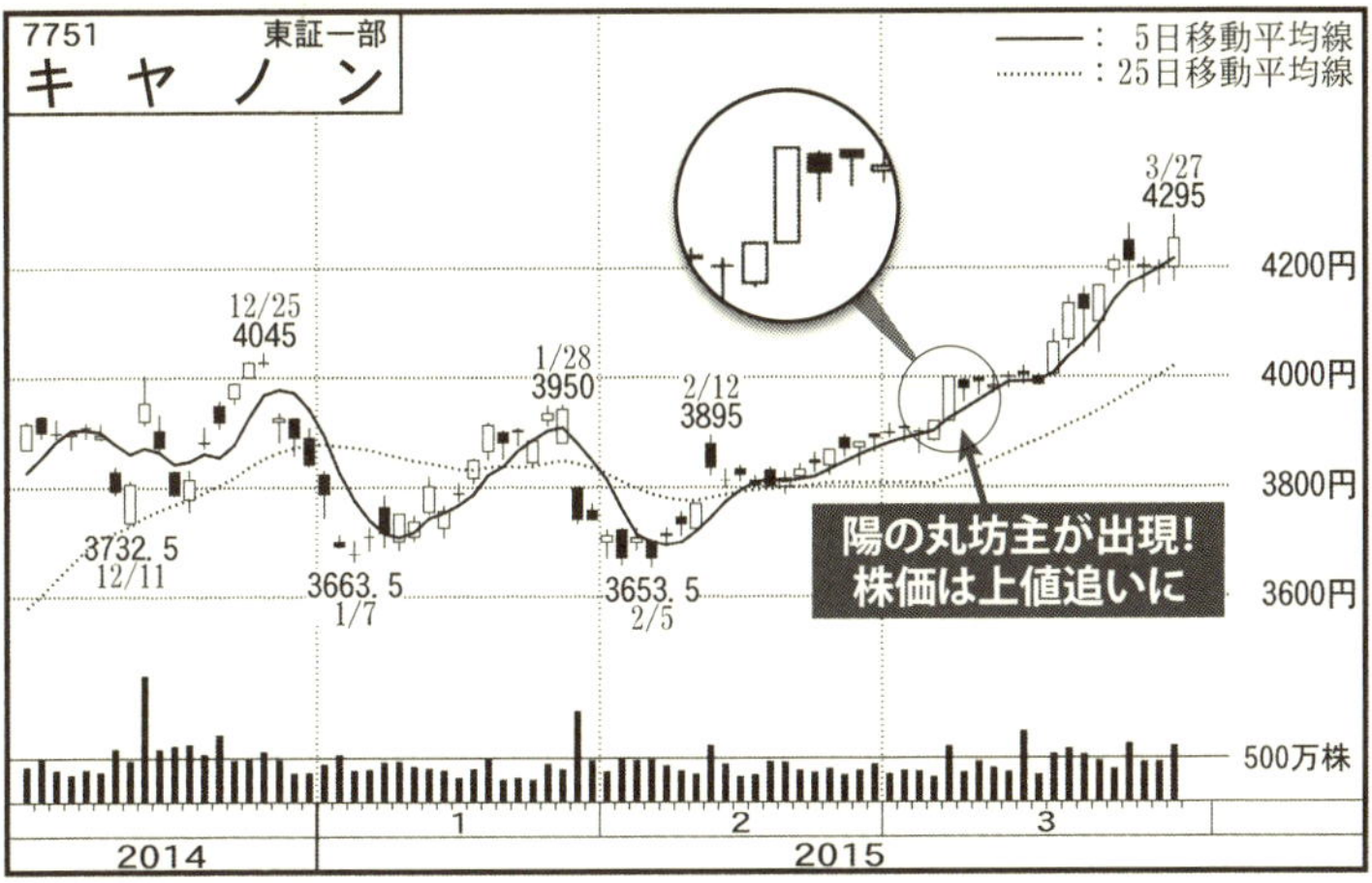

▼三井物産の日足

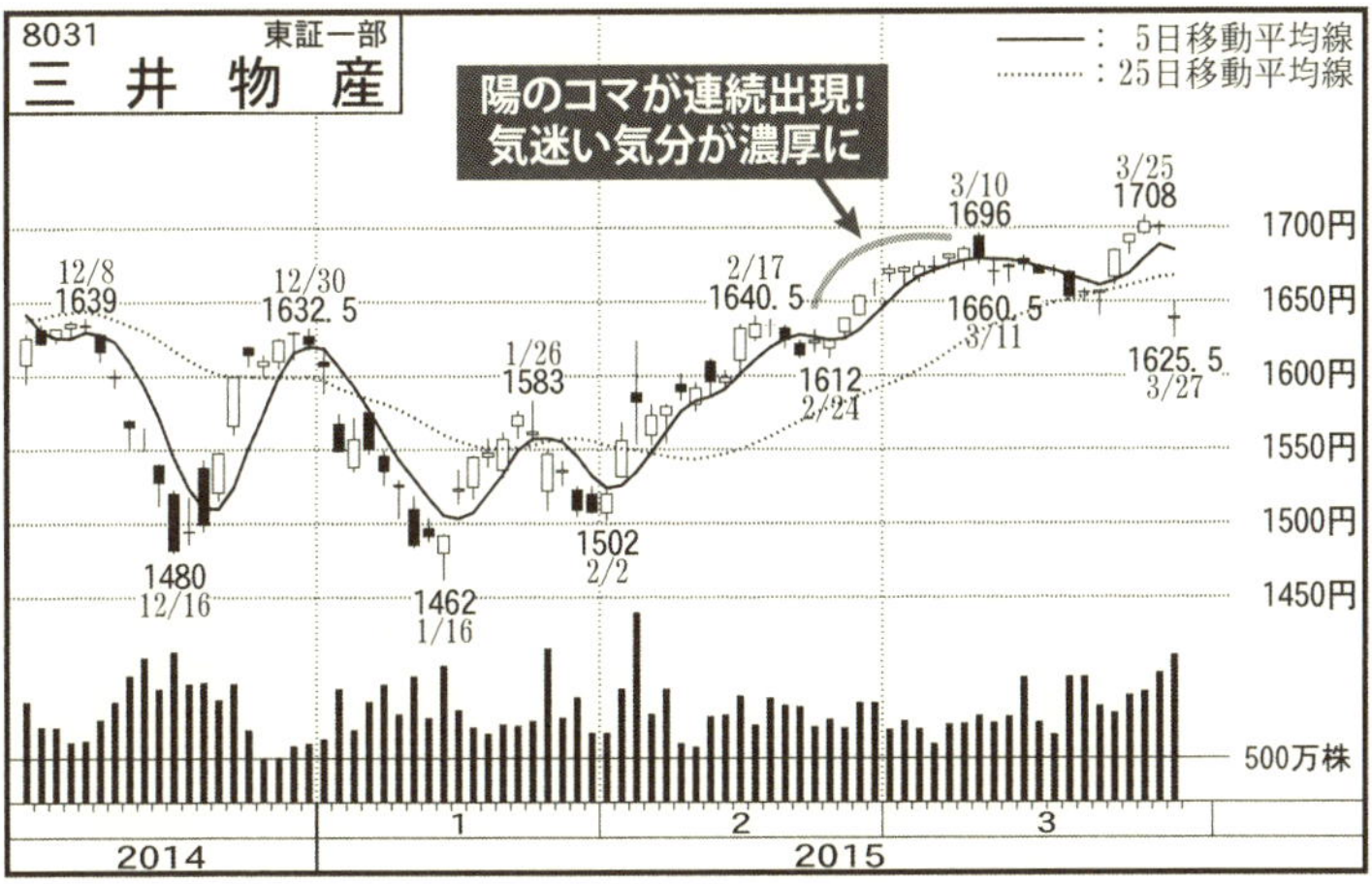

⑫ ローソク足の組み合わせ①…抱き線

■基本パターンを覚えて実戦投資に活かそう

ローソク足は単体（1本の足）でも相場の判断が可能ですが、2本ないしは2本以上のローソク足を組み合わせると、その確度がより高くなります。

本間宗久によって考案されたとされるローソク足の組み合わせは20ほどあるともいわれていますが、ここでは実際によく使われる6つのパターンについて解説します。

小さな陰線の次に大きな陽線、もしくは小さな陽線の次に大きな陰線が現れた状態を「抱き線」、または「包み線」といいます。前者の小陰線→大陽線（抱き陽線）は大量の買いが入ったことを示しており、強気のシグナルになります。

反対に、後者の小陽線→大陰線（抱き陰線）の場合は一気に売られたことを示しており、上昇相場の終えん、下落を暗示しています。

武田薬品工業（4502）の日足チャートをご覧ください。2015年1月23日の小陰線を、翌26日の大陽線がすっぽり包み込んでいるのがお分かりいただけるでしょうか。同社株はその後上げ足を速め、3月6日には6657円まで値上がりしました。

●**本間宗久**

享保9年（1724年）、出羽の生まれ。23歳で酒田の豪農・本間家の養子となる。作柄の豊凶などを統計的に分析する手法（酒田五法）により、江戸時代、米相場で莫大な富を築く。相場の神様、テクニカル分析の始祖と呼ばれている。

ローソク足の組み合わせ①…抱き線（包み線）

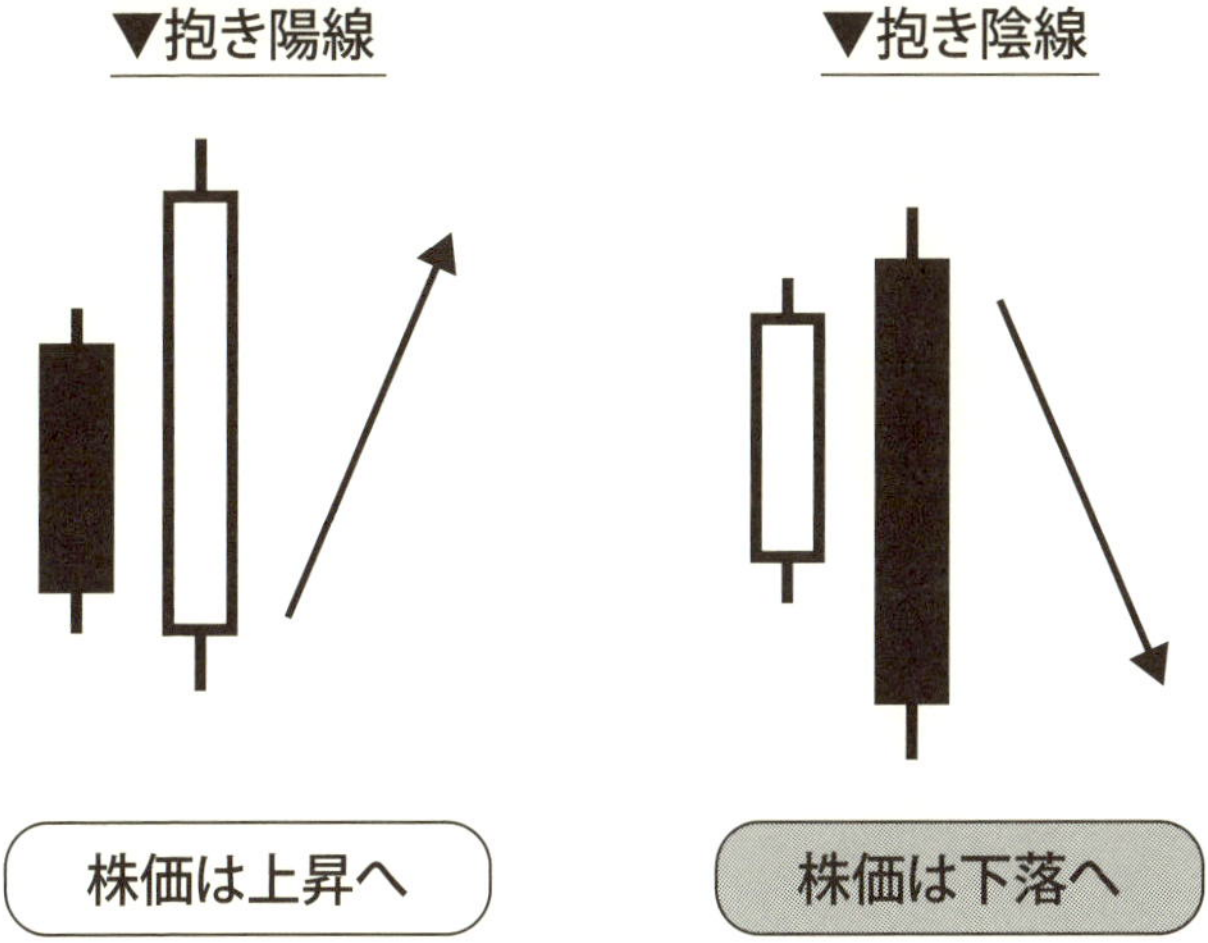
▼抱き陽線
▼抱き陰線
株価は上昇へ
株価は下落へ

▼武田薬品工業の日足

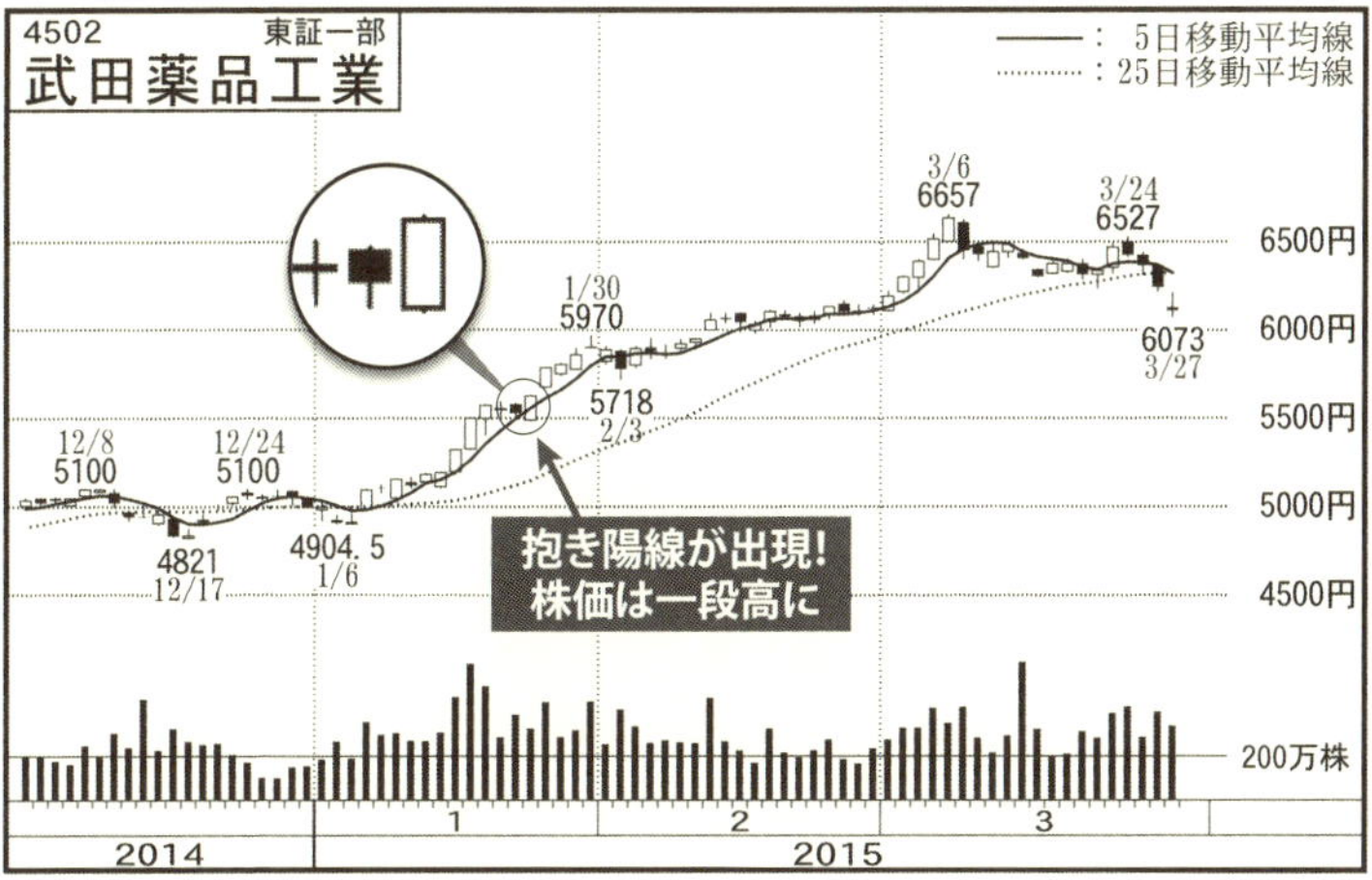
4502
東証一部
武田薬品工業
——：5日移動平均線
……：25日移動平均線
12/8
5100
4821
12/17
12/24
5100
4904.5
1/6
1/30
5970
5718
2/3
3/6
6657
3/24
6527
6073
3/27
6500円
6000円
5500円
5000円
4500円
200万株
抱き陽線が出現!
株価は一段高に
1
2
3
2014
2015

⑬ローソク足の組み合わせ②…はらみ線

■相場の転換を予兆させるシグナル

「はらみ線」は前項の抱き線と逆の組み合わせです。大きな陽線の次に小さな陰線が現れた状態を「陽の陰はらみ」、大きな陰線の次に小さな陽線が現れた状態を「陰の陽はらみ」と呼びます。

このパターンはいずれも前日の値幅を越えることなく、この値幅以内での動きに終始したことを示しており、買い方、売り方がせめぎ合っていることを示しています。前日のローソク足を母体に、当日線をはらんだお腹の子供に見立てた言い方です。これは、相場にも新しい命が誕生しつつあり、その流れが変わる前兆と見られています。

次ページのチャートはスズキ（７２６９）の日足です。２０１４年10月16日は上げ幅78円の小陽線、翌17日は下げ幅52円の小陰線ではらみ線（陽の陰はらみ）となりました。短期的な調整完了のシグナルです。

下値圏で出現したこのはらみ線は相場の買い転換を予兆させるものでしたが、定石どおりその後は急上昇に転じました。

●買い方、売り方

「買い方」とは買い注文を入れた投資家の総称。現物株を購入した人と信用で買った人の両方を示す。これに対し、売り注文を入れた投資家の総称が「売り方」である。

ローソク足の組み合わせ②…はらみ線

▼陽の陰はらみ

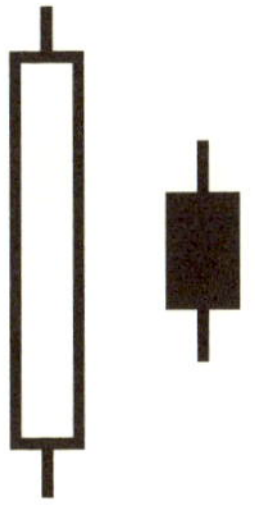

▼陰の陽はらみ

買い方と売り方のせめぎ合い
相場の転換を予兆する形

▼スズキの日足

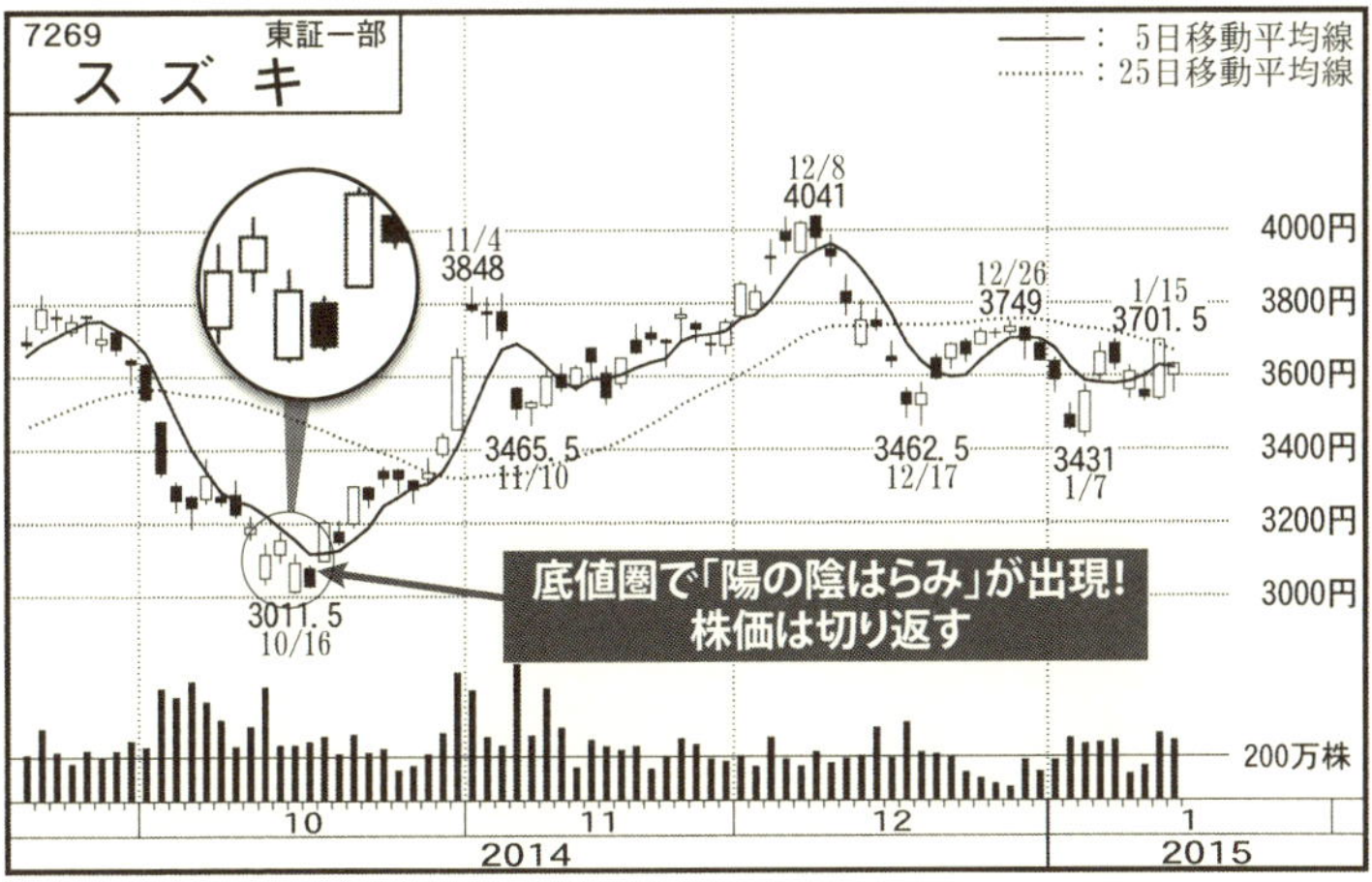

⑭ ローソク足の組み合わせ③…切り込み線

■下値圏で出れば絶好の買いシグナル

切り込み線は長い陰線の次に長い陽線が出現、なおかつその陽線の頭（終値）が陰線の真ん中（中値）より上にある状態をいいます。次ページの図は、前日比変わらずの1000円で寄り付いた株価が800円で引け（200円安の陰線）、翌日750円で寄り付いた株価が950円で引けた（200円高の陽線）例です。

前日のローソク足の中値は900円（1000円と800円の半値）ですが、翌日の終値は950円ですから、これを50円上回って引けたことになります。この形は底値で強力な買いが入ったことを表しており、強気のシグナルと判断できるのです。

次ページのチャートはファナック（6954）の日足です。2015年2月9日は陰線→翌10日は陽線ですが、安寄り後、9日の中値2万207・5円を大幅に上回って引けました（2月10日の終値2万755円）。典型的な切り込み線の形となり、さらに11日には窓をあけて上伸しました。その後、ファナックの株価は3月19日に2万8035円まで買われています。

●**強気**

株価が上昇していくだろうという見方のこと。逆に、下がると見るのが「弱気」で、強気の買い、弱気の売りが相場を形成する。

ローソク足の組み合わせ③…切り込み線

▼切り込み線の例

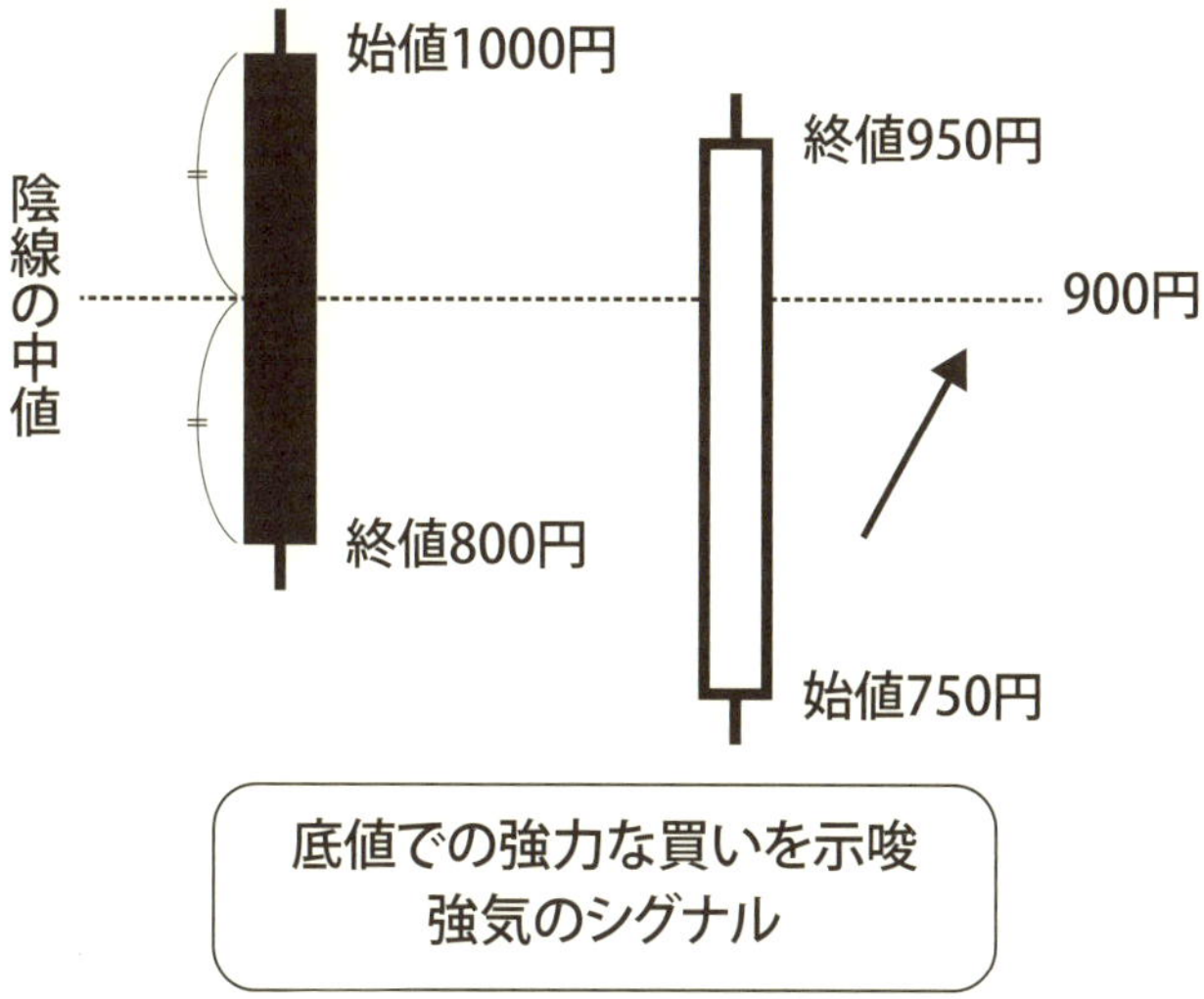
始値1000円
陰線の中値
終値800円
終値950円
900円
始値750円
底値での強力な買いを示唆
強気のシグナル

▼ファナックの日足

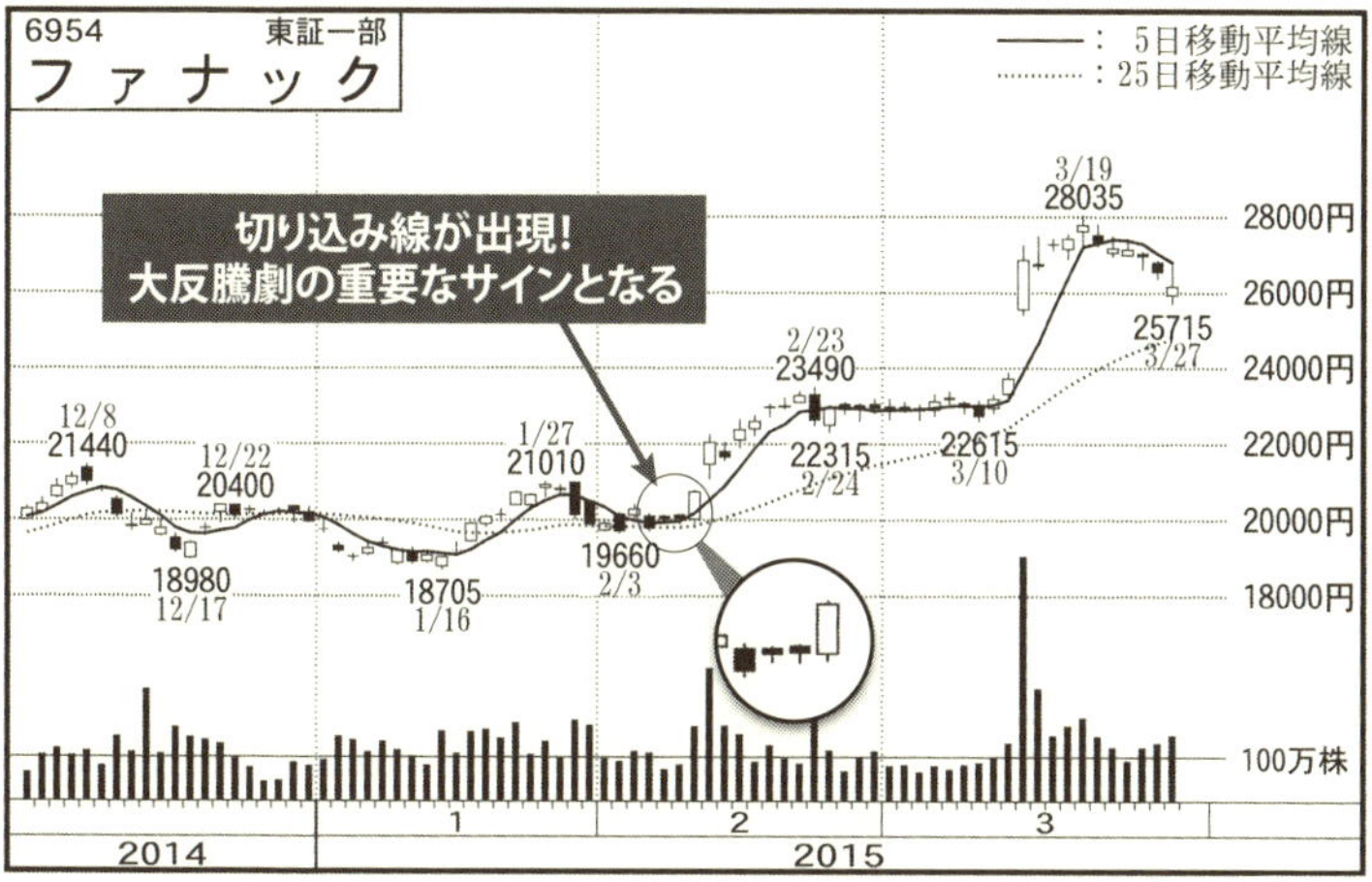
6954 東証一部
ファナック
5日移動平均線
25日移動平均線
切り込み線が出現!
大反騰劇の重要なサインとなる
12/8
21440
12/22
20400
18980
12/17
18705
1/16
1/27
21010
19660
2/3
2/23
23490
22315
2/24
22615
3/10
3/19
28035
25715
3/27
28000円
26000円
24000円
22000円
20000円
18000円
100万株
1
2
3
2014
2015

⑮ローソク足の組み合わせ④…かぶせ線

■天井圏では大崩れとなりやすいパターン

陽線の次に、陰線が上からかぶさるように突き出た状態は「かぶせ線」と呼ばれます。この形は売りのシグナルです。とくに天井圏で出現すると、大崩れのパターンになりますから、買い方は要注意です。逆に、売り方はカラ売りを仕掛ける絶好のチャンス到来と判断できます。

次ページのチャートは東芝（６５０２）の日足です。２０１４年の10月17日を基点として順調に上値を切り上げていました。同年12月２日も陽線引け（始値５３１円→終値５４０・５円）です。しかし、翌３日は窓をあけて高寄り（始値５４８円＝前日の終値を7・5円上回る）したものの、結局は陰線となりました。問題はこの日の終値が５３７円で、前日の終値を下回って引けたことです。買い方の勢いを売り方が押さえ込み、かぶせ線の形となったのです。

その後同社株は12月３日のザラ場高値５４８・５円が天井となり、下げに転じました。２０１５年１月22日には４６１・４円の安値をつけています。

●**大崩れ**
株価が何らかの要因で大きく値を下げること。また、下げ相場の途中でそれまで何とか抵抗していた相場が一段安となり、下に放れた状態を「崩れる」という。

ローソク足の組み合わせ④…かぶせ線

▼かぶせ線の例

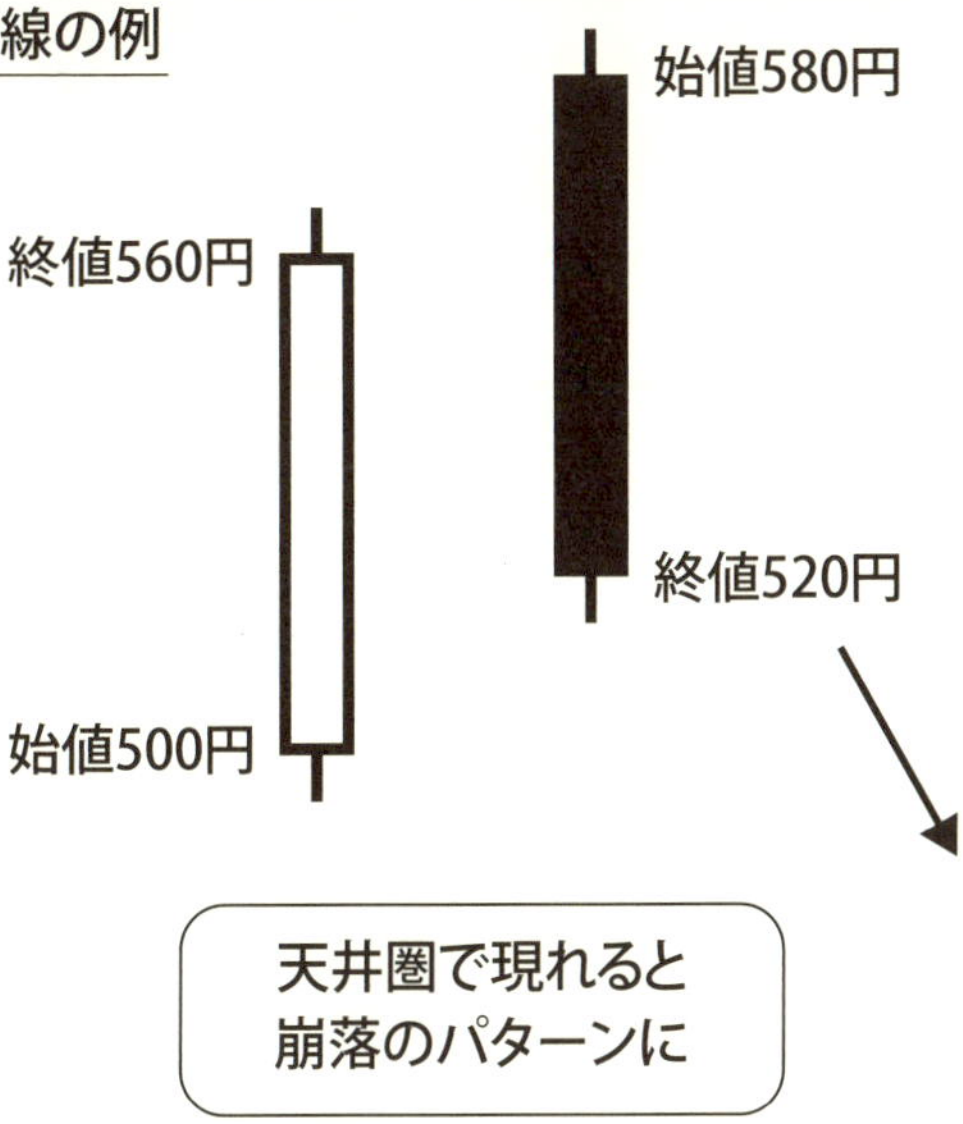

始値580円
終値560円
終値520円
始値500円
天井圏で現れると
崩落のパターンに

▼東芝の日足

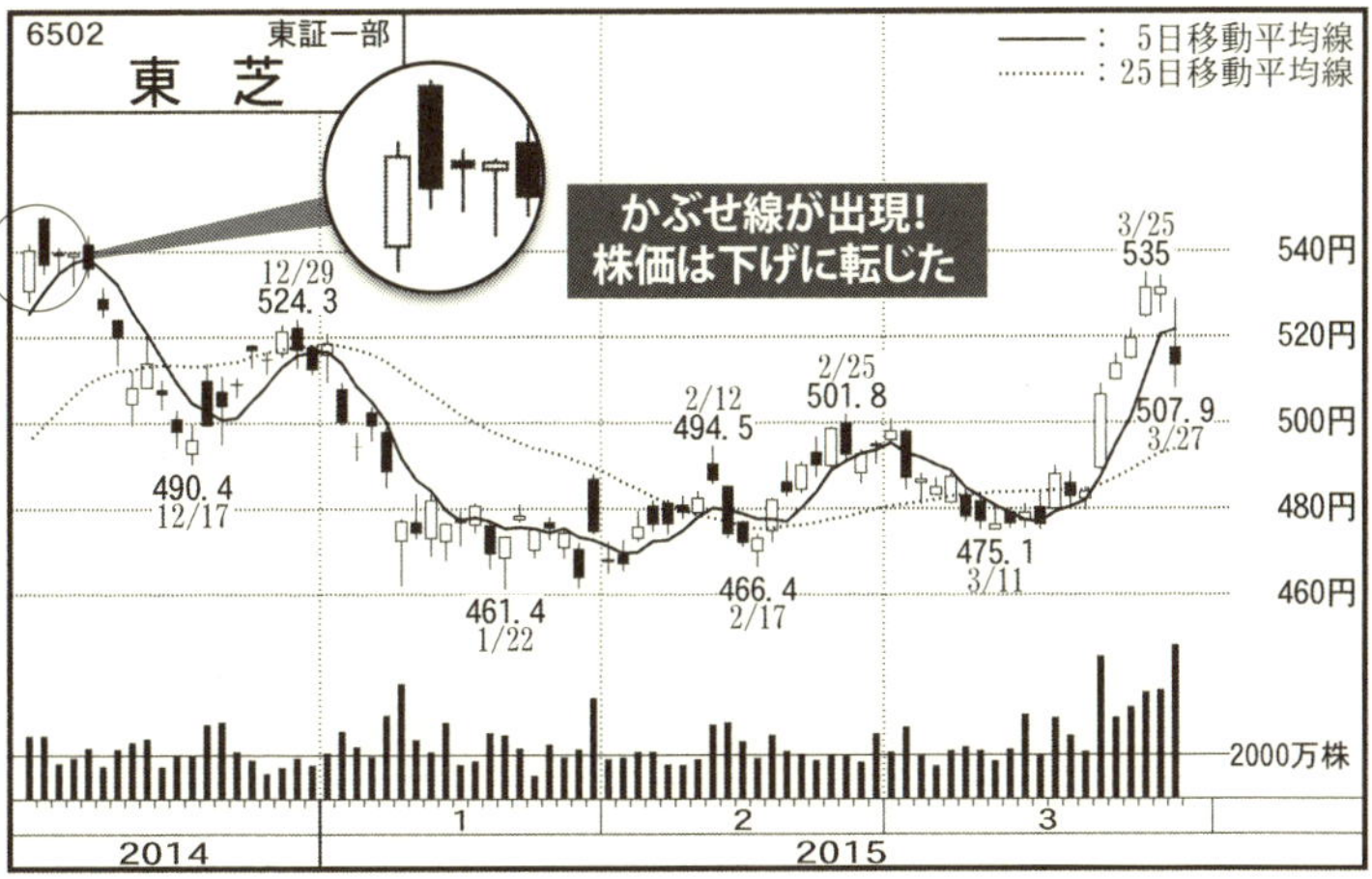

6502
東証一部
東　芝
5日移動平均線
25日移動平均線
かぶせ線が出現！
株価は下げに転じた
12/29
524.3
490.4
12/17
461.4
1/22
2/12
494.5
2/25
501.8
466.4
2/17
475.1
3/11
3/25
535
507.9
3/27
540円
520円
500円
480円
460円
2000万株
1
2
3
2014
2015

⑯ローソク足の組み合わせ⑤…三兵

■底値圏の赤三兵は買い、天井圏での黒三兵は売り

三兵《さんぺい》は酒田五法《さかたごほう》の基本のひとつで、底値圏での連続陽線3本は買い、天井圏での連続陰線3本は売りとなります。

前々日→前日→当日と終値を切り上げながら陽線が3本連続して出現するパターンを「赤三兵《あかさんぺい》」、逆に前々日→前日→当日と終値を切り下げながら陰線が3本連続して出現するパターンを「黒三兵《くろさんぺい》」、または「三羽烏《さんばがらす》」と呼んでいます。

三兵は分かりやすいという利点がありますが、注意しなければならないのは3本目のローソク足です。赤三兵の場合、この足に上ヒゲがない（または小さい）ときは上昇余力が残されていると判断できますが、上ヒゲが長いときは上昇力の鈍化を示します。すなわち、「赤三兵の先詰まり」です。

同様に、黒三兵の場合も3本目の足が重要です。いくら大陰線でも長い下ヒゲがついたケースでは、そこが底値ということがよくあります。これがチャートの〝ダマシ〟です。

●酒田五法

本間宗久が考案した手法で、ローソク足の並びによって売り場、買い場を読む。三山、三川、三空、三兵、三法があり、現在でもチャート分析の古典として愛用されている。

ローソク足の組み合わせ⑤…三兵

▼赤三兵と黒三兵の例

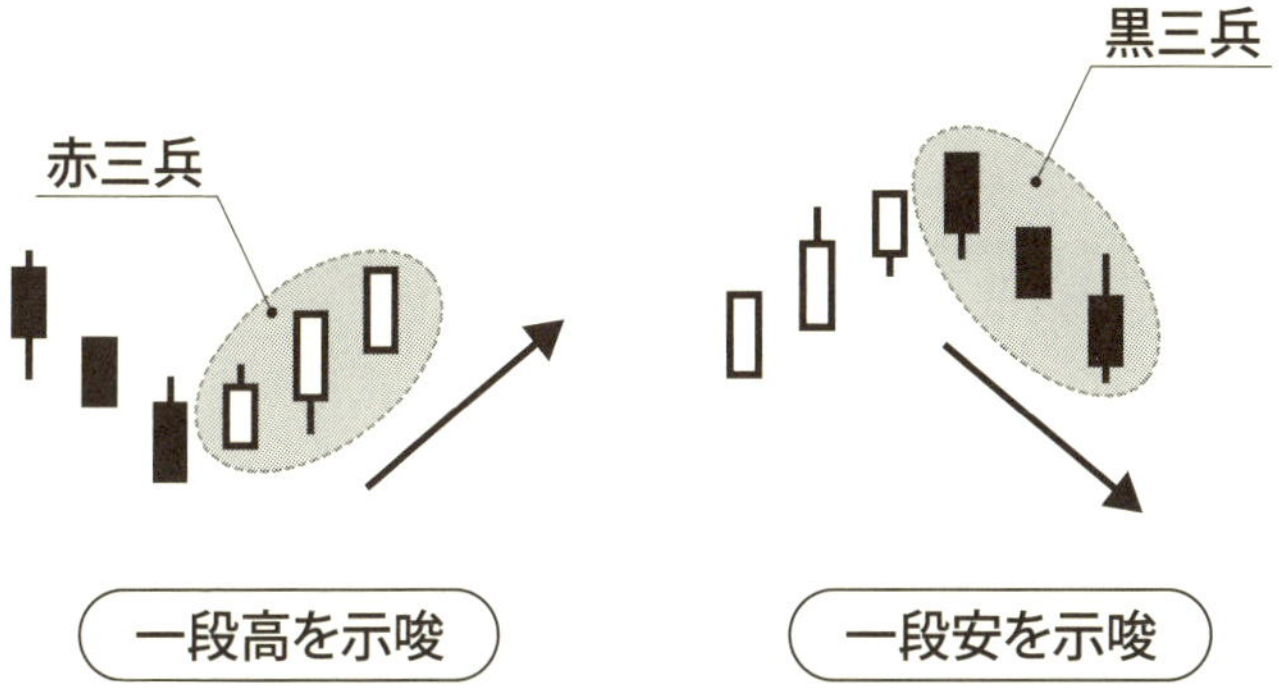

▼日清製粉グループ本社の週足

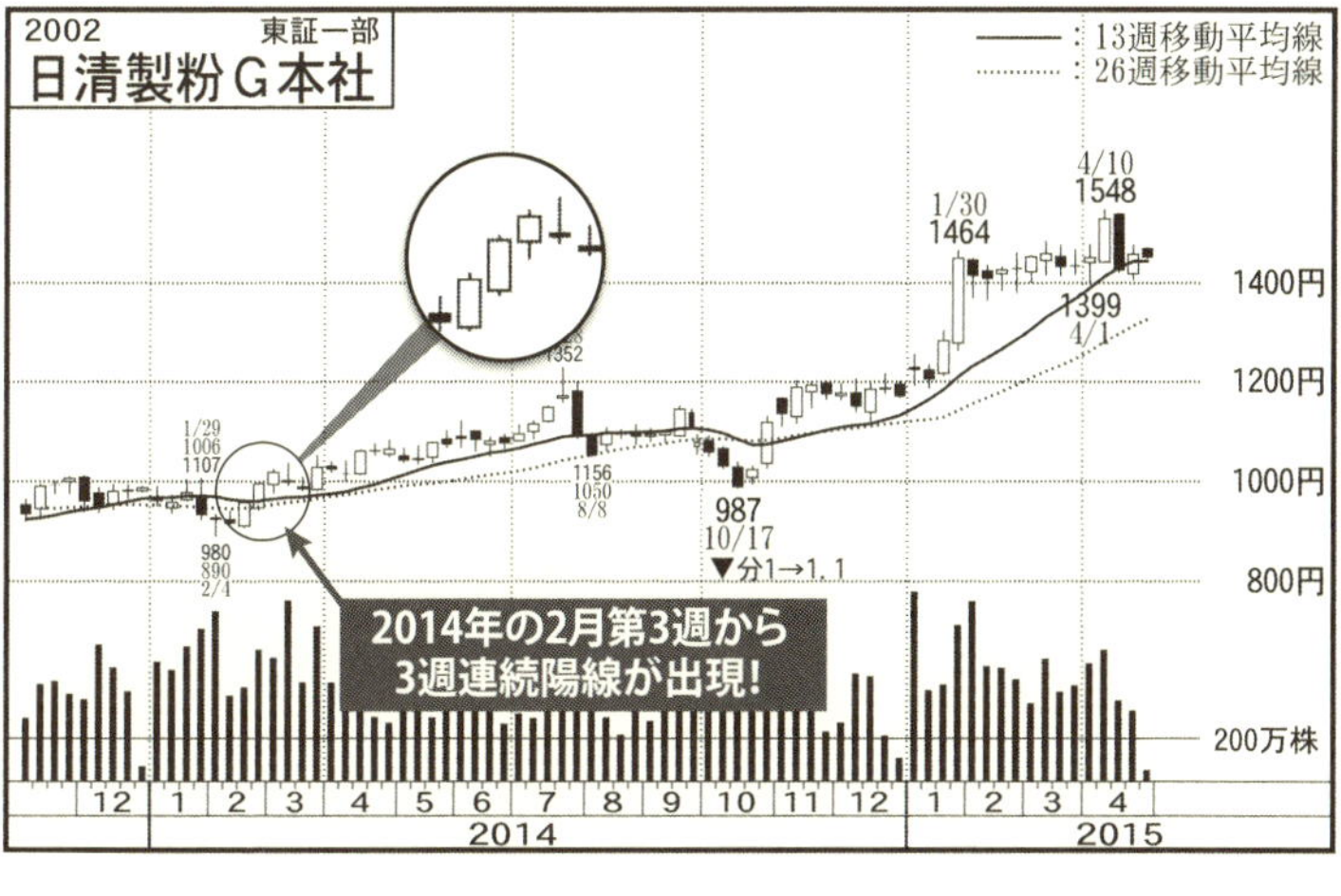

⑰ ローソク足の組み合わせ⑥…窓

■投資妙味の大きい窓あけ銘柄

「窓」とか「空」などと表現するローソク足の組み合わせパターンもあります。これは株価が前の足の終値から大きくかい離して始まる形です。日足なら前日、週足なら前週の足の終値に接することなく、大きく離れた位置から寄り付くパターンです。

これは好材料が出現して買い物が殺到（窓あけ急騰）する場合と、悪材料が出て売り物が殺到（窓あけ急落）するケースがあります。いずれも、投資家がパニック的な心理状態に陥ったことを表します。

窓あけ後は一本調子でそのまま上昇、あるいは下落基調を続ける場合もありますが、しばらくすると窓あけで生じた空間を埋めにいくケース（窓埋め）が多く見られます。すなわち、急騰後の一服、急落後のアヤ戻しですが、これは、投資家の心理状態が冷静さを取り戻したことを示しています。

いずれにしても、窓あけ銘柄は株価が大きく動きますから、上手に対処できれば大きな成果を手にすることができます。

●アヤ戻し

下げ相場が続くなかで少しだけ株価が戻ること。売り方は絶好の売り乗せポイントとなるが、買い方は上昇転換と見誤ることが多いので注意が必要だ。これとは逆に上げ相場で少し下げるのを「アヤ押し」という。

ローソク足の組み合わせ⑥…窓

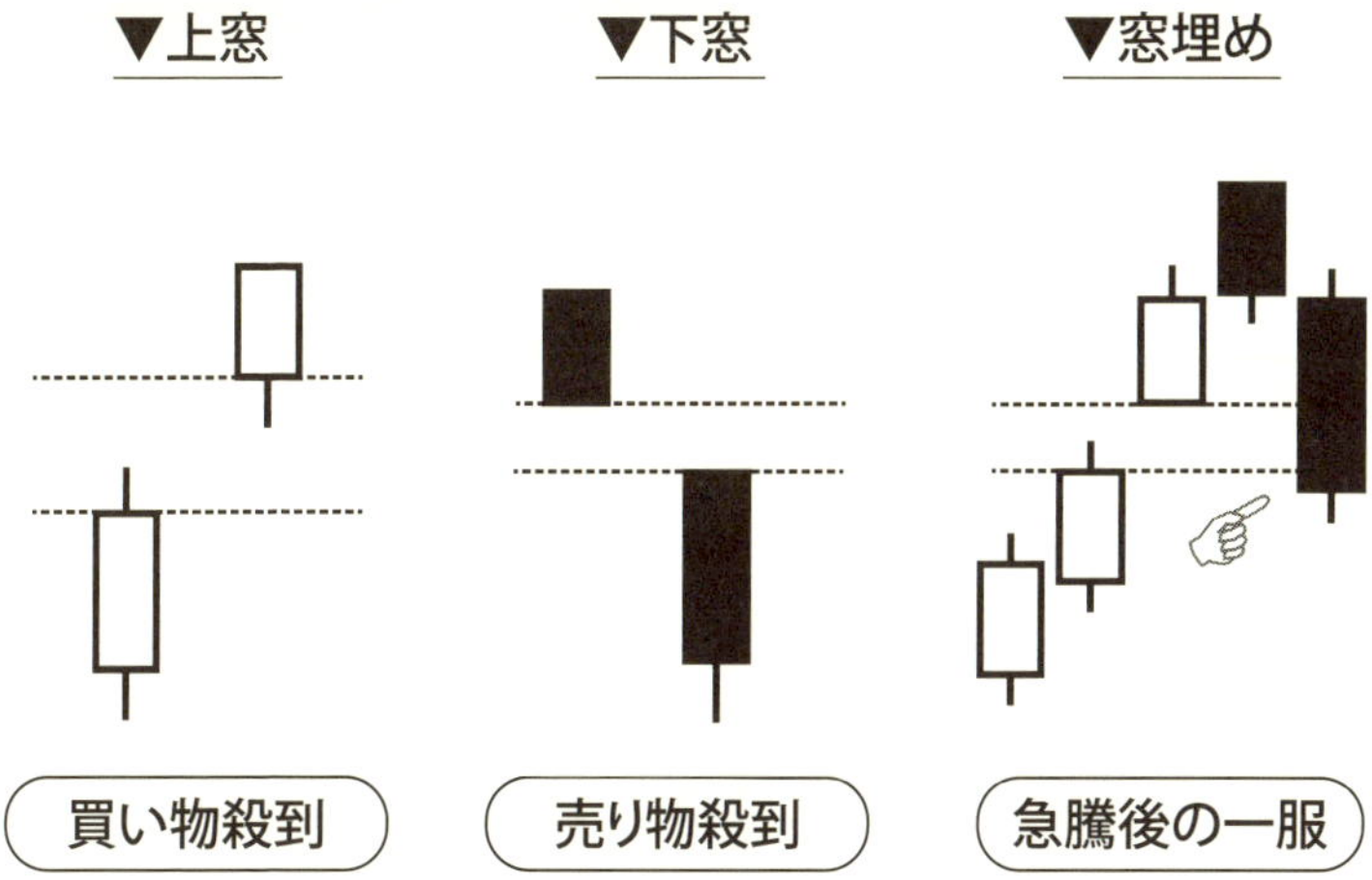
▼上窓
▼下窓
▼窓埋め
買い物殺到
売り物殺到
急騰後の一服

▼HOYAの日足

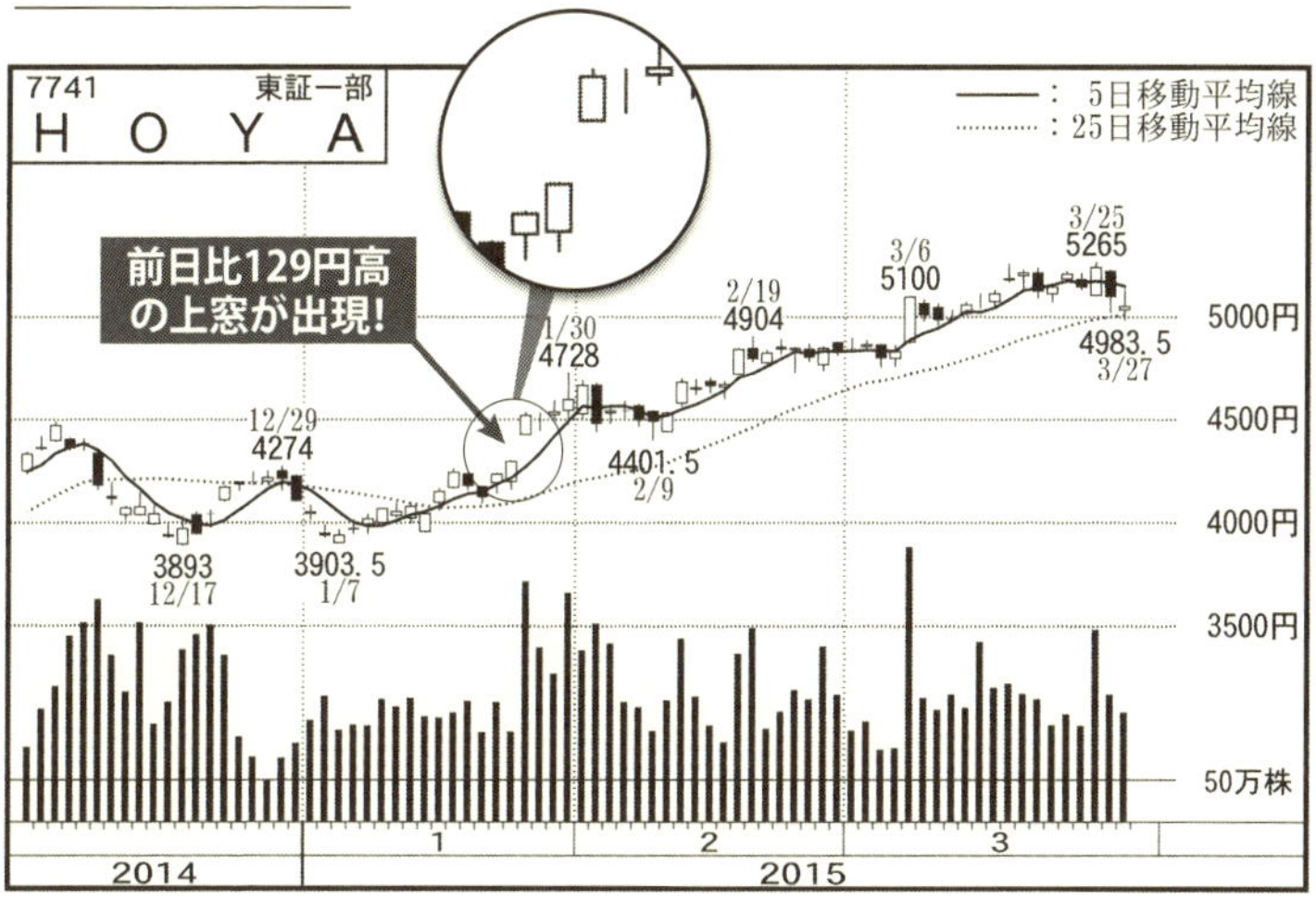
7741 東証一部
H O Y A
5日移動平均線
25日移動平均線
前日比129円高
の上窓が出現!
12/29
4274
3893
12/17
3903.5
1/7
1/30
4728
4401.5
2/9
2/19
4904
3/6
5100
3/25
5265
4983.5
3/27
5000円
4500円
4000円
3500円
50万株
1
2
3
2014
2015

COLUMN 杉村富生のブレイクタイム

主要ホテルは「超強腰」の営業を展開

免税店のラオックス（8202）が連日の大商い（東証二部の売買代金トップ）となっているほか、大黒屋を運営するアジアグロースキャピタル（6993）の商いが膨らみ始めています。コメ兵（2780）、象印マホービン（7965）も強いですね。いずれも外国人（特にアジア系）に人気の店舗、および商品を有しています。いわゆる、インバウンド関連です。

さらに、ロイヤルホテル（9713）、日本ビューホテル（6097）、京都ホテル（9723）、帝国ホテル（9708）が大幅高です。都内のホテルはほとんど満室となっています。ホテル側は「超強腰」の商売を行なっています。

この背景には、外国人観光客が押し寄せているほか、リタイアの時期を迎えた団塊世代を中心とする旅行ブームがありそうです。

この活況は当分の間、続くでしょう。外国人観光客は2014年に1300万人を超えましたが、「やっと」という感じです。なにしろ、年間の外国人観光客の数はフランスでは8470万人、アメリカ6980万人、スペイン6070万人、中国5570万人、イタリア4770万人などとなっています。

日本は世界ランキング27位、観光収入は151億ドル（アメリカは1731億ドル）にすぎません。日本はアメリカの10分の1以下です。しかし、逆に考えると、今後大きな成長の余地を残している、との見方もできます。

▼第4章

実践版「トレンドの読み方」

① トレンドの基本パターン

■上昇、下降、もみ合いは一定期間継続する

先にも触れましたが、日本の罫線の元祖は本間宗久といわれています。これに対し、アメリカにおけるチャートの始祖はNYダウ平均の考案者として知られるチャールズ・ダウといわれています。ダウの考え方の基本は、①株価にはすべての材料が織り込まれている、②株価の動きは短期、中期、長期の3つのトレンドを形成している、③トレンドの転換はその波動に対して直前の高値を抜けず、直前の安値を下回ったときとする（上昇トレンドの場合）、④出来高はトレンドと一緒に動いている、⑤終値が投資家心理にもっとも大きな影響を与えている――などです。こうした考え方がその後のチャート分析の基本になっています。

株価は大きく分けて上昇、下降、もみ合いの3つのパターンを繰り返しています。ただ、次ページの図を見ると分かるように、いずれのパターンも小さい山と谷を描きながら、全体として見るとどちらかの方向に向っています。この大きな波動がトレンドなのです。

用語解説

●罫線とチャート

日本で誕生した罫線は米相場をベースにしており、基本的に田植え（春）～稲刈り（秋）の短期的な指標とされる。これに対し、ヨーロッパを起源とするチャートは企業の盛衰（一生）を追いかけるものであるため、長期的な視点が重要視される。

トレンドの基本パターンは3種類ある

①上昇トレンド

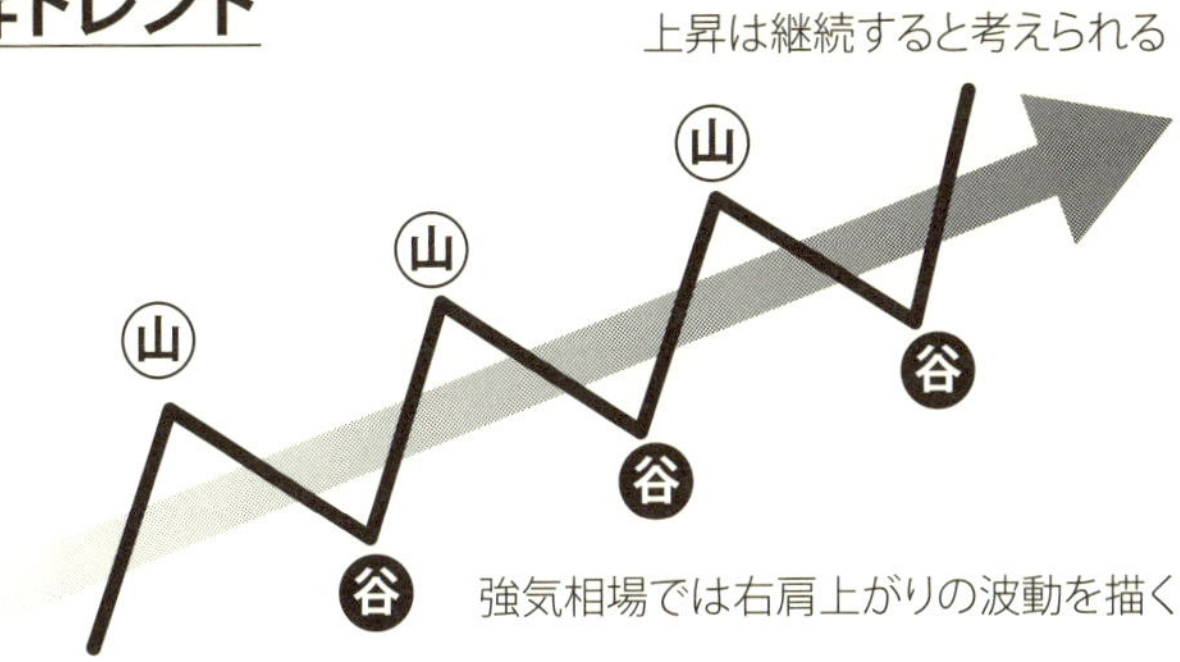
上昇は継続すると考えられる
山
山
山
谷
谷
谷
強気相場では右肩上がりの波動を描く

②下降トレンド

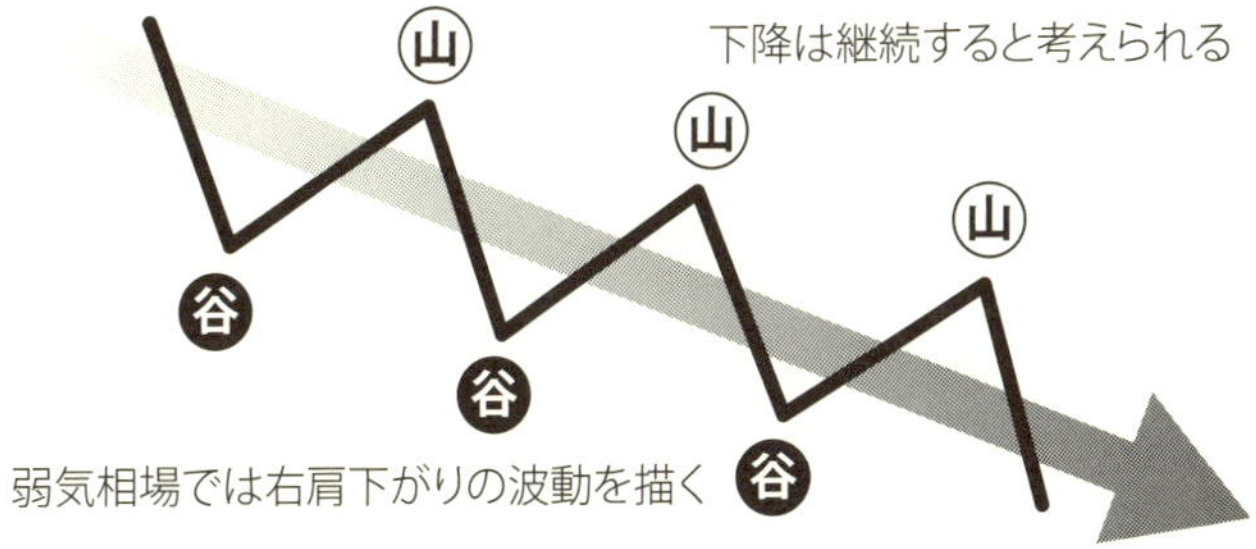
山
下降は継続すると考えられる
山
山
谷
谷
谷
弱気相場では右肩下がりの波動を描く

③ボックス(横ばい)トレンド

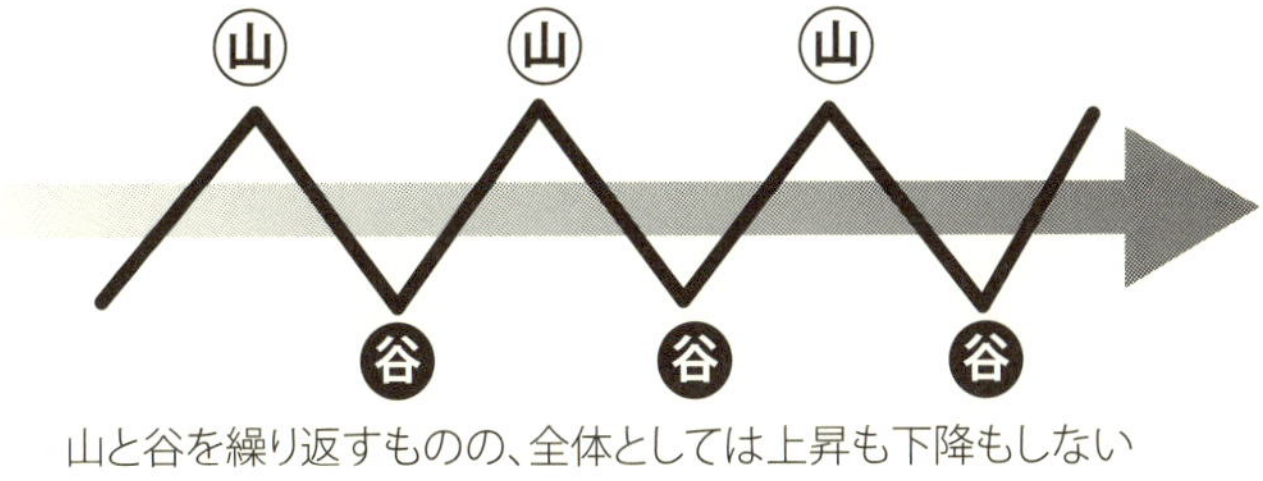
山
山
山
谷
谷
谷
山と谷を繰り返すものの、全体としては上昇も下降もしない

②トレンドラインを描いてみよう

■サポートラインに支えられて上昇するパターン

海岸に立って波の動きを眺めていても、それだけでは満ち潮か引き潮かは分かりません。はっきりさせたければ、波に沿って線を引いてみることです。線が基準となって、潮の満ち引きが見えてきます。満ち潮（株価上昇）のときは小さな山に線を引いていくと、すぐその上を株価が乗り越えていきます。逆に、引き潮（株価下降）のときは、山に引いた線から株価が離れていくので、どんどん横線が増えていきます。

このように、チャートの山と山、谷と谷に線を引くことで、上昇か下降かという相場の大勢観を見分けようというのがトレンドラインです。

次ページは相鉄ホールディングス（9003）の週足チャートです。2013年12月のボトムA点、ピークB点、次のボトムC点を取り、A点とC点を実線（サポートライン）で結びます。次にその線と平行かつB点を通る点線を引きます。すると、その後株価が徐々に切り上がっていくのが分かります。これが上昇トレンドです。このラインに沿って、株価は動くのです。

●サポートライン

ある一定期間の安値と安値を結んだ線のこと。サポートラインは相場の下値の基準となり、この近辺の価格を下回りにくくなる。下値支持線とも呼ばれる。

トレンドラインを引いてみる

▼上昇トレンドの銘柄例

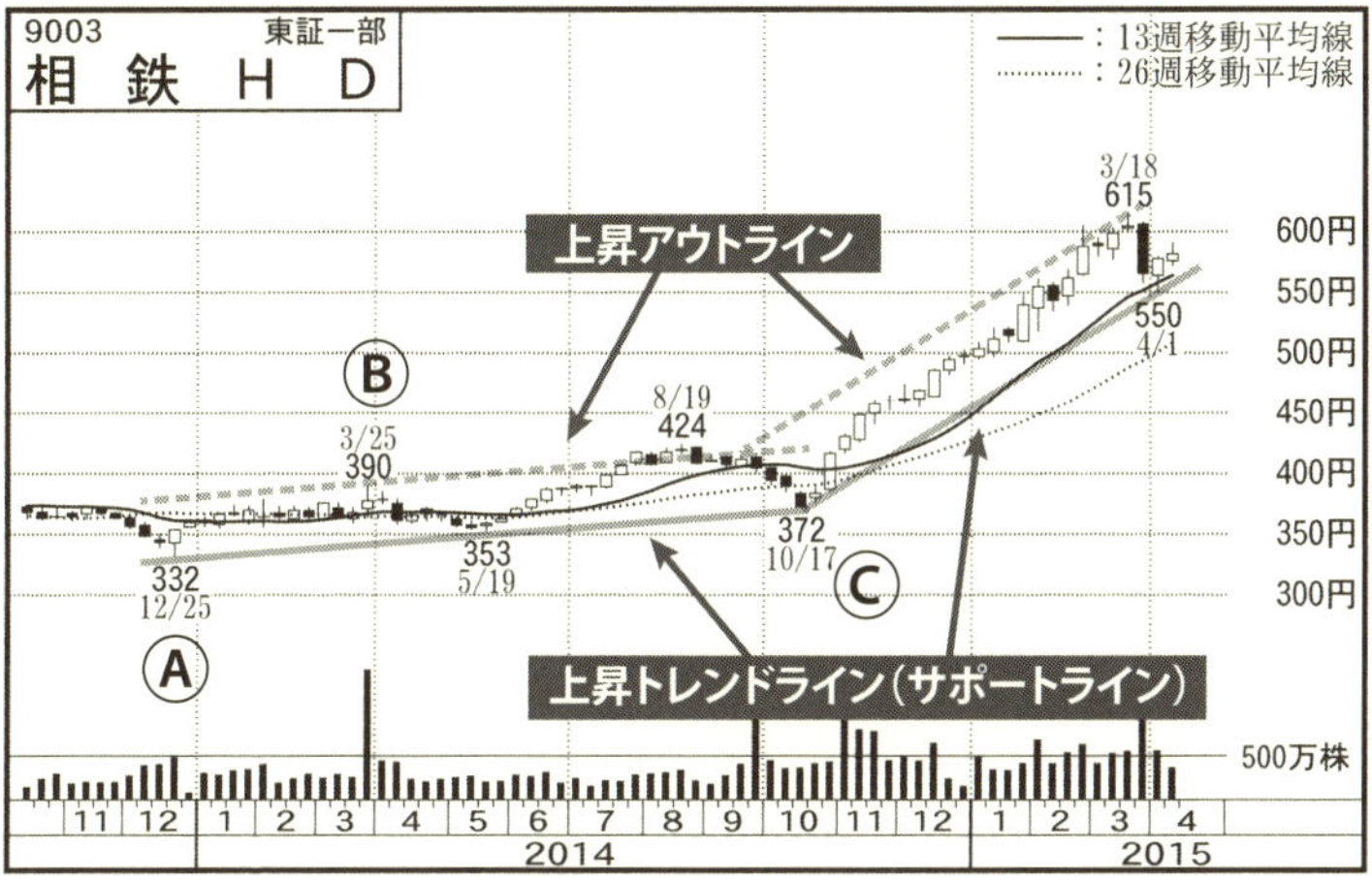

9003 東証一部
相鉄ＨＤ
：13週移動平均線
：26週移動平均線
3/18
615
上昇アウトライン
600円
550円
550
4/1
500円
Ⓑ
8/19
424
450円
3/25
390
400円
372
350円
10/17
353
5/19
332
12/25
Ⓒ
300円
Ⓐ
上昇トレンドライン（サポートライン）
500万株
11 12 1 2 3 4 5 6 7 8 9 10 11 12 1 2 3 4
2014
2015

上昇トレンドラインと上昇アウトライン

Ａ点とＣ点を結んだ実線を上昇トレンドライン（サポートライン）といい、Ｂ点を通る点線を上昇アウトラインと呼ぶ。

↓

そして、この2つのラインにはさまれたゾーンはチャネルと呼ばれる。チャネルには「水路」という意味があり、株価はこの水路のなかを規則正しく上下動しながら上昇しているのが分かる。

■レジスタンスラインが壁となって下げ続けるパターン

今度は下降トレンド銘柄です。次ページのチャートはニッセンホールディングス（８２４８）の週足チャートです。２０１３年12月のピークをＤ点、ボトムをＥ点、２番目のピークをＦ点とします。Ｄ点とＦ点に実線を引くと、その後の株価の上値はこの実線より上に出ていません。つまり、上値を切り下げていることが分かります。これが下降トレンドであり、Ｄ、Ｆを通る実線が下降トレンドライン（レジスタンスライン）、Ｅを通る点線が下降アウトラインとなります。

同社株は２０１５年に入っても下降トレンドが継続し、下げ足を速める結果となりました。同年４月１日には２４２円の安値をつけ、上下２つのラインにはさまれたゾーン、チャネルを下に放れた形となりました。このような状況下では、レジスタンスラインを上抜かない限り、買ってはいけません。

その後、同社の株価はセブン＆アイ・ホールディングス（３３８２）との提携などを評価し、戻りに転じています。しかし、この動きは日足でないとつかめません。やはり、短期・逆張りの投資タイミングは週足だけでなく、日足を併用する必要があるといえるのではないでしょうか。

●レジスタンスライン

サポートラインとは逆に、ある一定期間の高値と高値を結んだ水平の線のこと。レジスタンスラインは相場の高値の基準となり、この近辺の価格を上回りにくくなる。このため上値抵抗線とも呼ばれる。

トレンドラインを引いてみる

▼下降トレンドの銘柄例

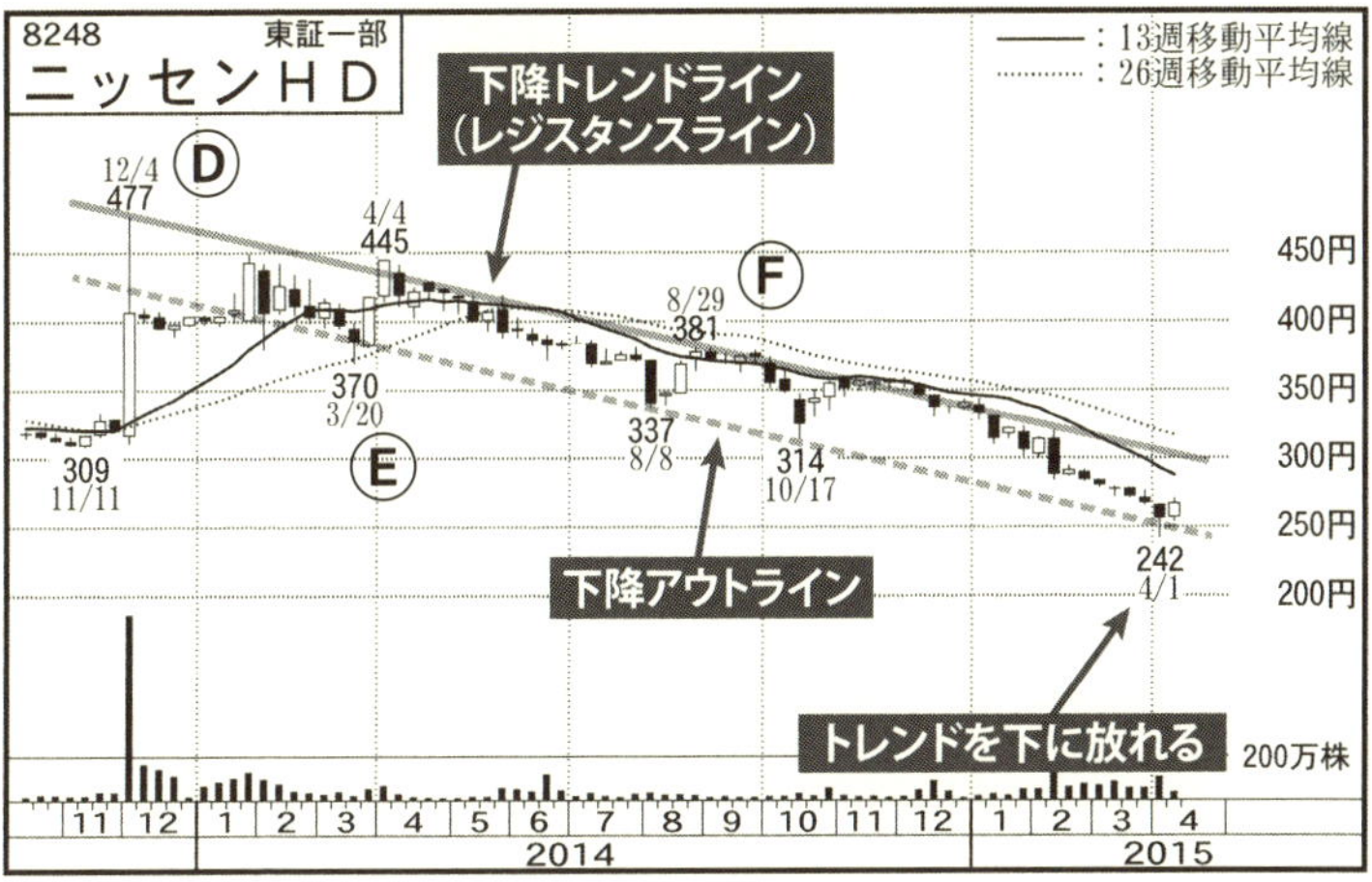

8248
東証一部
ニッセンＨＤ
───：13週移動平均線
……：26週移動平均線
下降トレンドライン
(レジスタンスライン)
D
12/4
477
4/4
445
F
8/29
381
370
3/20
E
309
11/11
337
8/8
314
10/17
242
4/1
下降アウトライン
トレンドを下に放れる
450円
400円
350円
300円
250円
200円
200万株
11 12 1 2 3 4 5 6 7 8 9 10 11 12 1 2 3 4
2014
2015

下降アウトラインと下降トレンドライン

Ｄ点とＦ点の延長戦上に引いた実線

↓

下降トレンドライン（レジスタンスライン）

Ｅを通り、下降トレンドラインと平行に引いた点線

↓

下降アウトライン

■ボックス（横ばい）トレンドのパターン

トレンドの基本パターンの3つ目はボックストレンドです。すなわち、トレンドが上昇でも下降でもない横ばいのケースです。往来相場ともいいます。ボックストレンドの場合は、山と谷に合わせて上下に2本の線を引くだけで、横ばいトレンドであることがすぐに分かります。

次ページのチャートはビックカメラ（3048）の日足チャートです。2014年10月28日の927円を起点に2015年1月5日には1420円まで上昇しましたが、その後3カ月間、まったくの横ばい状態が続いています。2015年1月～4月2日までの高値は1420円、安値は1月13日につけた1203円ですが、3カ月間というもの、この200円幅のなかで上げ下げを繰り返しているのです。

年初以降の戻り高値は2月20日につけた1415円、安値は3月18日の1223円までの小動きが続いています。当面、この動きが継続すると判断すれば、ボックス下限の1200円前後は拾えます。

兜町では「もち合いは悪、売っておけ！」といいます。しかし、うまく安値を拾い、高値を売れば何度も儲けられます。ただし、もち合いはいずれ、どちらかに放れます。

●小すくい

小さな値幅取りに徹した投資手法。小さな利益を少しずつ「すくい取る」という意味から、「小すくい商い」「スキャルピング」などとも呼ばれる。値動きが乏しいときや、上値、下値がごく限られているときに用いられる。地味な手法だが、何度でも繰り返すことで利益を積み上げることができる。

トレンドラインを引いてみる

▼ボックストレンドの銘柄例

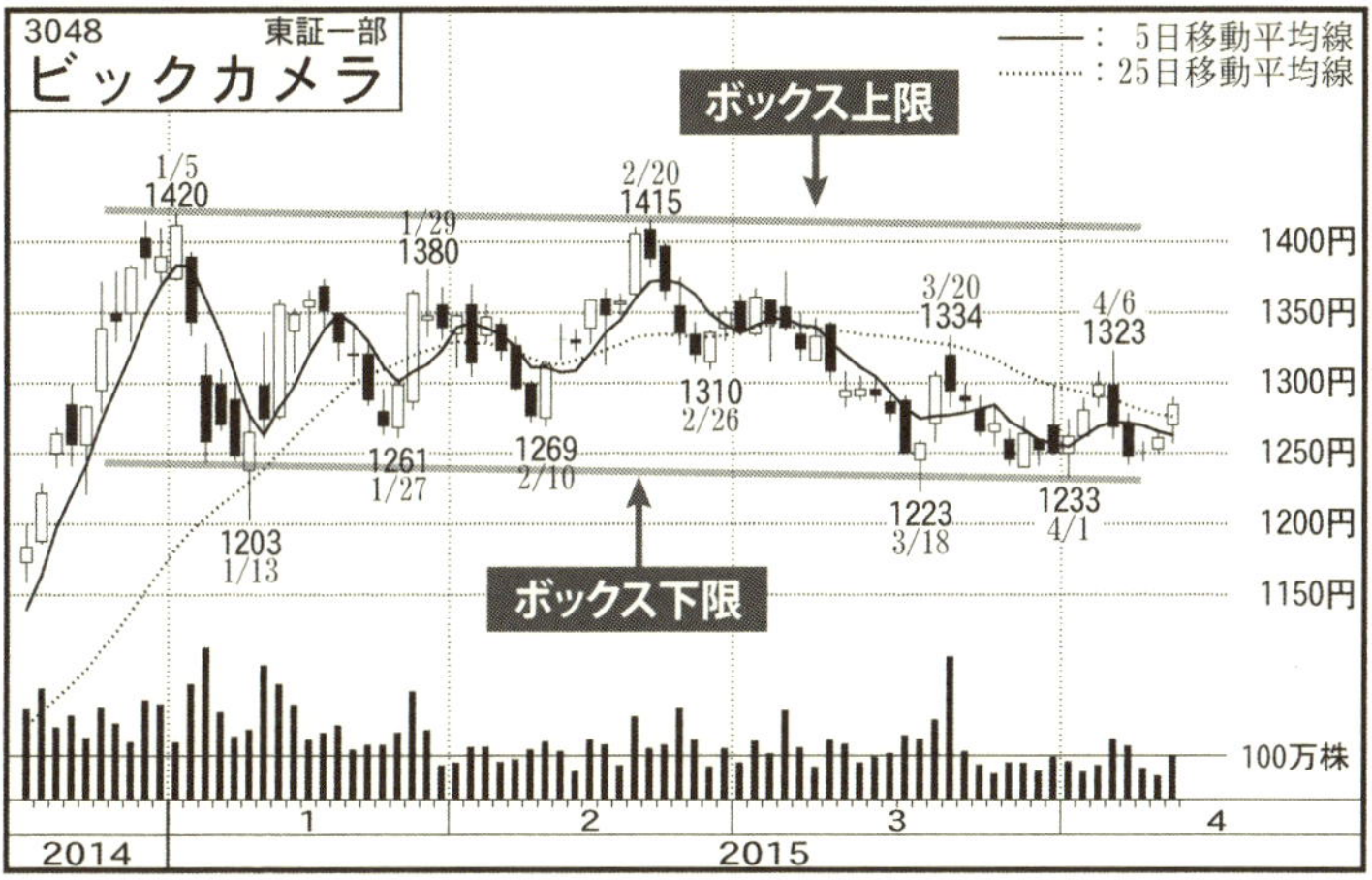

ボックストレンド銘柄の売買手法と注意点

下値に合わせて線を引くと、上昇トレンドでも下降トレンドでもないことが分かる

↓

このようなトレンドの銘柄は上値、下値ともに限られているため、小すくいに徹することが求められる。ただ、いずれ、上下どちらかに大きく放れことがある。→リスク管理（損切り）を徹底すること!

③トレンドラインの転換

■売りと買いの転換はトレンド転換に合わせて行なう

前項でトレンドラインは上昇のときは下値切り上げが続き、下降のときは上値切り下げが続くと述べました。逆にいえば、これらはトレンド転換のサインになります。

トレンドラインを使った投資戦術では、上昇・下降のトレンドラインが破られない限り（トレンドが継続する限り）、上昇→買い、下降→売りの姿勢を続けるのが基本です。

戦術転換はトレンド転換に合わせて行ないます。つまり、上昇トレンドでトレンドラインを株価が下に突き抜けたときと、下降トレンドでトレンドラインを株価が上に突き抜けたときで、前者では買いから売りへ、後者では売りから買いに変わります。

チャートでトレンド転換を確かめるには、左ページ下の図のように、突き抜けた下値に合わせてサポートラインを扇状に引いてみるとよく分かります。株価が新たに引いたサポートラインより上に戻らなくなったところが、下降トレンドへの転換（買いから売りへの転換）ポイントになります。

●戦術転換

信用取引を行なう投資家が、それまでの売り買いを逆にすること。具体的には、値上がりを見込んで買っていた人が、目先的な天井圏だと考えて売り方に回ったり、逆にカラ売りを仕掛けていた人が底打ち反転と判断して買い方に転じることをいう。それまでの姿勢が一変することから、前者を「ドテン売り」、後者を「ドテン買い」とも表現する。

トレンドによる戦略転換のポイント

▼上昇トレンドの転換

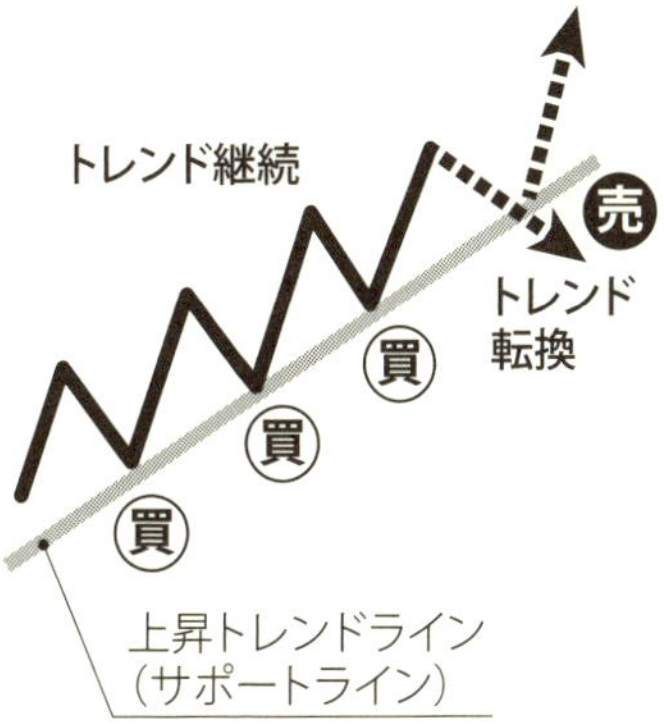
トレンド継続
売
トレンド
転換
買
買
買
上昇トレンドライン
(サポートライン)

▼下降トレンドの転換

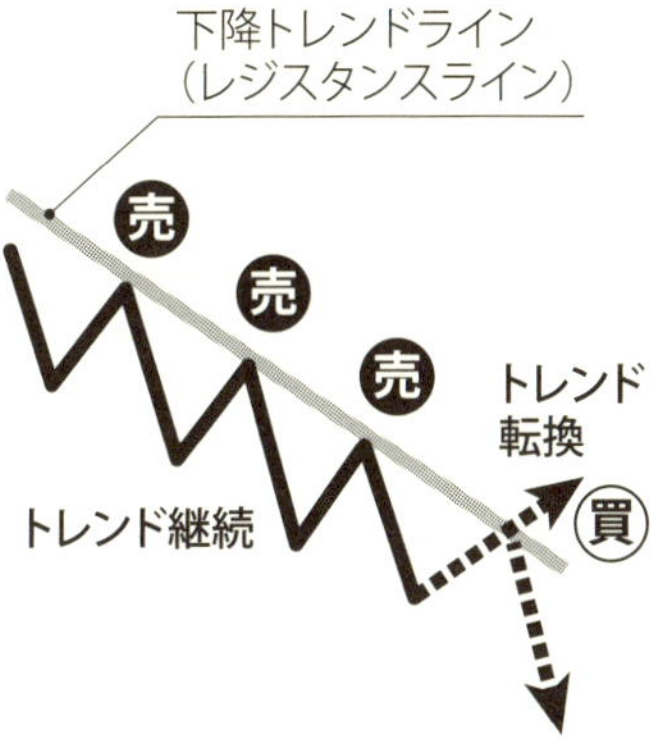
下降トレンドライン
(レジスタンスライン)
売
売
売
トレンド
転換
買
トレンド継続

▼扇状にトレンドラインを引いてみる

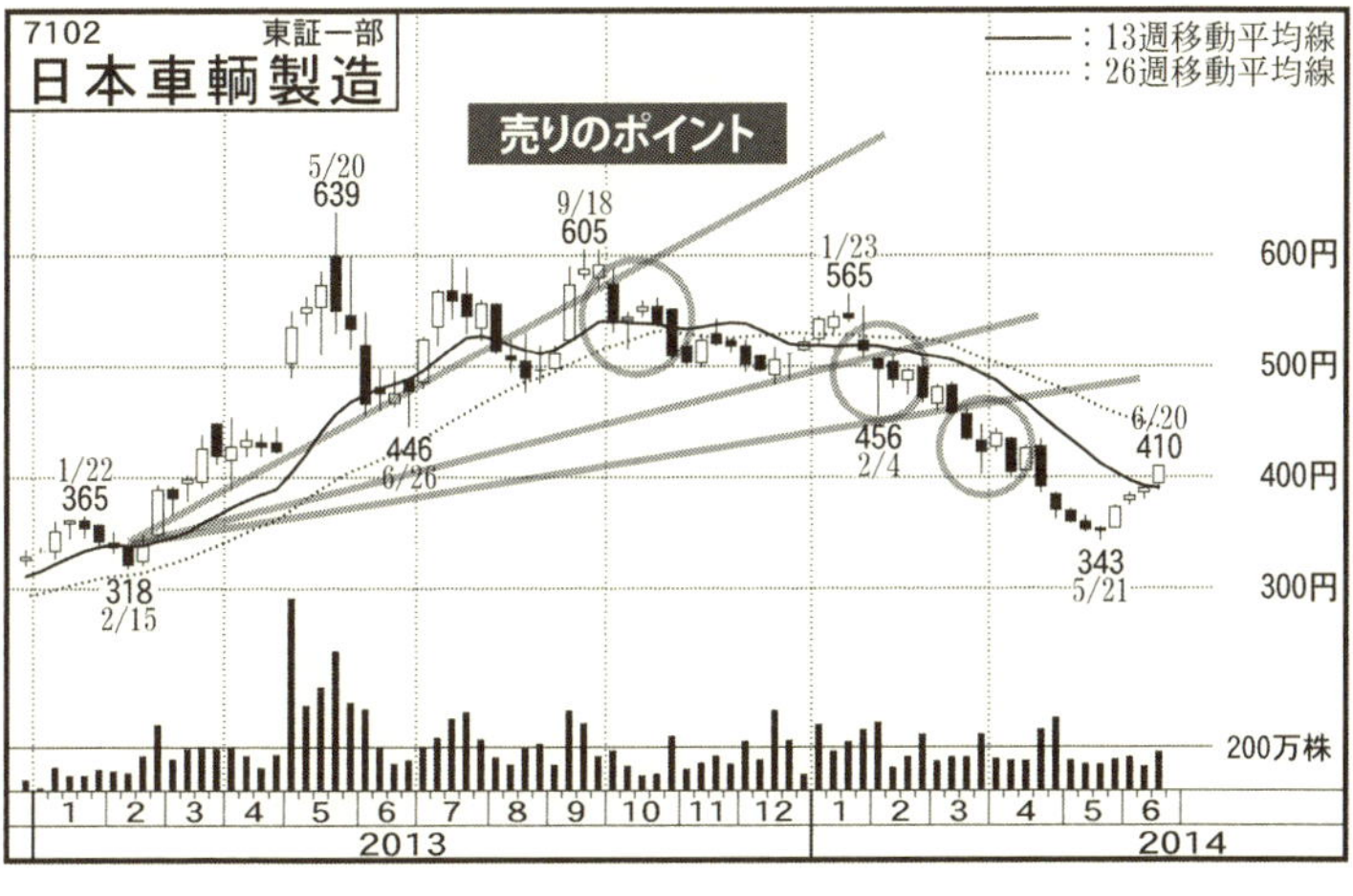
7102 東証一部
日本車輌製造
: 13週移動平均線
: 26週移動平均線
売りのポイント
5/20
639
9/18
605
1/23
565
1/22
365
446
6/26
456
2/4
6/20
410
318
2/15
343
5/21
600円
500円
400円
300円
200万株
1 2 3 4 5 6 7 8 9 10 11 12 1 2 3 4 5 6
2013
2014

④ トレンドを使った短期売買戦略

■サポートラインとアウトラインを上手に活用する

短期売買では、トレンドが継続していればサポートラインとレジスタンスラインが売り買いの目安（タイミング）となります。

すなわち、上昇トレンドの場合、一時的に株価が下がったときに、サポートラインの水準が押し目買いのメドとなるのです。逆に、とりあえず、一度利食っておこうという投資戦略では、上昇トレンドのアウトラインの水準が売りのメドとなります。ただ、上値途上で売るのはもったいないですね。

一方、下降トレンドの場合は、アウトライン（下値）の水準で買ってレジスタンスの水準で売る投資戦略も有効です。つまり、突っ込み買いの吹き値売り、または戻り売りのメドを設定することができるのです。

ただし、急落相場では戻りの値幅は少なく、下げ幅は大きくなるケースが多いですから注意が必要です。この場合は、買いよりもむしろレジスタンスラインを徹底的に売る（カラ売りも可）作戦が有効です。

●**突っ込み買い**
株価が一時的に大きく下げたところを、思い切って買うこと。

●**吹き値売り**
株価が、一時的に吹き上がったところを売ること。しかし、吹き値は待っていれば訪れるというものではなく「吹き値待ちに吹き値なし」ともいう。

短期勝負ではトレンドを使った売買が奏功する

▼上昇トレンド

押し目買いの利食い売り

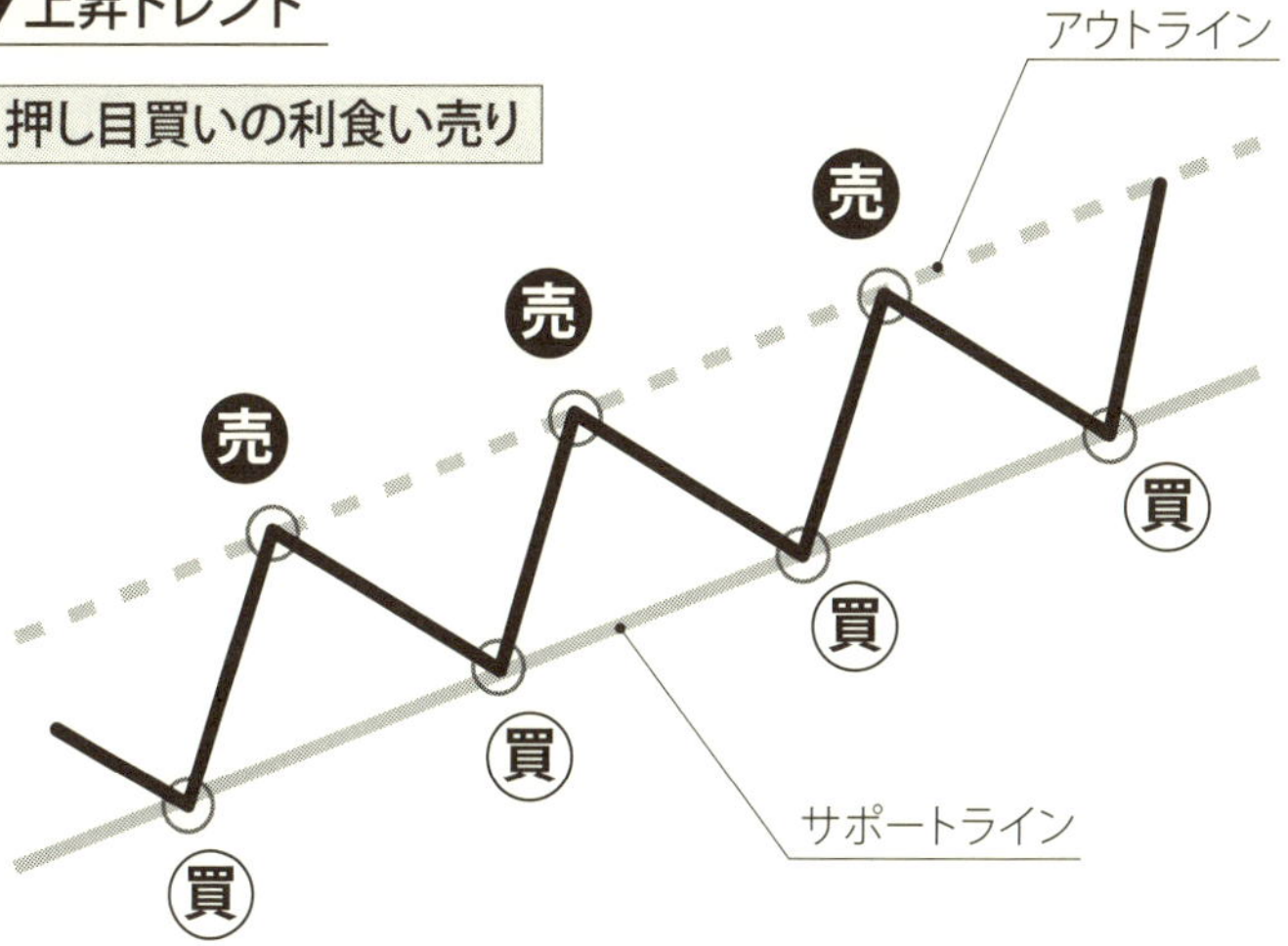

▼下降トレンド

突っ込み買いの吹き値売り

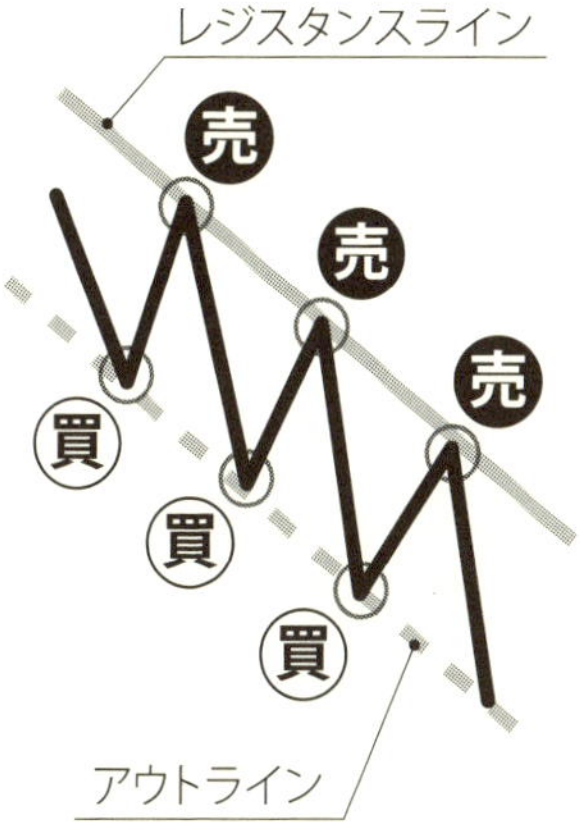

▼急落相場

売り(カラ売り)に徹する

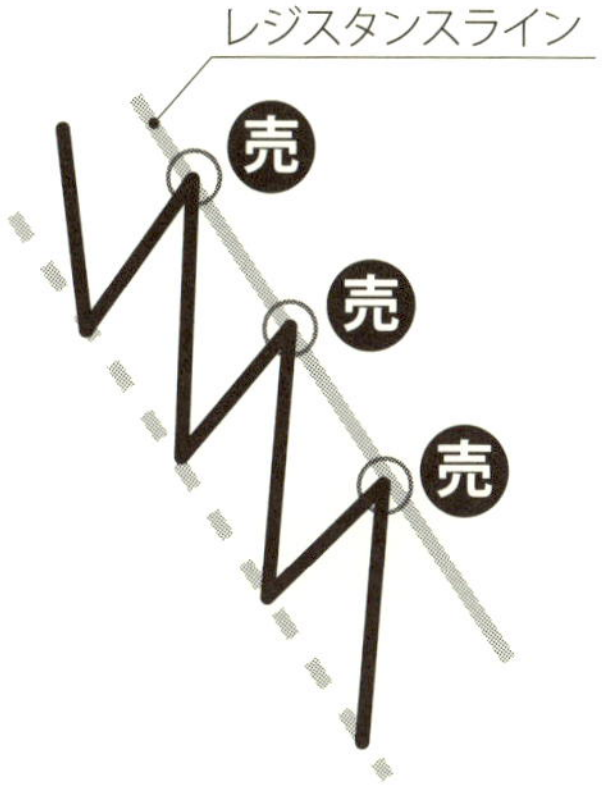

5 トレンド転換を見逃さない売買術

■山の高さや谷に深さに注目して売買する方法

株価は山と谷を形成しつつ、上昇したり下降したりしながら全体の上昇トレンドや下降トレンドを形成します。ここではトレンドを形成する山の高さや谷に深さに注目して、トレンド転換を見逃さない売買術を考えてみましょう。

上昇トレンドの場合、上昇が一服する谷の部分を何度もはさみながら株価は上昇していきます。谷ができるのは、買いのエネルギーが優勢のため上げていたのが一時的に売りのエネルギーが優勢になって株価が下げ、その後再度買いのエネルギーが優勢になって株価が下げ止まったことによります。この谷を結んだ線が、先に述べたサポートラインです。このゾーンで下げ止まるパターンは、非常に強い足（チャート）です。

逆に、下降トレンドの場合は、下げが一服する山の部分を何度も形成しながら株価は下落していきます。山ができるのは、一時的に買いのエネルギーが優勢になって株価が上げ、その後再度売りのエネルギーが優勢になって株価が下げることによります。この山を結んだ線がレジスタンスラインです。

●戻り売り
株価が下げた銘柄の戻りを待って売ること。直前の高値には売り物が多くたまっているので、トレンドラインから慎重に戻りの山を判断する必要がある。

●一服
相場の動きが、一息ついたように止まること。上げ相場では「上げ一服」、下げ相場では「下げ一服」などという。

売りと買いのエネルギーがつくる山と谷

▼上昇トレンド

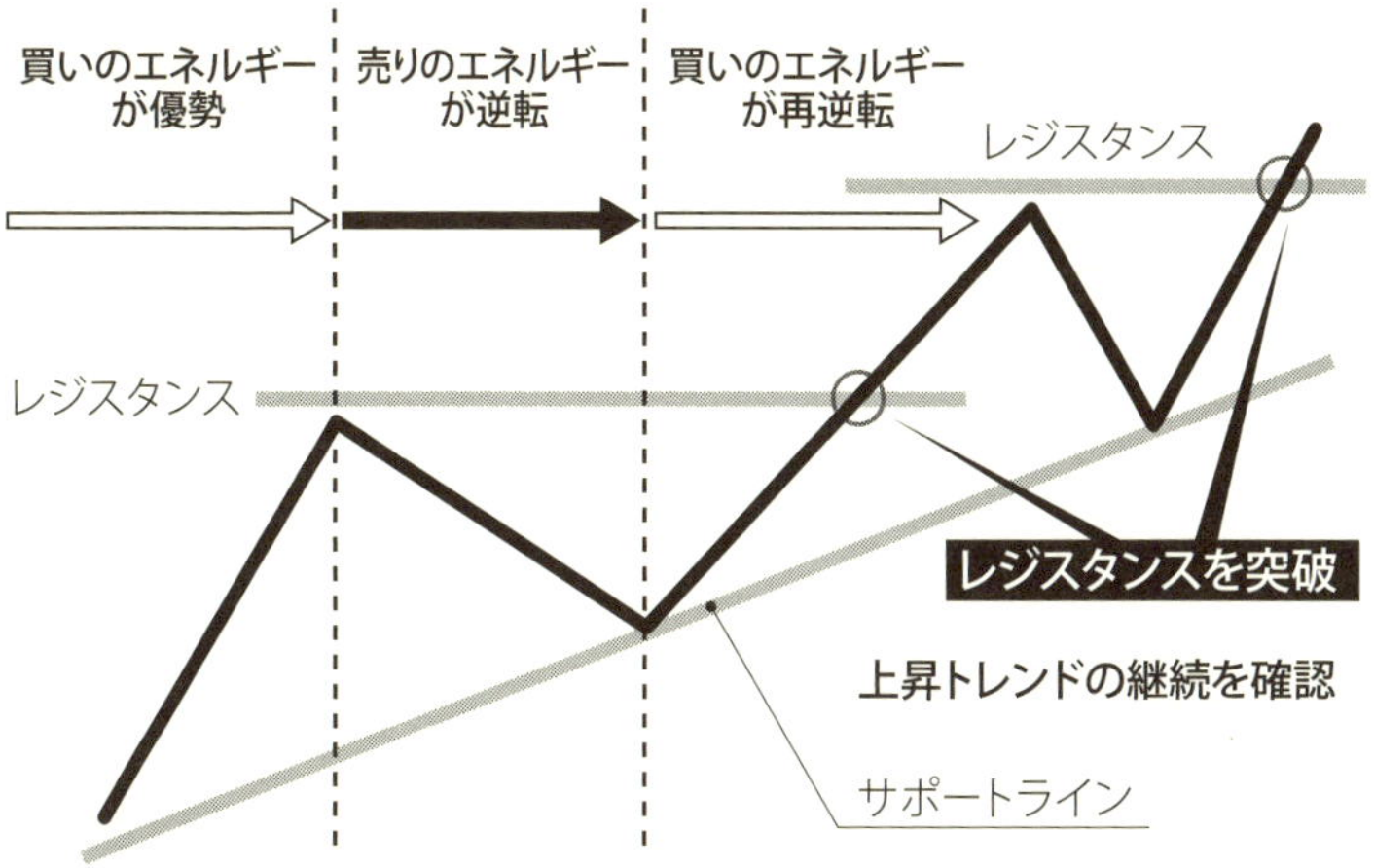
買いのエネルギーが優勢
売りのエネルギーが逆転
買いのエネルギーが再逆転
レジスタンス
レジスタンス
レジスタンスを突破
上昇トレンドの継続を確認
サポートライン

▼下降トレンド

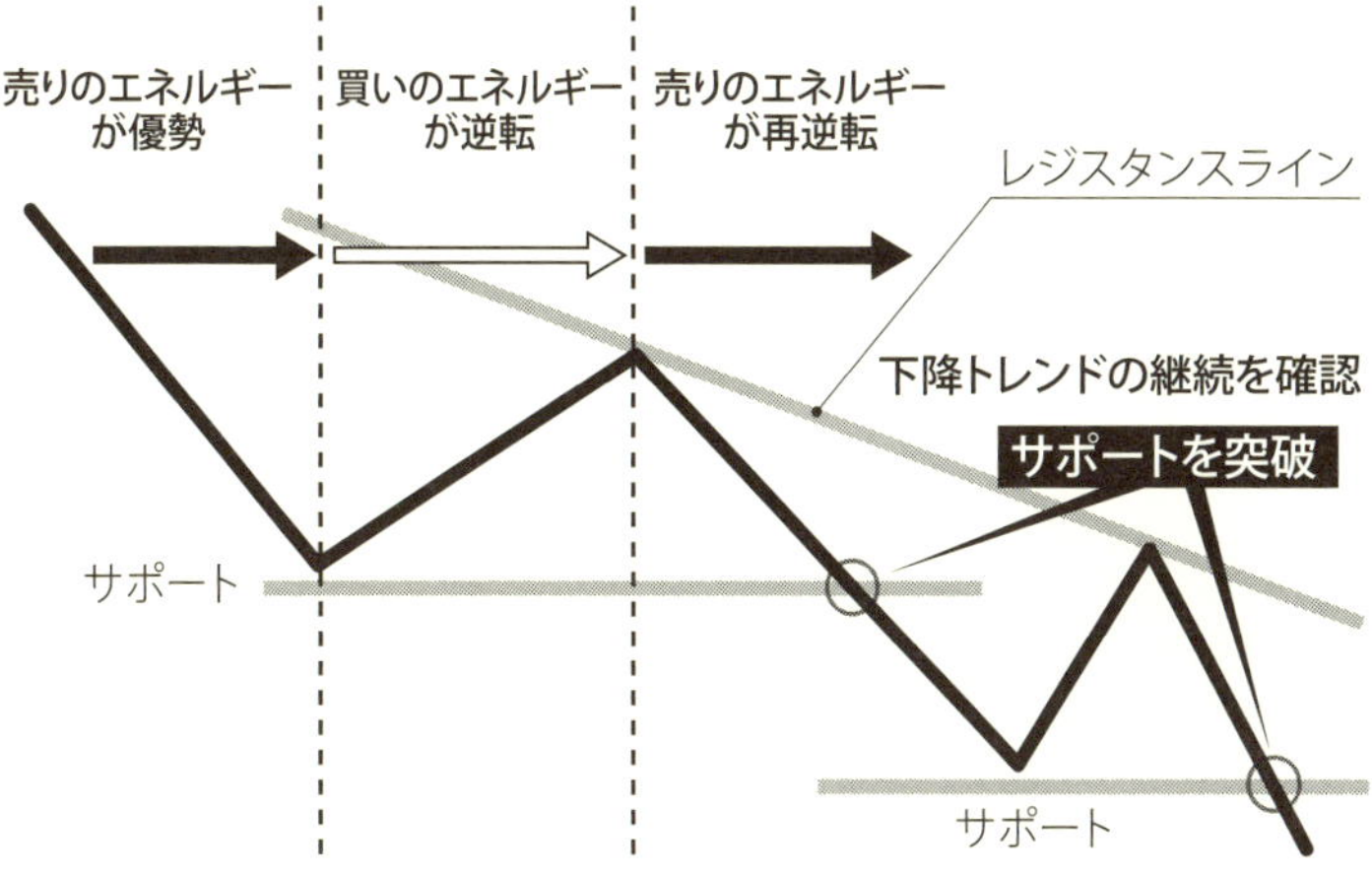
売りのエネルギーが優勢
買いのエネルギーが逆転
売りのエネルギーが再逆転
レジスタンスライン
下降トレンドの継続を確認
サポートを突破
サポート
サポート

■トレンド継続を確認してからの買いと売り

上昇トレンドにおいては、レジスタンスを何度も突破していきます。前項ではサポートラインを押し目買いのポイントとしましたが、そのポイントで反発することなく株価がサポートラインを突き抜け、下降トレンド入りしないとも限りません。そこで、サポートラインから反発した少しあと、具体的には前の山によってできたレジスタンスを突破した時点で買います。

一方、下降トレンドの場合は、これが逆になります。株価が天井を打って下げに転じたケースでは一度大きく売り込まれ、その直後に反発します。どのような急落相場であっても、一気に下げることはまずありません。売り込まれた安値（谷）を右に引いた横線がサポートであり、戻り高値（山）を結んだ線がレジスタンスラインです。下降トレンドでは、サポートを次々に突き破って株価は下げていくことになります。安値を切り下げる形です。ここでは、前のサポートを切った時点を売り場とします。すなわち、下降トレンドの継続を確認して戻りを売るのです。

キッコーマン（２８０１）と東京製綱（５９８１）のチャートを比べると、買い場、売り場のポイントがよく分かります。

●レジスタンス
上昇トレンドにおける、山の頂（いただき）を通る横線のこと。このレジスタンスを何度も突破しながら、上げ相場が形成される。

●サポート
下降トレンドにおける、谷の底を通る横線のこと。上げ相場の場合のレジスタンスとは逆に、このサポートを何度も突破しながら下げ相場が形成される。

▼上昇トレンドの押し目買い

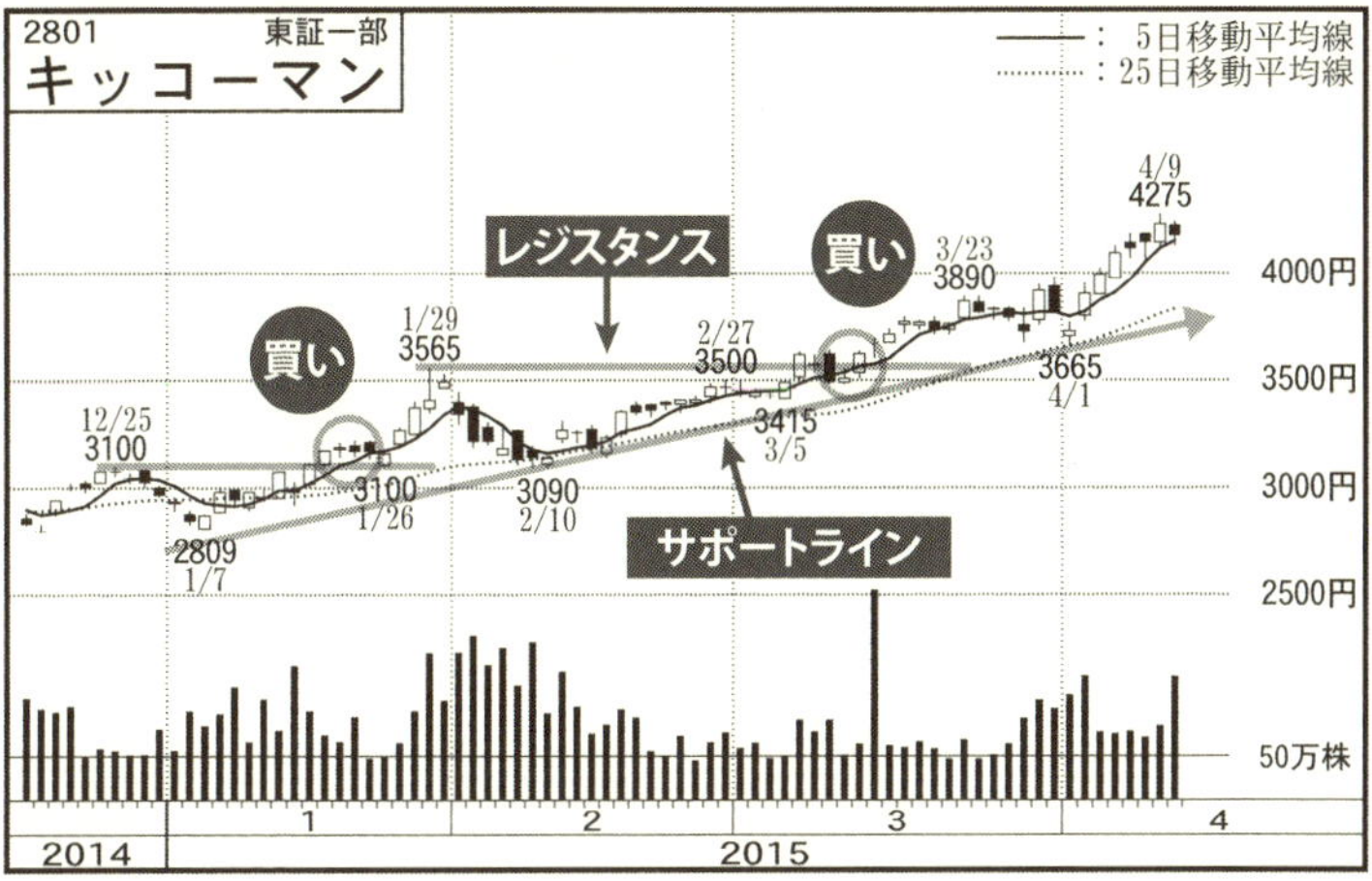

▼下降トレンドの戻り売り

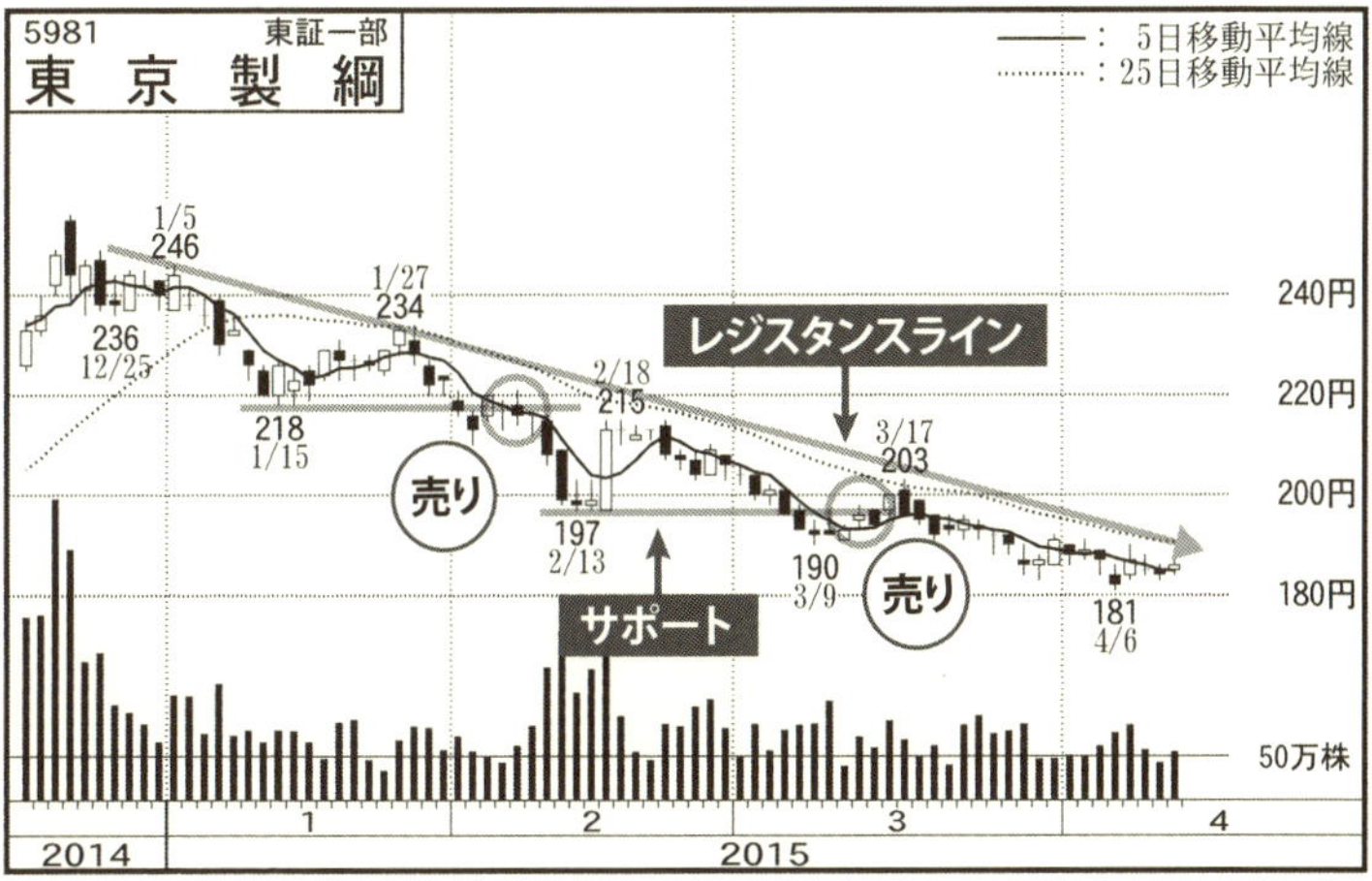

⑥ 2本のトレンドラインを引く

■長期・短期のトレンドラインで「ダマシ」を防ぐ

トレンドラインは、最初の株価（高値、安値）の取り方によって角度が大きく違ってきます。このために、1本の線だけだと、どうしても〝ダマシ〟が出ます。これを避けるためには、長期・短期2本のトレンドラインを引き、分析を行なう必要があります。

たとえば、次ページのホシザキ電機（6465）の週足チャートでは、2014年2月の安値と12月の安値を結んだ長期のトレンドラインと、同年10月と12月の安値を結んだ短期のトレンドラインを引くことができます。

目先的には、短期の角度の大きいトレンドラインが目安となりそうですが、長期の角度の小さいトレンドラインのほうが正解の可能性もあります。いずれにしても、もう少し様子を見ればどちらのトレンドラインが正しく、どちらが〝ダマシ〟なのかがはっきりするでしょう。もちろん、このような上昇トレンド継続銘柄でも、買いのエネルギーが続かなければ、もみ合いや下降トレンド入りもあり得ます。

●2本のトレンドライン

上昇から下降といった相場転換がなくても、上昇相場の途中でトレンドラインの角度が変るようなことはよく起こる。ダマシを見つけるためだけでなく、新しい高値や安値に合わせて何本もトレンドラインを引いてみることが重要となる。

トレンドラインの「ダマシ」を防ぐ

▼長期のトレンドが正しいケース

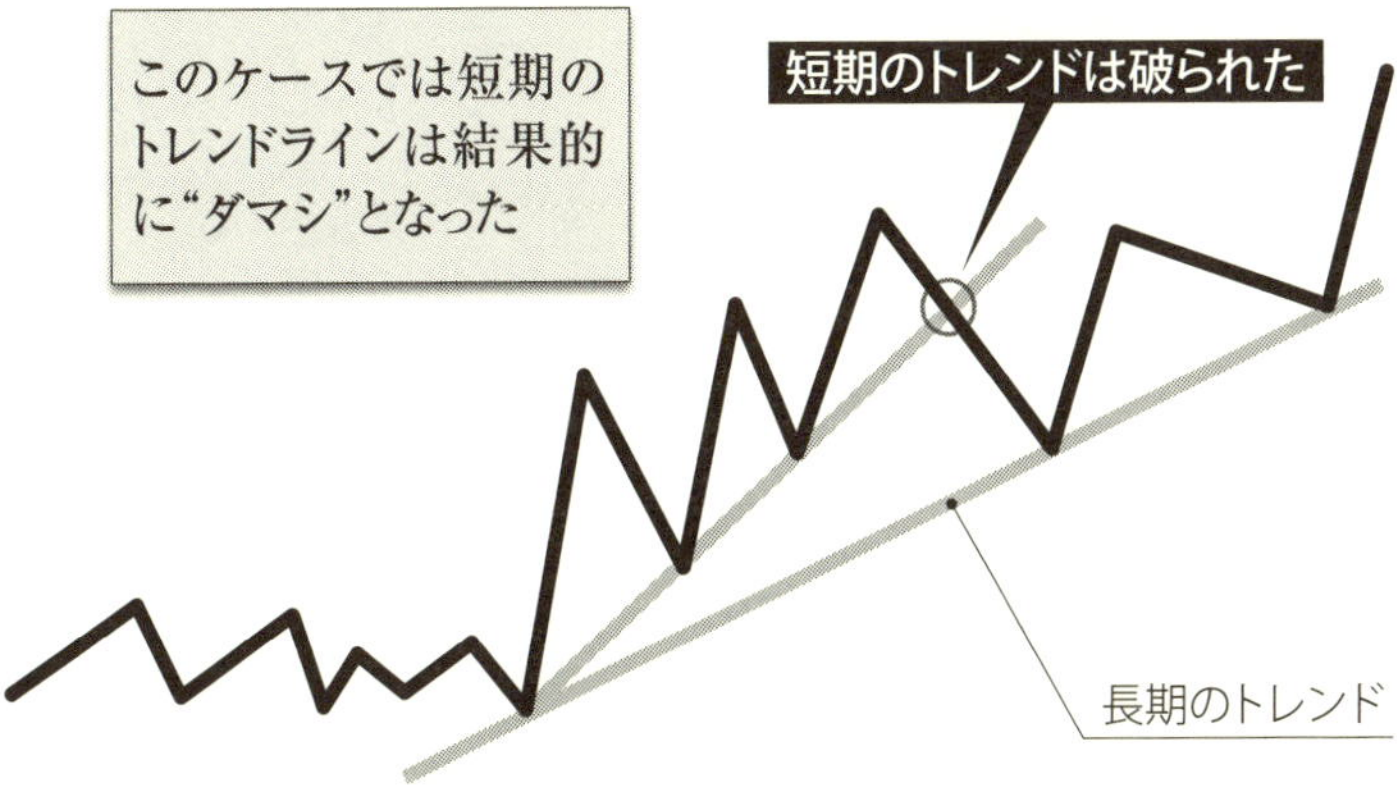
このケースでは短期のトレンドラインは結果的に“ダマシ”となった
短期のトレンドは破られた
長期のトレンド

▼短期トレンドが正しいケース

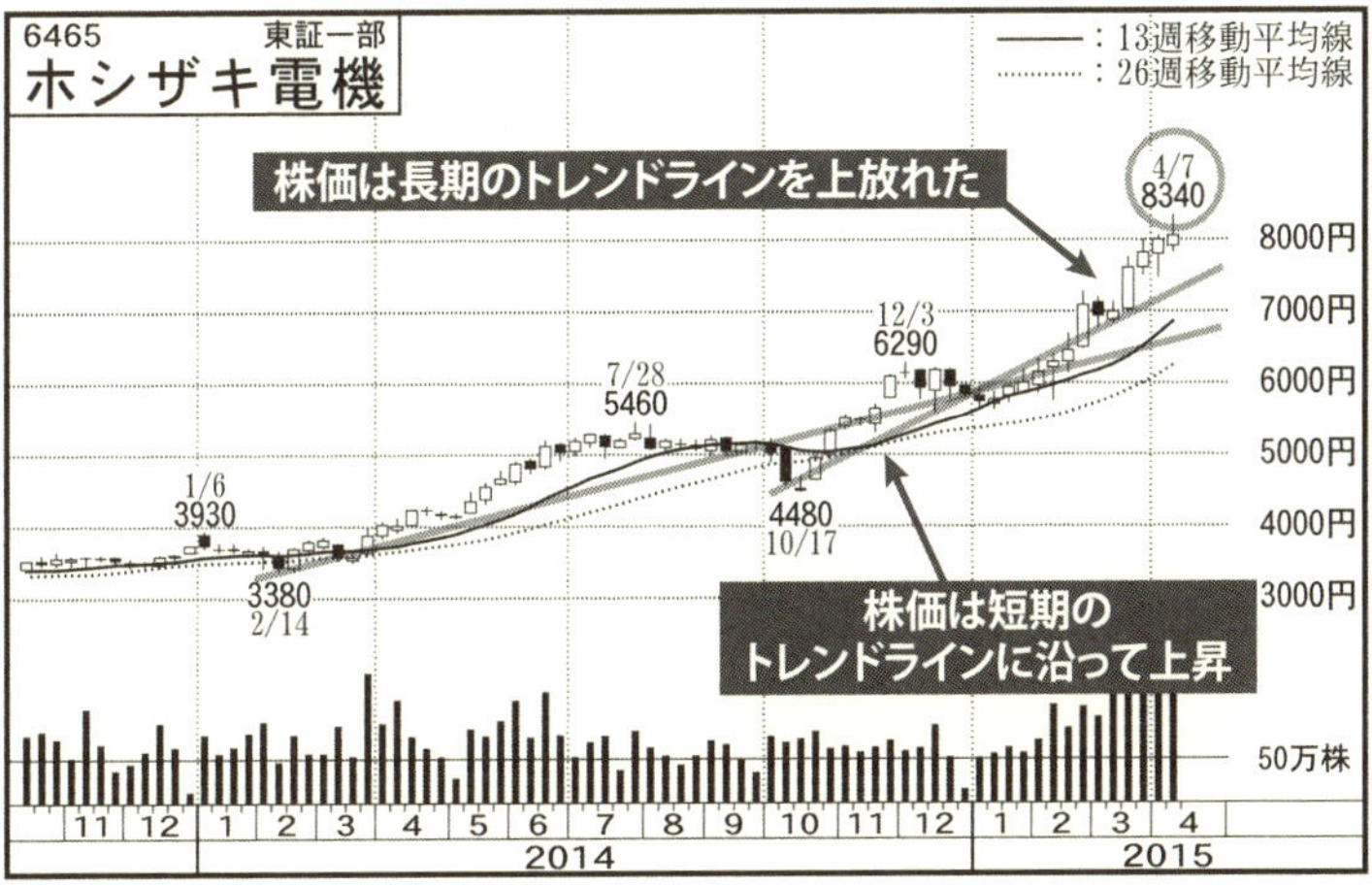
6465 東証一部
ホシザキ電機
——：13週移動平均線
……：26週移動平均線
株価は長期のトレンドラインを上放れた
株価は短期のトレンドラインに沿って上昇
4/7 8340
12/3 6290
7/28 5460
1/6 3930
3380 2/14
4480 10/17
8000円
7000円
6000円
5000円
4000円
3000円
50万株
11 12 1 2 3 4 5 6 7 8 9 10 11 12 1 2 3 4
2014
2015

⑦ブレークアップとブレークダウン

■ブレークアップは買い、ブレークダウンは売りのシグナル

トレンドラインの考え方は、もともと日本の相場の世界にもありました。「関門《かんもん》」とか「フシ（節）」などといわれるものです。

相場は安値と高値が繰り返すことで形成されますが、ある安値はその後につけた高値の下値のフシになり、逆に高値は次の上値のフシになります。このフシとフシを結んだものが下値圏では下値関門、あるいは下値支持線（トレンドラインでいうサポートライン）、上値圏では上値関門、あるいは上値抵抗線（トレンドラインでいうレジスタンスライン）と呼ばれます。

このラインの近辺では、買いが入ったり売りが入ったりします。すなわち、下値支持線では買い物が増え、株価は下げ止まります。一方、上値抵抗線では売り物が増え、株価は下がります。

上値抵抗線を上に突き破った場合が「ブレークアップ」で買いシグナル点灯、下値支持線を下に突き破ったケースが「ブレークダウン」で売りシグナルと判断します。

●フシ（節）

相場が転換するかどうかのメドとなる点（株価）のこと。実際にトレンドが転換した場合、「フシを抜ける」などという。3分の1戻し、2分の1戻しなど、安値からの戻りメドに対して使うこともある。

ブレークアップとブレークダウン

▼パターン図

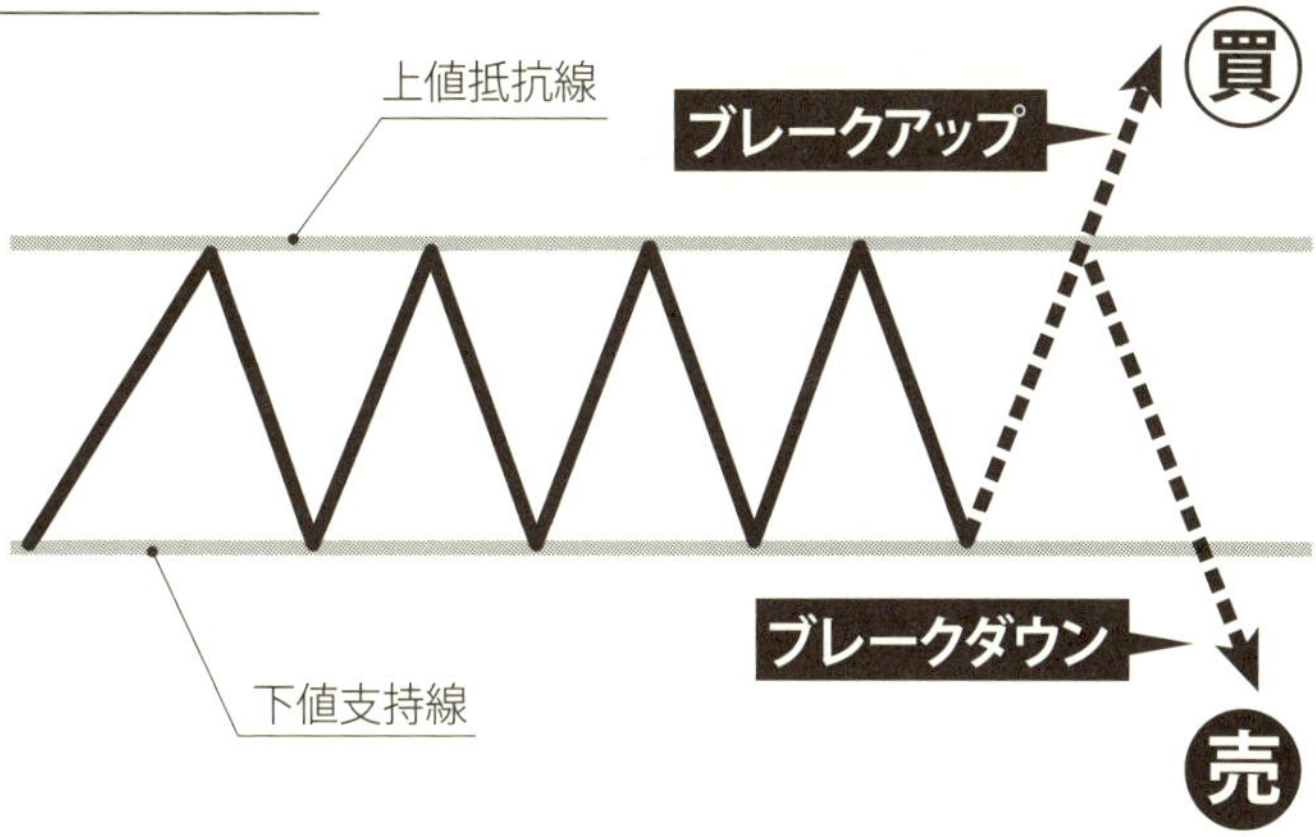

上値抵抗線
ブレークアップ
買
下値支持線
ブレークダウン
売

▼ブレークアップの例

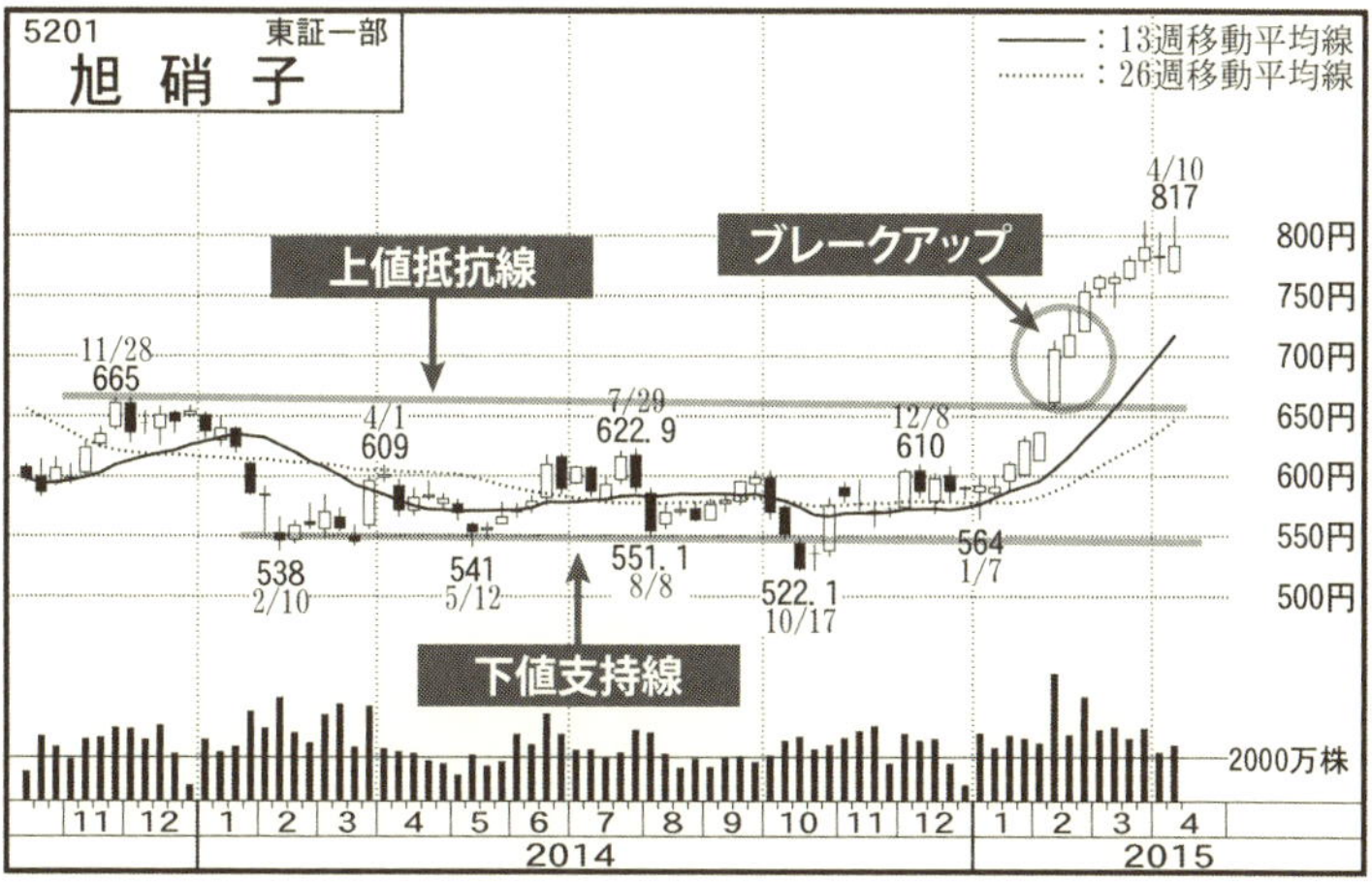

5201
東証一部
旭 硝 子
：13週移動平均線
：26週移動平均線
上値抵抗線
ブレークアップ
下値支持線
11/28
665
4/1
609
7/29
622.9
12/8
610
4/10
817
538
2/10
541
5/12
551.1
8/8
522.1
10/17
564
1/7
800円
750円
700円
650円
600円
550円
500円
2000万株
11
12
1
2
3
4
5
6
7
8
9
10
11
12
1
2
3
4
2014
2015

■上値抵抗線が下値支持線に、下値支持線が上値抵抗線になるケース

上値のフシとフシを結んだ上値抵抗線、下値のフシとフシを結んだ下値支持線は、相場を判断する際において、重要な意味を持っています。

上値抵抗線の近辺には、大量の売り物が控えています。よって、これを吸収して株価が上昇するのは新たな買い手が出現したことを意味します。当然、出来高も急増します。

一方、下値支持線の近辺には常に買い手が存在します。これが突破されるというのは買い手が消滅したのか、新たな売り手が出現したことを意味します。

ブレークアップやブレークダウンがあっても、ブレークアップの場合にはある程度上昇すると利食いの売りが出て上げ一服となり、ブレークダウンのケースではある程度下降すると値ごろ感による買いが増えて下げ止まり、その水準でしばらくもみ合うことが多くなります。その場合、ブレークアップではそれまでの上値抵抗線が新たな下値支持線となり、ブレークダウンでは下値支持線が上値抵抗線に変わります。

日揮（1963）のケースではブレークダウンのあと、大きく下げました。しかし、ここにきて原油価格の底打ちとともに、株価は上値慕いの動きを示しています。

●ブレークアップ

株価はある期間、一定のレンジ（値幅）のなかで動くが、このようなレンジはいずれ終了し、次のレンジへ移行する。このとき、それまでのレンジを上方向にブレーク（打ち破る）することをブレークアップという。

●ブレークダウン

ブレークアップとは反対に、それまでのレンジを下方向にブレーク（打ち破る）すること。

▼ブレークダウンの例

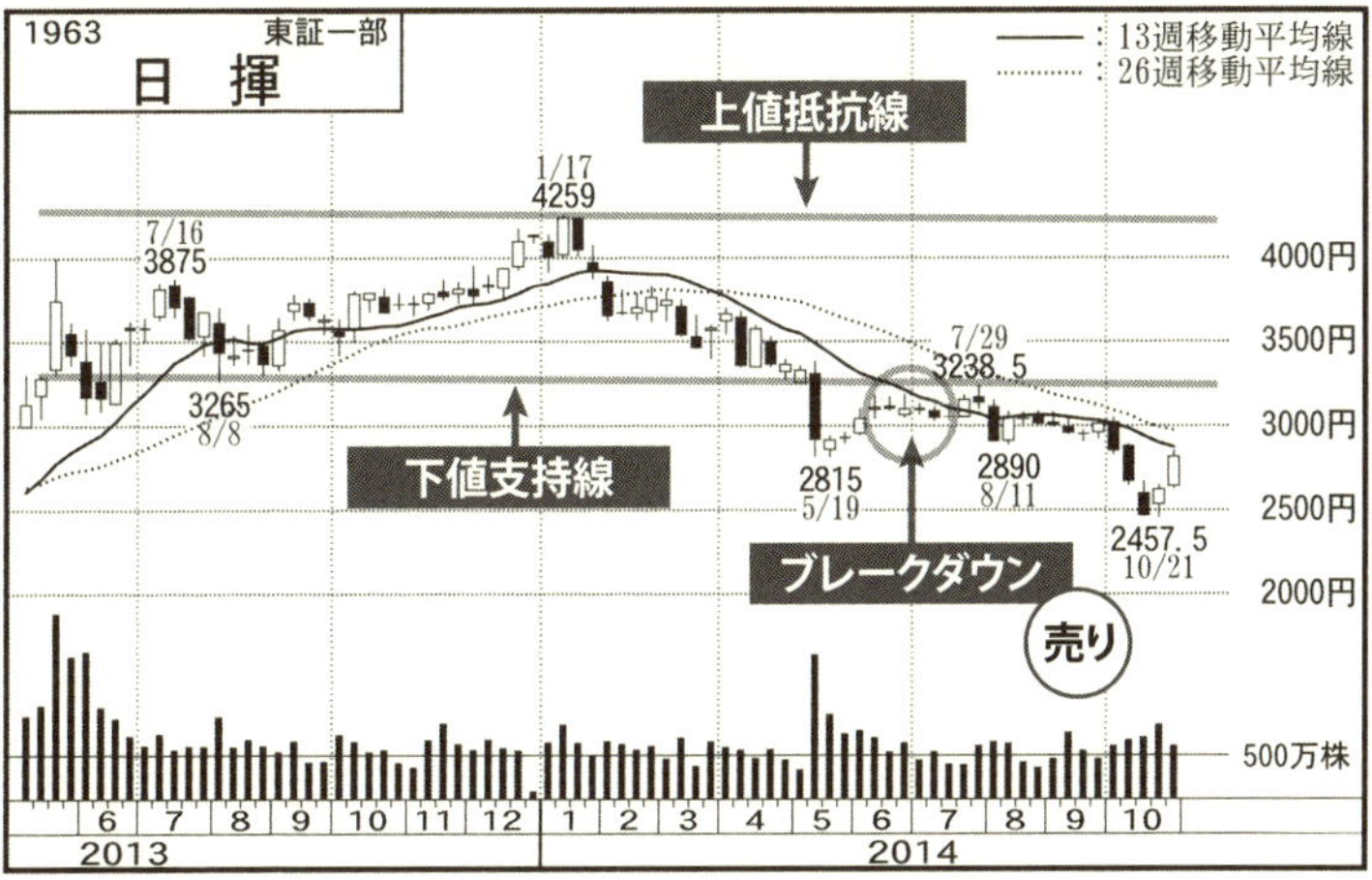
1963 東証一部
日 揮
―― ：13週移動平均線
……… ：26週移動平均線
上値抵抗線
下値支持線
ブレークダウン
売り
1/17
4259
7/16
3875
3265
8/8
7/29
3238.5
2815
5/19
2890
8/11
2457.5
10/21
4000円
3500円
3000円
2500円
2000円
500万株
6 7 8 9 10 11 12 1 2 3 4 5 6 7 8 9 10
2013
2014

▼ブレークアップがダマシだった例

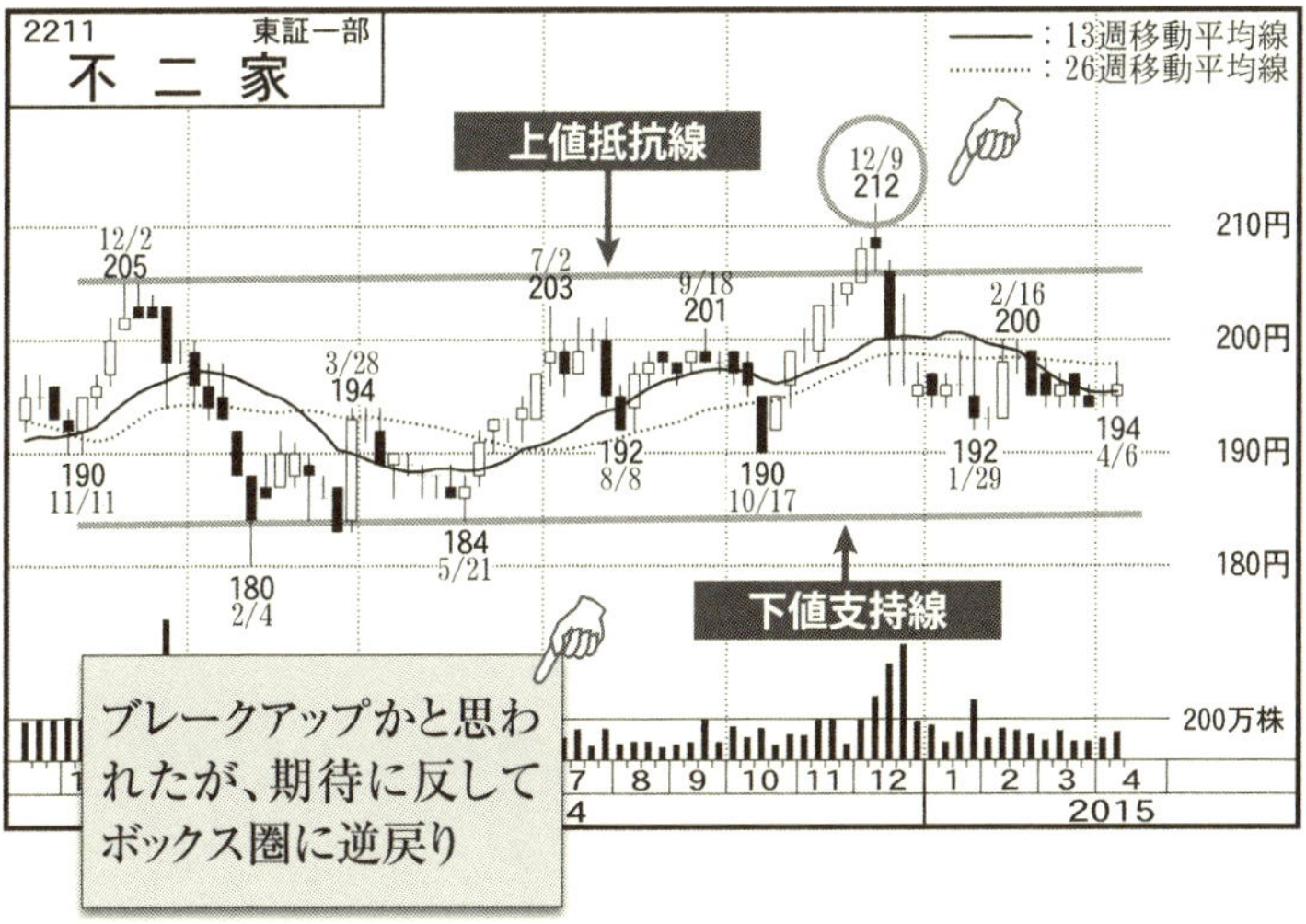
2211 東証一部
不 二 家
―― ：13週移動平均線
……… ：26週移動平均線
上値抵抗線
下値支持線
12/9
212
12/2
205
7/2
203
9/18
201
2/16
200
3/28
194
190
11/11
180
2/4
184
5/21
192
8/8
190
10/17
192
1/29
194
4/6
210円
200円
190円
180円
200万株
7 8 9 10 11 12 1 2 3 4
2015
ブレークアップかと思われたが、期待に反してボックス圏に逆戻り

8 ボックス放れの儲け方と注意点

■ボックス放れのタイミングに注意が必要

上値抵抗線と下値支持線にはさまれた一定のゾーンで、株価がアップダウンを繰り返しているのをボックス相場といいます。ボックスとは箱のことです。要するに、大きなもみ合い相場です。このボックス理論を提唱したのは、アメリカ人のニコラス・ダーバスという人物です。彼はこの理論を駆使し、「大儲けした」と自ら述べています。

ボックス相場では下値支持線で買って上値抵抗線で売る——これを繰り返すことでかなりの投資効果をもたらすことができます。ボックス相場には、その中心のゾーンに真空地帯が存在します。このため、株価は比較的規則正しく動くので、その習性を利用するのです。

ただ、もみ合い相場の大きさと長さ（株価の上下動の幅と期間）によって仕掛けのタイミングが違ってきますし、いずれ、もみ合い相場は必ずどちらかに放れます。上下どちらかに放れるタイミングで売り買いの判断を誤ると大ヤケドを負う羽目になりますので、注意が必要です。

●ニコラス・ダーバス
ハンガリー生まれの移民でダンサーをしていた彼は、ひょんなことで手に入れた株が大化けして株式投資の魅力に取りつかれる。しかし、その後は失敗の連続。そこから編み出したのが、ボックス理論といわれている。

▼ボックス相場→上放れの例

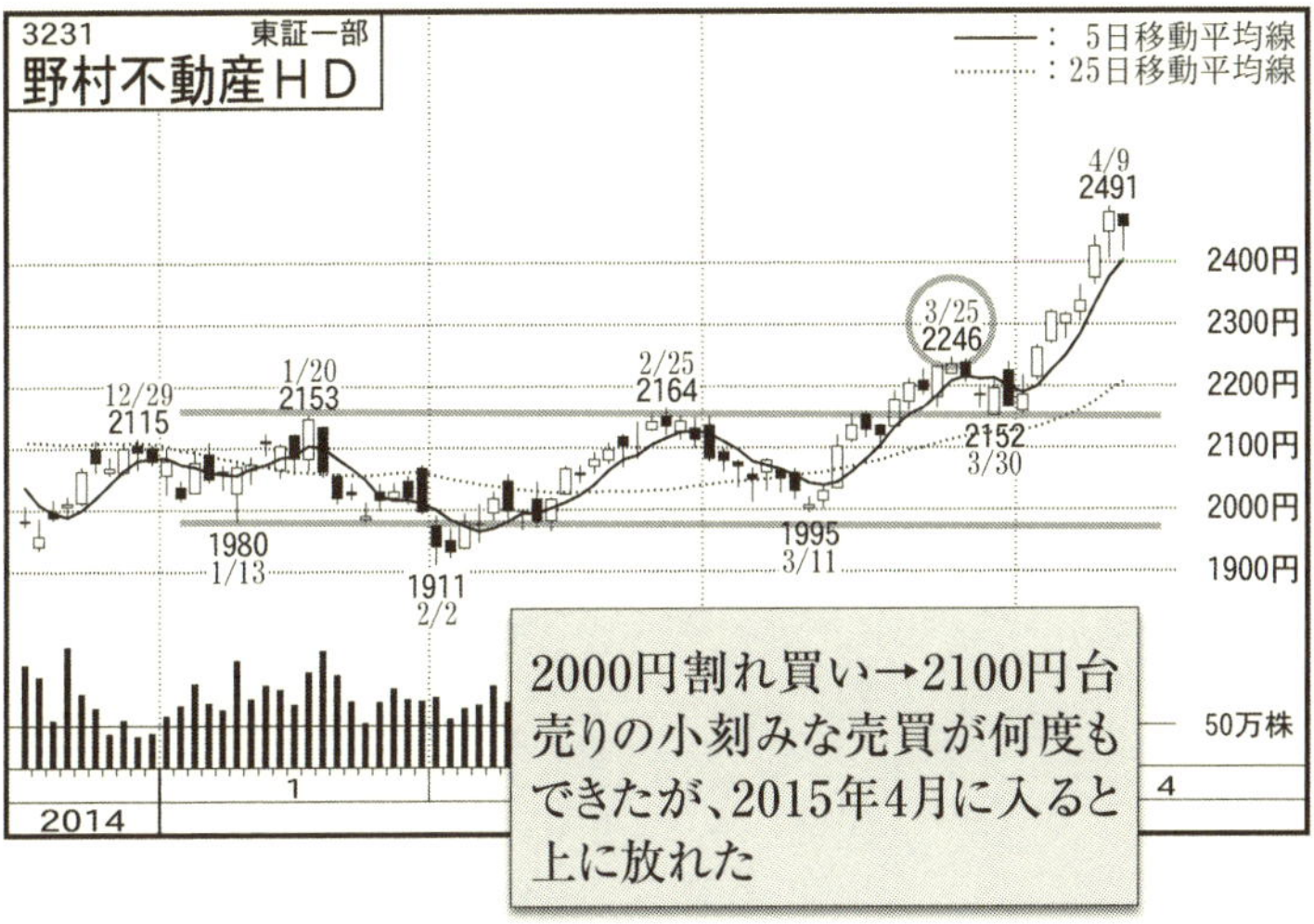

▼ボックス相場→下放れの例

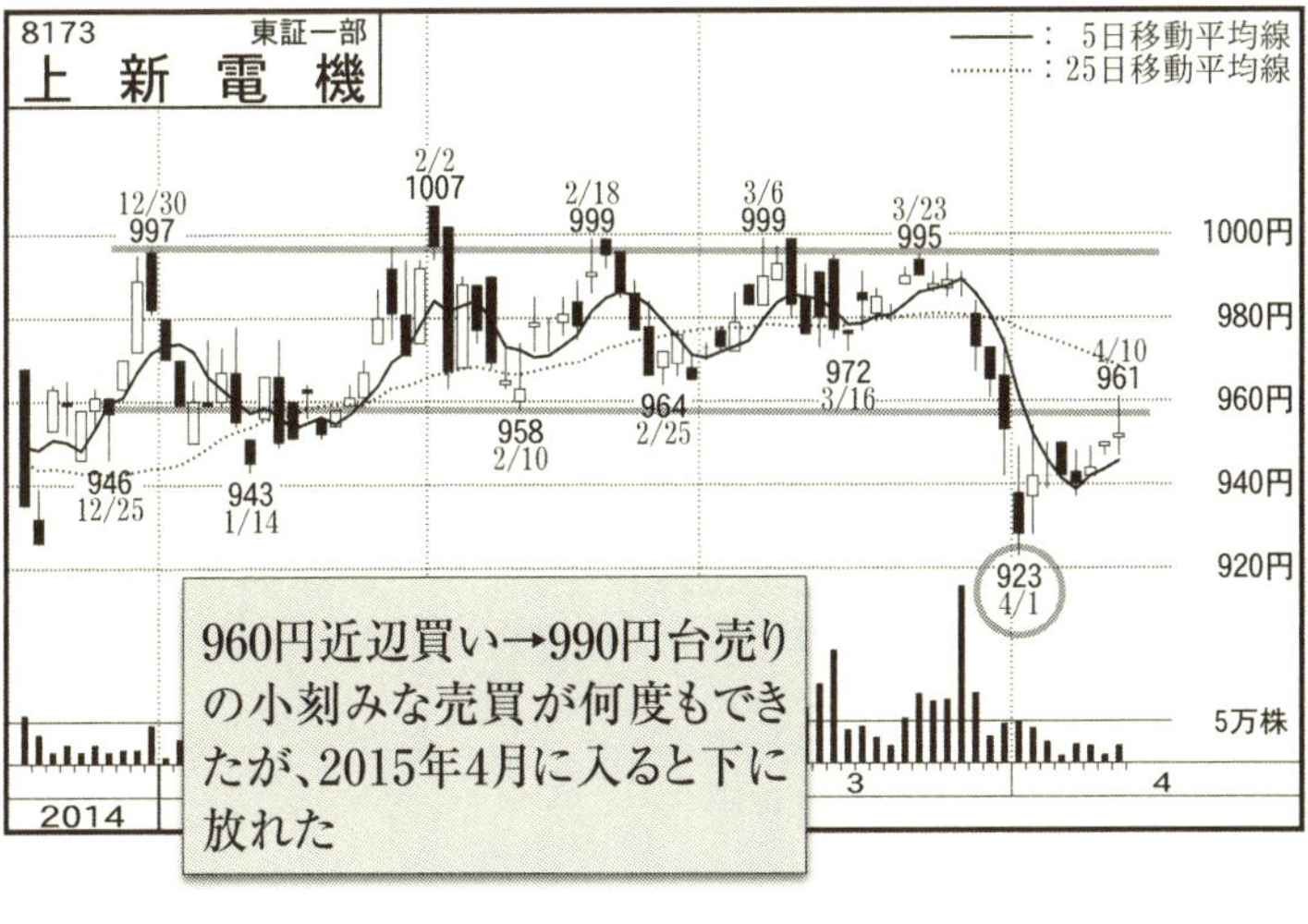

⑨ もみ合いと、もみ合い放れ

■もみ合い状況での仕掛けは見送りが無難

ここまで「もみ合い」という言葉を頻繁に使ってきましたが、このもみ合いとは上昇トレンド、下降トレンドの途中における〝踊《おど》り場〟のことです。

もみ合いが続いているときは、基本的に売り買いともに新規の仕掛けは見送るのが無難です。その理由は前項でも述べましたが、もみ合いは上下どちらかに放れる場合が圧倒的に多いからです。すなわち、放れた方向を確認してから仕掛けるのがセオリーです。もみ合いが永久に続くことはありません。

ただ、そのもみ合いが継続パターンの過程で起こっている現象と認識できれば、早めの行動が可能となります。

もみ合いの継続パターンとして有名なものに、トライアングル型（三角形）、ペナント型（長い二等辺三角形）、フラッグ型（旗）、ウェッジ型（くさび）、ダイヤモンド型（菱形）などがあります。このうち、トライアングル型には4つのタイプがあります（次ページの図を参照）。

●**踊り場**

調整期間のこと。上昇を続けていた株価が一時的に横ばいになったり、緩やかな動きになる状態をいう。株式市場では株価についてだけでなく、景気の踊り場、業績の踊り場などと広範囲に使われている。

もみ合いのパターン

▼トライアングル型

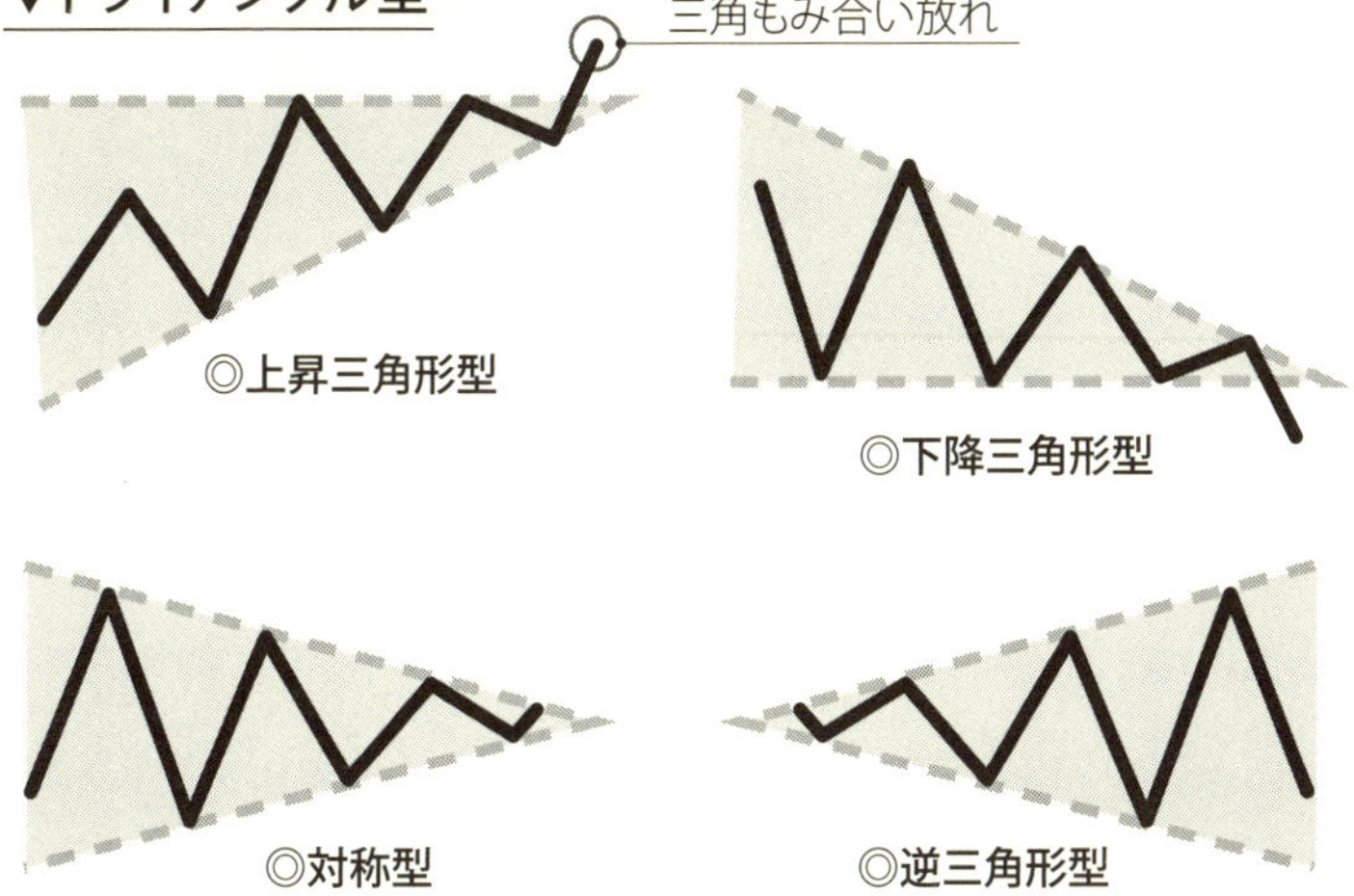

▼ペナント型

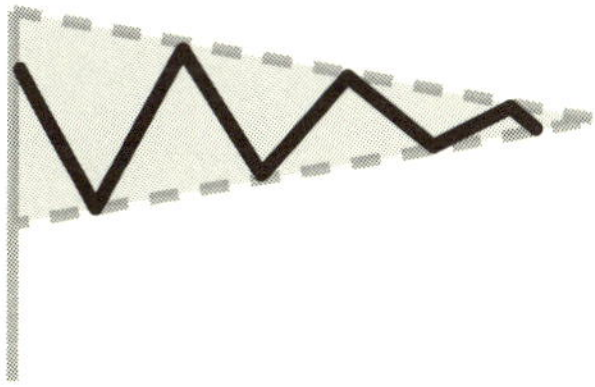

▼フラッグ型

▼ウェッジ型

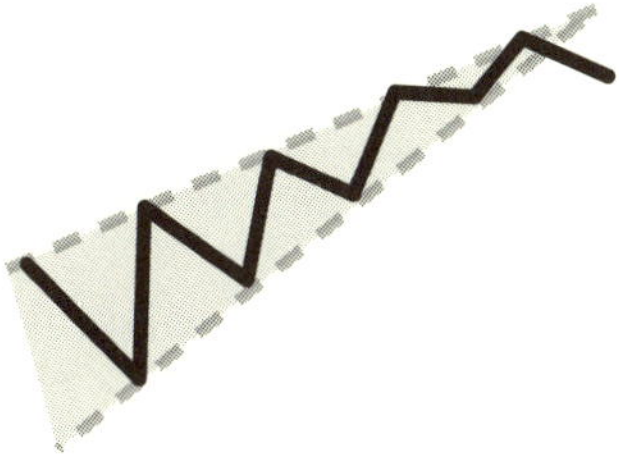

▼ダイヤモンド型

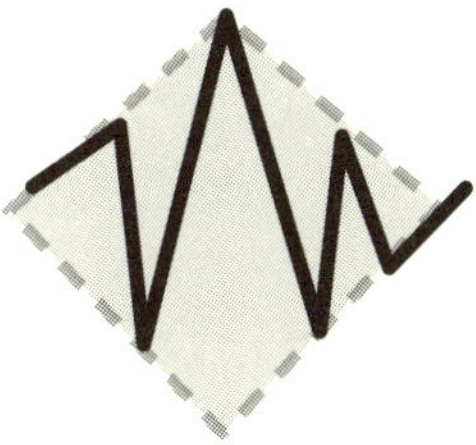

■三角もみ合い放れは絶好の仕掛けタイミング

トライアングル型で強いパターンは上昇三角形型、弱いのは下降三角形型です。上昇三角形型は買いの勢力が徐々に拡大していることを示し、株価を押し上げ始めています。これが上に放れると〝三角もみ合い放れ〟となり、強い買いシグナルになります。

次ページ上のチャートは三越伊勢丹ホールディングス（３０９９）の月足チャートです。三角形の先端部分から株価は勢いよく上に放れています。

一方、下降三角形型は高値が切り下がっており、売り方が優勢になっているとともに、下値を売っているパターンです。このようなケースでは、株価が下に突き崩されると逆の〝三角もみ合い放れ〟となり、強力な売りシグナルとされます。

次ページ下の名古屋銀行（８５２２）の日足チャートを見ると、２０１５年2月に三角もみ合い上放れ。そのあと、3月には下降三角形型の三角もみ合い放れに入り、その後、下放れしているのが分かります。

このほか、中段もみ合いにもパターンがあり、継続パターンと同様にペナント型、フラッグ型、ウェッジ型、ダイヤモンド型などがあります。

●中段もみ合い
通常、上昇トレンドの銘柄が、その途上においてて一服しているときの状態をいう。一時的な調整のあと再騰に向かうケースが多く、このタイミングは押し目買いの好機となる。

三角もみ合い放れのパターン

▼上放れの例

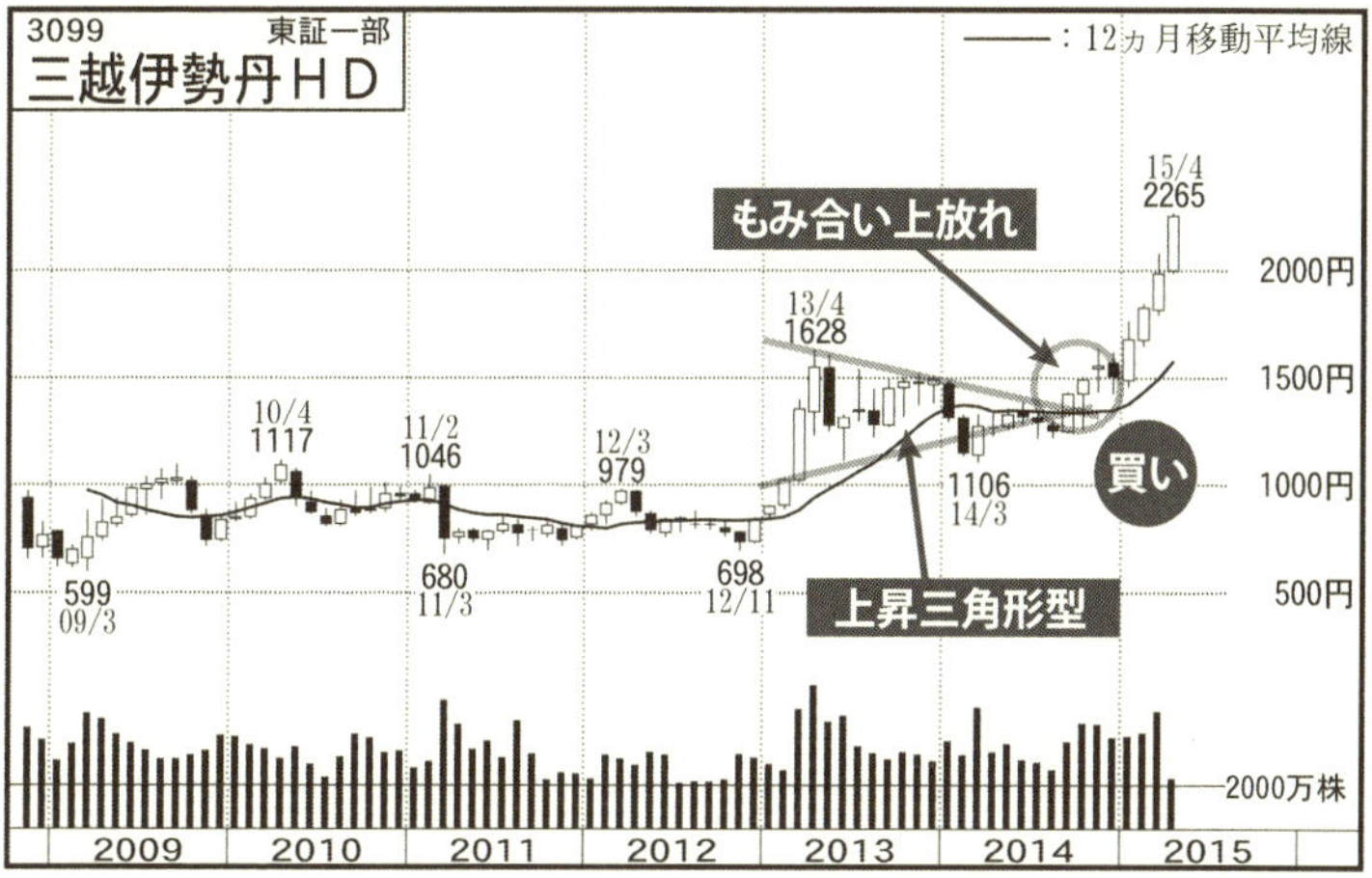

▼下放れの例

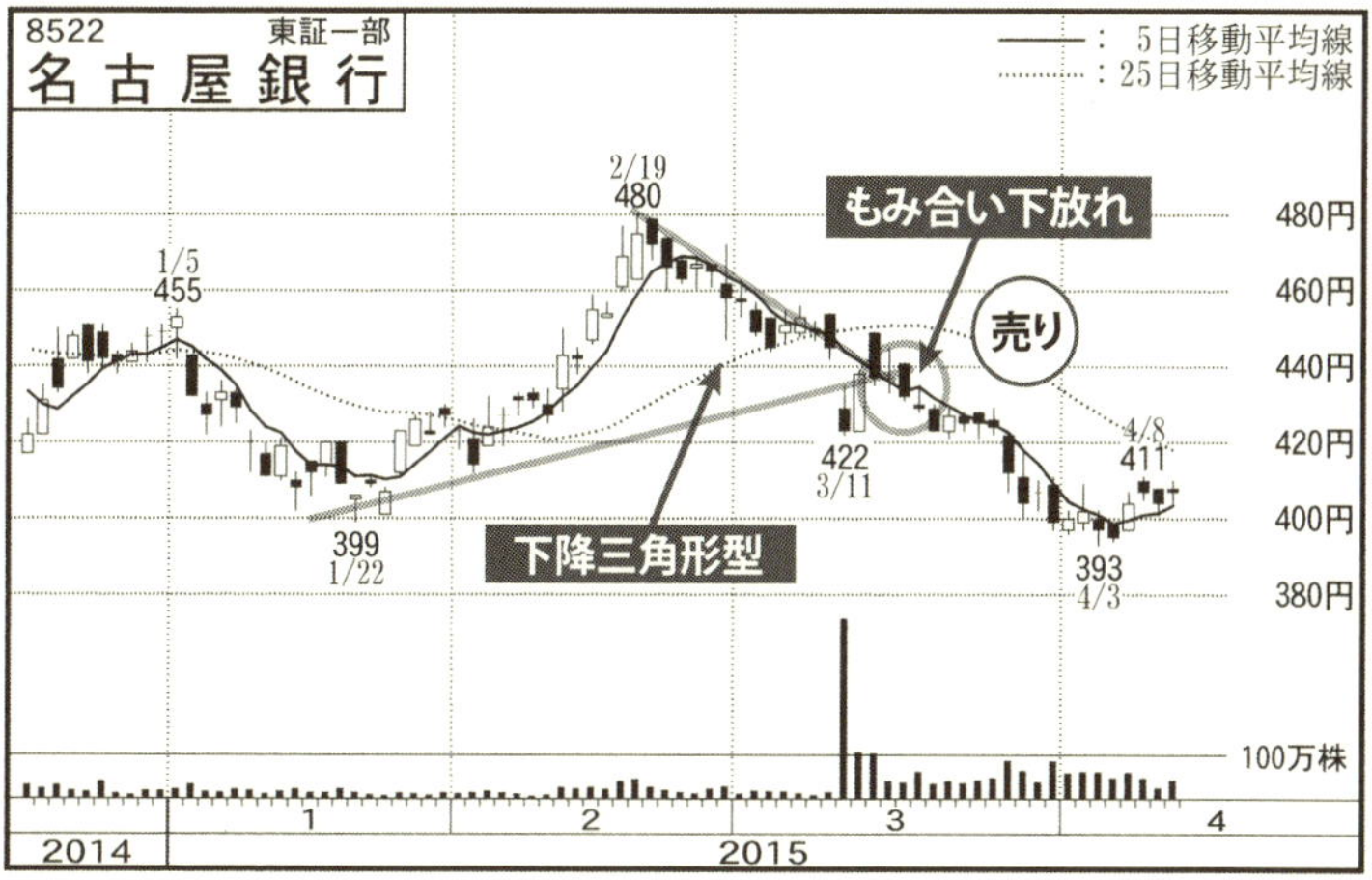

《COLUMN》杉村富生のブレイクタイム

下落率は突っ込み買いの目安となる？

株価は想定外のショック安に見舞われることがあります。この場合、予想もしない急落場面が現実のものとなるのです。とはいえ、相場にはフシがあります。とりあえず下げ止まる水準があり、この抵抗ゾーンで踏みとどまれば底打ちとなるケースがあります。

この下落率のフシについては前著でも少し触れましたが、下落率50％（半値）、同60％（半値8掛け）、同68％（半値8掛け2割引き＝3分の1）、同75％（半値の半分＝4分の1）、同85％（地獄の一本道＝7分の1）、同90％（地獄の釜のフタ＝10分の1）などといわれる水準です。

もちろん、購入した銘柄の株価が4分の1、7分の1、10分の1になるまでじっと持っているようでは投資家として失格です。いくら長期逆張りだからといっても、その途中で確実に損切りをすべきです。ただ、下落率によるフシは、突っ込み買いのひとつの目安として考えることができます。自律反発狙いとしては十分に使えます。

突っ込み買いのタイミングは、このどこかのフシで下げ止まったあと、大底確認のサインが点灯してからです。

オンラインゲーム開発会社のgumi（3903）は2014年12月18日に鳴り物入りで東証一部に上場しました。初値は3300円です。それが2015年3月19日には1282円まで急落しました。下落率61％、まさに半値8掛け水準です。

▼第5章

大底確認10のパターン

① 大底確認のパターン①…逆三尊

■ネックラインを株価が上回れば逆三尊の大底完成

チャートには需給のわずかな変化が現れます。その変化を読み取るのがチャート分析です。チャート分析における大底確認の典型パターンには、逆三尊《ぎゃくさんぞん》（逆ヘッド・アンド・ショルダー）、ダブルボトム（二点底）、ソーサーボトム（なべ底）、線状ライン（ロングベース）などがあります。

逆三尊は三尊天井（166〜169ページ参照）の逆の形になります。三尊天井は頭と両肩に見立てられる3つの山から形成されますが、逆三尊ではこれらが下を向いた形になります。

底値圏での中間戻りを結んだ線をネック（首）ラインといいますが、これを株価が上回ることにより、逆三尊の大底が完成します。ここで、下降トレンドが上昇トレンドに転換したことが確認できるのです。

なお、三尊とは仏像の配置に基づいています。すなわち、仏像では真ん中が釈迦《しゃか》の場合、両脇は文殊《もんじゅ》、普賢《ふげん》の両菩薩《ぼさつ》となります。

用語解説

●ネックライン

なぜネックラインと呼ぶかは、「三尊天井」のほうで考えたほうが分かりやすい。真ん中のヘッド（頭）と左右のショルダー（肩）の間の谷を線で結ぶと、ちょうど首の付け根を通る線を引いたことになる。（166〜167ページに詳述）

逆三尊（逆ヘッド・アンド・ショルダー）

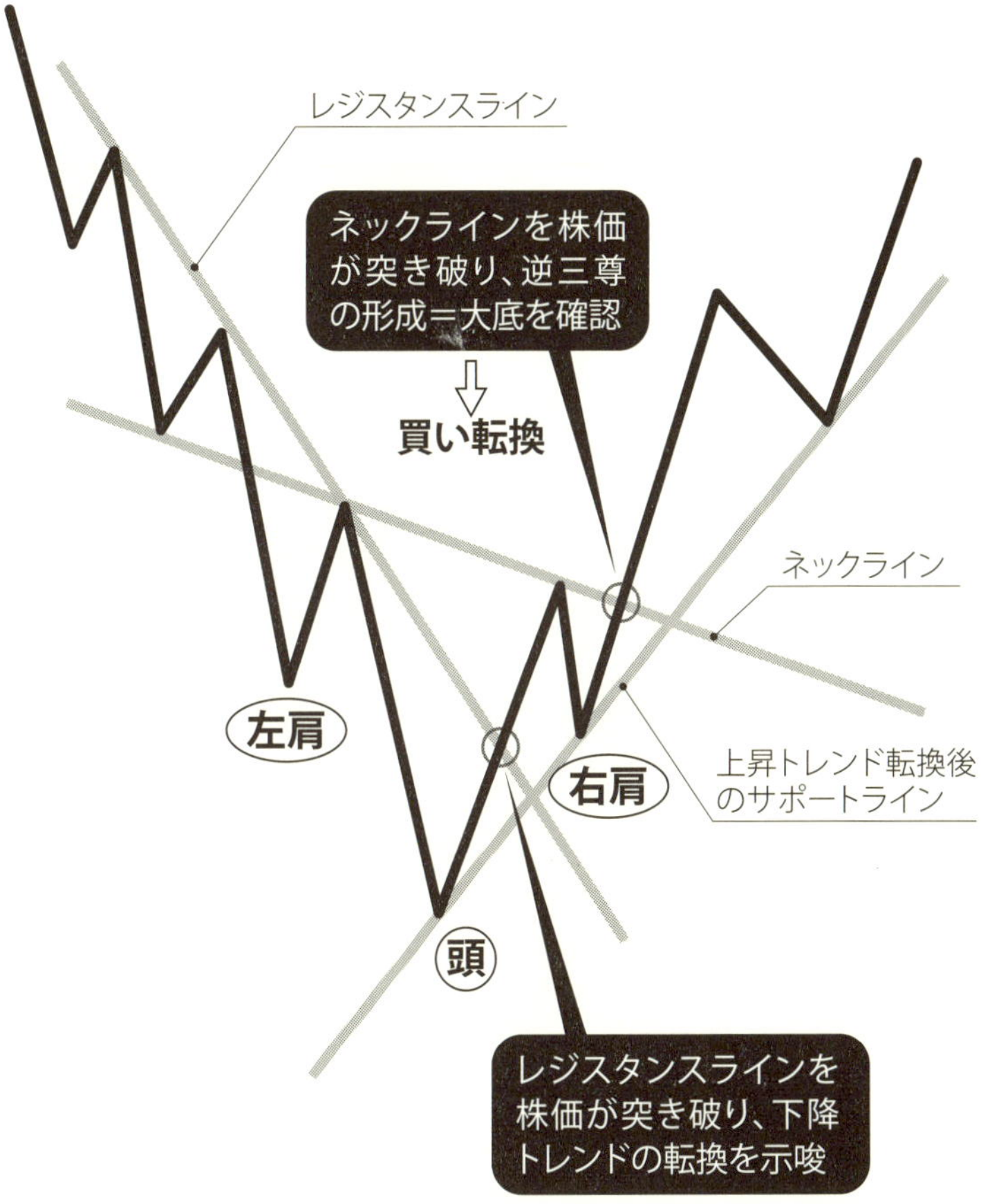
レジスタンスライン
ネックラインを株価が突き破り、逆三尊の形成＝大底を確認
買い転換
ネックライン
左肩
右肩
頭
上昇トレンド転換後のサポートライン
レジスタンスラインを株価が突き破り、下降トレンドの転換を示唆

■チャートは大底確認のための心強い味方

株式投資で買っていいのは、基本的に大底確認→上昇トレンド銘柄か、ボックス相場の下限に位置している銘柄です。もちろん、テーマ性、業績、需給動向などのチェックは必要です。

しかし、理屈は分かっていても、問題は「どこが大底かが分からない」という人がたくさんいることです。「もうそろそろと思って買ったところ、そこからの下げがきつかった」などといった体験を多くの投資家がしているはずです。

そのような人は、「天井売らず、底買わず」とか「頭と尻尾は猫にくれてやれ」という相場格言の意味を再確認すべきでしょう。

大底確認の強力な味方となるのがチャートです。チャートによる株式投資の究極の目的は、「いかに天井・大底の転換点を見つけるか」という点にあるのです。

次ページのチャートは、逆三尊型の底値形成＝大底を確認→買い転換から一段高となった例です。

すなわち、東建コーポレーション（１７６６）は、２０１４年12月～２０１５年１月にかけて、逆三尊型のきれいな底値形成のパターンを描いています。

●**天井売らず、底買わず**
株式投資において最安値で買い、最高値で売ることの困難さを表した教え。たくさん儲けたいという欲にこだわっていると、仕掛けと利食いのチャンスを逃してしまう。不可能なことに力を注がず、おいしいところで確実に儲けようという考え方である。

逆三尊型の大底確認→買い転換となった例

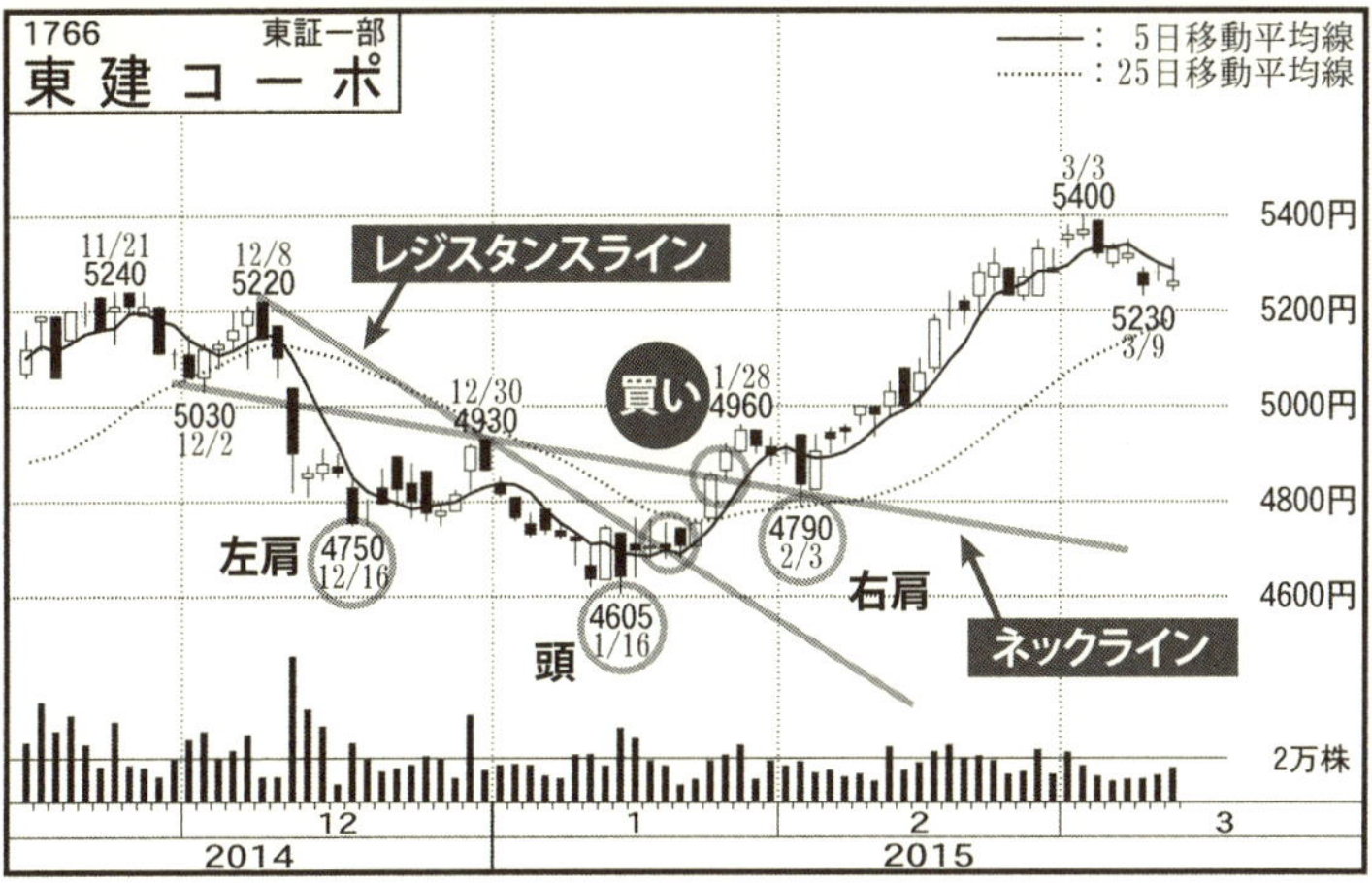
1766
東証一部
東 建 コ ー ポ
5日移動平均線
25日移動平均線
11/21
5240
12/8
5220
5030
12/2
レジスタンスライン
12/30
4930
買い
1/28
4960
3/3
5400
5230
3/9
4790
2/3
左肩
4750
12/16
4605
1/16
頭
右肩
ネックライン
5400円
5200円
5000円
4800円
4600円
2万株
12
1
2
3
2014
2015

▼東建コーポレーションのトレンド図

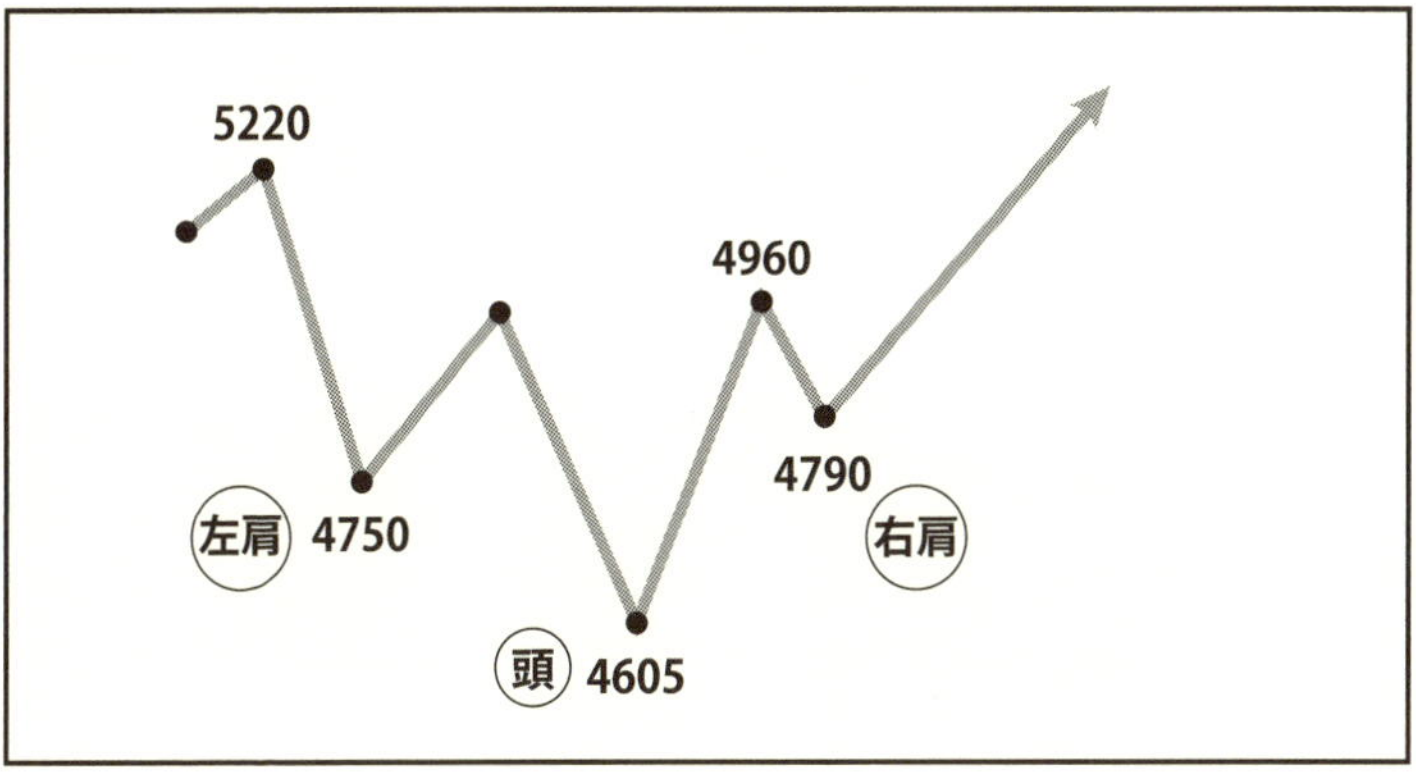
5220
4960
4790
左肩
4750
右肩
頭
4605

② 大底確認のパターン②…ダブルボトム、ソーサーボトム

■二点底は底値圏の2つの安値で判断できる

ダブルボトム（二点底）は、その言葉どおり大底圏で安値を2回にわたってつけたチャートパターンです。チャートの形状がローマ字の「W」のように見えるため、そのように呼ばれます。

ダブルボトムは大底圏で下落（1度目の安値）↓上昇（1度目の高値）↓下落（2度目の安値）↓上昇（2度目の高値）というサイクルで2つの安値が形成されます。そして、その後に2つの安値の間の山（1度目の高値＝ネックライン）を2度目の上昇過程で上回ったとき、本格的な買い転換と判断します。

この場合、レジスタンスラインを抜けたことで下降トレンドの転換は確認できますが、2つの安値の間の山に引いた線（ネックライン）を抜けば、上昇トレンド入りがさらに確信できます。買いを入れるなら、このタイミングです。

ゼリア新薬工業（4559）は2015年1月23日、2月16日に、1876円と1882円の安値をつけ、ダブルボトムを形成した形となっています。

●**突っ込み買い**
株価が急落して大きく下げると、「これ以上、売り込むのは怖い」というムードが台頭し、株価は一時的に反発する。ただ、そこが本当に底値なのかどうかを、ムードや勘で判断すると大ヤケドする。チャートを参考にした冷静な判断が必要だ。

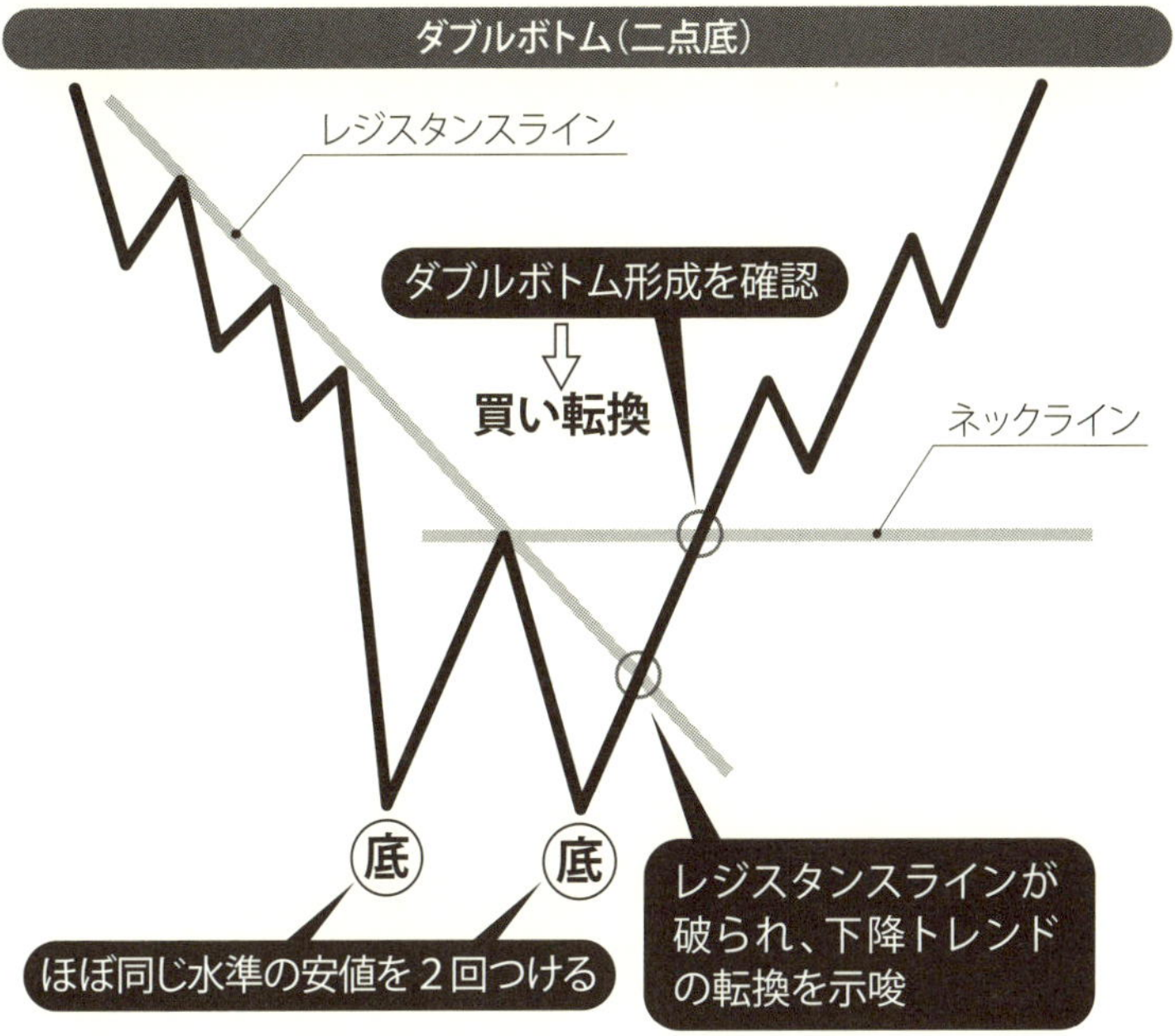
ダブルボトム（二点底）
レジスタンスライン
ダブルボトム形成を確認
買い転換
ネックライン
底
底
ほぼ同じ水準の安値を２回つける
レジスタンスラインが破られ、下降トレンドの転換を示唆

▼ダブルボトム（二点底）の例

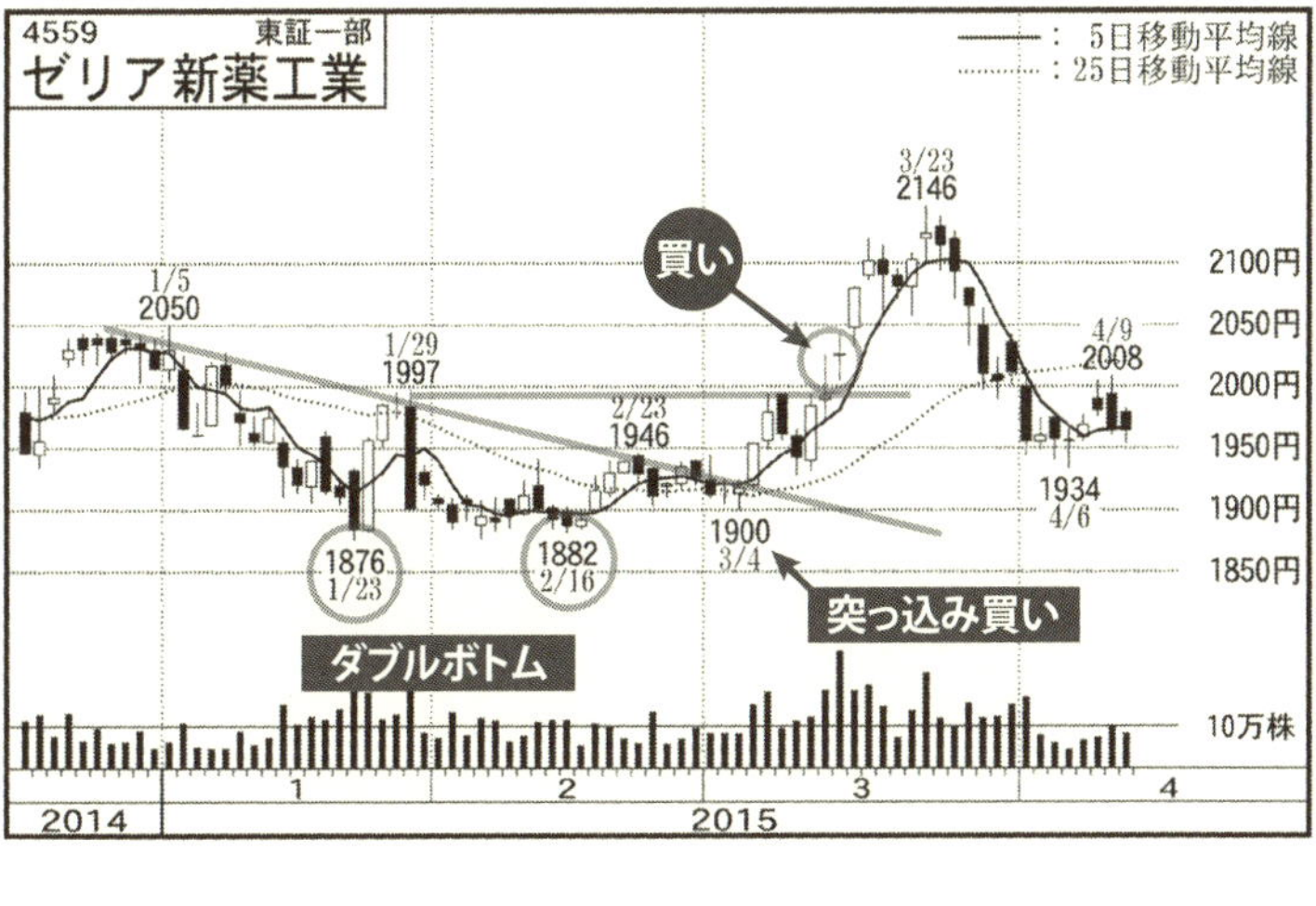
4559 東証一部
ゼリア新薬工業
――：5日移動平均線
……：25日移動平均線
1/5 2050
1/29 1997
2/23 1946
3/23 2146
4/9 2008
買い
1876 1/23
1882 2/16
1900 3/4
1934 4/6
突っ込み買い
ダブルボトム
2100円
2050円
2000円
1950円
1900円
1850円
10万株
1
2
3
4
2014
2015

■底値圏のソーサー（お皿）は買い転換のシグナル

ソーサーボトムのソーサーとは、お皿のことです。ソーサーボトムは、その形状からなべ底型の底値形成とか、円形転換（ラウンディングターン）などとも表現されます。次ページの上図のように、下降トレンドにおいて次第に下げ幅が小さくなり、レジスタンスラインを一時的に上回るものの、その後はまた小さな山と谷を繰り返します。

このとき、その小さな山、谷の繰り返しは全体としてお皿のような形になります。これが相場転換のシグナルです。買い転換のポイントはお皿のふち（ソーサーボトムに入る直前の山）を上回ったところになります。ダブルボトムとソーサーボトムの形状はよく似ていますが、ソーサーボトムは底値圏で推移する期間が長く、上昇トレンドに転換しても比較的ゆっくり上げていくのが特徴です。また、安値をつけるたびに出来高が増える傾向にありますので、この点もチェックする必要があります。

なお、「売りの三悪」の筆頭は「やれやれの売り」ですが、これは大底確認→買い転換の場面で売ったケースです。500円で買った銘柄が300円まで下げ、ずっと我慢していたところ、500円まで戻りました。しかし、やれやればかりにこの安値水準で売ってはいけません。

●売りの三悪

やってはいけない三つの売り、すなわち「やれやれの売り」「ろうばい売り」「腹立ちの売り」のこと。やれやれの売りは本格上昇の前の安値売り、ろうばい売りは悪材料が出たときなどに起きやすい冷静さを欠いた売り、腹立ちの売りは文字通り怒りにまかせた売り。

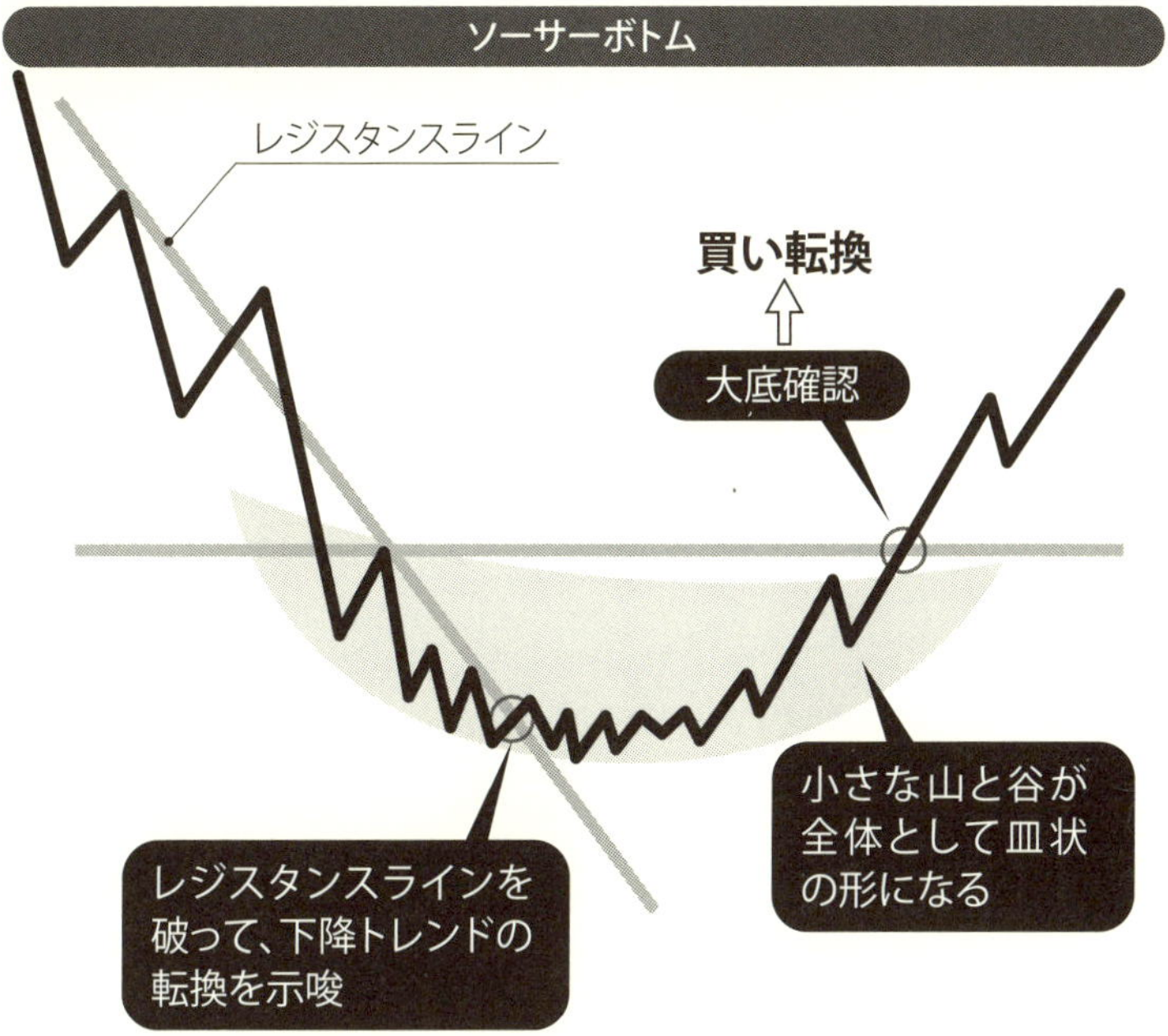
ソーサーボトム
レジスタンスライン
買い転換
大底確認
小さな山と谷が
全体として皿状
の形になる
レジスタンスラインを
破って、下降トレンドの
転換を示唆

▼ソーサーボトムの例

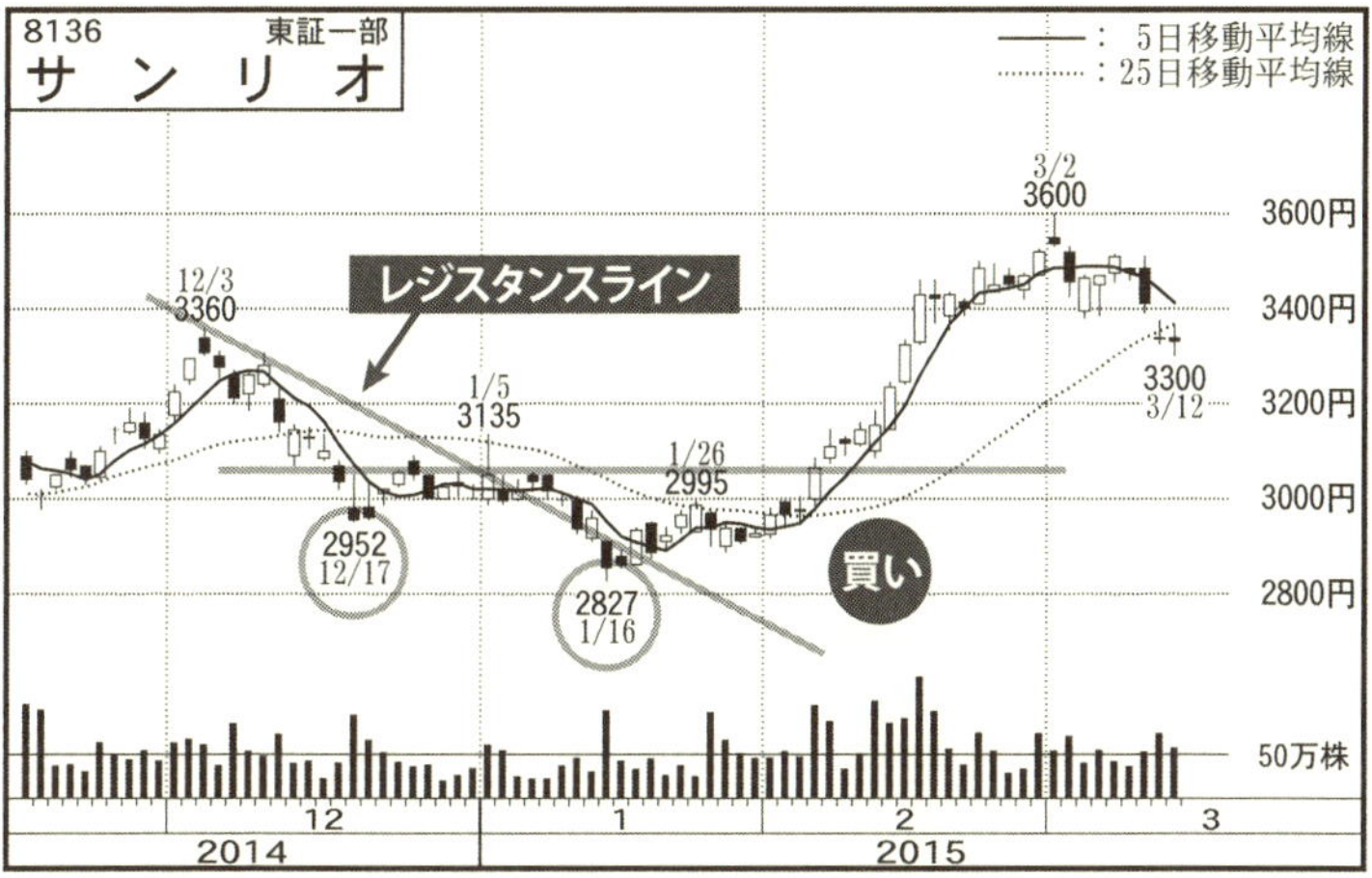
8136 東証一部
サンリオ
：5日移動平均線
：25日移動平均線
レジスタンスライン
12/3
3360
1/5
3135
1/26
2995
3/2
3600
2952
12/17
2827
1/16
3300
3/12
買い
3600円
3400円
3200円
3000円
2800円
50万株
12
1
2
3
2014
2015

③大底確認のパターン③…線状ライン、スネーク

■長い線状ラインは大相場の前兆

線状ラインは、下値圏に張りついたような形で線形の底値が形成されたケースです。とくに長いものをロングベースと呼び、「ロングベースはビルが建つ」などともいわれます。これはライン状のもみ合いを放れた相場は、ビルが建つほど儲かる大相場になる、という意味でしょう。

次ページ上段のチャートはアークランドサービス（３０８５）の週足です。同社はカツ丼専門店「かつや」を運営する会社ですが、２０１４年７月から２０１５年１月上旬まで線状ラインを描いたあと、上値追いに転じました。

次ページ下段のチャートは線状ラインによく似ていますが、蛇行しているように見えることから、スネーク（ヘビ）と呼ぶことがあります。安値を仕手グループなどが執拗に仕込んでいるケースで出現します。

ディー・エヌ・エー（２４３２）の週足は、２０１４年5月から２０１５年3月までの動きが、うねうねとしてまるでヘビのように見えませんか。

●仕手グループ
目先的な投機資金で売買される株式（仕手株）を仕掛けて、莫大な利益を得ようとする特定のプロ集団のこと。仕手筋などとも呼ばれる。このような集団が動くと、株価は企業業績などとは無関係に乱高下する。

▼線状ラインから上値追いに転じた例

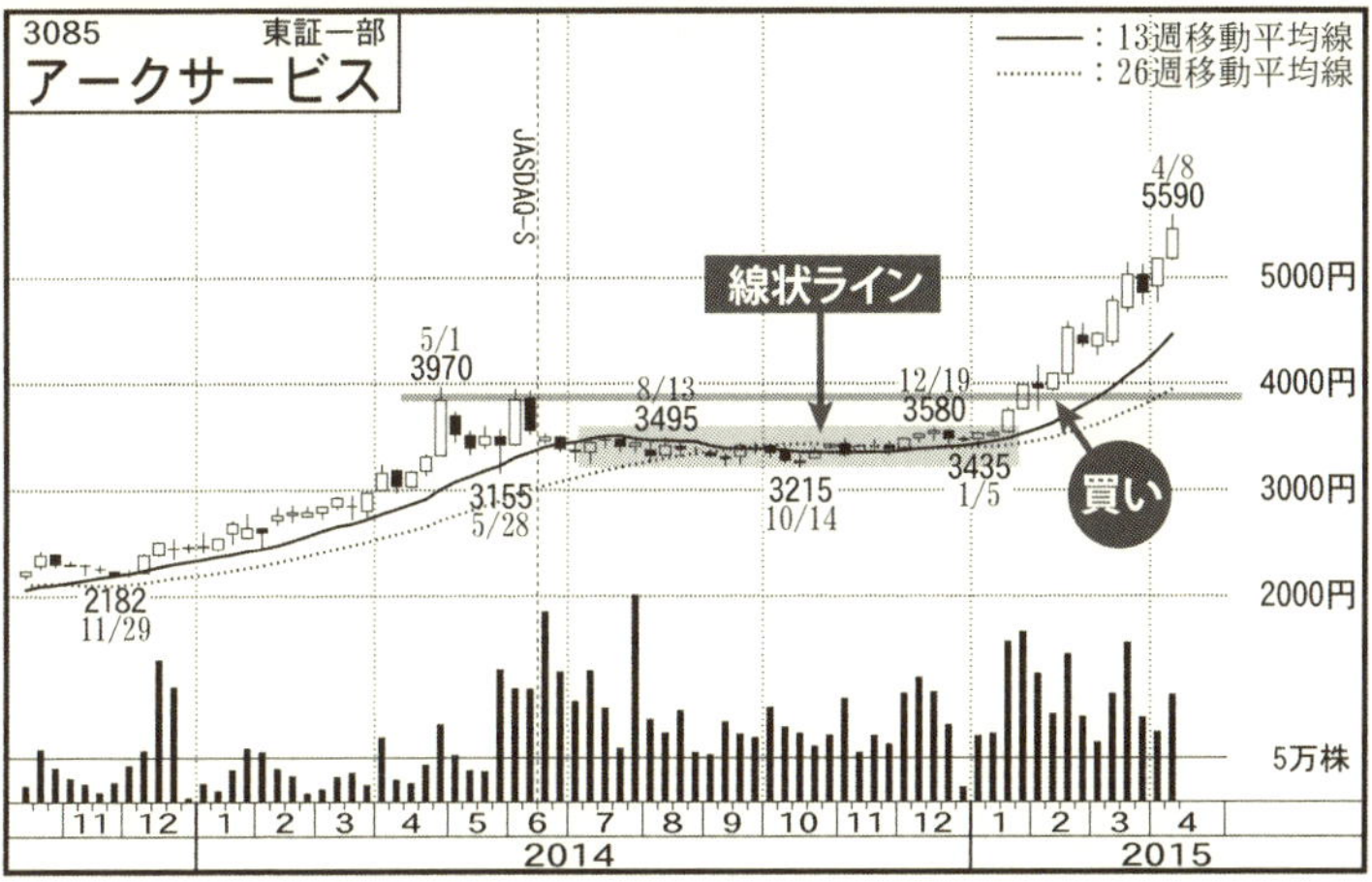

▼スネークから急騰に転じた例

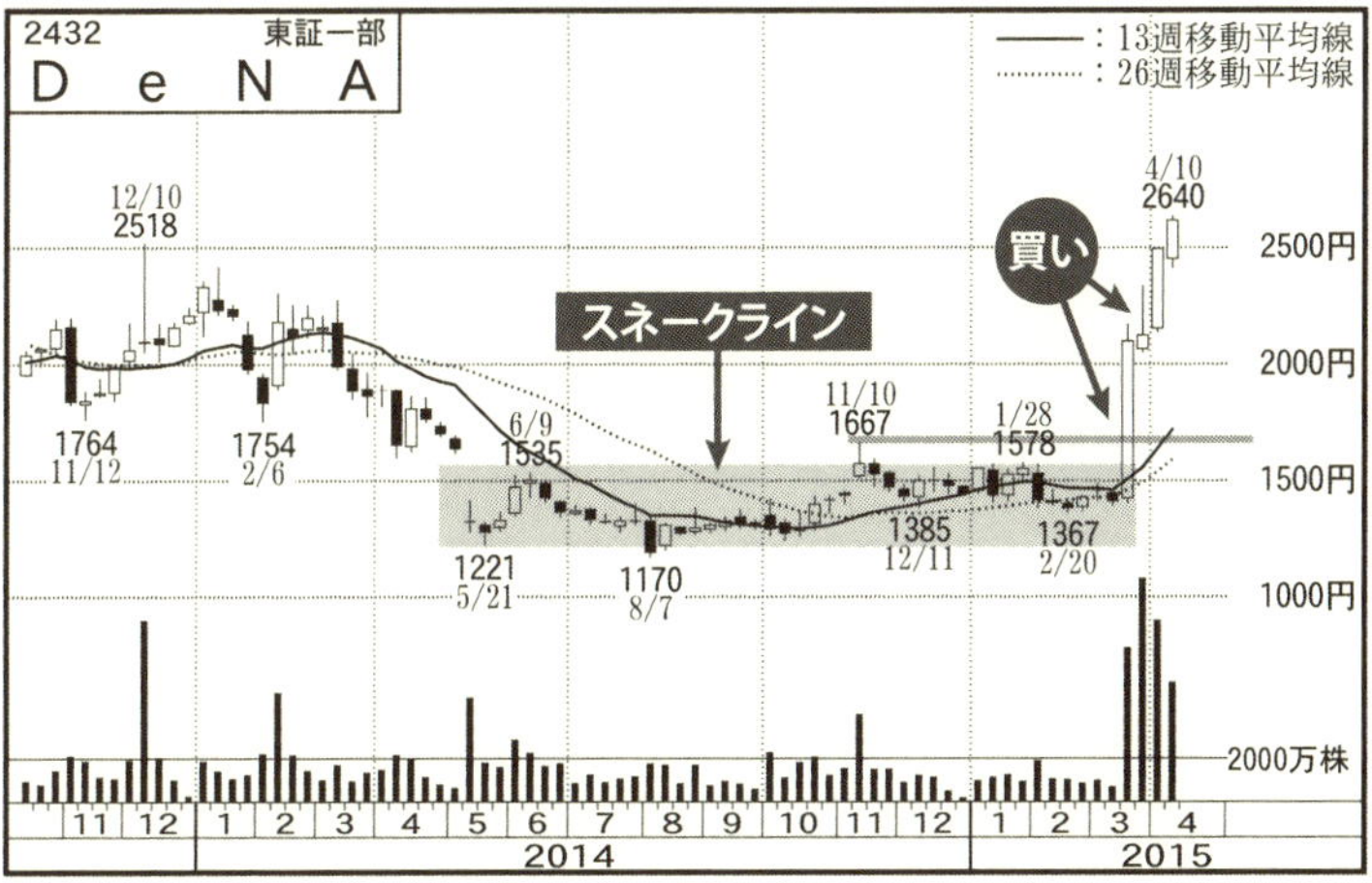

④ ローソク足による大底確認①…大陽線

■下値圏での大陽線は買い方優勢への転換シグナル

ローソク足によって大底を確認する方法もあります。すなわち、株価が日柄をかけて大きく下げているか、下値が固まりつつある状況下での大陽線出現は、相場の転換を示します。これは、それまでの売り方優位の状況が、一気に買い方の優勢に変わったことを意味します。形勢が逆転したのです。

この場合、特徴的なのは出来高の急増を伴うことです。とくに、下げ過程において出現した大陽線が大きければ大きいほど、信頼度の高い買いシグナルとなります。

次ページ下段のチャートはウィルグループ（６０８９）の日足です。２０１５年１月７日の高値１５４３円から２月12日には１１０１円と、28％強下げました。しかし、1カ月以上におよぶ下げ相場のあと、２月20日に突如、大陽線が出現しました。それも一番強い足である「陽の丸坊主」です。

同社株はその後、セオリーどおり上昇トレンドに転換し、上げ足を速めました。チャートは正直です。

●日柄

一般には、「お日柄もよろしく……」などとその日の吉凶をいうが、相場用語としては単純に、日数（時間）をかけて株価や信用残高などが変化することを指す。

下値圏での大陽線は相場転換を示す

▼大陽線出現のパターン

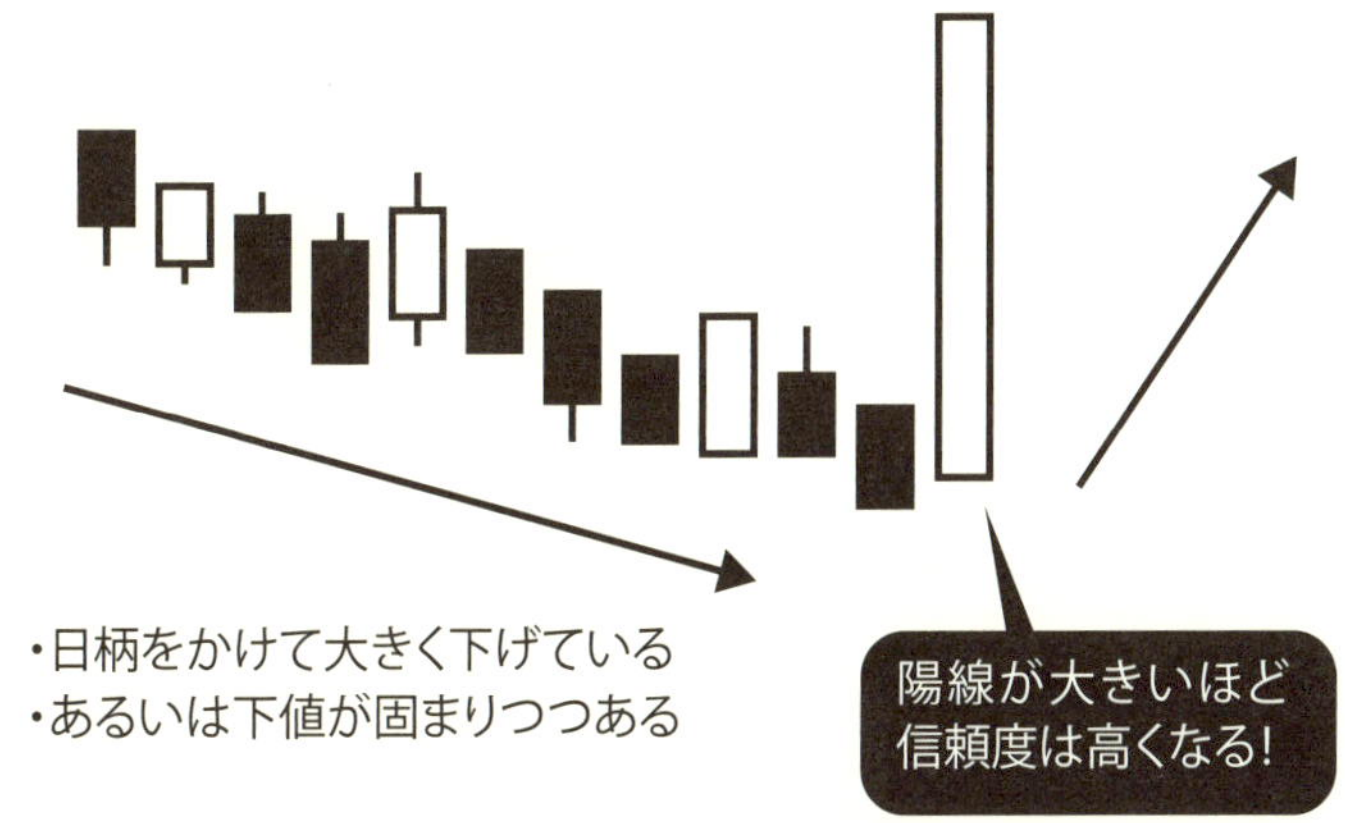
・日柄をかけて大きく下げている
・あるいは下値が固まりつつある
陽線が大きいほど
信頼度は高くなる!

▼大陽線出現の例

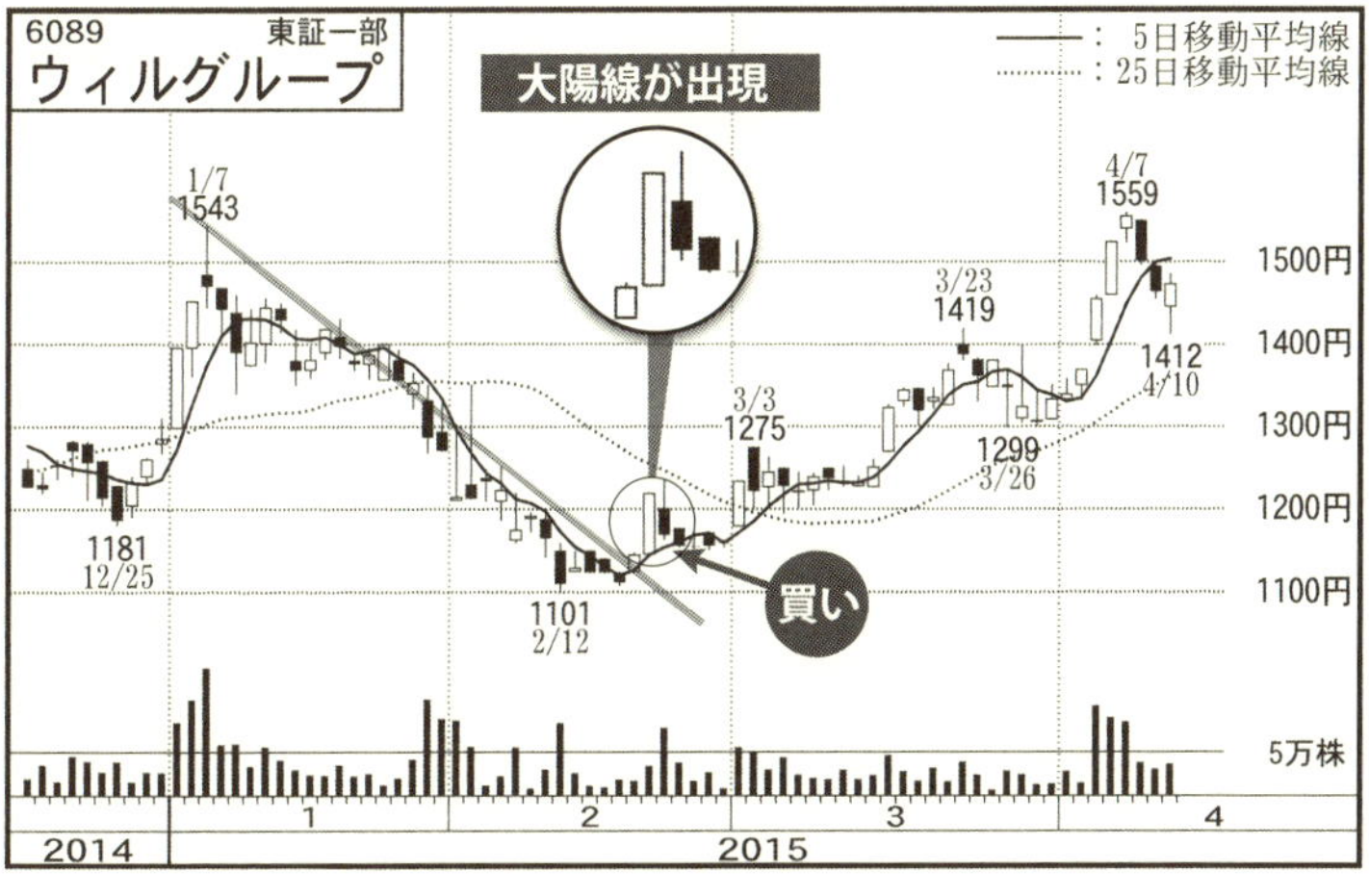
6089 東証一部
ウィルグループ
大陽線が出現
5日移動平均線
25日移動平均線
1/7
1543
1181
12/25
1101
2/12
買い
3/3
1275
3/23
1419
1299
3/26
4/7
1559
1412
4/10
1500円
1400円
1300円
1200円
1100円
5万株
1
2
3
4
2014
2015

⑤ローソク足による大底確認②…長い下ヒゲ

■長い下ヒゲは悪材料を織り込んだサイン

安値圏で出現する長い下ヒゲも、相場底打ちのシグナルです。下ヒゲは、株価が下げ局面で急落（投げ売りが出る）したものの、その後急反発に転じて形成されます。これは株価が悪材料を織り込んだと見ることができます。それと、新たな買い手の登場です。

この場合も、出来高の増加が必要になります。安値圏での出来高急増は、売りエネルギーが頂点に達したことによるものとの見方ができます。長い下ヒゲは強い売り圧力をこなして跳ね返したことを意味します。その膨大な売り物以上の買いエネルギーが出現したことになるのです。

次ページのチャートはＤＯＷＡホールディングス（５７１４）の週足ですが、２０１４年３月の最終週に長い下ヒゲ陽線が出て大底確認となりました。同社株は２０１５年１月の第２週にも下ヒゲ陽線が出現して、上値追いの展開となっています。改めて述べるまでもありません。強烈な売りは「買いの予約」ともいえるのです。

●投げ売り

悪材料が出たときなどに、保有する銘柄を損失覚悟で処分売りすること。処分売り、見切り売りなどともいう。買い値から10％下げても損切りしない（できない）投資家が、いよいよ追い込まれて30％安、50％安になったところで投げるケースがよくある。だが、結果的に、そこが絶好の買い場であることが多い。

長い下ヒゲは新しい買い勢力の出現を示す

▼長い下ヒゲと出来高急増のパターン

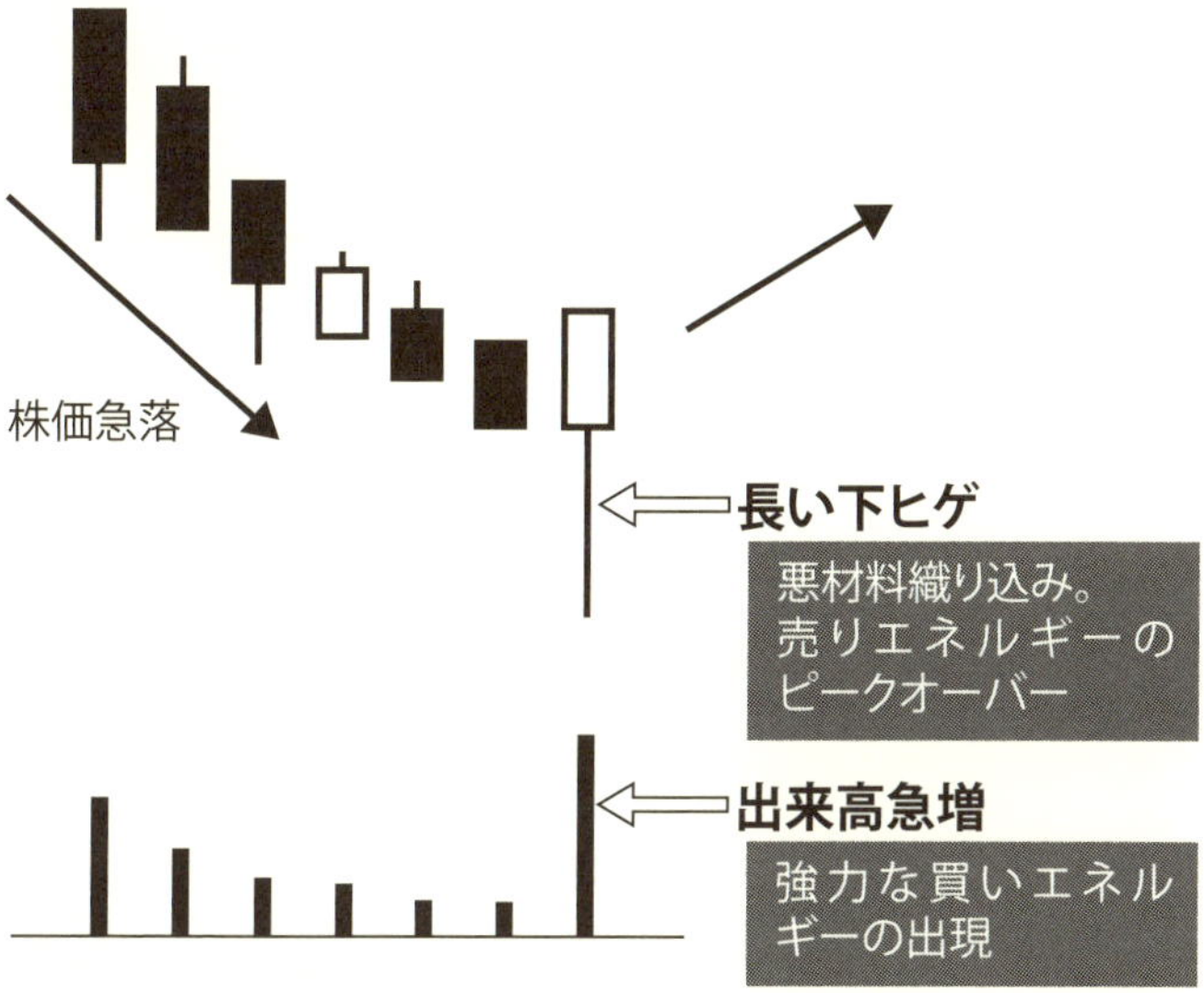
株価急落
長い下ヒゲ
悪材料織り込み。
売りエネルギーの
ピークオーバー
出来高急増
強力な買いエネル
ギーの出現

▼長い下ヒゲの例

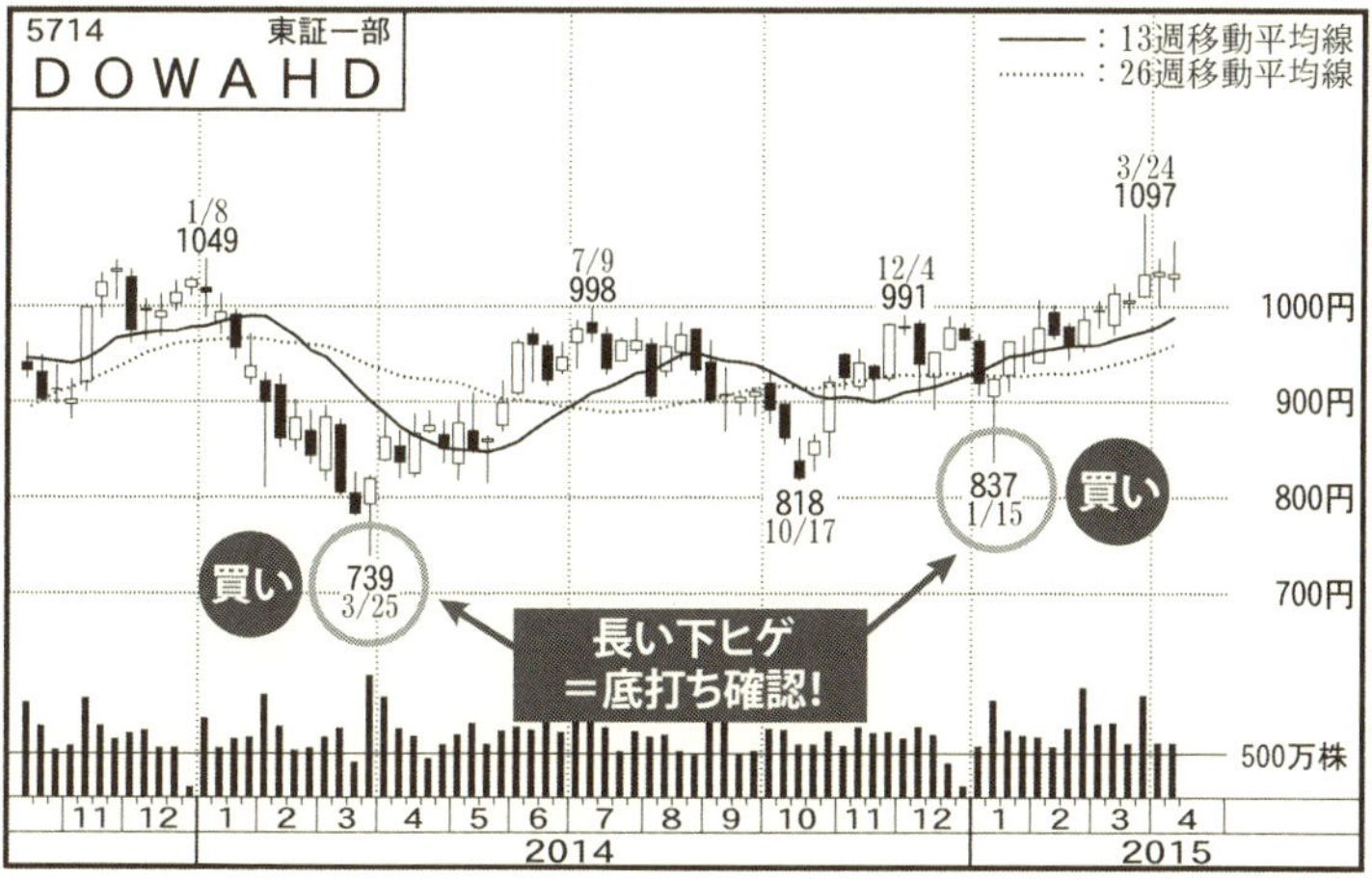
5714 東証一部
DOWAHD
：13週移動平均線
：26週移動平均線
1/8 1049
7/9 998
12/4 991
3/24 1097
1000円
900円
800円
700円
500万株
818 10/17
837 1/15
739 3/25
買い
買い
長い下ヒゲ
＝底打ち確認！
11 12 1 2 3 4 5 6 7 8 9 10 11 12 1 2 3 4
2014
2015

⑥ローソク足による大底確認③…十字線

■小さな十字線は下値固めのサイン

株価が大きく下げたあと、ドン安値の局面できわめて小さい十字線が出現すると買いパターンになります。十字線は正式には「寄り引け同時線」といい、始値と終値が同値だったときのローソク足です。

始値と終値が同値だったということは、買いたい人と売りたい人の勢力が拮抗《きっこう》し、バランスがとれている状態を意味します。下げ続けてきた銘柄がこの状態になると、売りたい人が減り、買いたい人が増えてきた証《あかし》となります。下落から上昇に転じる可能性が出るのです。

逆に、上げ続けてきた銘柄がこの状態になると、買いたい人が減り、売りたい人が増えてきた証となりますから、上昇から下落に転じる可能性が出るのです。

つまり、十字線は相場の転換期を示します。ただ、小さい十字線（それに近い形でもよい）が出現した局面では出来高は増加しません。下落過程で小さい十字線が出た場合、買いパターンとしては弱いのですが、下値が固まりつつあると判断できます。

●ドン安値
トレンド的に、異常に値下がりした局面の株価のこと。この反対を「素っ高値」という。

小さな十字線は下値が固まりつつあることを示す

▼小さな十字線のパターン

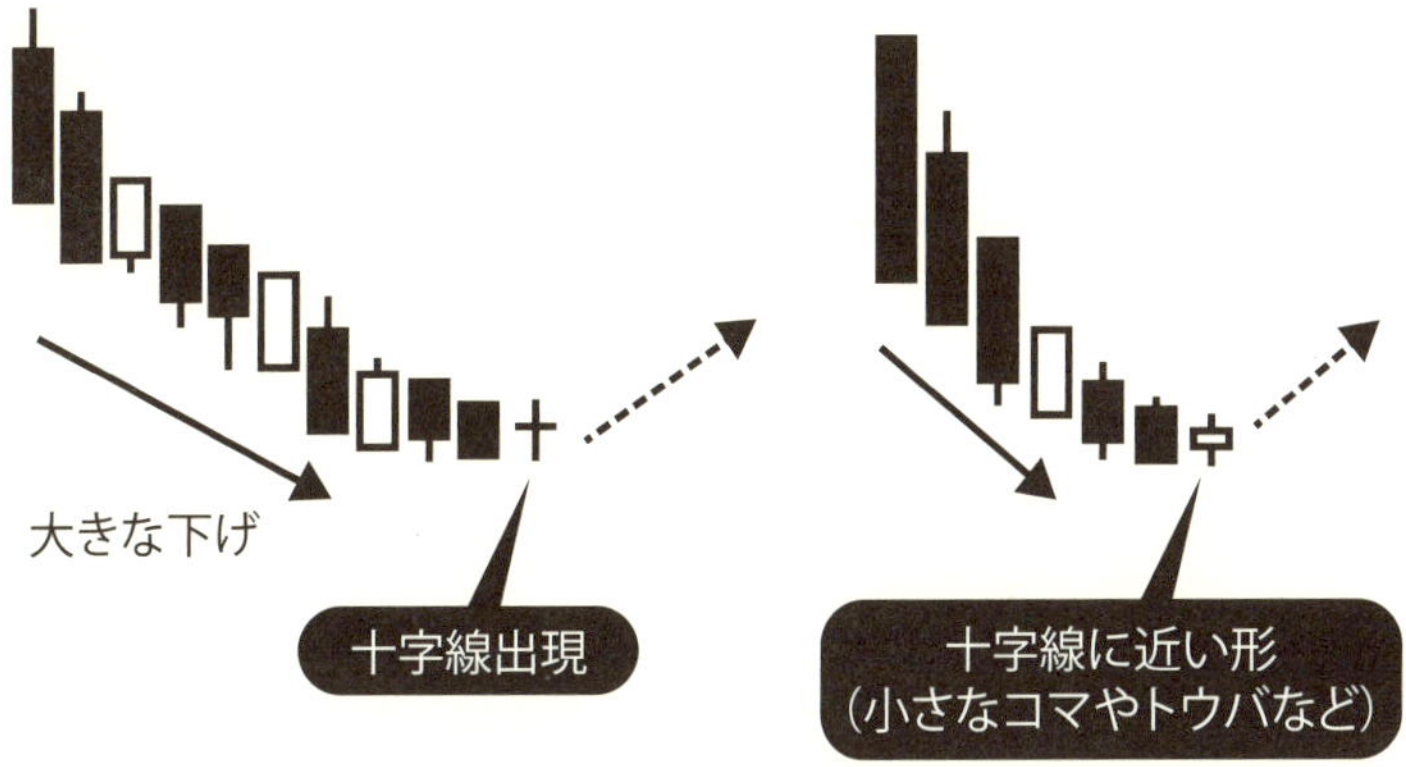
大きな下げ
十字線出現
十字線に近い形
(小さなコマやトウバなど)

▼小さな十字線の例

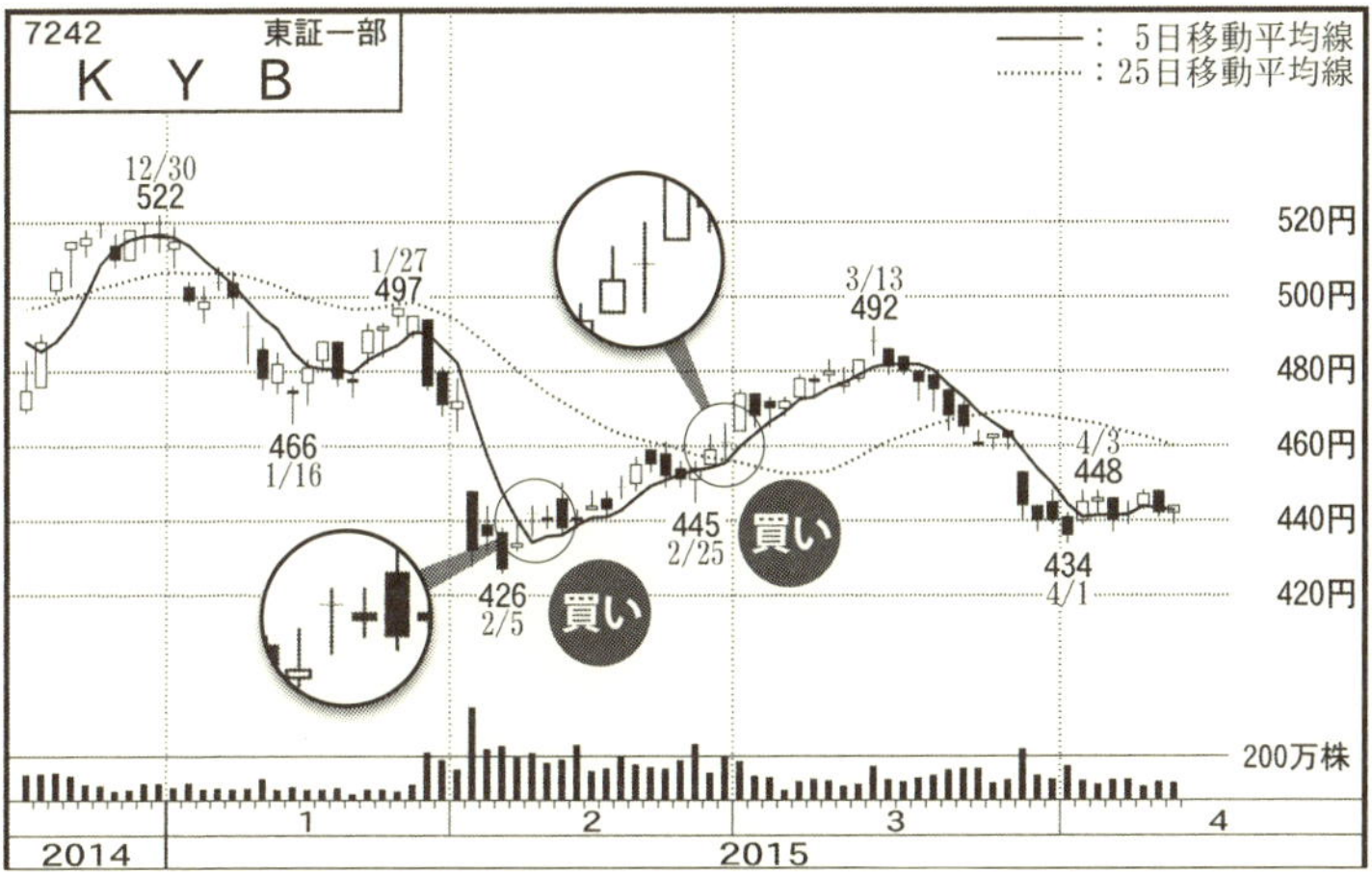
7242 東証一部
K Y B
: 5日移動平均線
: 25日移動平均線
12/30
522
1/27
497
466
1/16
426
2/5
445
2/25
3/13
492
4/3
448
434
4/1
買い
買い
520円
500円
480円
460円
440円
420円
200万株
1
2
3
4
2014
2015

⑦ ローソク足による大底確認④…毛抜き底

■毛抜き底は極めて重要な買いサイン

「毛抜き底」は安値圏において連続した2つのローソク足の安値がそろったパターンです。184〜185ページの「毛抜き天井」と真逆の形をしています。

毛抜き底は、相場が動意づく局面でたびたび出現します。また、抱き線やはらみ線などに比べて、その形が分かりやすいことから、日足チャートを日々チェックしていれば、すぐ見つけられます。そして毛抜き底は比較的ダマシが少なく、相場の転換点を知るうえで非常に重要なパターンとなりますから、特に持ち株については必ずチェックするように心がけてください。

次ページのチャートはトマト銀行（8542）の日足です。2015年1月19日の終値は172円、翌20日の安値も172円と同値です。完全な毛抜き底の誕生です。加えて、19日のローソク足は陰の丸坊主（始値と高値、終値と安値がそれぞれ同値）、20日のそれは陽の丸坊主（始値と安値、終値と高値がそれぞれ同値）でした。このようなパターンが出現したときは翌日、すかさず買いを入れなければなりません。

●**動意づく**
株価の動きが乏しかった相場が、少しずつ動き始めることをいう。多くは株価が上がりだすときに使われる。「動兆」ともいう。

信頼度の高い毛抜き底

▼毛抜き底

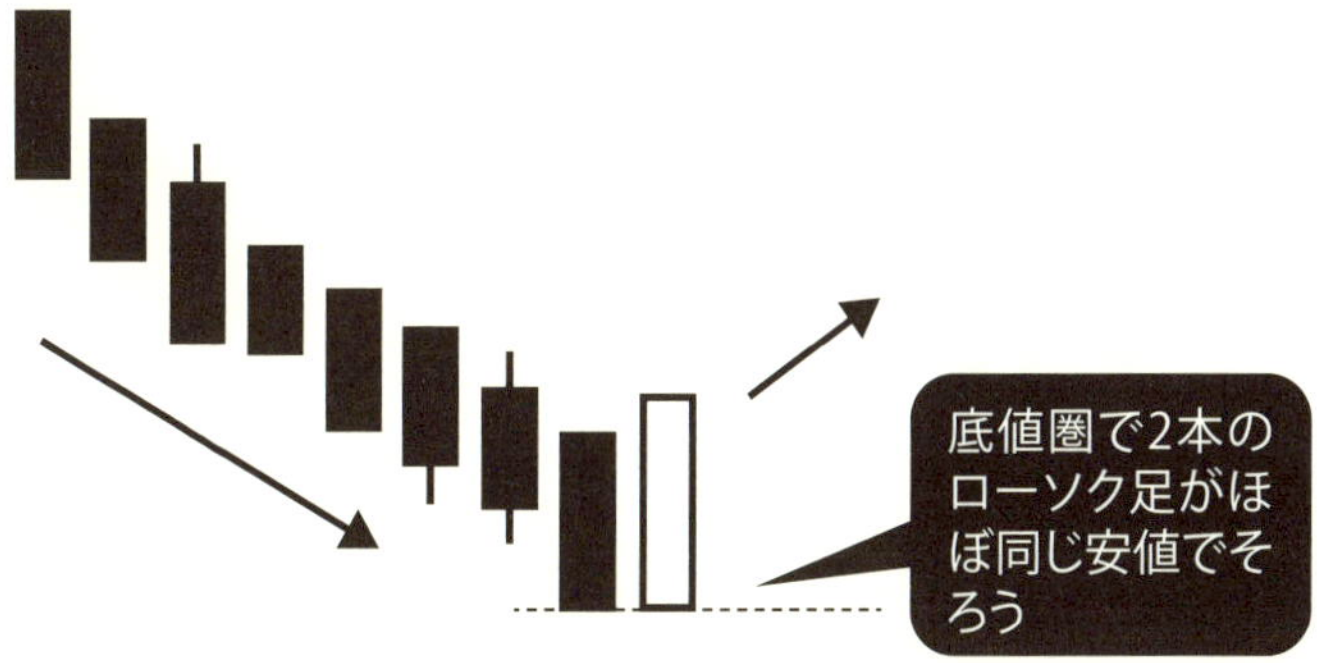

▼毛抜き底の例

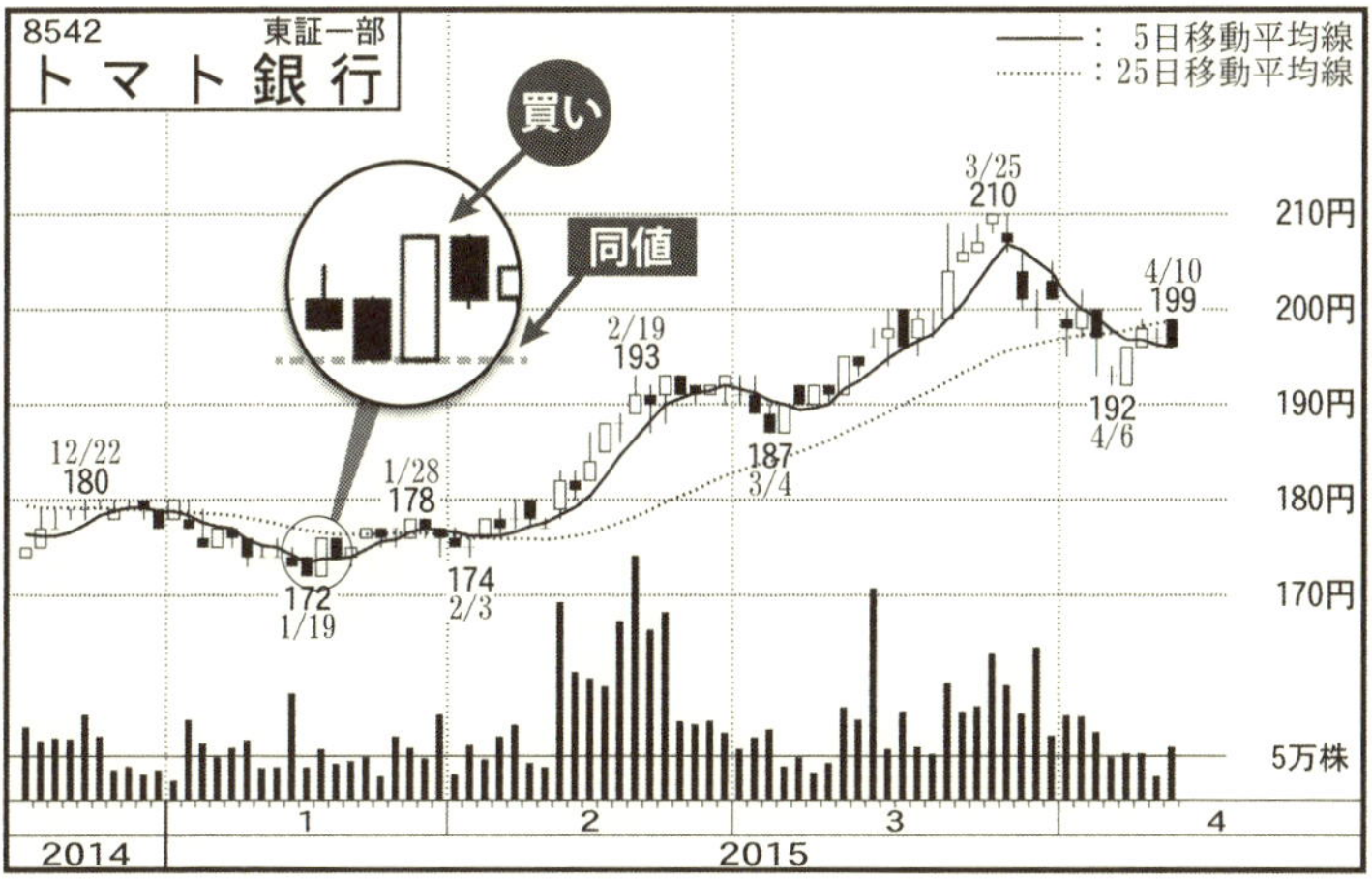

その他のローソク足による買いパターン①

▼窓をあけての上放れ

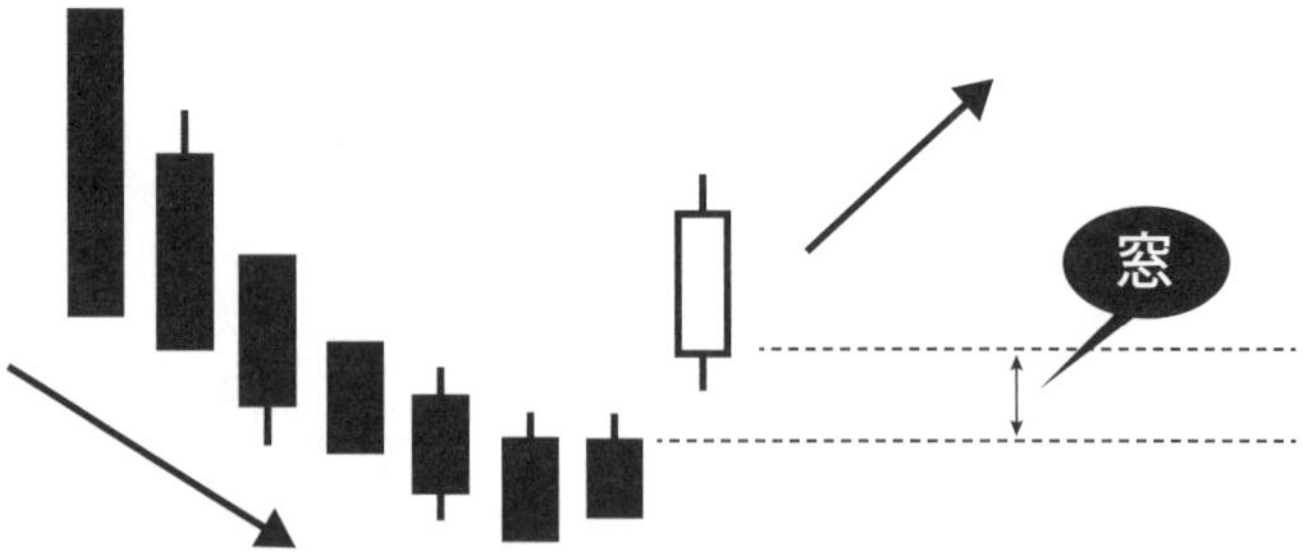
窓

▼連続陽線

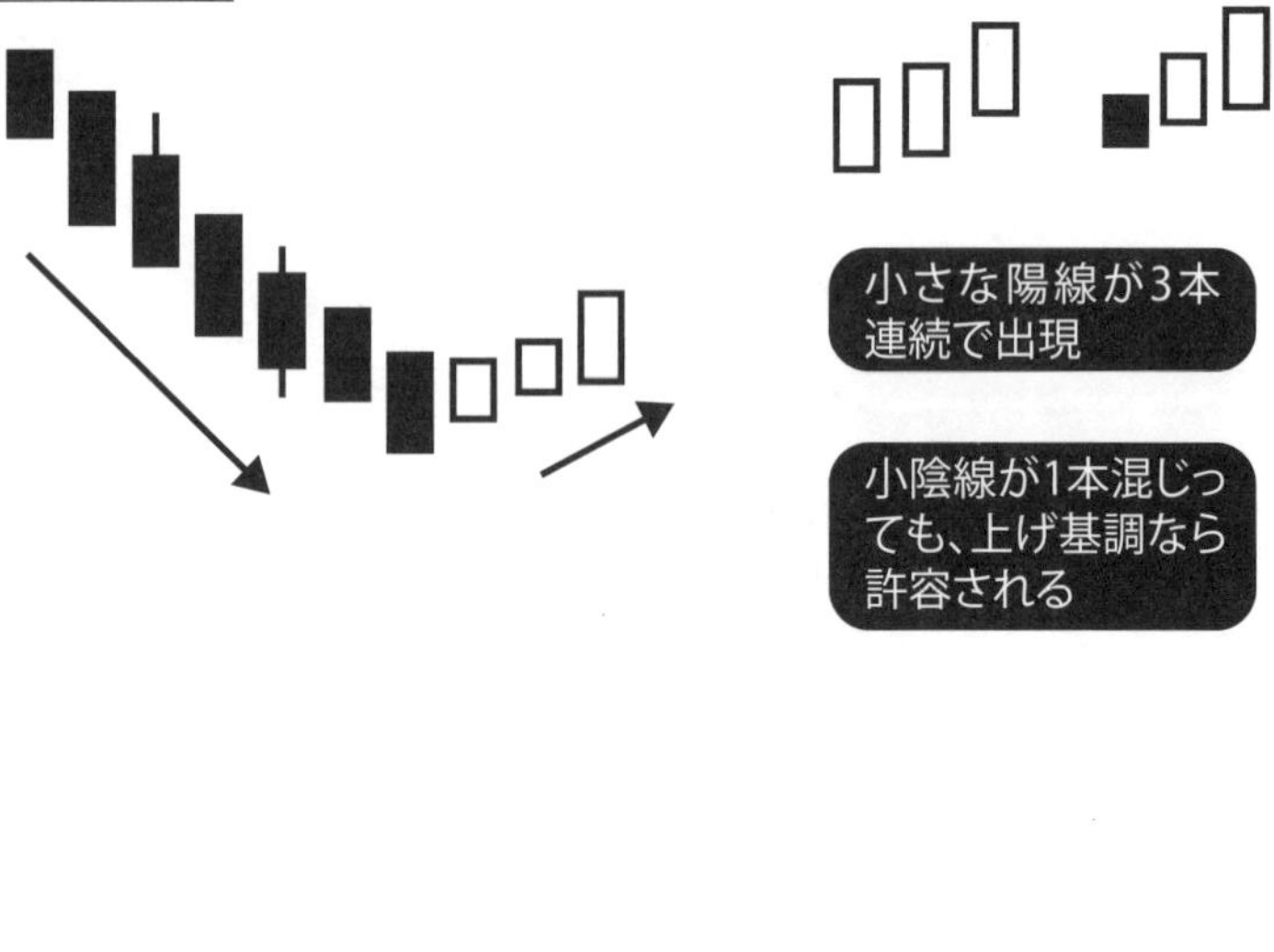
小さな陽線が3本
連続で出現
小陰線が1本混じっ
ても、上げ基調なら
許容される

▼窓あけから上放れる例

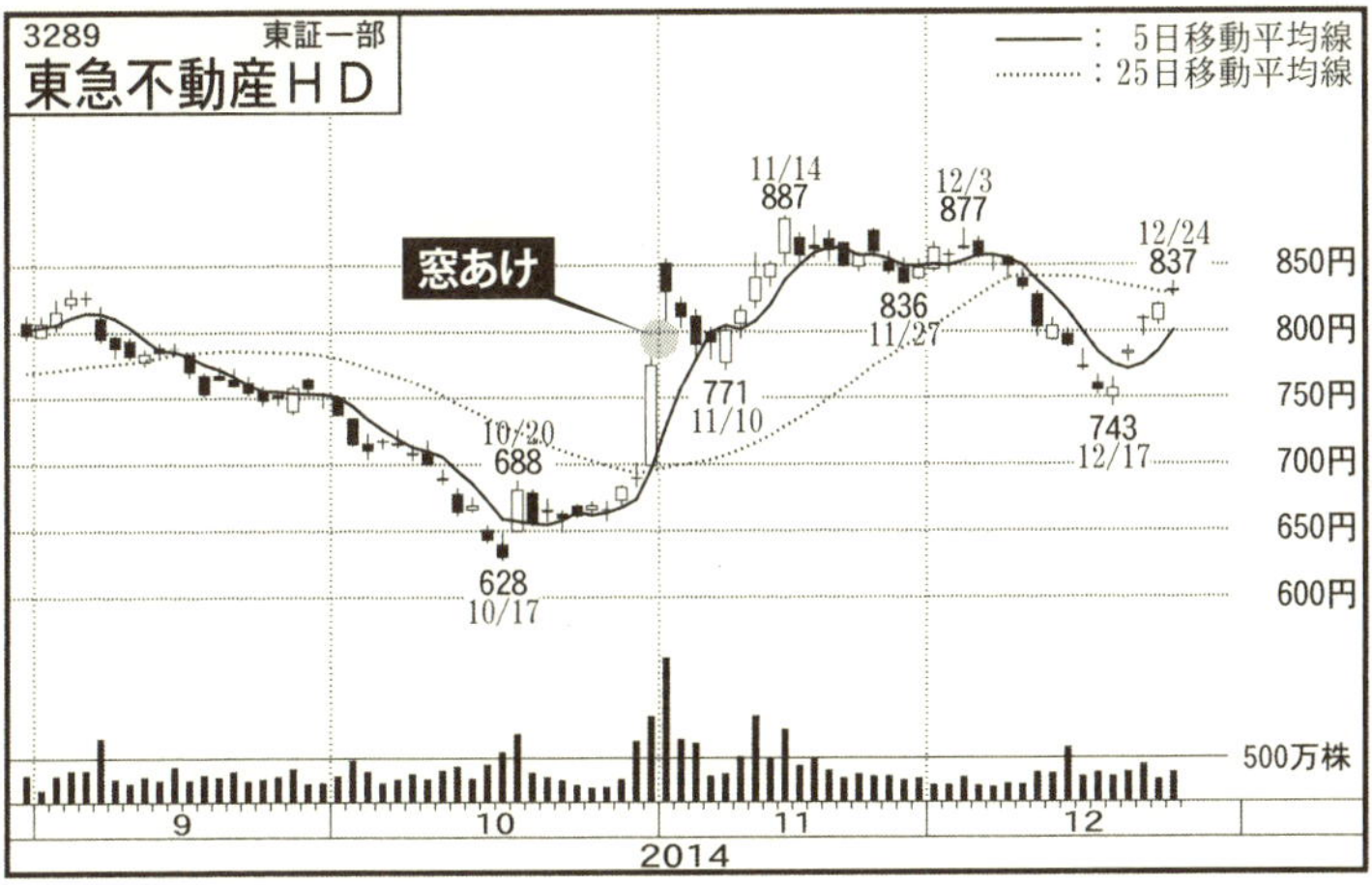

▼連続陽線の例

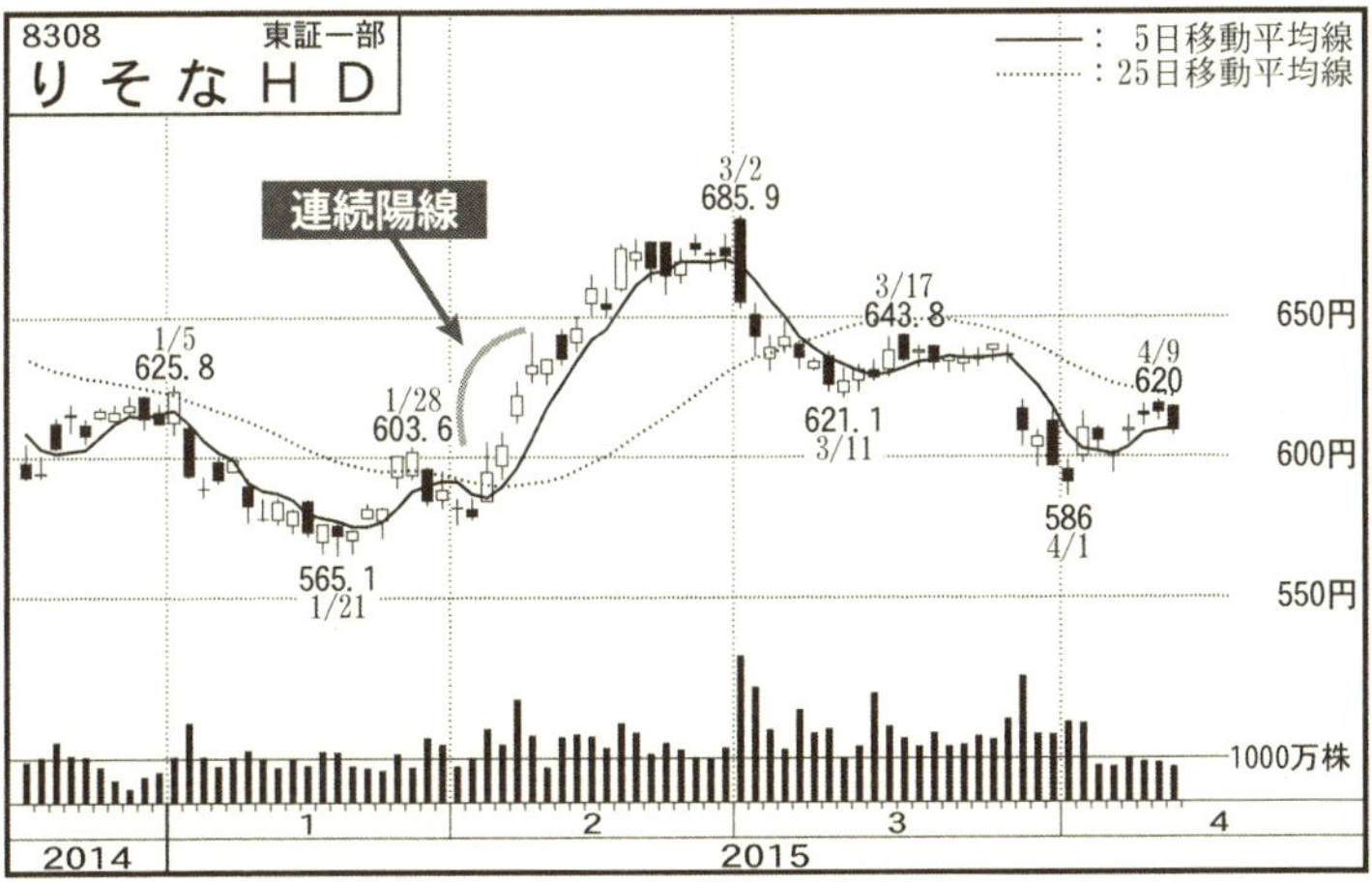

その他のローソク足による買いパターン②

▼抱き線

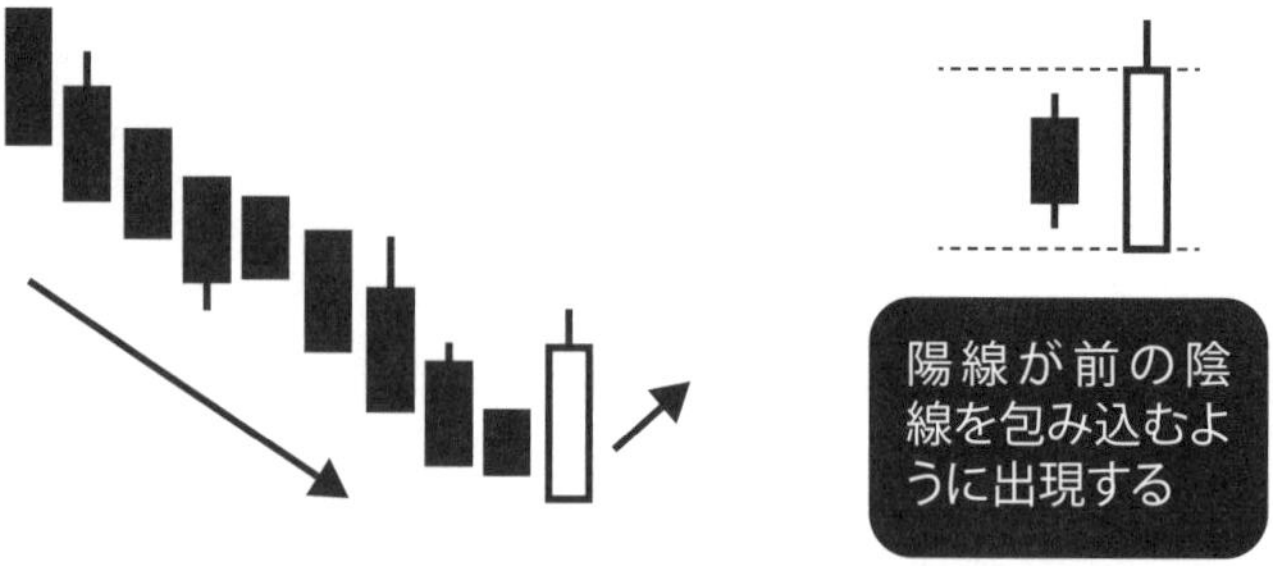
陽線が前の陰線を包み込むように出現する

▼はらみ線

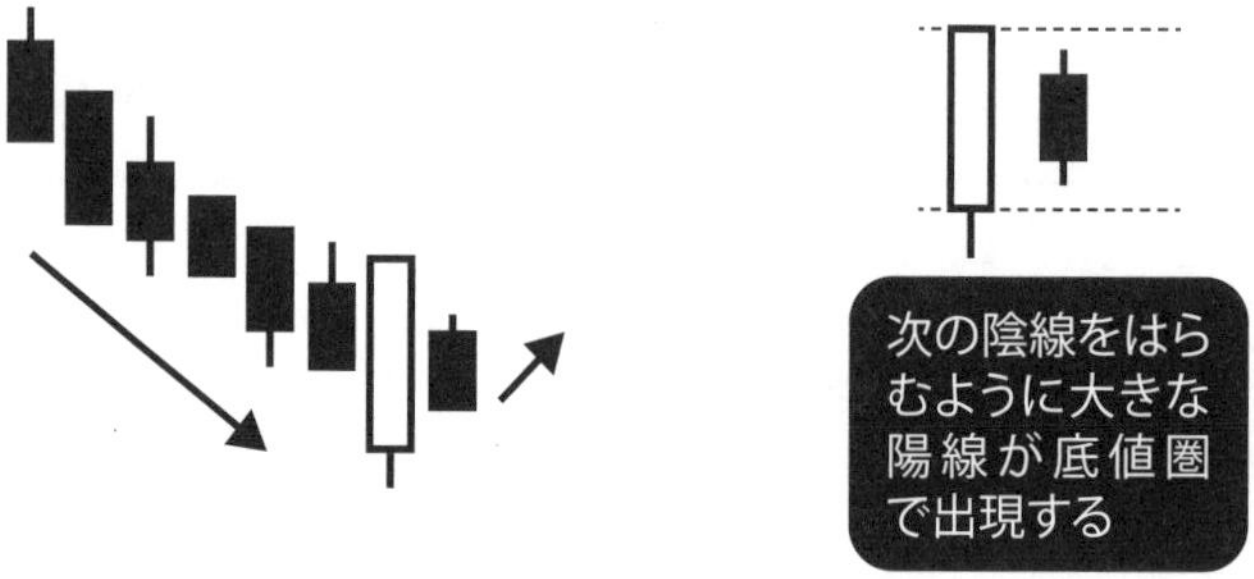
次の陰線をはらむように大きな陽線が底値圏で出現する

▼突っ込み陽線

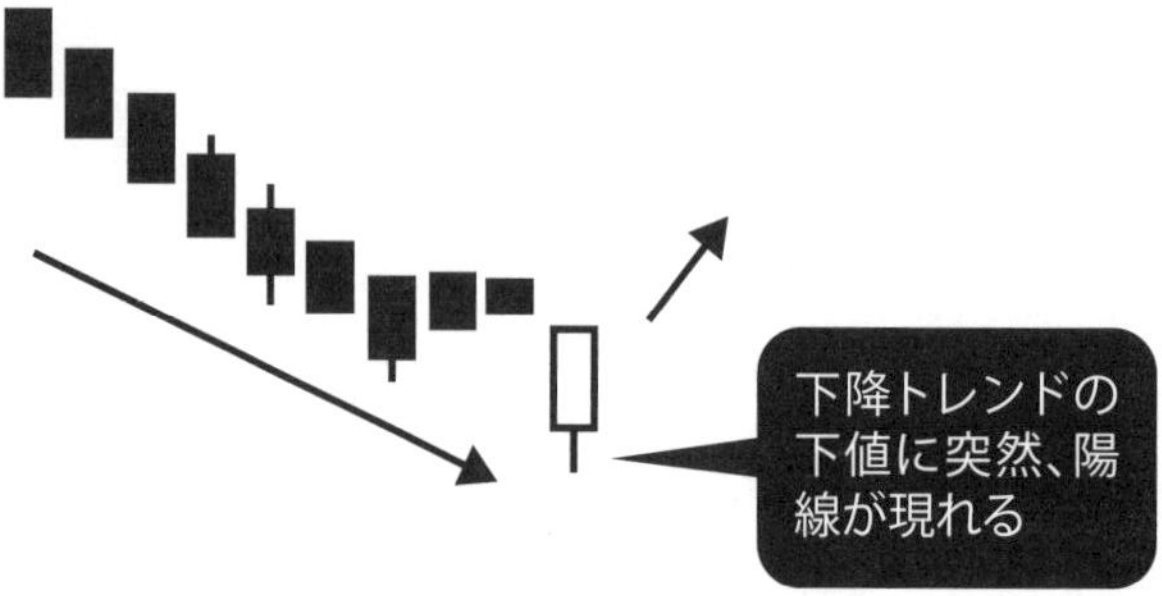
下降トレンドの下値に突然、陽線が現れる

はらみ線と連続陽線

▼はらみ線の例

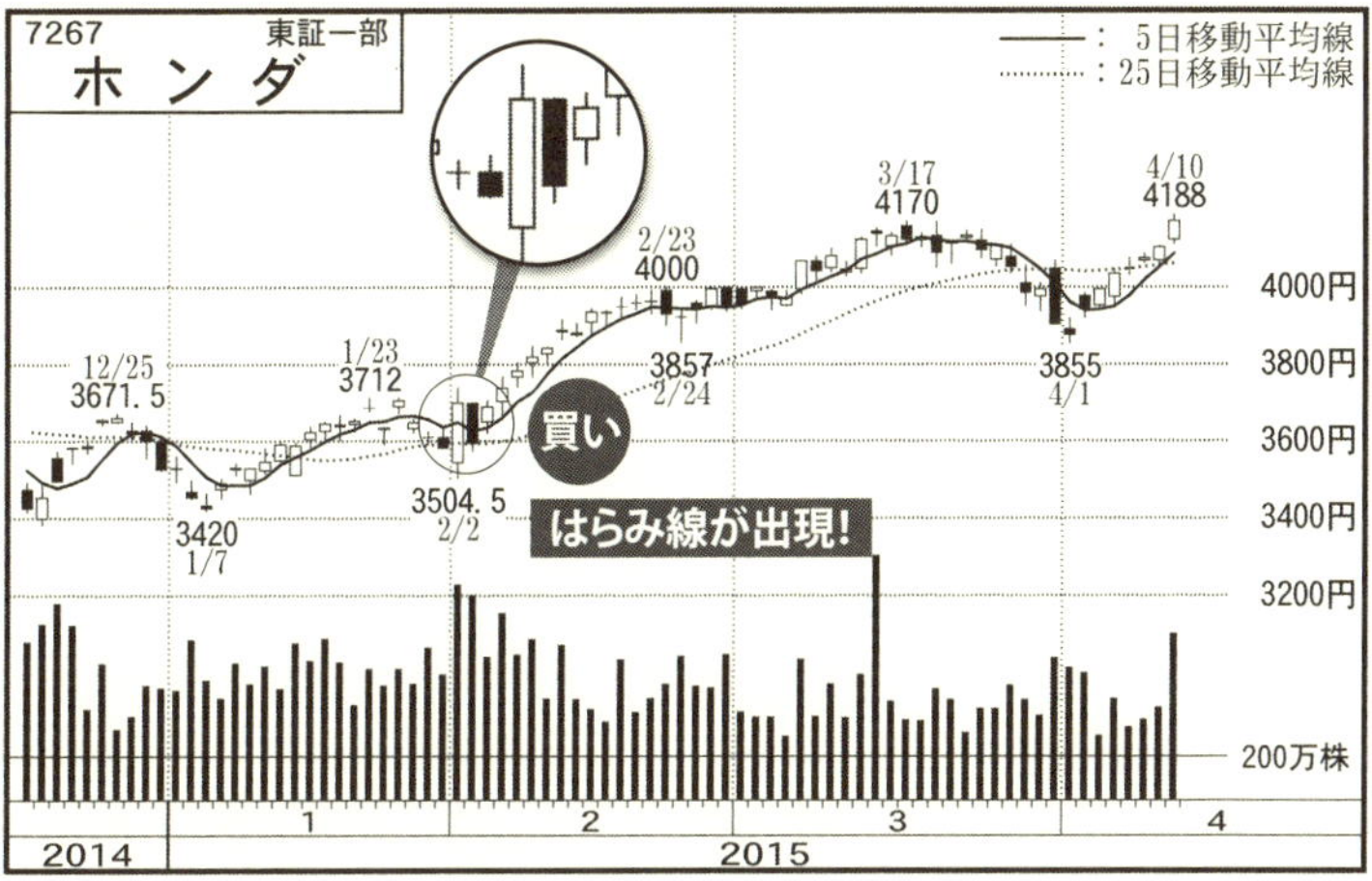

▼突っ込み陽線の例

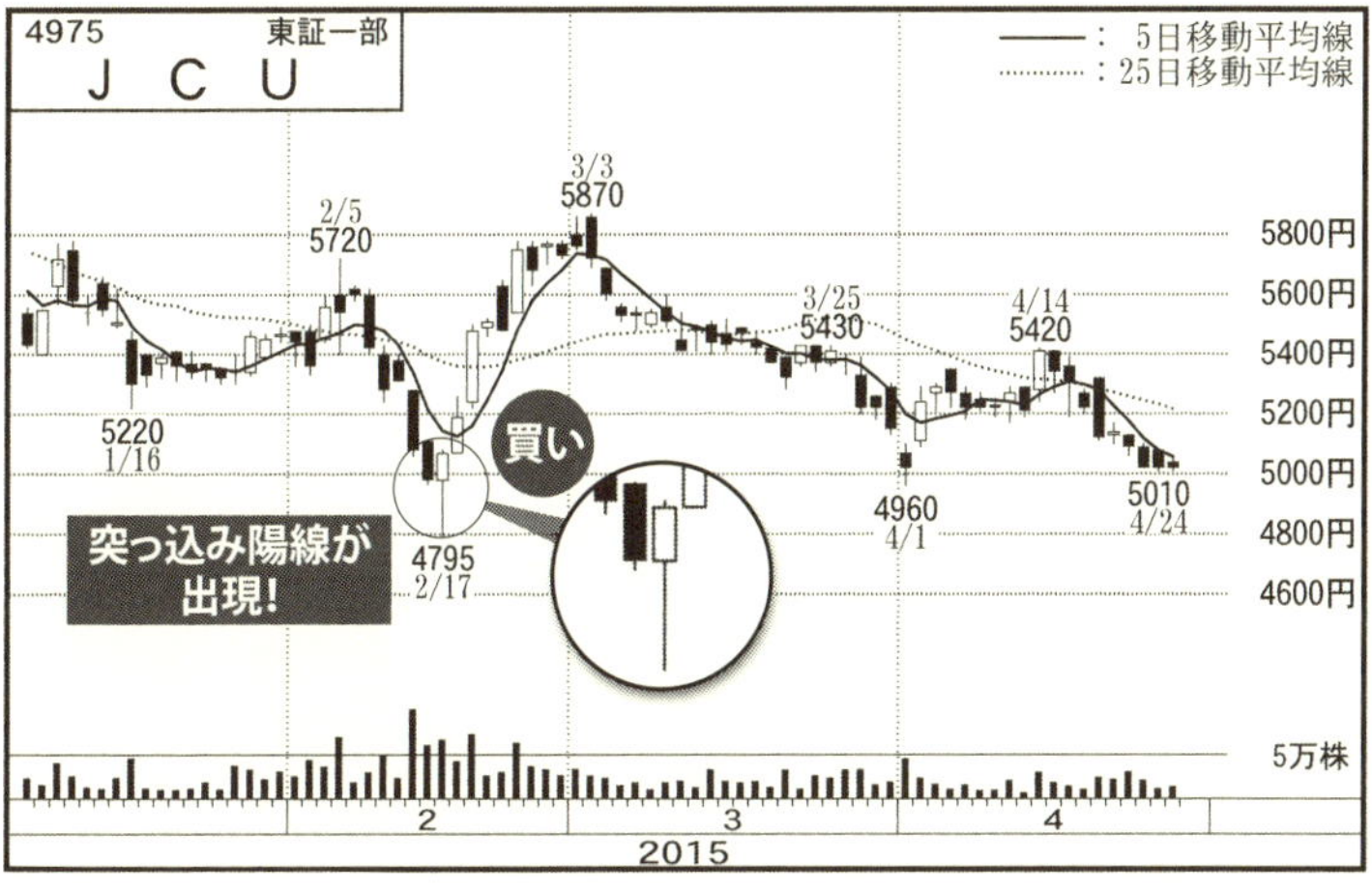

8 移動平均線で売買タイミングを判断する

■相場の流れをつかむために不可欠なテクニカル指標

ローソク足の分析に移動平均線を加えると、売買タイミングがより判断しやすくなります。移動平均線とは、一定期間の株価の平均を移動させていくことによって、株価の方向や転換点を見つけようとするものです。

通常、日足チャートでは25日移動平均線、75日移動平均線がよく使われ、週足では13週移動平均線、26週移動平均線が主に使われます。計算方法は25日移動平均線の場合、直近の25日間の終値を合計し、それを25で割ったものが第1日目の平均値になります。あとは順次、先の終値合計から25日前の終値を除外し、これに直近株価を加えて25で割ります。このようにして計算された平均値の連続が25日移動平均線です。

移動平均線はローソク足に比べて動きがなめらかですから、相場の流れを読むのに適しています。この移動平均線の考え方は、アメリカのチャーチスト、ジョセフ・グランビルが考案したもので、次ページの①～④が買いの局面、⑤～⑧が売りの局面となります。

●移動平均線の効果

相場の大きな流れがつかめるという利点があることに加え、高値、安値、陽線、陰線などがない分、「主観を交えずに分析ができる」という投資家も多い。

●打診買い

株価が反発しそうなとき、少しだけ買ってみること。打診買いはあくまでも半身姿勢の買いであり、本格上昇に確信が持てないときの買い方。試し買いともいう。

グランビルの８法則

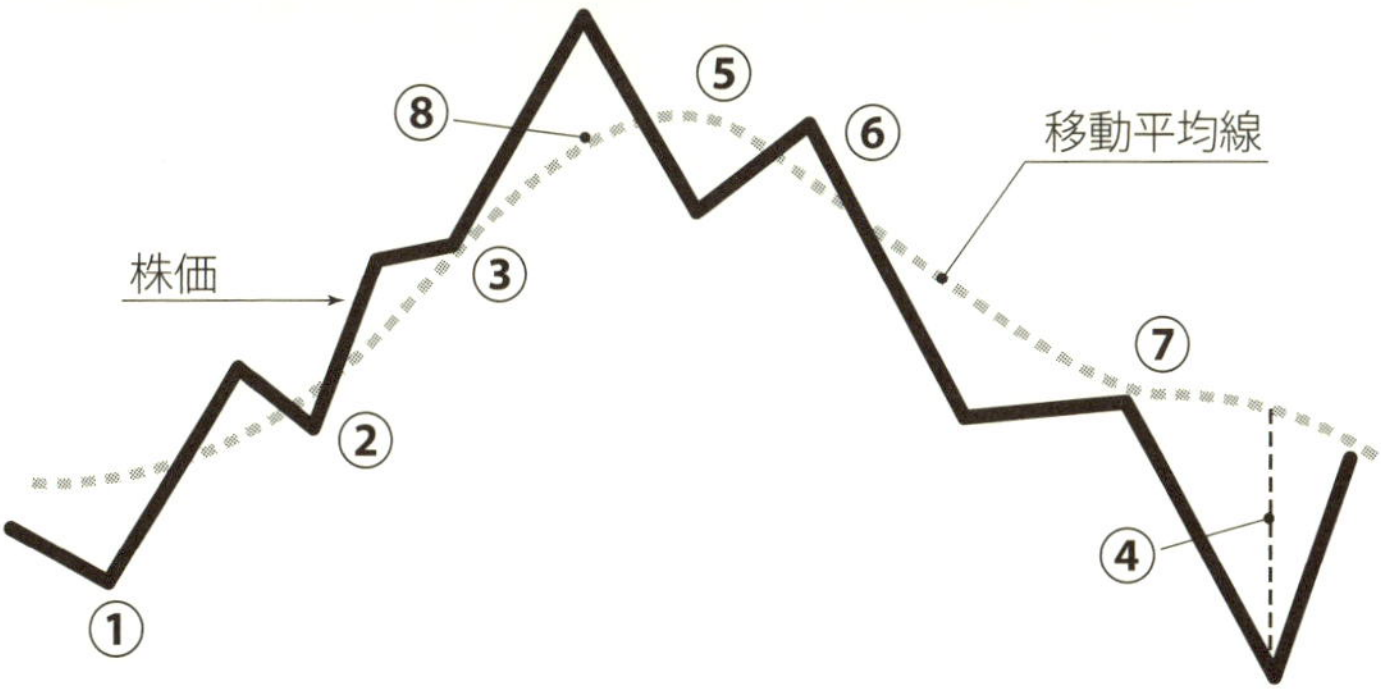

4つの買い局面

①移動平均線が長期下落ないし横ばいのあと、上昇に転じたとき→**買いの第１段階**

②上昇中の移動平均線を株価が下回っても、移動平均線の上昇基調に変化がないとき→**押し目買い**

③株価が足踏みのあと、上昇中の移動平均線とクロスしないで再騰し始めたとき→**買い乗せ**

④移動平均線が下降中でも株価がかけ離れて下落した場合は、自律反発の公算が大きい→**打診買い**

4つの売り局面

⑤移動平均線が長期上昇のあと、横ばいあるいは低迷し始めたとき→**買い手仕舞いの第１段階**

⑥下降中の移動平均線を株価が上回っても、移動平均線の下落を食い止められないとき→**戻り売り**

⑦株価がもち合いのあと、下降中の移動平均線とクロスせずに再反落したとき→**売り乗せ**

⑧移動平均線が上昇中でも株価がかけ離れて上昇した場合は、自律反落の公算が大きい→**打診売り**

⑨移動平均線の組み合わせによる判定法

■ゴールデンクロスで買い、デッドクロスで売る

グランビルの法則は200日移動平均線1本と株価の関係しか論じていませんが、最近は短期線（5日移動平均線）、中期線（25日移動平均線）などを組み合わせて使うケースが一般的です。移動平均線の組み合わせによる相場の判定法としては、次のようなセオリーがあります。

①短期線が下から上へと中・長期線を上回ってきた→最初の買いチャンス
②上から株価、短期線、中・長期線の順でそろって上昇中→安心感のある強気相場
③長期間の株価上昇のあと、短期線が頭打ちになってきた→天井圏の兆し
④短期線、中・長期線が入り乱れてクロスしてきた→天井圏の兆し
⑤上から長・中期線、短期線、株価の順でそろって下降中→典型的な弱気相場
⑥長期間の株価下落のあと、短期線が底入れしてきた→下値買いのチャンス

このうち、①の局面をゴールデンクロスと呼び、④をデッドクロスと呼びます。ただ、この判定法は遅行性指標なのが難点です。

●クロスポイント
5日移動平均線と25日移動平均線など、2本の移動平均線が交差するポイントのこと。ここは相場の転換を示す重要な売買サインとなる。もちろん、クロスを事前に予測して仕掛けるやり方もある。

移動平均線の組み合わせによる相場判定

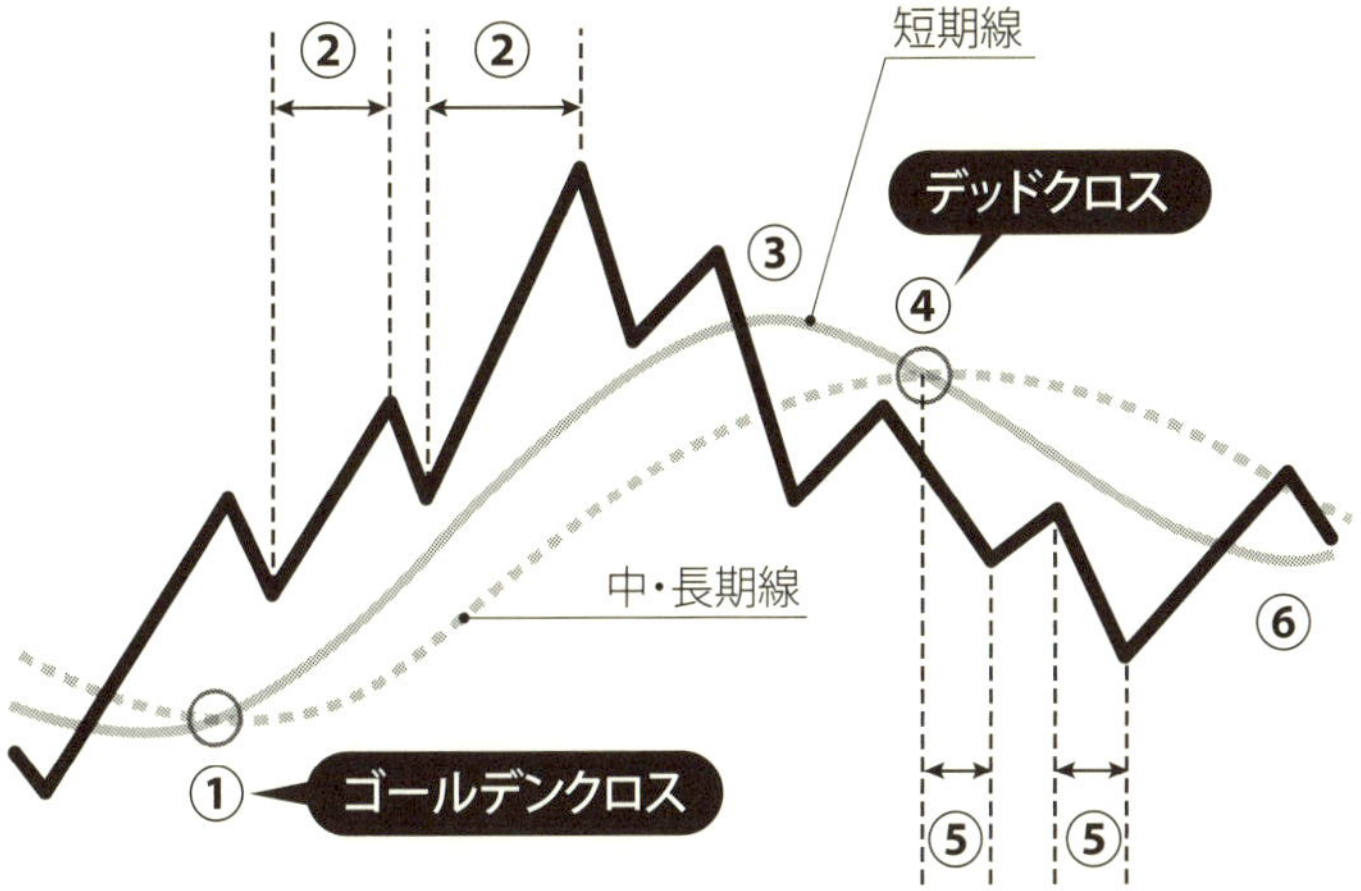
②
②
短期線
デッドクロス
③
④
中・長期線
⑥
①
ゴールデンクロス
⑤
⑤

▼ゴールデンクロスの例

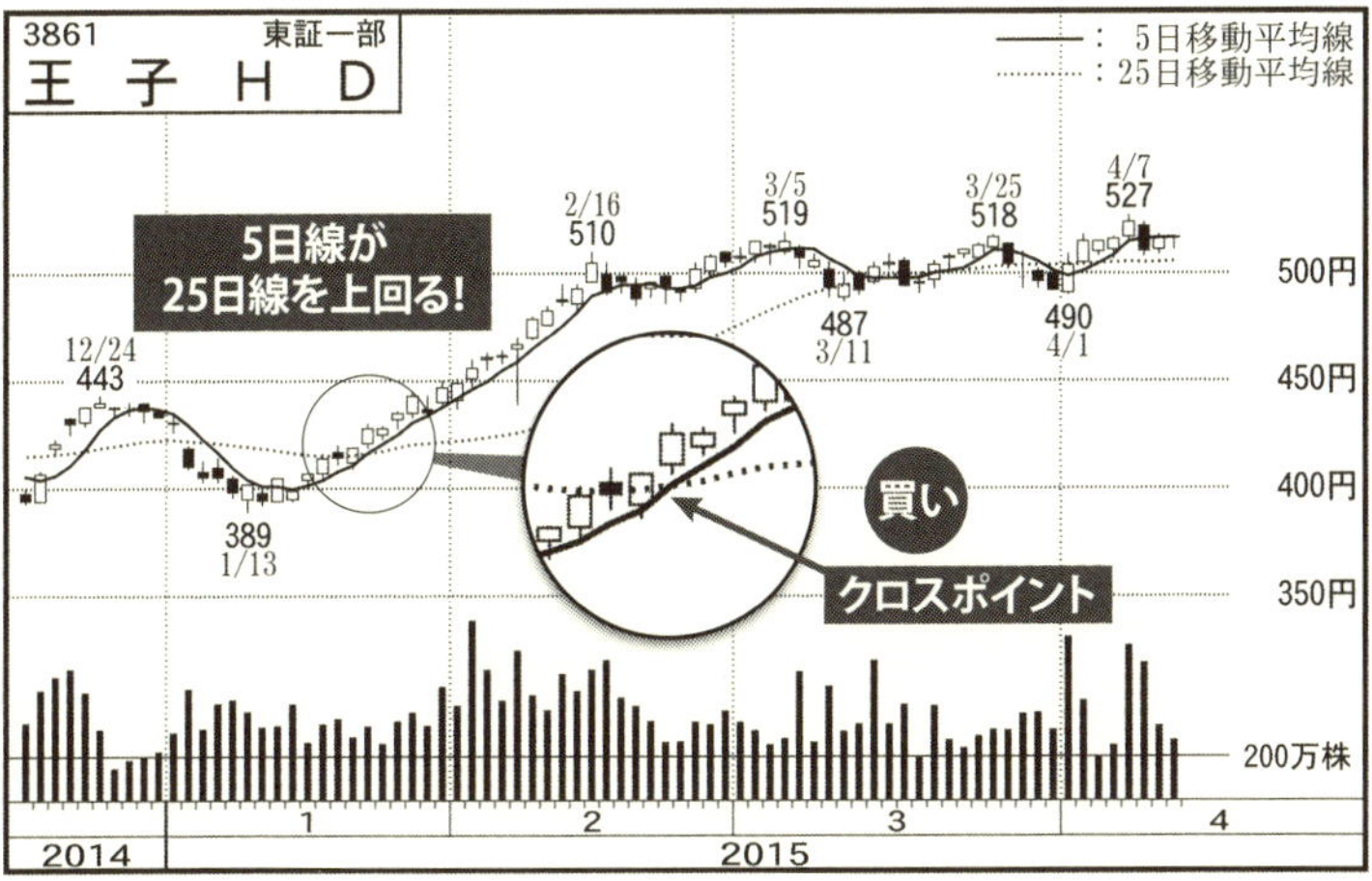
3861 東証一部
王 子 H D
: 5日移動平均線
: 25日移動平均線
5日線が
25日線を上回る!
12/24
443
389
1/13
2/16
510
3/5
519
487
3/11
3/25
518
490
4/1
4/7
527
500円
450円
400円
350円
買い
クロスポイント
200万株
1
2
3
4
2014
2015

⑩ 大底確認には複数の指標を組み合わせる

■大幅マイナスかい離は突っ込み買いのチャンス

ゴールデンクロス以外によく用いられる移動平均線を利用した買いパターンには、以下のようなものがあります。

①移動平均線が下降したのち、横ばいないしは上昇に転じ、株価がそれを上回る

②上昇中の移動平均線を株価が一時的に下回ったものの、すぐに反発して上回る

③株価が上昇中の移動平均線に接近したものの、下回らず反発したとき

④下降中の移動平均線に対し、株価が急激に下げ、大きくかい離(マイナスかい離)したとき

④の場合、一般的に20%程度のマイナスかい離が突っ込み買いのメドとされますが、大崩れや仕手株が崩壊したようなケースでは50~60%に拡大することもあり、リスクを伴いますから注意が必要です。

なお、大底を確認するにはローソク足や移動平均線による指標を組み合わせて使うと、その精度が増します。

●自律反発

大きく下げた相場が行きすぎの水準に到達すると、地面に落ちたボールが弾力で跳ね返るように少し戻る状態のこと。自律反騰ともいう。

移動平均線と株価が大きくかい離するケース

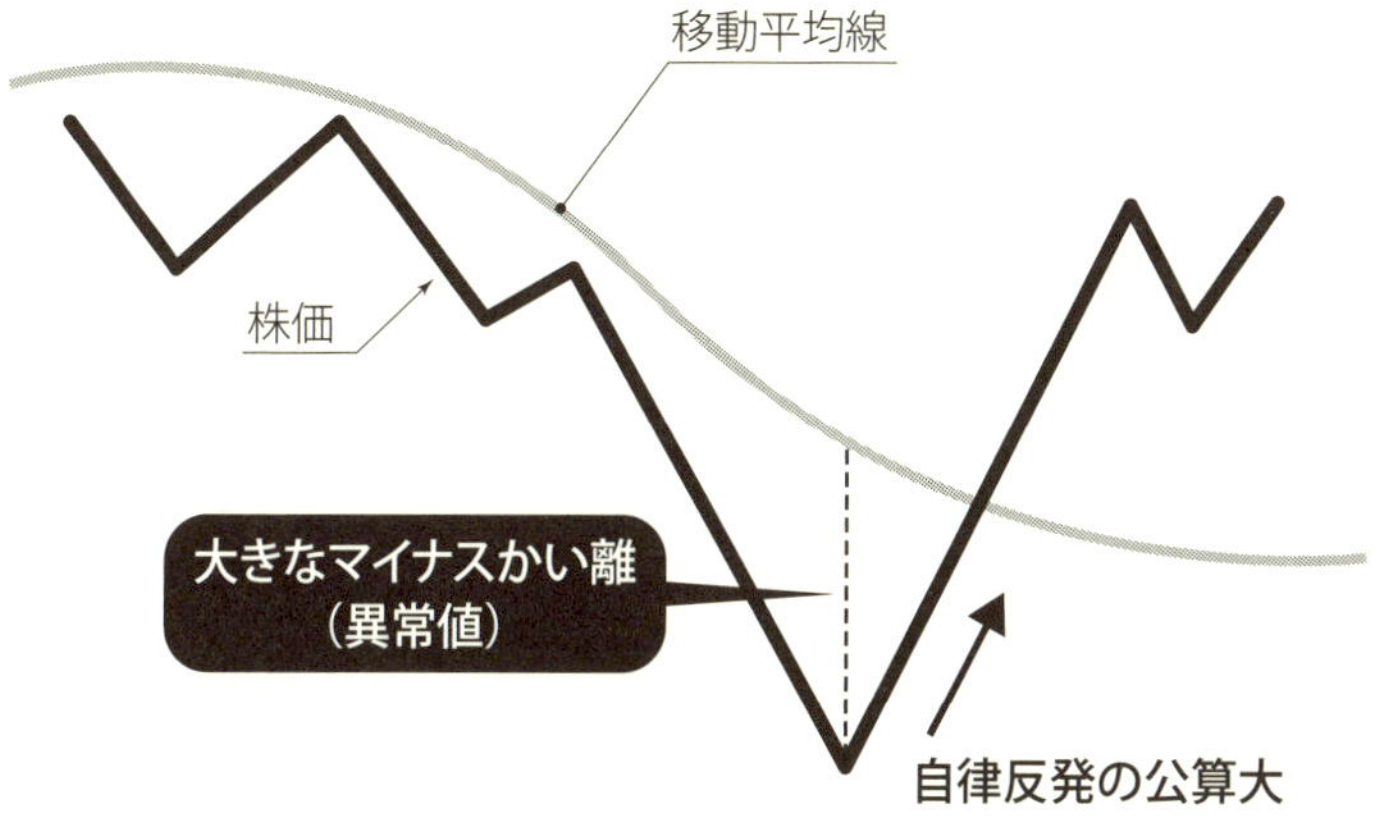

移動平均線
株価
大きなマイナスかい離
（異常値）
自律反発の公算大

▼大幅マイナスかい離の例

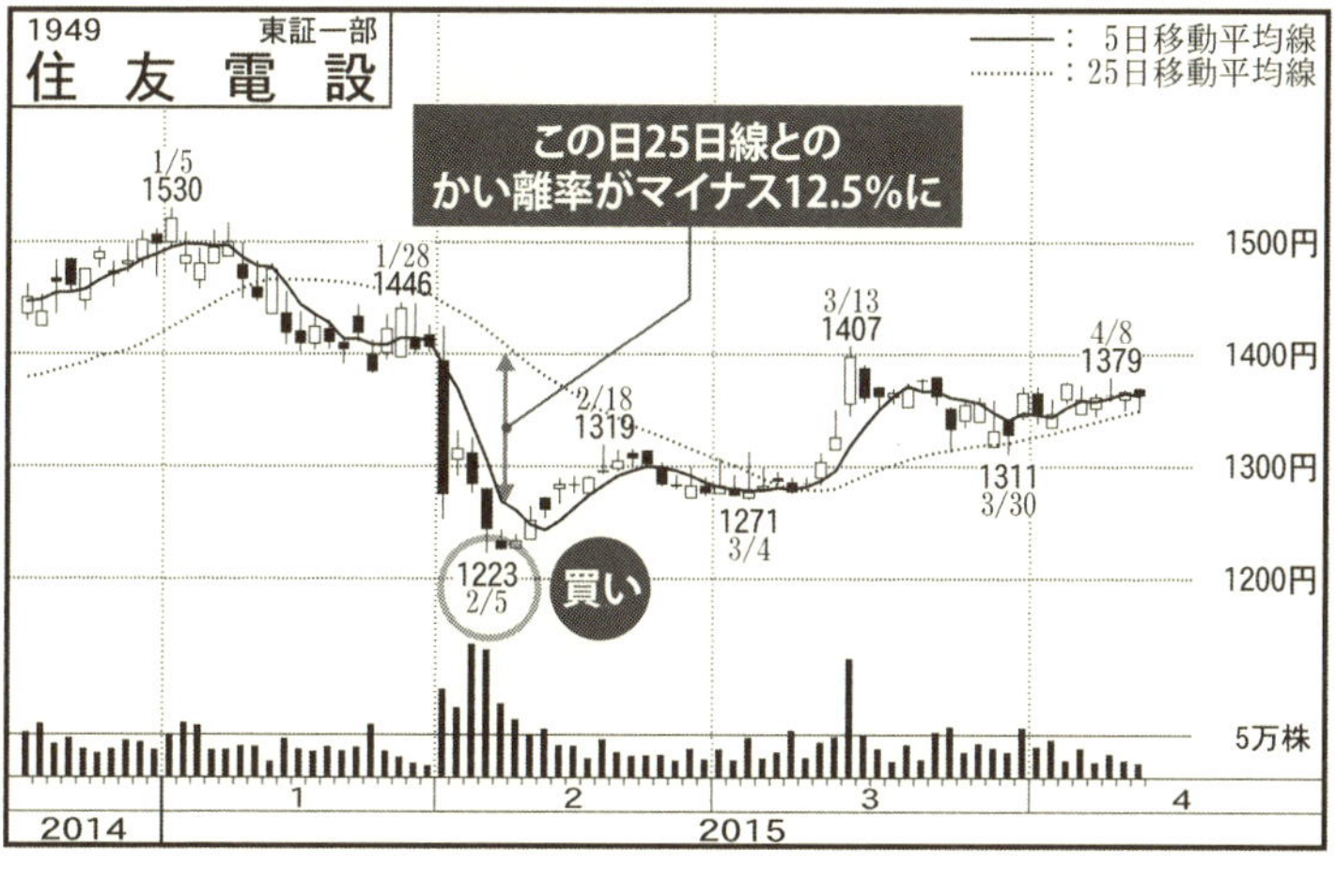

1949
東証一部
住友電設
：5日移動平均線
：25日移動平均線
この日25日線との
かい離率がマイナス12.5%に
1/5
1530
1/28
1446
2/18
1319
3/13
1407
4/8
1379
1271
3/4
1311
3/30
1223
2/5
買い
1500円
1400円
1300円
1200円
5万株
1
2
3
4
2014
2015

《COLUMN》杉村富生のブレイクタイム

知られていないテーマ株の安値を拾う

アメリカでは、なぜ鉄道網が発達しなかったのでしょうか。それはガソリンの販売減を警戒した石油資本が普及を阻害したため、といわれています。同様のことが水素自動車、自動車搭載の小型核融合炉の開発についてもいえます。特に、水素自動車の開発プロジェクトは過去、幾度となく何者かに妨害されました。これは定説です。

しかし、水素自動車はすでに発売されました。トヨタ自動車（7203）の「MIRAI」です。小型核融合炉は重水素と三重水素の融合反応を利用します。このシステムは放射能廃棄物をほとんど出しません。同量の化石燃料の1000万倍のエネルギーを生み出せるといわれ、アメリカのロッキード・マーチンは10年以内の実用化を目指しています。これは究極のエネルギー革命につながる話です。

日本ではトヨタ自動車、浜松ホトニクス（6965）が大阪大学の研究機関と組み、開発を進めています。部材、計器類を提供しているのは浜松ホトニクスが筆頭株主のシグマ光機（7713）、原子力関連機器の大手、助川電気工業（7711）です。同社はアルミダイカスト製造機械など、トヨタ自動車との取引を狙っています。

まだほとんど知られていないテーマを切り口に、安いところをじっくり拾う――これが投資成果につながるのです。

▼第6章

天井確認10のパターン

① 天井確認のパターン①…三尊天井

■ネックラインを下回れば売り姿勢に転換

チャートから見た天井形成の典型的なパターンは、三尊天井（ヘッド・アンド・ショルダー）です。山が3つあり、真ん中が最も高くなっています。この一番高い山を頭（ヘッド）、両脇の2つの山を肩（ショルダー）に見立てています。とても分かりやすく、よく使われるチャートです。

第1の山（左肩）と第2の山（頭）の間にできた中間安値（A）、第2の山（頭）と第3の山（右肩）の間にできた中間安値（B）を結んだ線をネックラインといいます。このネックラインを株価が下回ると三尊天井の形成が確認され、下降トレンド入り→売りスタンスへの転換となります。

このパターンでの出来高は、一般的に「左肩」を形成するときに大きくなり、「頭」を形成するときに減少、「右肩」ではさらに減少します。これは買い方の力が急速に弱まっていることを示していると同時に、買い方が一部の玉（持ち株）を利食っていることを示唆しています。

用語解説

●三山

三尊天井は、酒田五法では「三山」（さんざん）に相当する。三山では上昇→下落の値動きが三回続くと天井形成のパターンとされ、以降は下落と読む。

三尊天井（ヘッド・アンド・ショルダー）

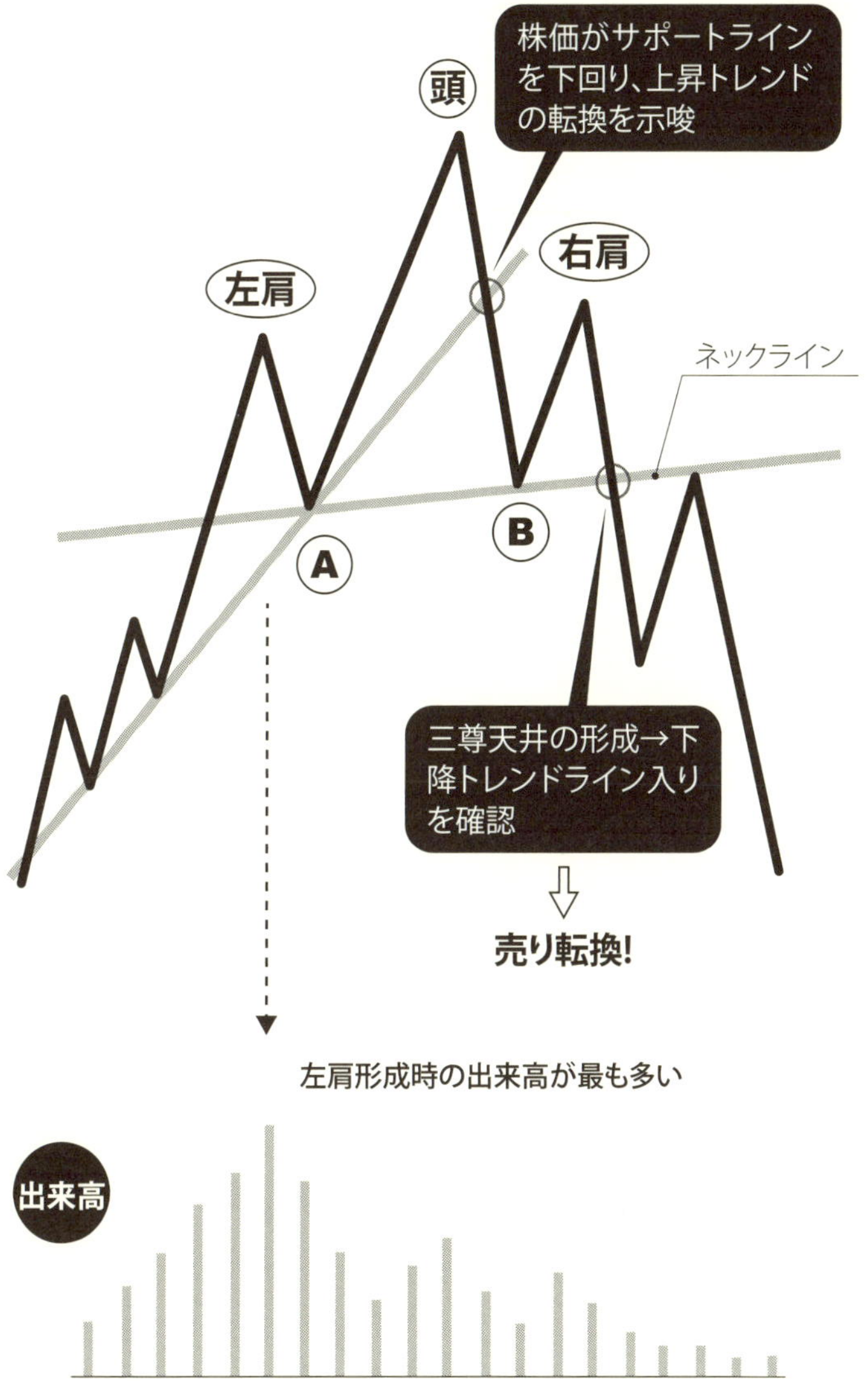
株価がサポートライン
を下回り、上昇トレンド
の転換を示唆
頭
右肩
左肩
ネックライン
A
B
三尊天井の形成→下
降トレンドライン入り
を確認
売り転換!
左肩形成時の出来高が最も多い
出来高

■大天井確認後の売りこそ株式投資の王道

「売りのタイミングは本当に難しい」。これはほとんどの投資家の皆さんの正直な思いではないでしょうか。だからこそ、先人は「売りの3原則」をつくり、〝決め打ち〟をしたのでしょう。売りの3原則とは、①買った段階で売り目標を決めておく、②天井を打ったのを確認してから売る、③恩株を残す――です。

①は、例えば500円である銘柄を買ったとすると、最初に「2割上がった600円で売る」などと、目標値を単純に決めておく方法です。ただ、このやり方の弱点は大幅利食いのチャンスを逃してしまうことです。

売りの3原則の②は、まさに株式投資の理想像です。大底確認後に買って、大天井確認後に売ることこそ株式投資の醍醐味《だいごみ》といえるでしょう。これを実現させるためには、逆三尊形成のタイミングで買い、三尊形成のタイミングで売るのがベストシナリオです。次ページの富士フイルムホールディングス（4901）のチャートは、短期的な売り場を明確に示しています。

ちなみに売りの3原則③「恩株を残す」とは、コストゼロの株式を作り、大天井形成後に売却（大幅利食いが可能に）する手法です。

●恩株（コストゼロの株）
恩株とは「恩人の株」という意味で、コストゼロの株のこと。コストゼロの株とは、例えば、500円の銘柄を500株買い（購入コスト25万円）、25％上昇したところ（625円）で400株を売却（売却代金25万円）すると、残りの100株がコストゼロ（25万円－25万円＝0円）となる。

三尊型の天井確認→売り転換となった例

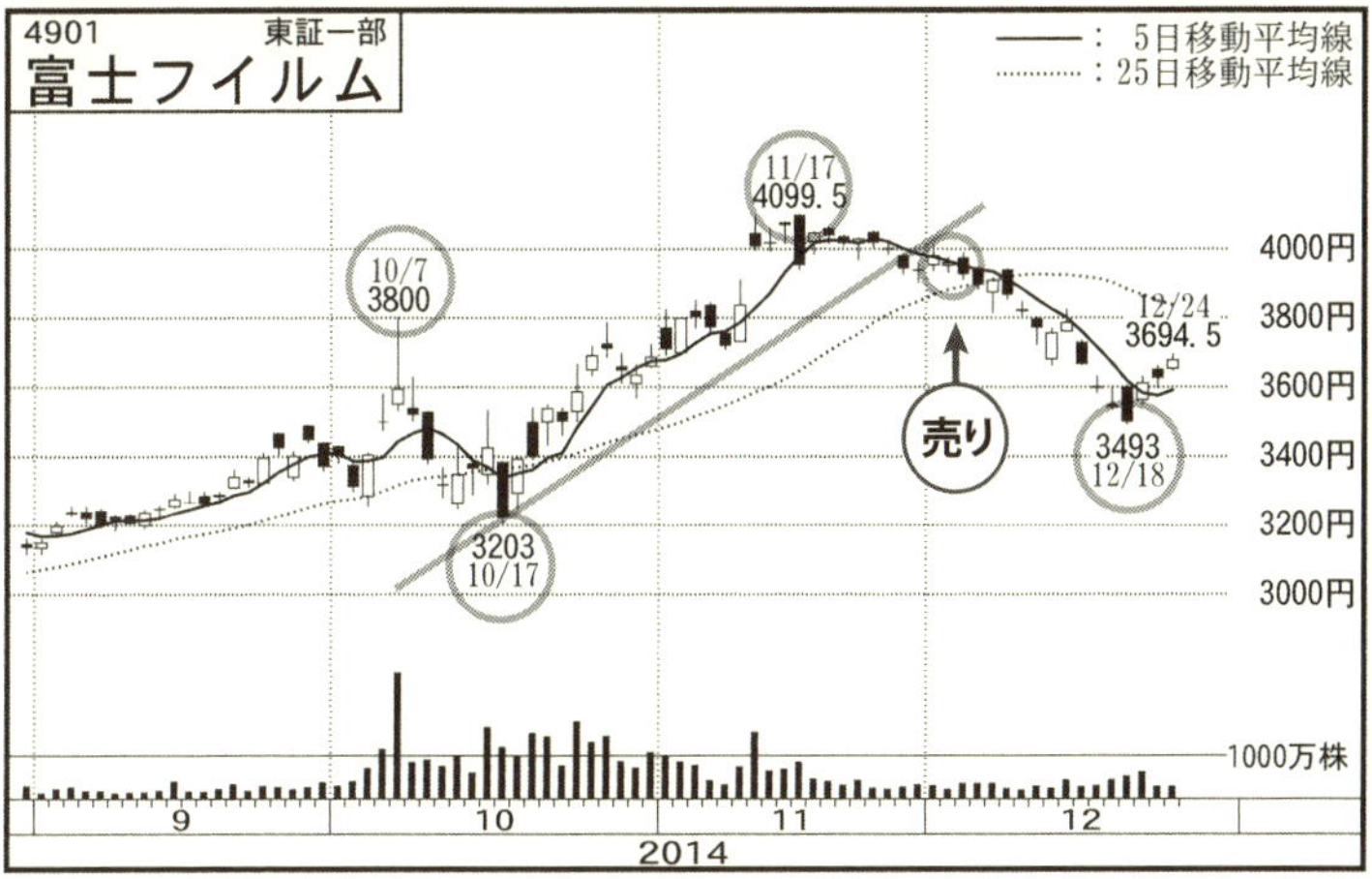

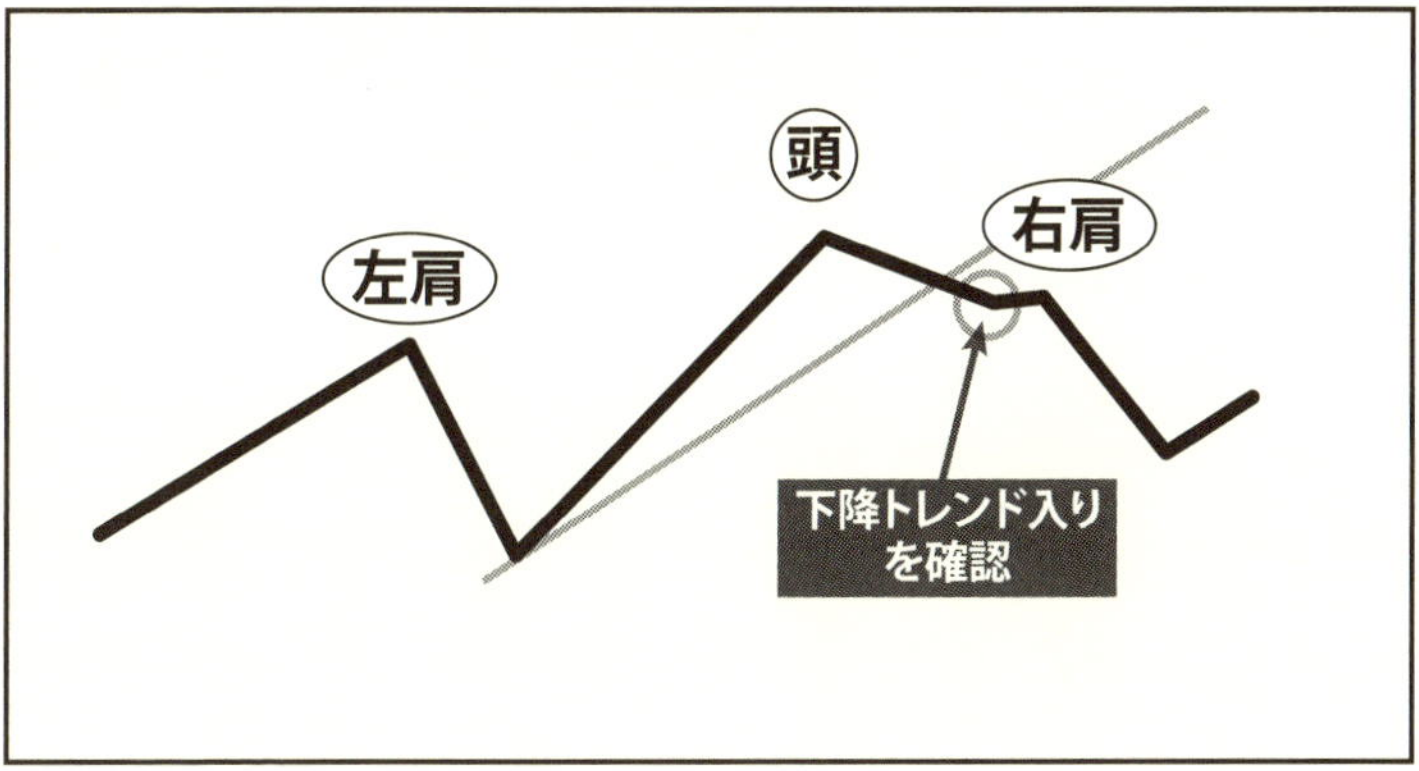

②天井確認のパターン②…ダブルトップ、ソーサートップ

■2つの天井形成で下降トレンドへの転換を示唆

ダブルトップは天井圏で高値を2回にわたってつけたチャートパターンです。日本の罫線用語では「二点天井」といい、チャートの形がアルファベットのMに似ていることから、「M字型天井」とも呼ばれます。このチャートは、大底確認のパターン②で取り上げたダブルボトム（二点底）と真逆の形をしています。

ダブルトップは長期上昇相場、あるいは急騰相場のあとに出た場合、売りシグナルとなります。しかもそのあと、ダブルトップの間の安値に引いたサポートを突き抜けて下落すると、強力な売りパターンへの転換となります。

次ページのチャートは大阪チタニウムテクノロジーズ（5726）の日足です。2014年7月に株価は急騰しましたが、7月16日に2969円の高値をつけたあと小反落となりました。しかし、すかさず同月31日には2947円まで戻しました。両方の高値の差はわずか22円ですから、ダブルトップが形成されたことになります。その後、ネックラインを切ると下げ足を速め、その後は下げ基調が続いています。

●**突飛高、独歩高**

突飛高は、早耳筋（情報通）の思惑買いなどで急騰するようなケース。意外高ともいう。また独歩高は、全面安のなかにあって、1銘柄ないし数銘柄だけ値上がりすること。ただ、この表現だけで天井圏にあると判断してはならない。

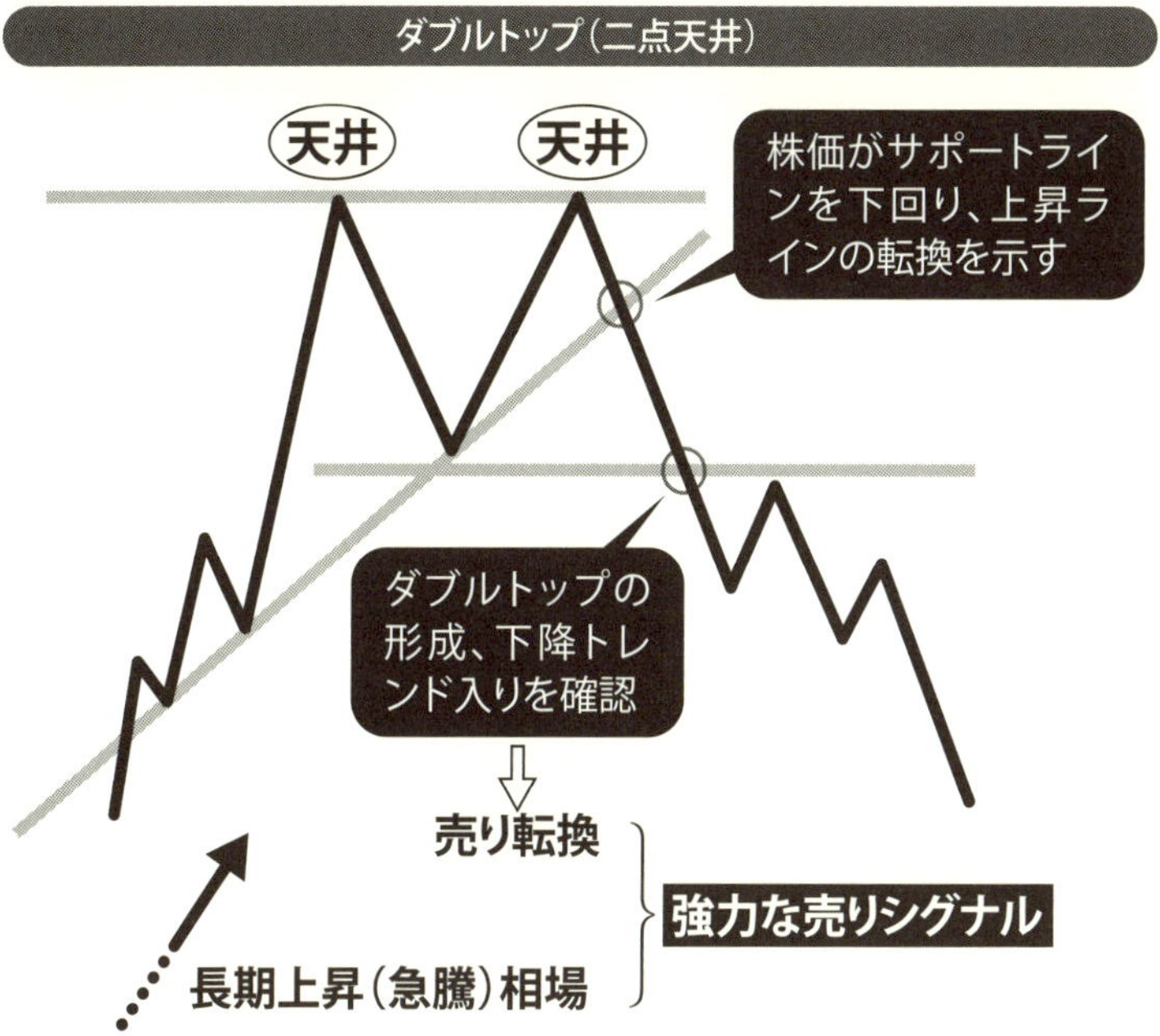
ダブルトップ（二点天井）
天井
天井
株価がサポートラインを下回り、上昇ラインの転換を示す
ダブルトップの形成、下降トレンド入りを確認
売り転換
強力な売りシグナル
長期上昇（急騰）相場

▼ダブルトップの例

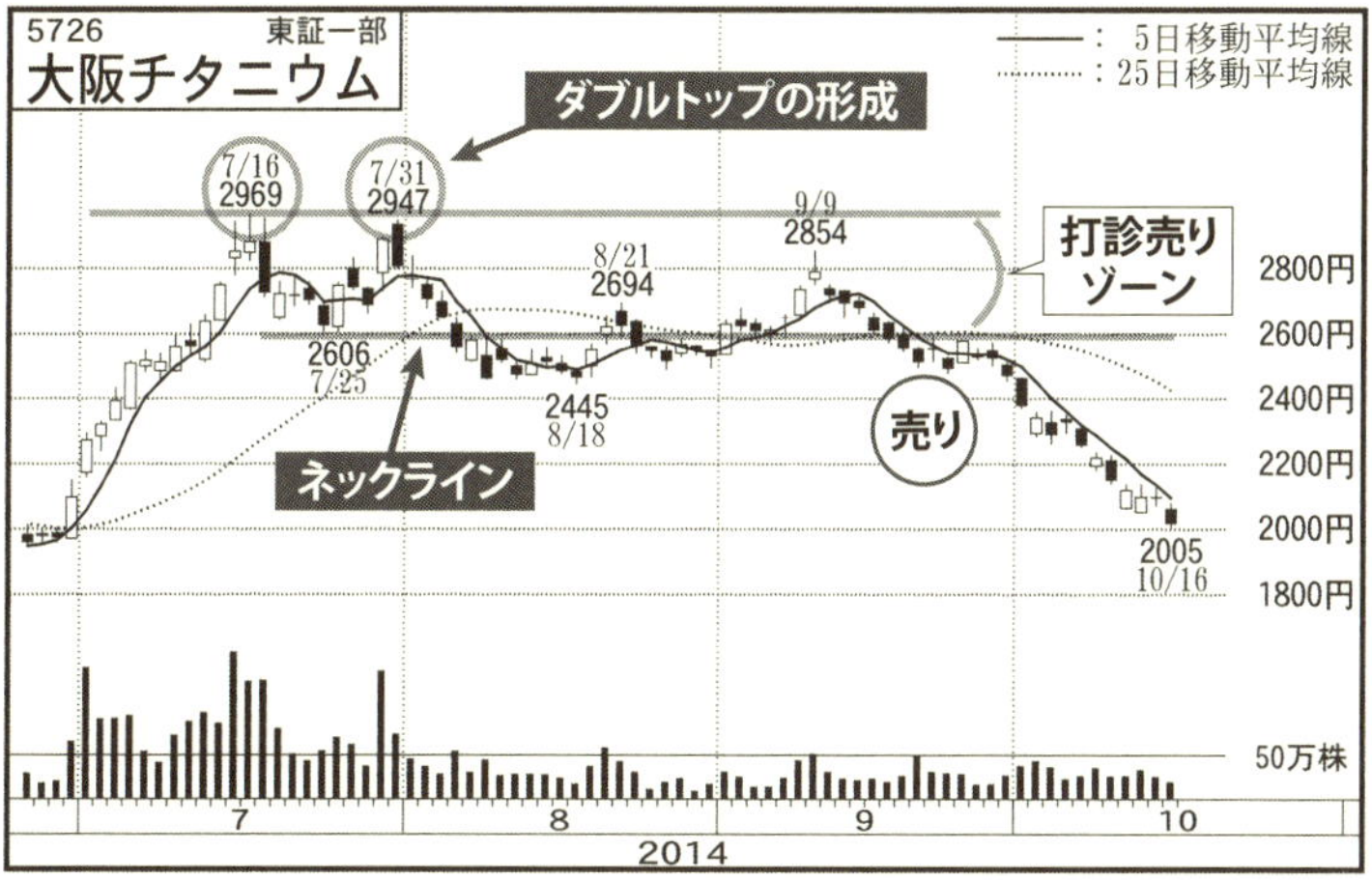
5726 東証一部
大阪チタニウム
5日移動平均線
25日移動平均線
ダブルトップの形成
7/16 2969
7/31 2947
8/21 2694
9/9 2854
打診売りゾーン
2606 7/25
2445 8/18
ネックライン
売り
2005 10/16
2800円
2600円
2400円
2200円
2000円
1800円
50万株
7
8
9
10
2014

■高値圏のお皿がひっくり返った形も売りシグナル

ソーサートップは、142～143ページで取り上げたソーサーボトムと真逆の形をしたチャートパターンです。このパターンは、上昇トレンドの最終局面において出現することがよくあります。次ページ上段の図のように、まるでお皿（ソーサー）をひっくり返したような形をしています。

ソーサートップもダブルトップと同様に、下降トレンドへの転換、売りスタンスへの転換シグナルとなります。

次ページ下段のチャートは、東洋電機製造（6505）の日足です。2014年1月からダイナミックな上昇トレンドを描いてきましたが、同年8月19日に479円の高値をつけたあと、小さな谷と山を繰り返すようになりました。買いエネルギーの衰退を示唆する形状です。

これまでの右肩上がりのトレンドとは明らかに形が異なります。高値圏で線を引いてみると、お皿のような形になっていることがよく分かると思います。

案の定、同社株はその後きつい下げに転じ、10月21日には362円まで値下がりしました。この場合、安易な値ぼれの押し目買いは命取りになります。

●**値ぼれの買い**
「この株価が安い」と値にほれて買うこと。あとで振り返ると、それが本当の安値でなかったことに気づくケースも多い。単純に株価だけを見て買うのは厳禁である。

ソーサートップ

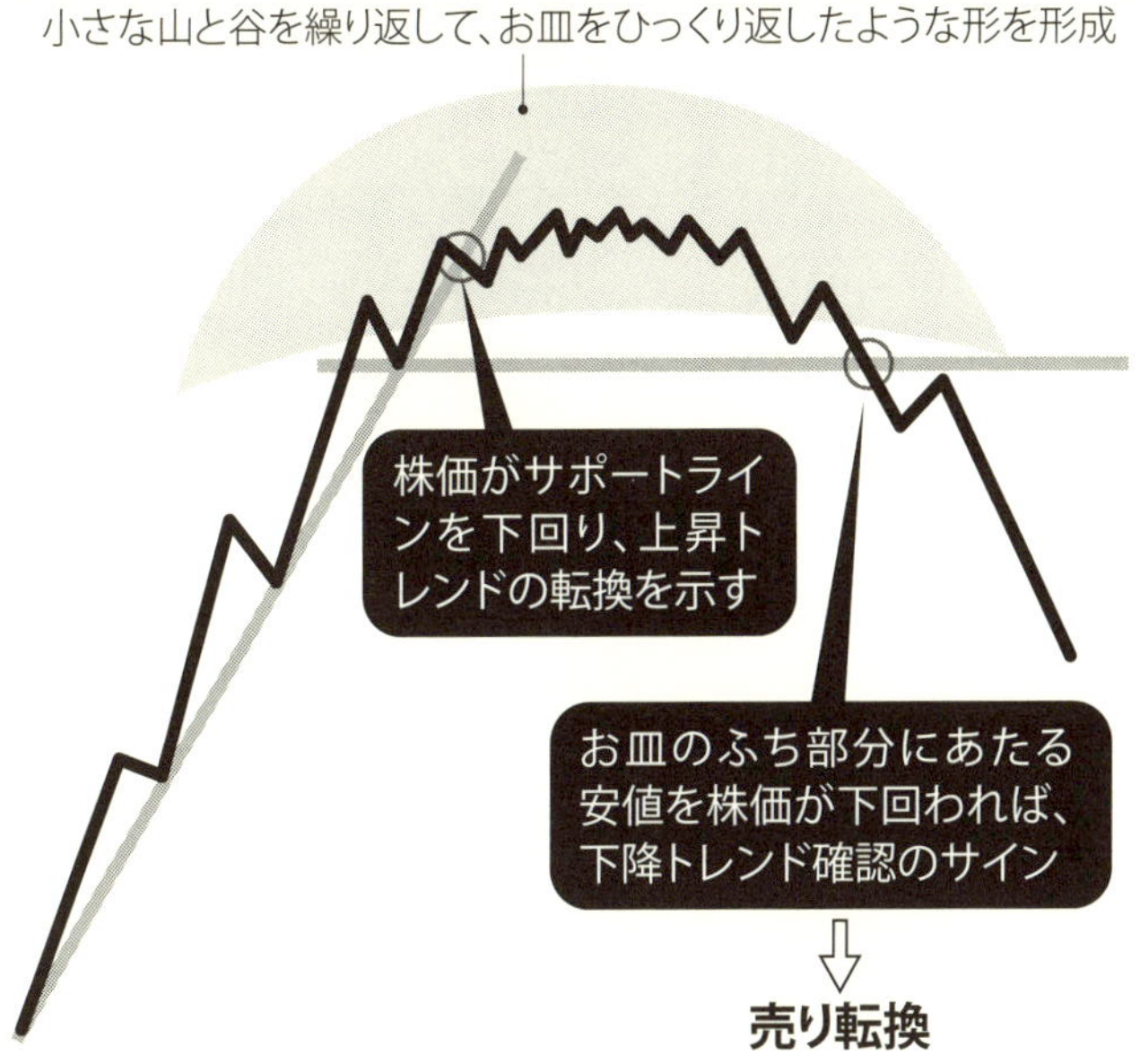

小さな山と谷を繰り返して、お皿をひっくり返したような形を形成
株価がサポートラインを下回り、上昇トレンドの転換を示す
お皿のふち部分にあたる安値を株価が下回れば、下降トレンド確認のサイン
売り転換

▼ソーサートップの例

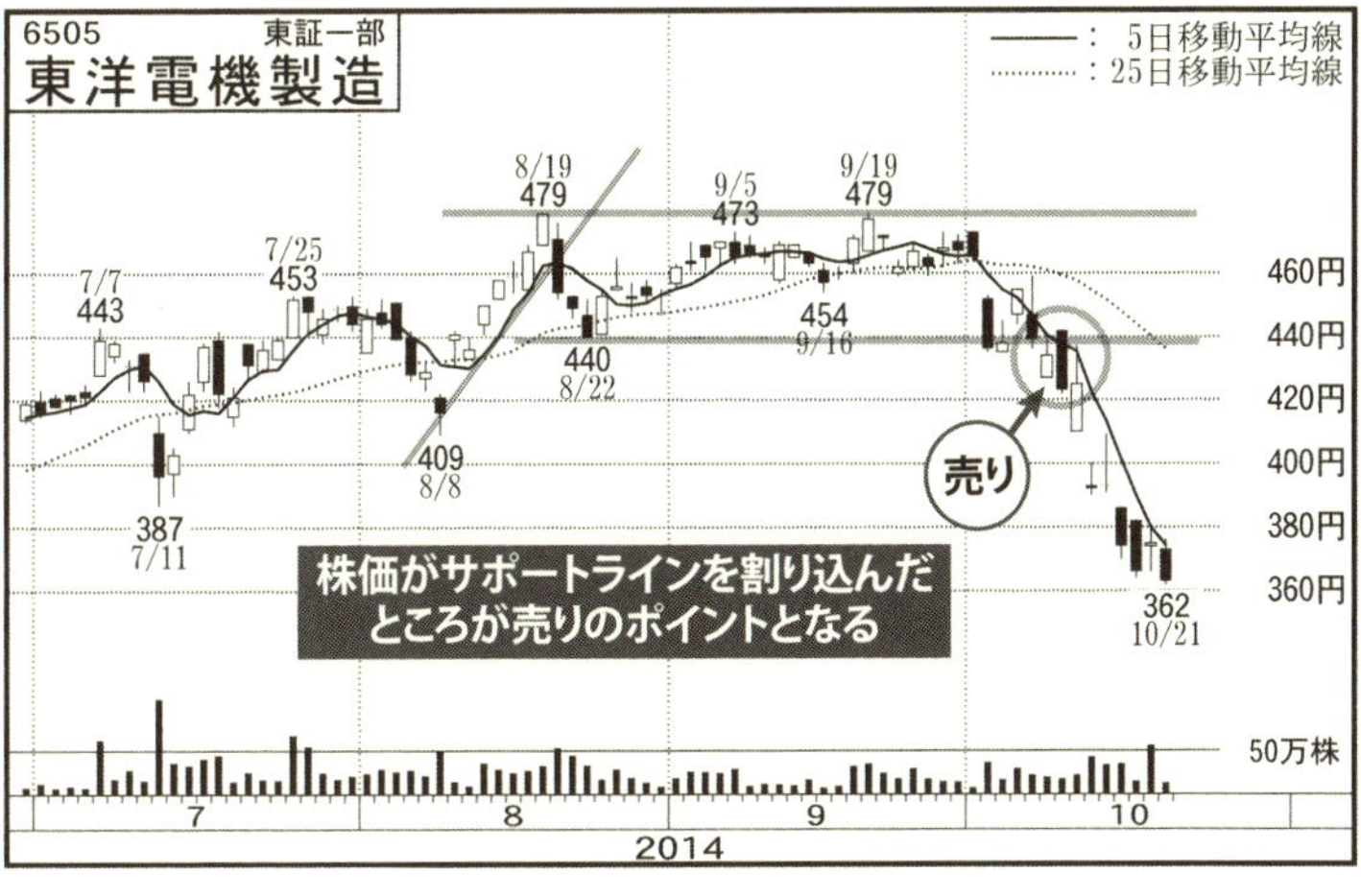

6505 東証一部
東洋電機製造
：5日移動平均線
：25日移動平均線
8/19 479
9/5 473
9/19 479
7/25 453
7/7 443
454 9/16
440 8/22
409 8/8
387 7/11
362 10/21
売り
株価がサポートラインを割り込んだところが売りのポイントとなる
460円
440円
420円
400円
380円
360円
50万株
7
8
9
10
2014

③ ローソク足による天井確認①…大陰線

■株価急騰後の大陰線は重要な売りシグナル

ローソク足によって天井形成を確認する方法もあります。株価が上昇後に大陰線を示現すると、重要な売りシグナルになります。特に、この大陰線が上昇過程において示現したどの陰線よりも大きかった場合、天井形成の確率は一段と高まります。さらに、次の足が下放れて始まるようですと、完全な天井形成のパターンです。

次ページのチャートは、ゴールドクレスト（８８７１）の日足です。２０１４年10月16日の安値１７３１円から11月17日には２３９７円まで急騰しています（上昇率38％）。しかし、11月10日から６営業日連続して陽線が立ったあと、18日に大陰線が出現しました。始値２３４７円→終値２２６５円、この間の下げ幅82円という大陰線です。

それまで、10月16日からの上昇過程で示現した大陰線は、11月６日の下げ幅69円（始値２０９８円→終値２０２９円）というものでしたから、それを13円上回る一番大きな大陰線が出現したことになります。案の定、その後、同社株は下げトレンドに転換しました。天井圏での大陰線は新たな売り手の出現を示しています。

●示現
もともとは宗教用語で「じげん」と読み、神仏の霊験、お告げなどを指すが、相場の世界では、ある値段（最高値など）がついたことを強調したいときなどに使う。株式市場では「しげん」と読む場合が多い。

大陰線は重要な売りシグナル

▼大陰線のパターン

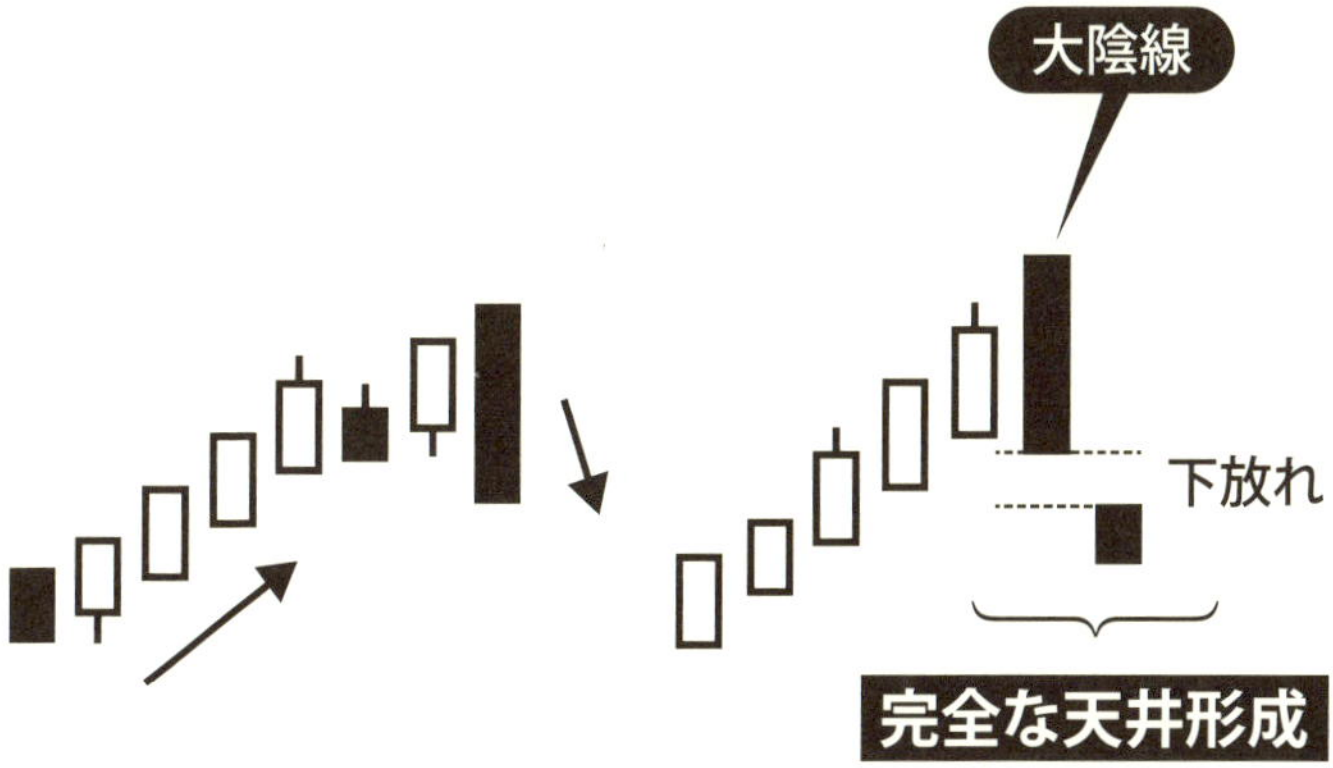

大陰線
下放れ
完全な天井形成

▼大陰線の例

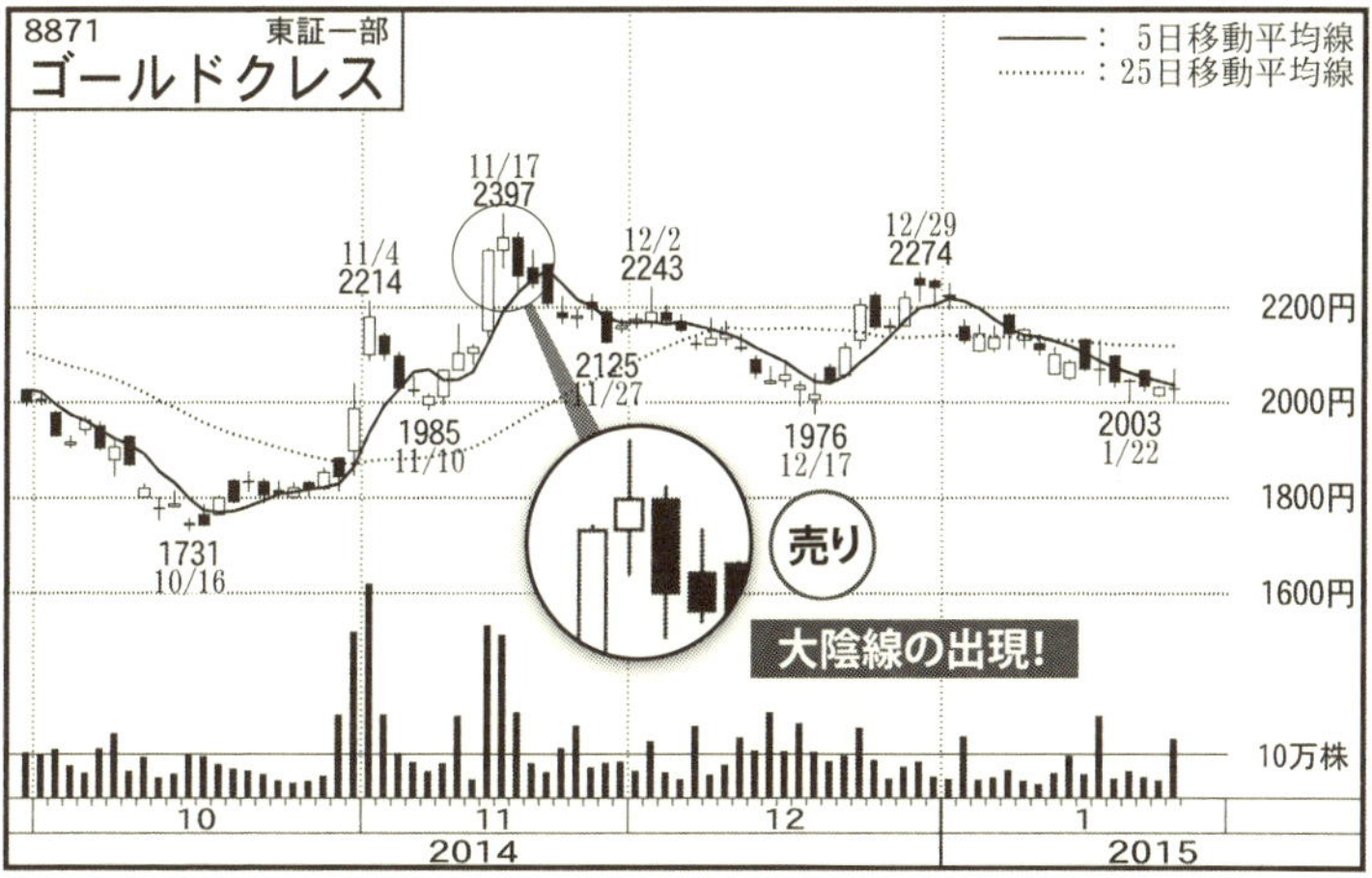

8871 東証一部
ゴールドクレス
：5日移動平均線
：25日移動平均線
11/17
2397
11/4
2214
12/2
2243
12/29
2274
2125
11/27
1985
11/10
1976
12/17
2003
1/22
1731
10/16
2200円
2000円
1800円
1600円
売り
大陰線の出現!
10万株
10
11
12
1
2014
2015

④ ローソク足による天井確認②…長い上ヒゲ

■柱が陽線でも長い上ヒゲは売りのサイン

天井圏で出現する「長い上ヒゲ」は、急騰のあと大きく売られたことを示しています。株価が好材料を織り込んだとの見方もできますし、割高になったとの判断で新たな売り手が登場したのかもしれません。

この上ヒゲの長さに決まりはありませんが、柱（実体部分）の2倍以上が目安になるというチャートの専門家もいます。また、高値圏で出現する上ヒゲは柱が陰線でも陽線でもかまいませんが、陽線の場合、その直後に大陰線を示現すると天井形成の信頼度が高まります。

次ページ上段のチャートは黒崎播磨（５３５２）の日足の足取りですが、２０１４年9月4日に長い上ヒゲ陽線をつけました。柱（始値↓終値）の値幅はわずか３円ですが、上ヒゲ（高値↓終値）は13円もあります。同社株は、翌日に大陰線をつけたあと下げ基調が鮮明となり、10月17日には２１５円まで急落しました。また、極端な上ヒゲ陰線をつけた五洋建設（１８９３）もその後、大きく下げています。

●足取り
相場の過去の動きのこと。例えば、「直近の足取りを振り返ってみると、２週間前に１２００円の高値をつけたあと１０５０円まで下押し、現在は１１００円近辺でもみ合っている」などと表現する。

▼長い上ヒゲの例→陽線の場合

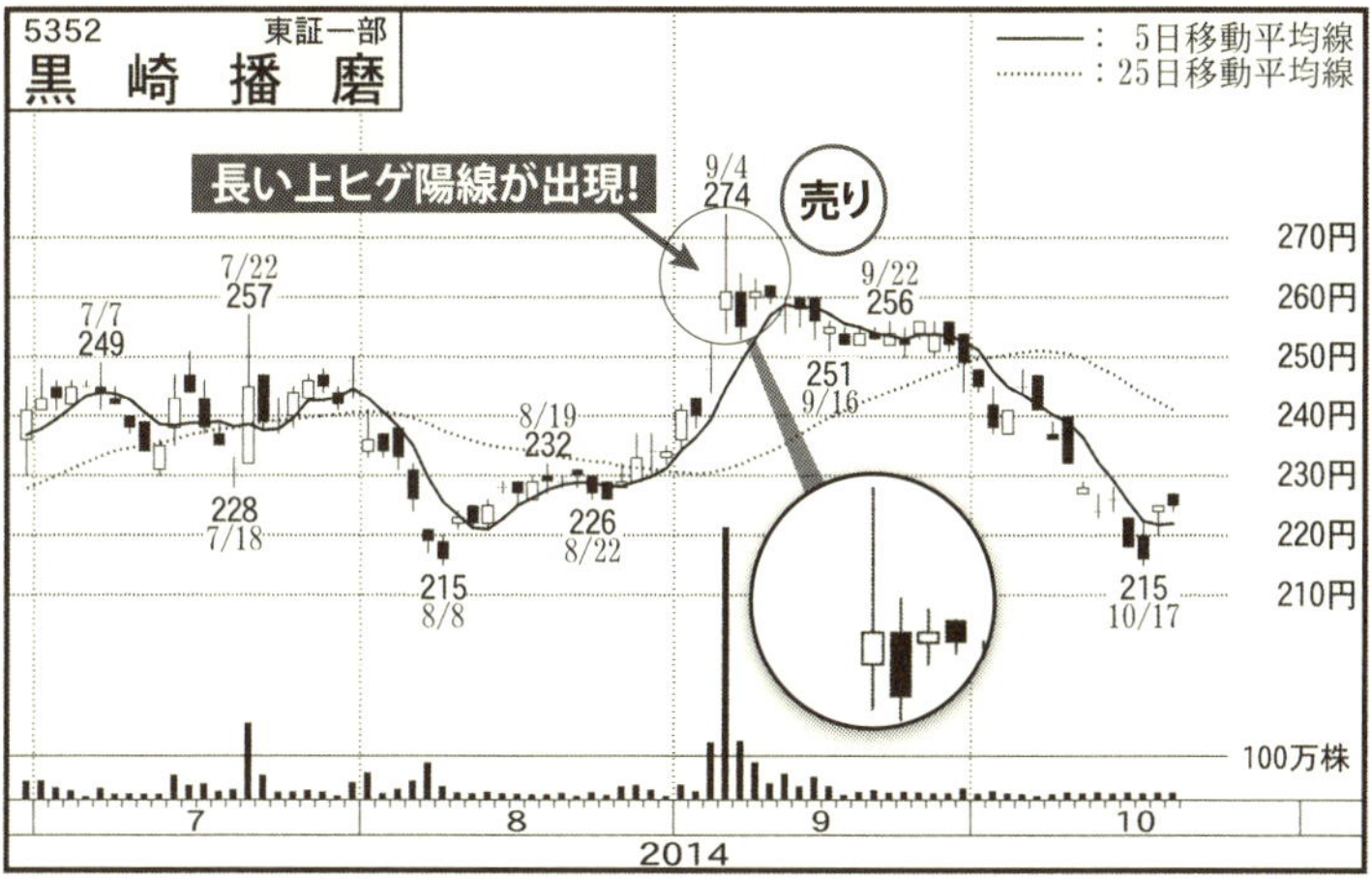

▼長い上ヒゲの例→陰線の場合

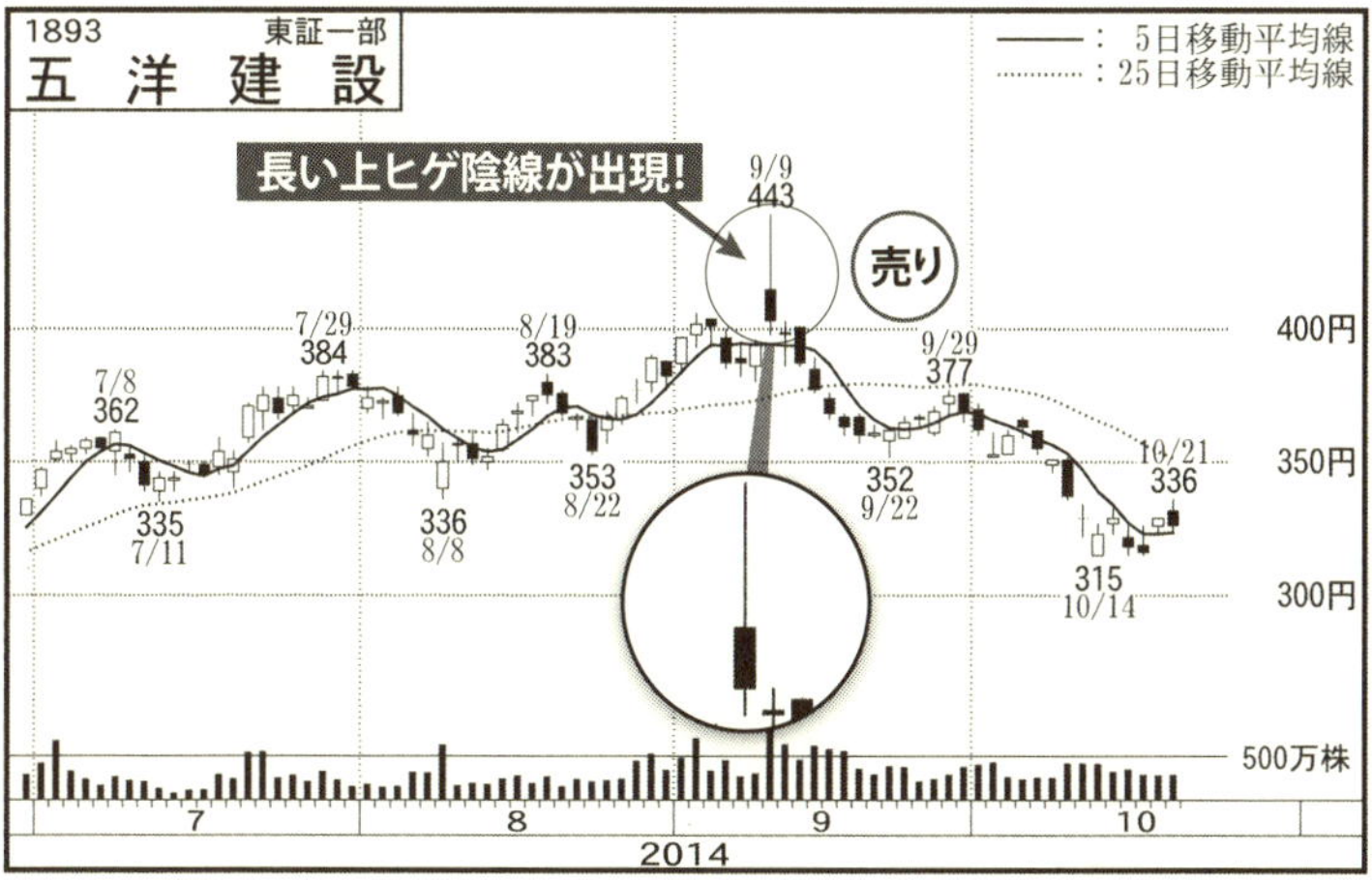

⑤ ローソク足による天井確認③…十字線

■高値もみ合い後の十字線は売り方優位のサイン

株価が大きく上昇したあともみ合いに入り、その後に「十字線」が出る場合があります。これは上値が重くなっていることを表しています。単純に売りのシグナルとは断定できませんが、買い方は値動きの重さに嫌気が差しつつあると推察できます。

十字線は投資家の気迷い状態を表したローソク足であり、高値でもみ合っているときは売り方優位のサインと捉えることができます。買い方にとっては、いわば警戒信号であり、持ち株の一部を売る慎重さが求められます。

次ページのチャートは東洋インキSCホールディングス（４６３４）の週足です。２０１３年11月の第３週に先の高値を６円上回りましたが、その後２本続けて十字線が出現しています。とくに、２本目の十字線は上ヒゲが短く下ヒゲが長い「トンボ」と呼ばれる形で、高値圏では反落のサインとして知られています。

案の定、12月に入ると陰線が２本続き、アヤ戻しを経て２０１４年３月には４１０円まで急落しました。陰線の連続は弱い足です。

●**嫌気**

嫌がるという意味。相場の世界では「イヤ気」と表記される場合も多いが、出現した材料が株価に影響を与えた場合、「業績の下方修正を嫌気」などと表現する。

高値もみ合い後の十字線は買い方の警戒信号

▼十字線のパターン

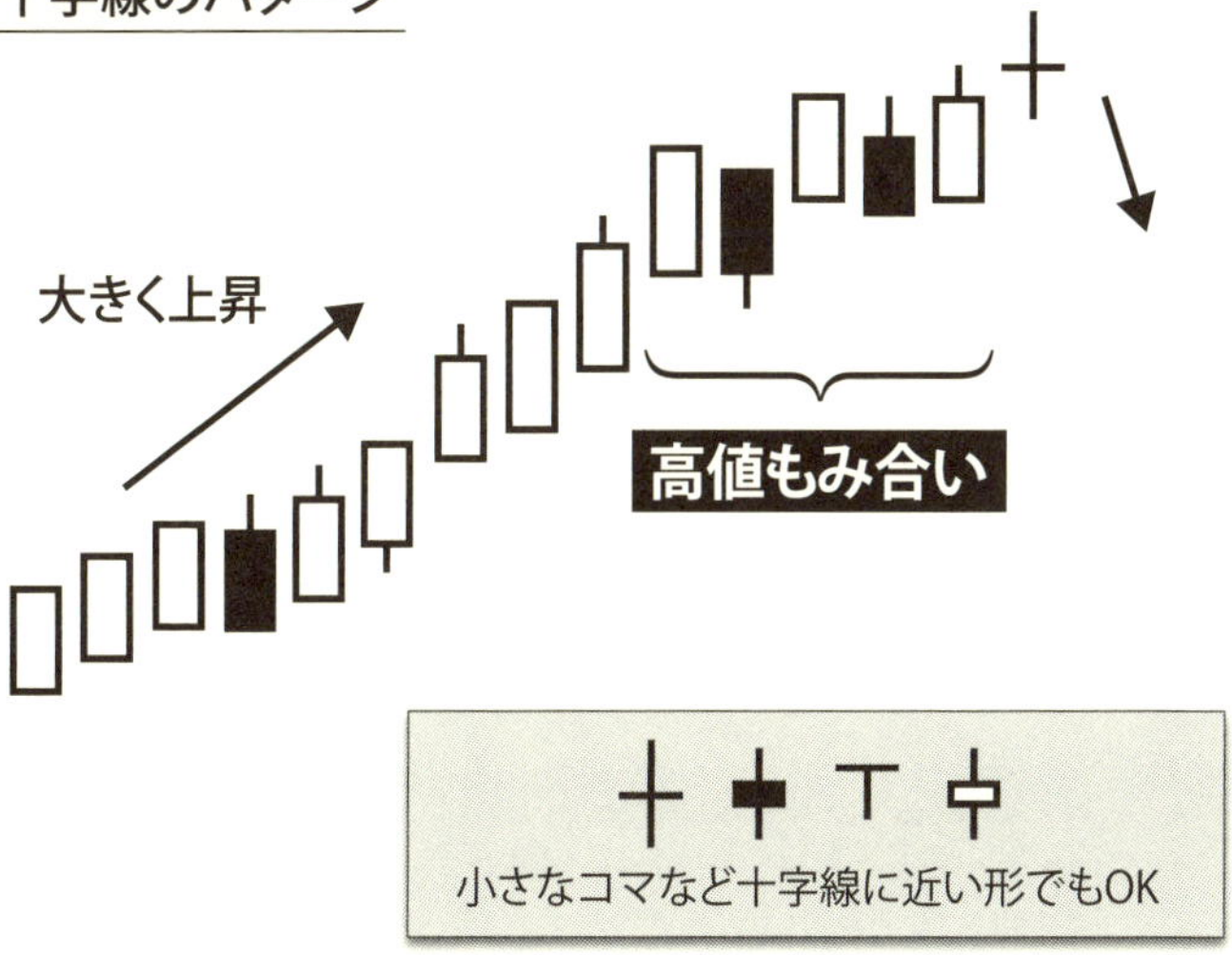

大きく上昇
高値もみ合い
小さなコマなど十字線に近い形でもOK

▼十字線の例

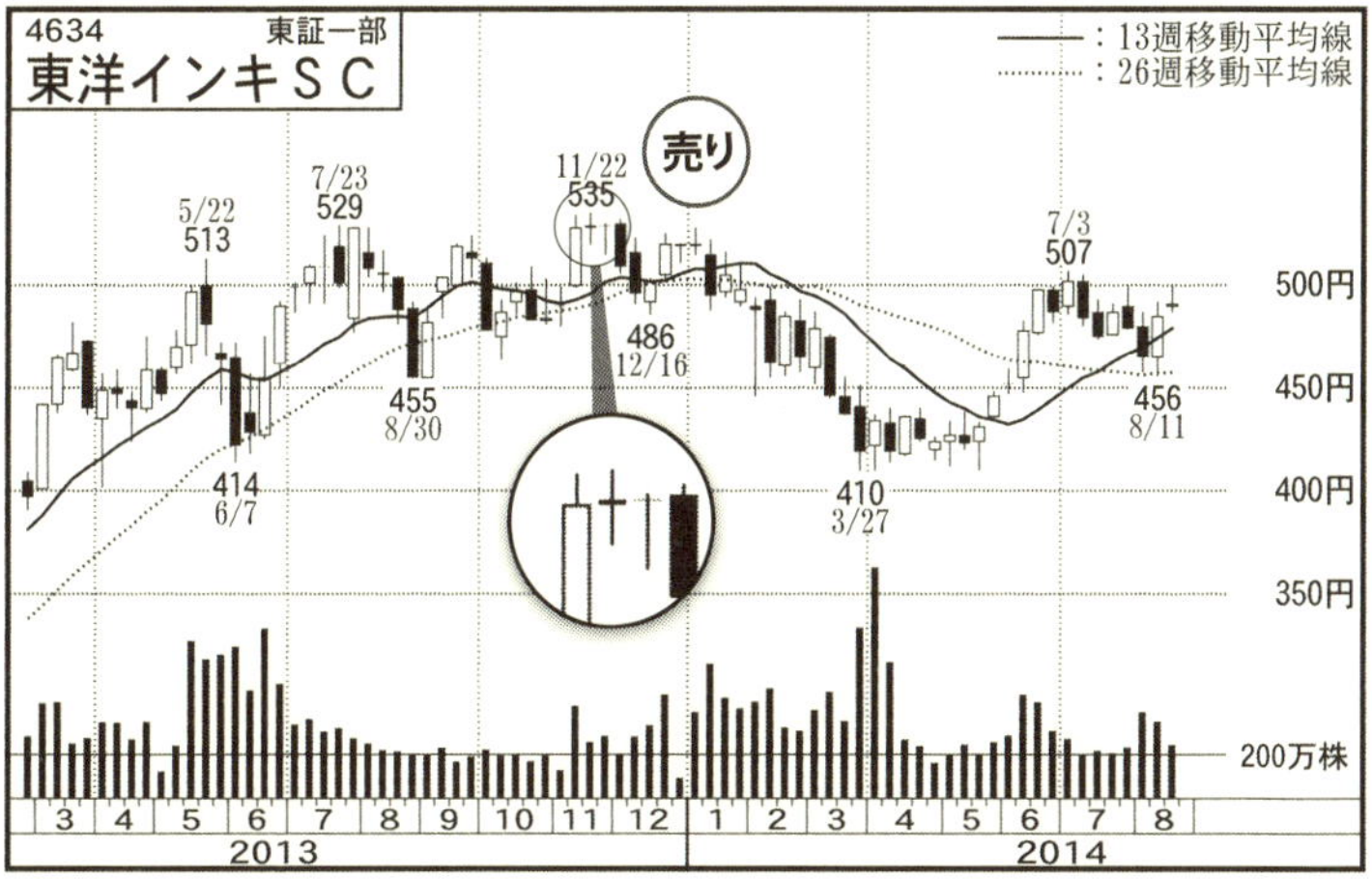

4634 東証一部
東洋インキＳＣ
：13週移動平均線
：26週移動平均線
売り
11/22 535
5/22 513
7/23 529
7/3 507
486 12/16
455 8/30
414 6/7
410 3/27
456 8/11
500円
450円
400円
350円
200万株
3 4 5 6 7 8 9 10 11 12 1 2 3 4 5 6 7 8
2013
2014

⑥ローソク足による天井確認④…上放れ陰線

■急騰→窓あけ後の陰線は人気のピークアウトを示す

「上放れ陰線」も強力な売りシグナルとなります。上放れ陰線とは株価が上昇を続けているとき、さらに窓をあけて一段高となったものの、そのローソク足が陰線になるパターンです。この場合、上ヒゲがつけば売りシグナルの信頼度は一段と増すことになります。好材料が出て株価が上昇し続けると、買い人気が過熱します。それと同時に上がりすぎ、あるいは割高と判断した売り方がカラ売りを仕掛けます。この過程で買い方の勢いが強い間、売り方は「踏み上げ」を余儀なくされます。上窓が出現したのは、売り方の〝踏み〟がピークに達したことを示しています。

しかし、売り方が惨敗（売り玉が大きく減少）したあと、その結果として、今度は買い方が取り残されます。上放れ陰線はそれを如実に表しているのです。

次ページのチャートは虹技（５６０３）の週足です。２０１４年9月の第1週に大きく窓をあけて寄り付きましたが（前週比８・４％高）、買い方の勢いは続かず上放れ陰線となりました。その後、同社株は大きく値を崩す展開となりました。

●**踏み上げ**

信用取引でカラ売りをしている投資家が、株価の上昇に耐えかねて損失覚悟の手仕舞いを行なうこと。カラ売りは売りから入って買い戻す投資手法のため、思惑どおりに仕掛けた銘柄の株価が下がれば利益となるが、上がれば逆に損失となる。

上放れ陰線は強力な売りシグナルとなる

▼上放れ陰線のパターン

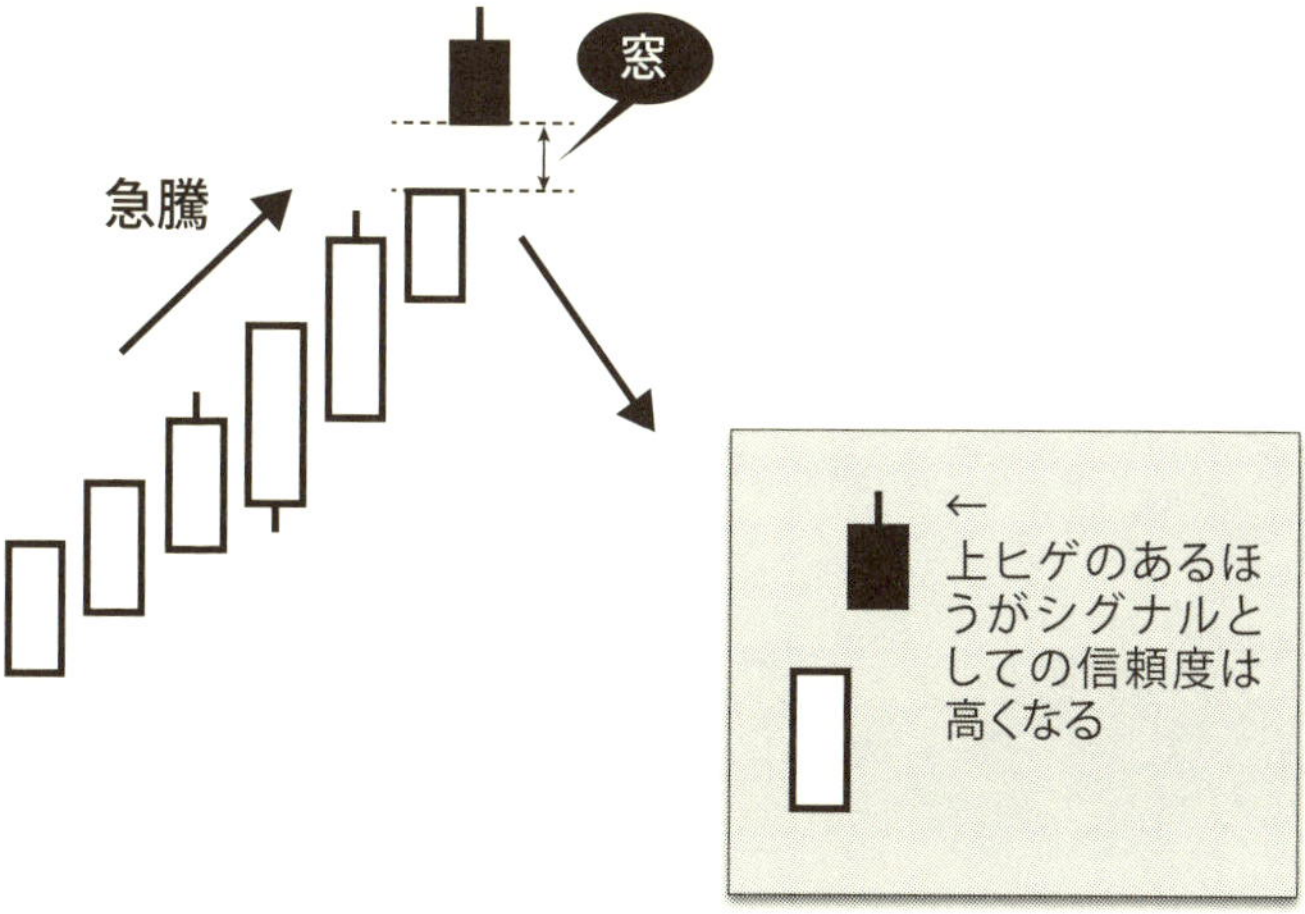
窓
急騰
←
上ヒゲのあるほうがシグナルとしての信頼度は高くなる

▼上放れ陰線の例

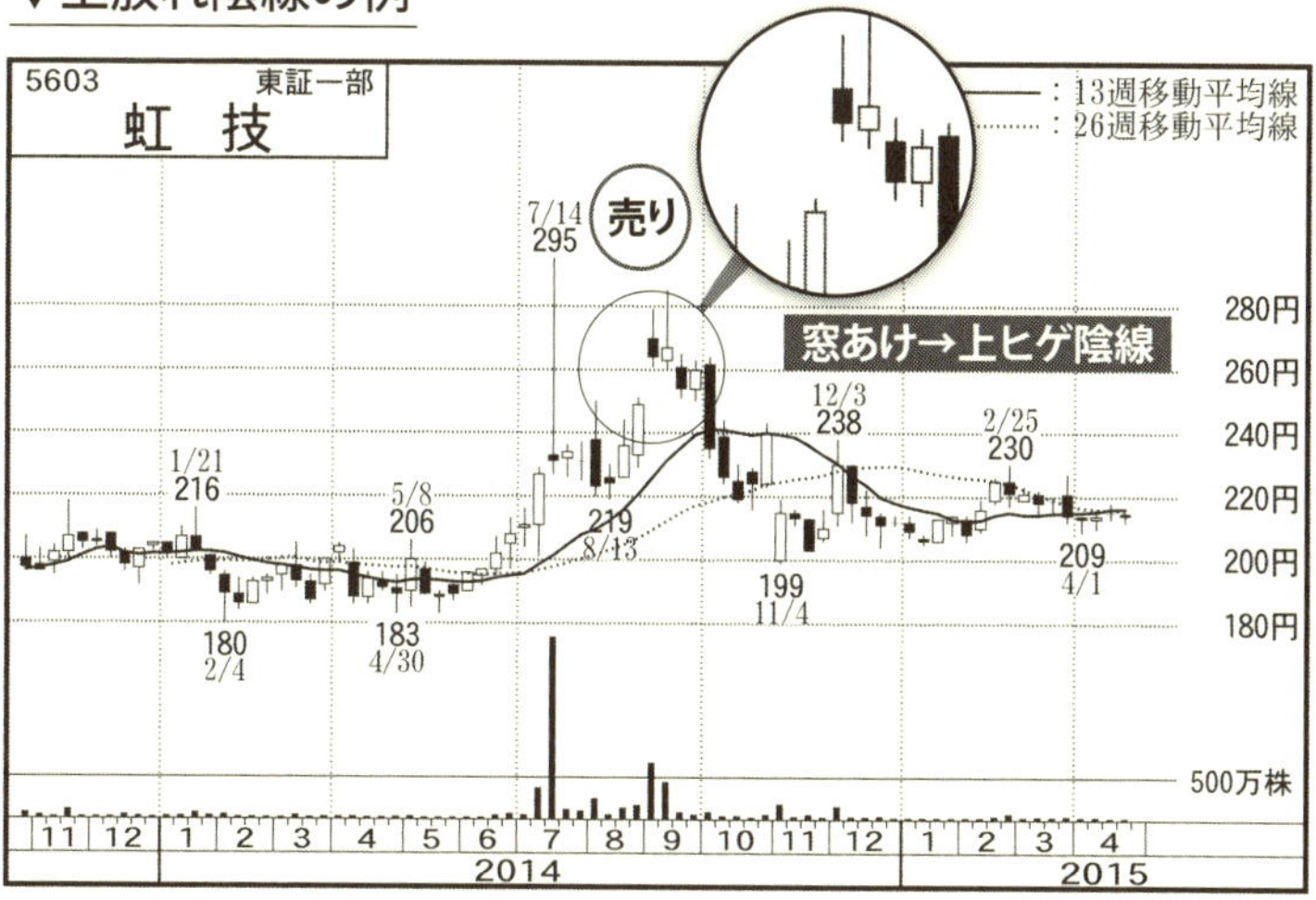
5603 東証一部
虹　技
：13週移動平均線
：26週移動平均線
売り
窓あけ→上ヒゲ陰線
7/14 295
1/21 216
5/8 206
219 8/13
12/3 238
2/25 230
180 2/4
183 4/30
199 11/4
209 4/1
280円
260円
240円
220円
200円
180円
500万株
11 12 1 2 3 4 5 6 7 8 9 10 11 12 1 2 3 4
2014
2015

⑦ ローソク足による天井確認⑤…逆V字

■逆V字が出たら持ち株は即、処分

上昇してきた相場がさらに急騰したものの、すぐに急反落して描く逆V字は信頼度の高い売りシグナルになります。基本的には大陽線と大陰線の組み合わせですが、小陽線と大陰線、大陽線と小陰線、小陽線と小陰線の逆V字形成から株価が急落するケースもあります。

逆V字は材料出尽くし、あるいは買い方が取り残されることで形成されますが、その後大きく下げることがあるので、持ち株は即座に処分するのが賢明です。

売りシグナルとして信頼度が高いのは大陽線の高値のあと大陰線が出るケース、大陽線のあと大陰線で高値をつけるケースです。次ページ上段のマキタ（６５８６）は前者のケース、下段のアウトソーシング（２４２７）は後者のケースになります。マキタは２０１４年11月25日に６５００円の戻り高値をつけた翌日に大陰線が出て、その後急落しました。アウトソーシングは、２０１５年1月8日に大陽線が出た翌日、大陰線が出現して典型的な逆V字のパターンとなっています

●買い方が取り残される

売り方の踏み上げなどによって株価が上がりすぎ、新たな買い手が現れなくなると、持ち株を売りたくても売れなくなる場合がある。このような状態になると、株価はその後、急落する。

逆V字＝大陽線と大陰線の組み合わせ

▼大陽線の高値のあと大陰線が出るケース

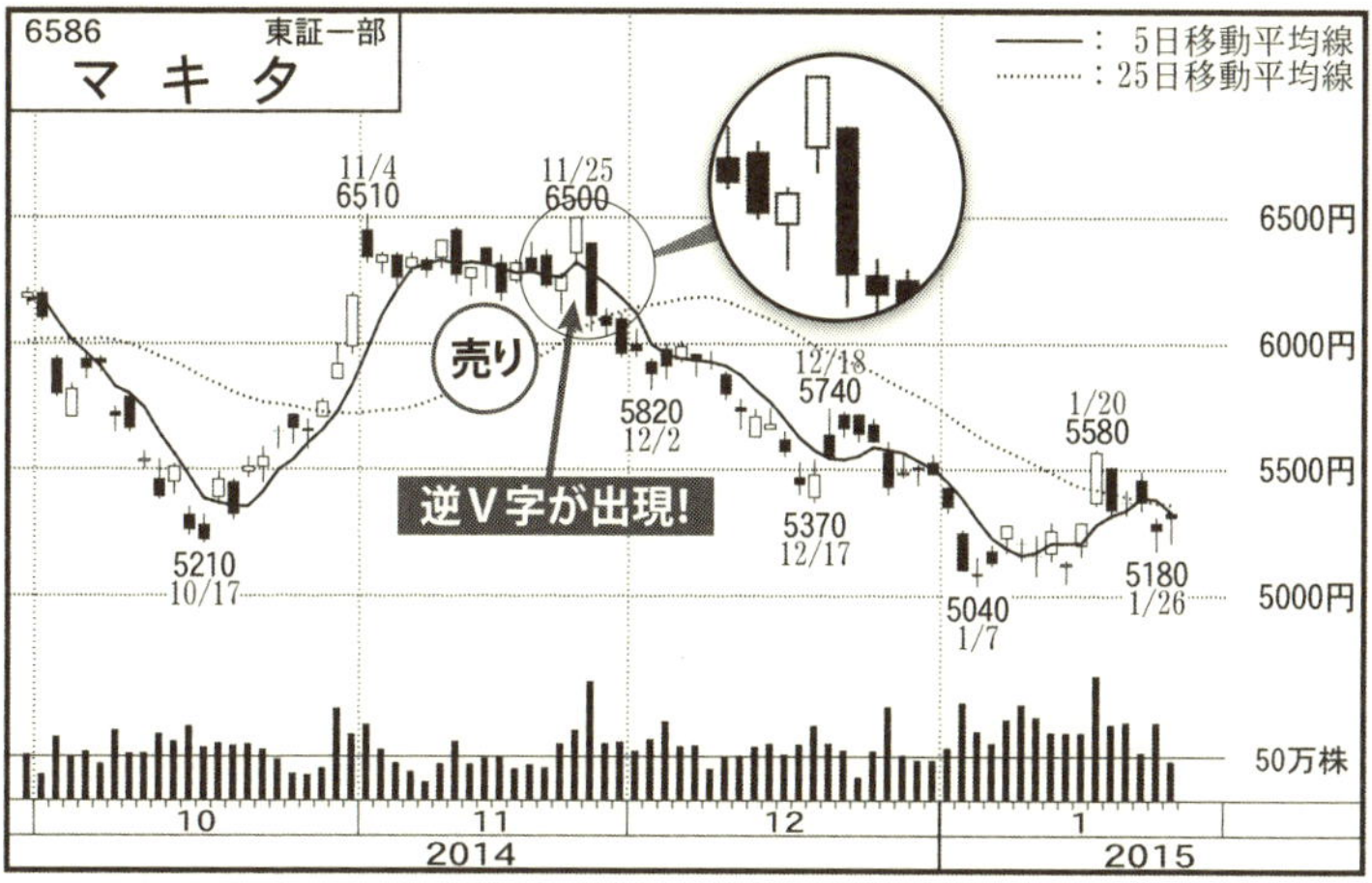

▼大陽線のあと大陰線で高値をつけるケース

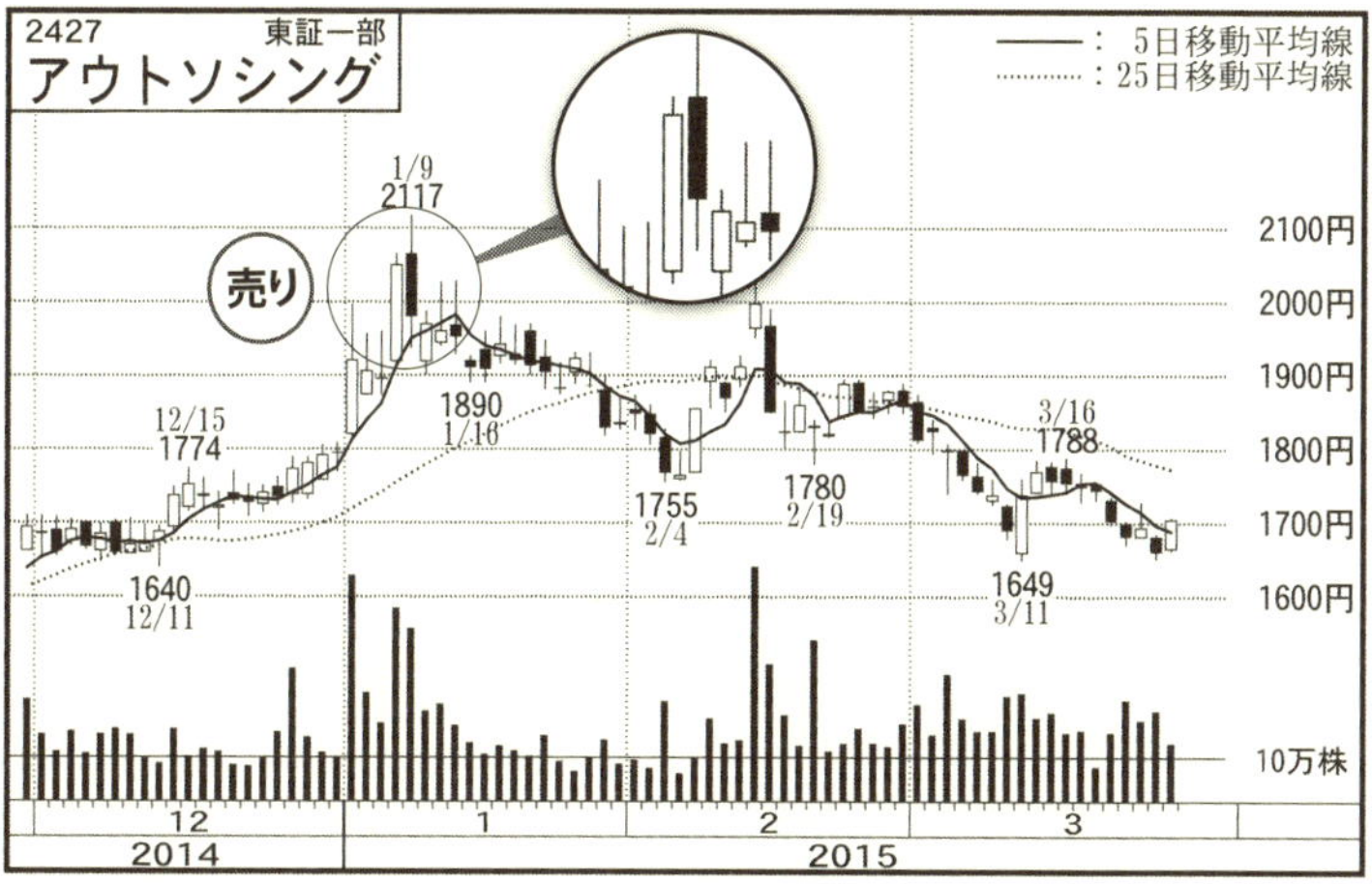

8 ローソク足による天井確認⑥…毛抜き天井

■毛抜き天井は信頼度の高い売りサイン

毛抜き天井は、高値圏において連続した2つのローソク足の高値がそろったパターンです。152～153ページで述べた毛抜き底と真逆の形をしています。

毛抜き天井は、日足チャートを毎日こまめにチェックしていると見つけられます。週足でも、逆V字の急落や長い上ヒゲなど他の天井形成のパターンと重なって出るケースが多く、売買タイミングをつかむうえで大変参考になります。

次ページのチャートは神戸電鉄（9046）の日足です。2015年2月19日の高値は390円の陽線（高値引け）、翌20日の高値も390円（寄り付き高値）で陰線になりました。株価水準は1月7日の345円から上昇を続けており、高値圏であることは疑う余地がありません。すなわち、典型的な毛抜き天井のパターンが示現されたのです。

このようなとき、買い方は持ち株を即座に処分するか、株数を減らすこと（ポジション調整）が求められます。逆に、売り方はカラ売りを仕掛ける絶好機です。

●**ポジション調整**

投資家がキャッシュ比率を高めるために、ポジション（保有株）の一部を決済すること。「持ち高調整」などとも呼ばれる。機関投資家も含め、年末や連休前などにはこの動きが出やすく、悪材料が重なると相場は急反落することがある。

毛抜き天井は陽線と陰線の組み合わせが理想的

▼毛抜き天井のパターン

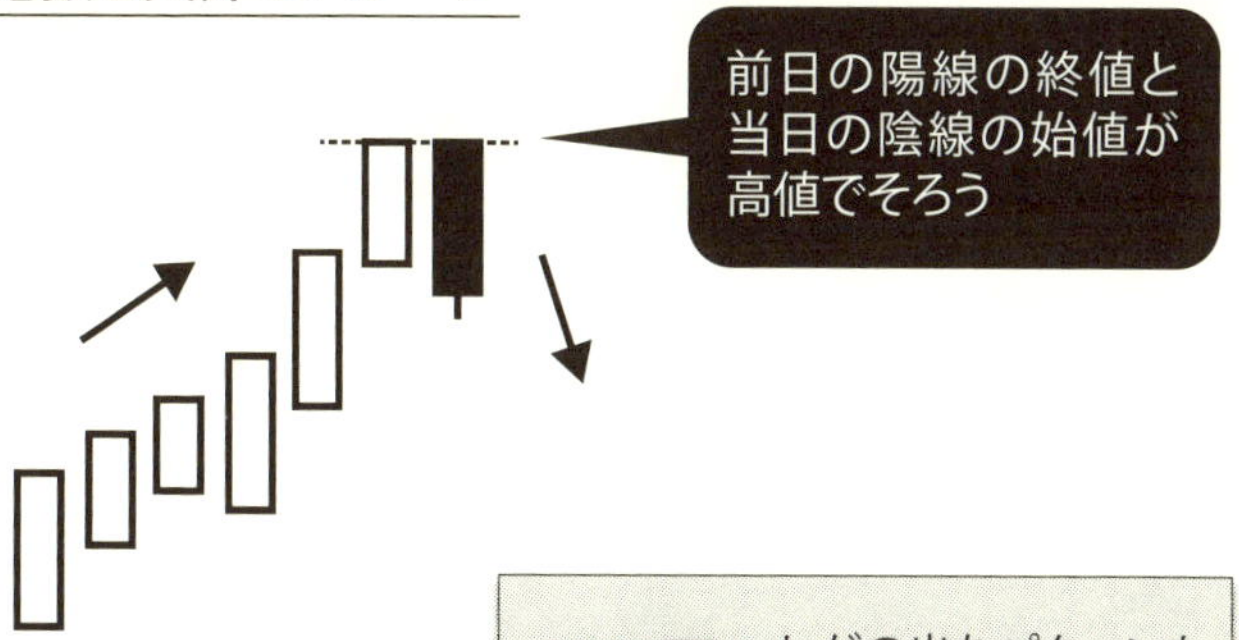
前日の陽線の終値と当日の陰線の始値が高値でそろう

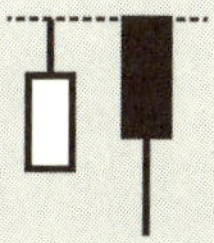

ヒゲの出たパターンも高値が同値なら毛抜き天井になるが、ヒゲなしに比べ売りサインの信頼度は低くなる

▼毛抜き天井の例

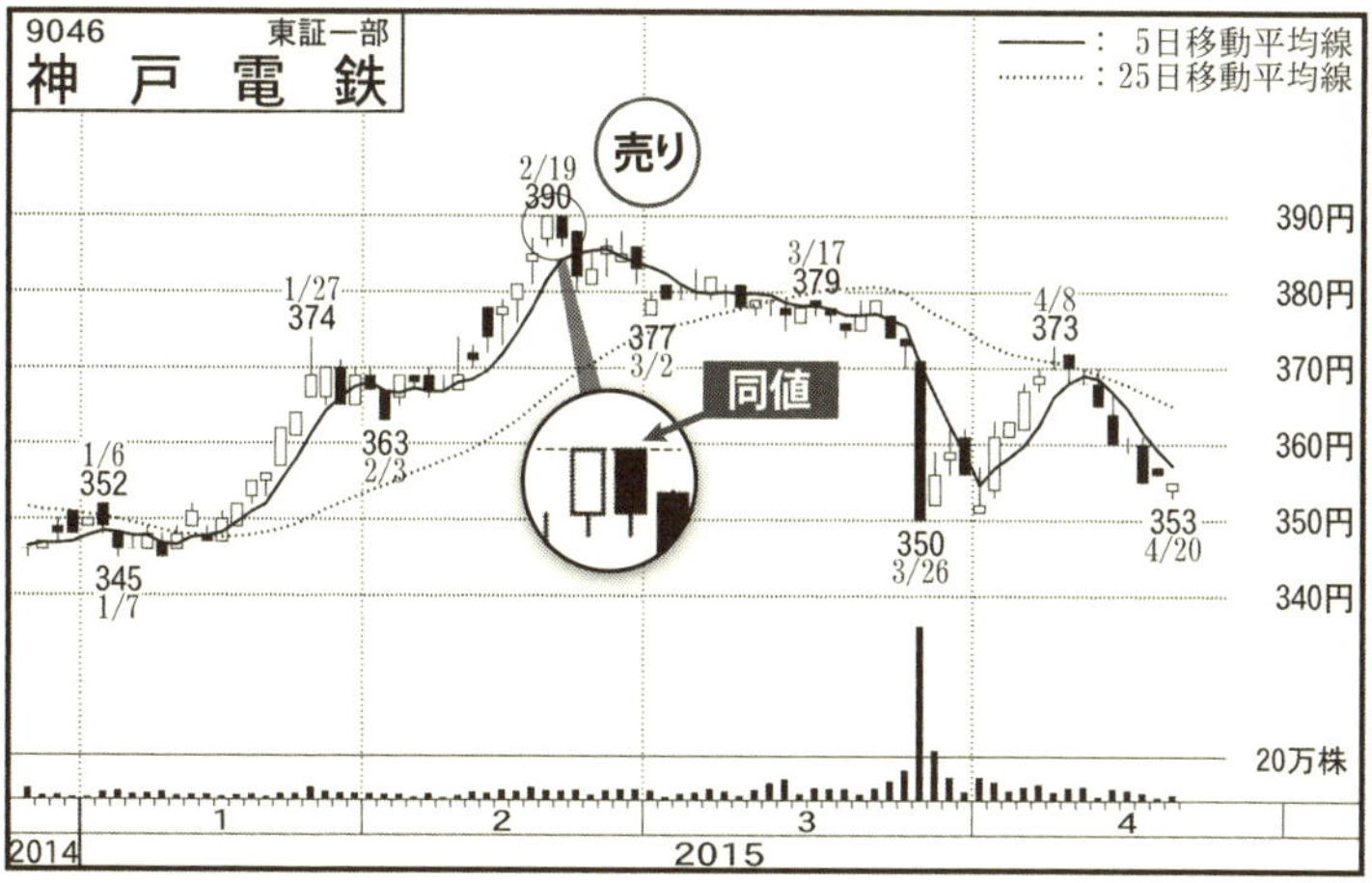
9046 東証一部
神 戸 電 鉄
：5日移動平均線
：25日移動平均線
売り
2/19
390
1/27
374
1/6
352
345
1/7
363
2/3
377
3/2
同値
3/17
379
350
3/26
4/8
373
353
4/20
390円
380円
370円
360円
350円
340円
20万株
1
2
3
4
2014
2015

その他のローソク足による売りパターン①

▼窓をあけての下放れ

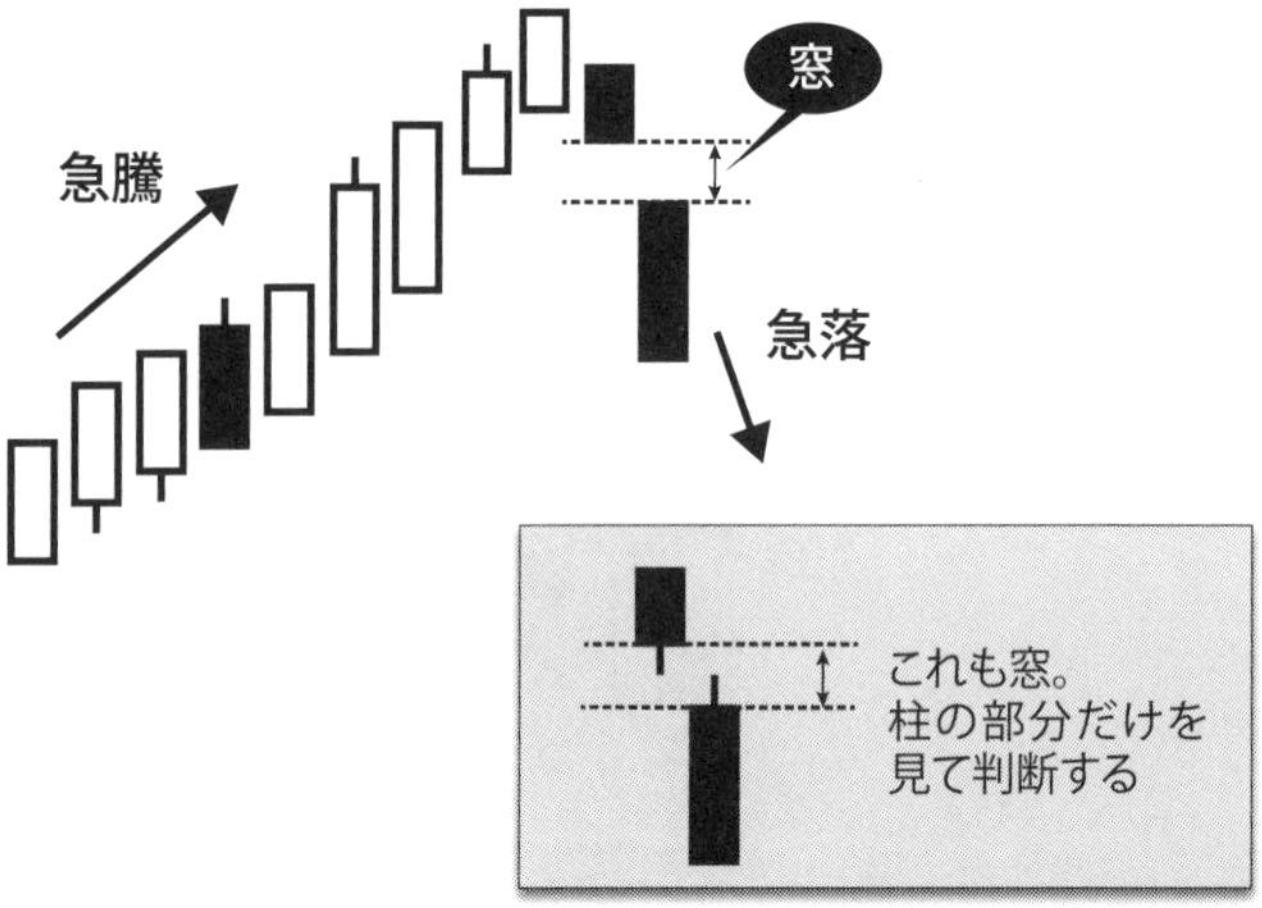

窓
急騰
急落
これも窓。
柱の部分だけを
見て判断する

▼連続陰線

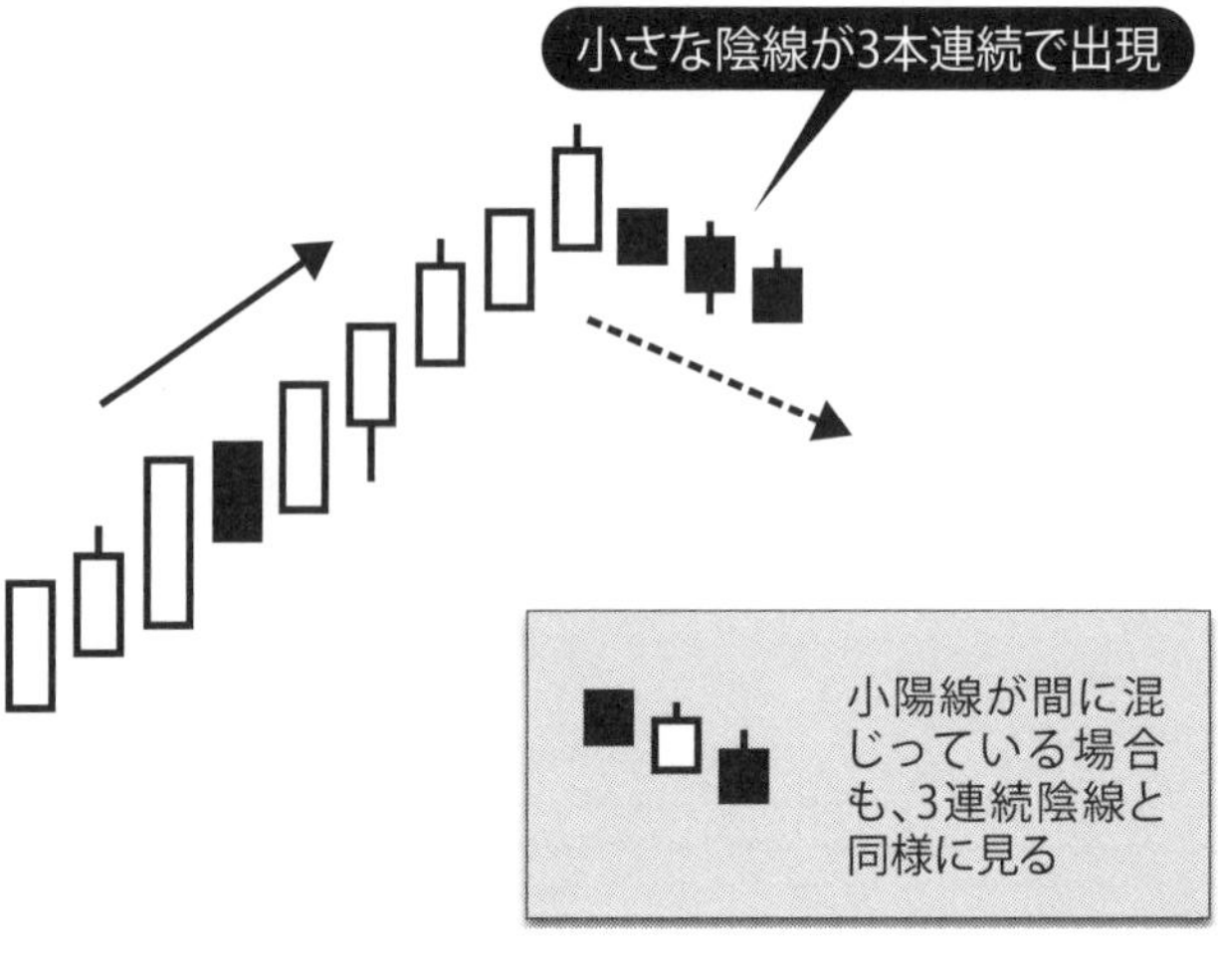

小さな陰線が3本連続で出現
小陽線が間に混
じっている場合
も、3連続陰線と
同様に見る

▼窓あけから急落する例

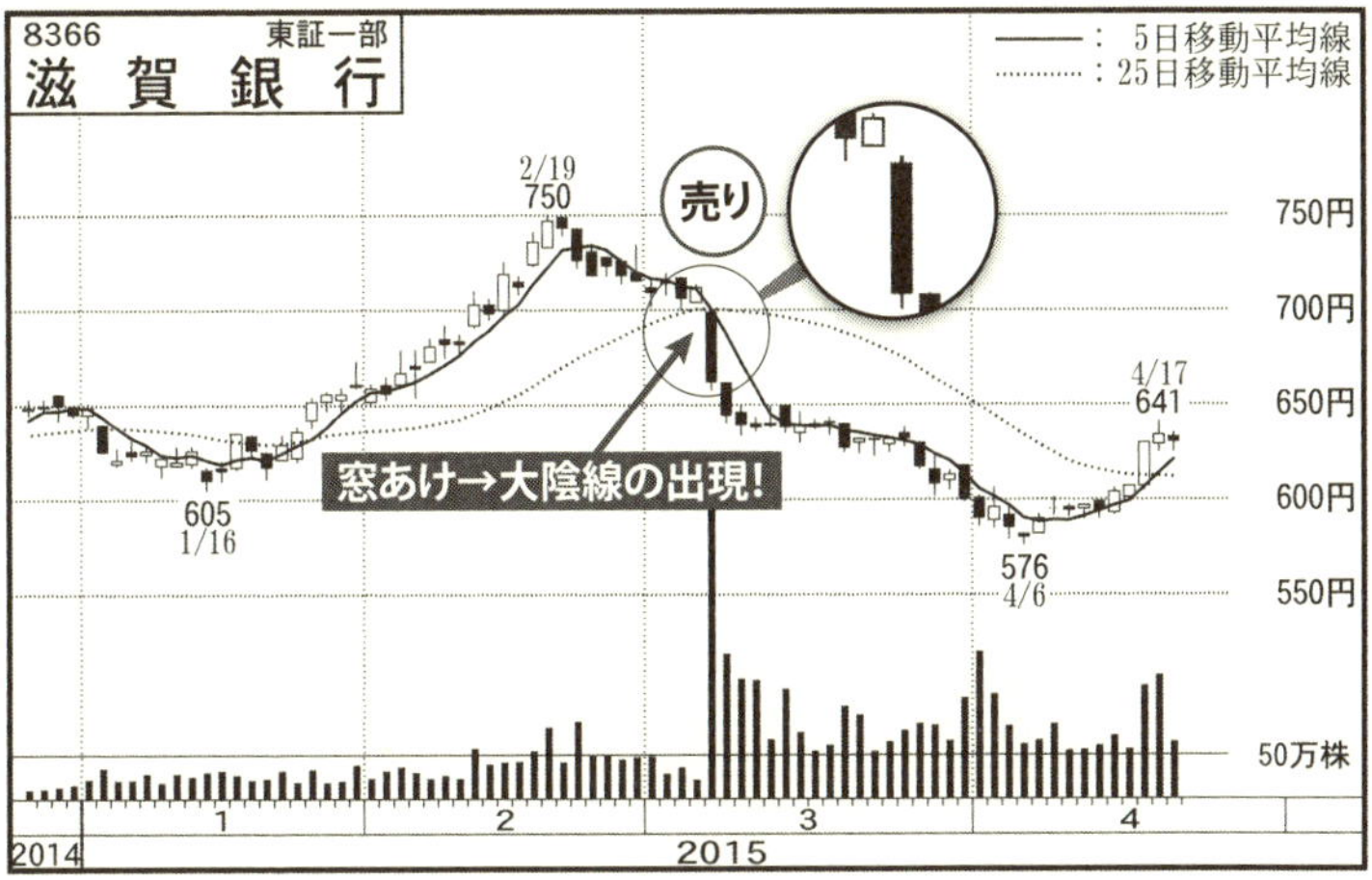
8366 東証一部
滋 賀 銀 行
――― : 5日移動平均線
………… : 25日移動平均線
2/19
750
売り
窓あけ→大陰線の出現!
605
1/16
576
4/6
4/17
641
750円
700円
650円
600円
550円
50万株
2014
1
2
3
4
2015

▼連続陰線の例

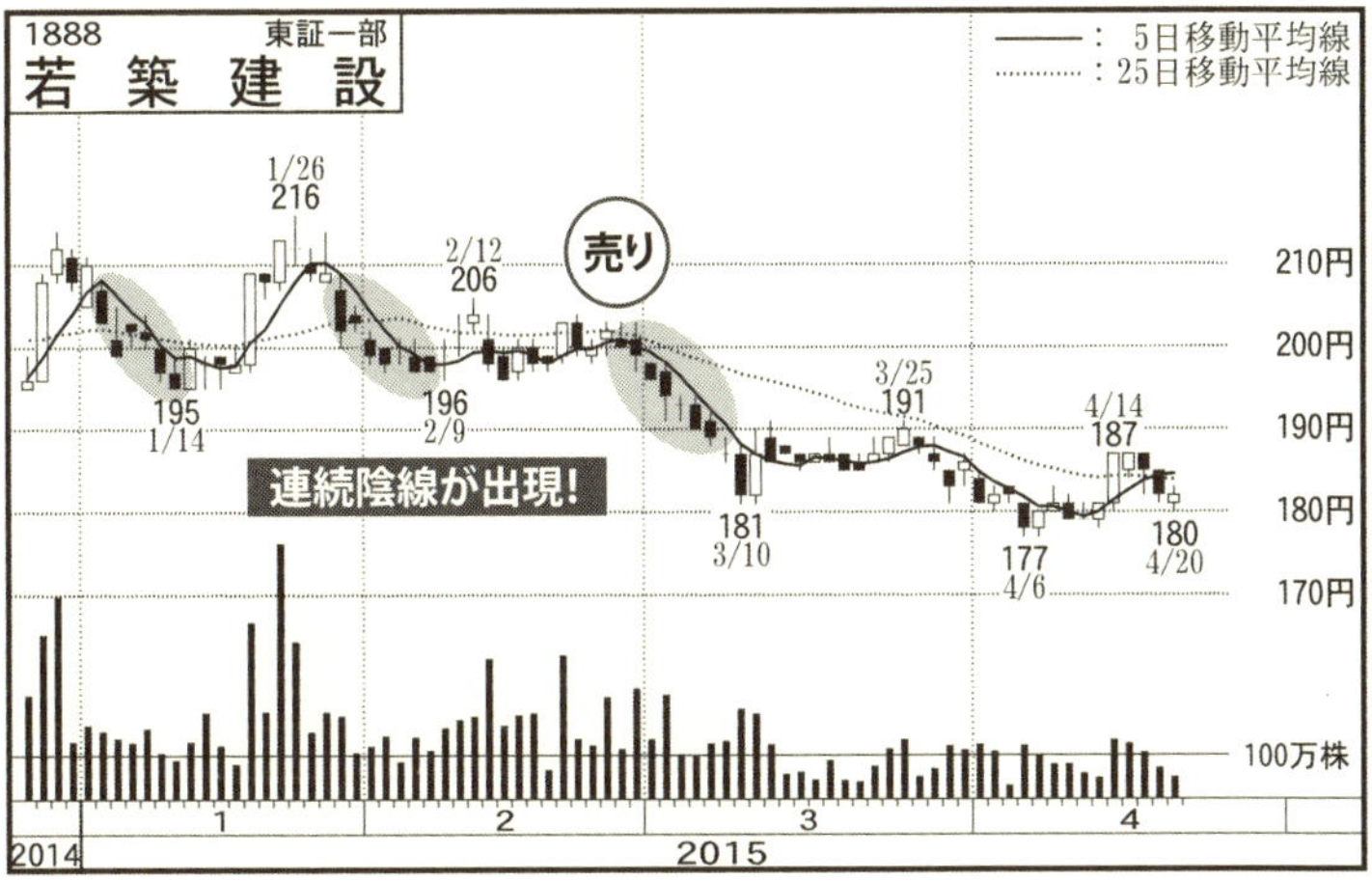
1888 東証一部
若 築 建 設
――― : 5日移動平均線
………… : 25日移動平均線
1/26
216
2/12
206
売り
195
1/14
196
2/9
連続陰線が出現!
181
3/10
3/25
191
177
4/6
4/14
187
180
4/20
210円
200円
190円
180円
170円
100万株
2014
1
2
3
4
2015

その他のローソク足による売りパターン②

▼抱き線

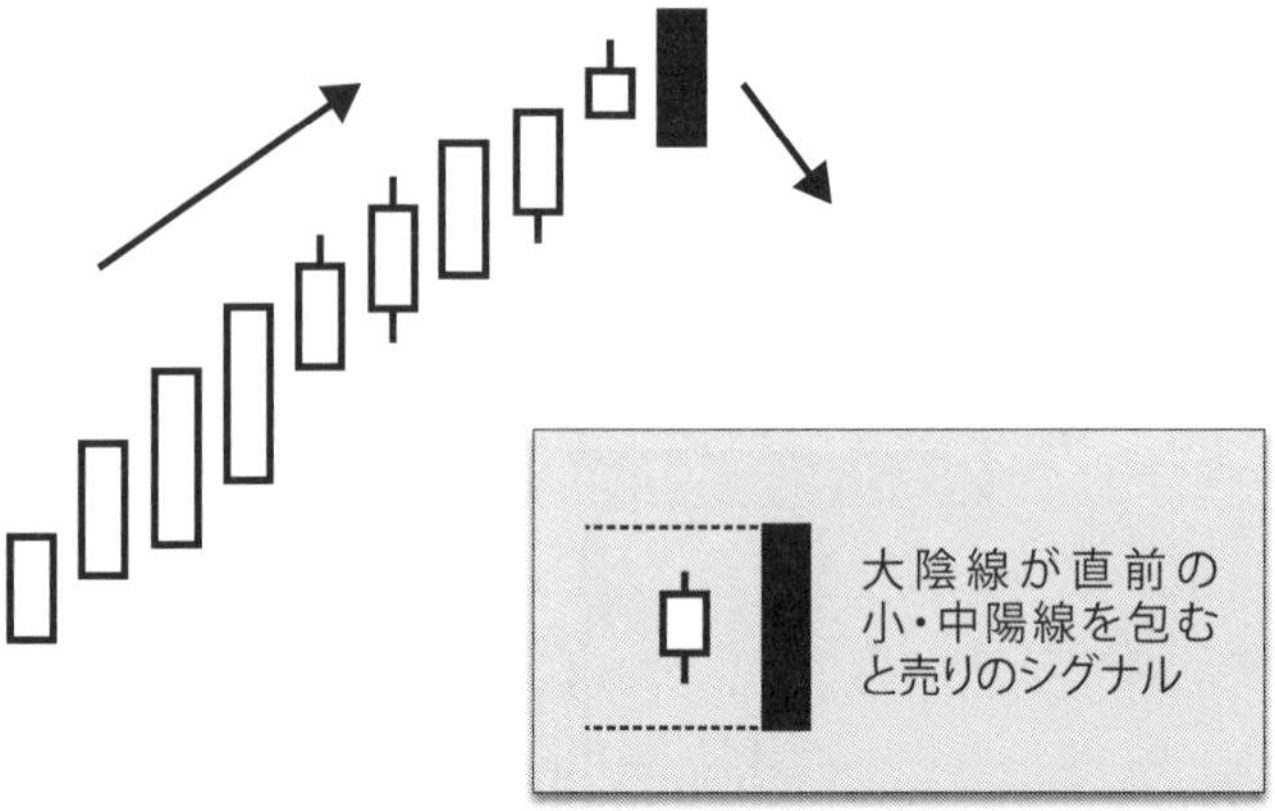
大陰線が直前の
小・中陽線を包む
と売りのシグナル

▼はらみ線

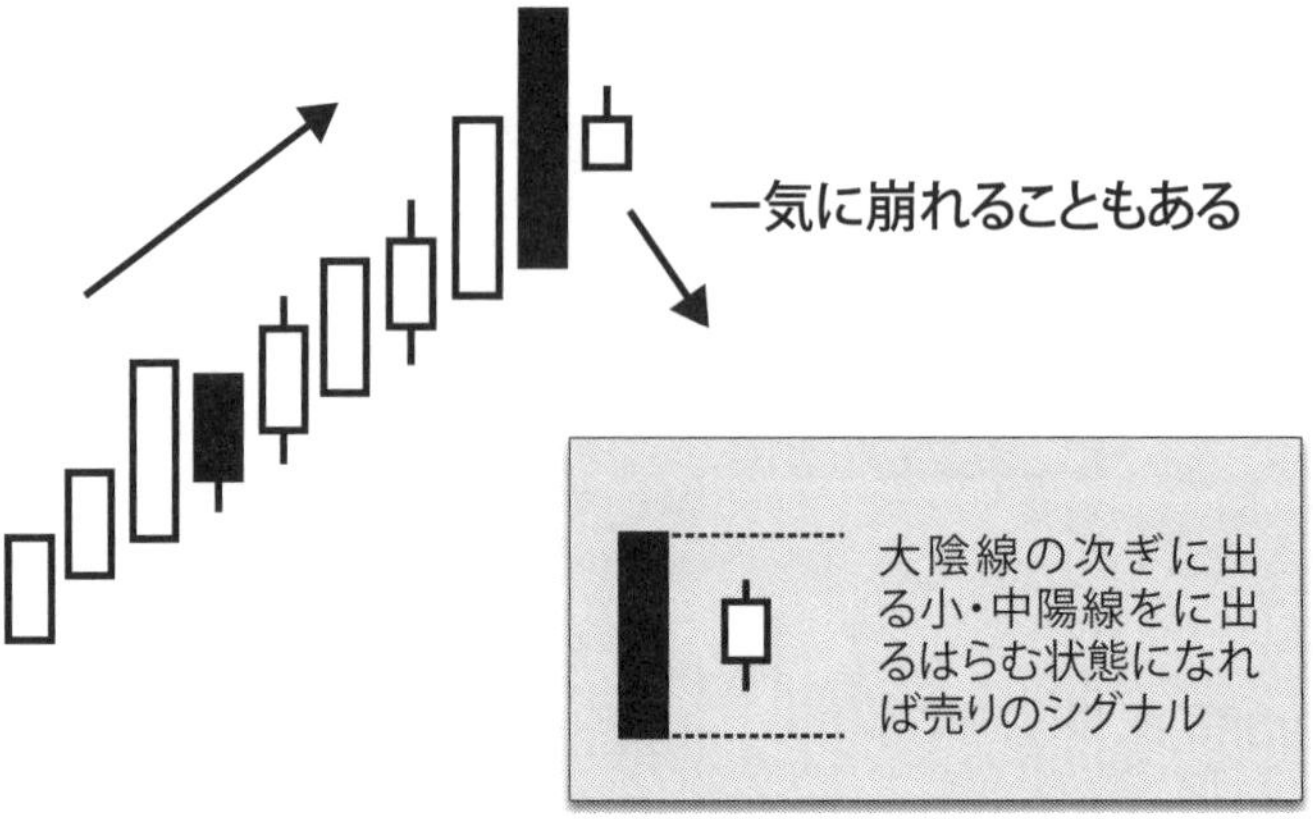
一気に崩れることもある
大陰線の次ぎに出
る小・中陽線をに出
るはらむ状態になれ
ば売りのシグナル

▼抱き線の例

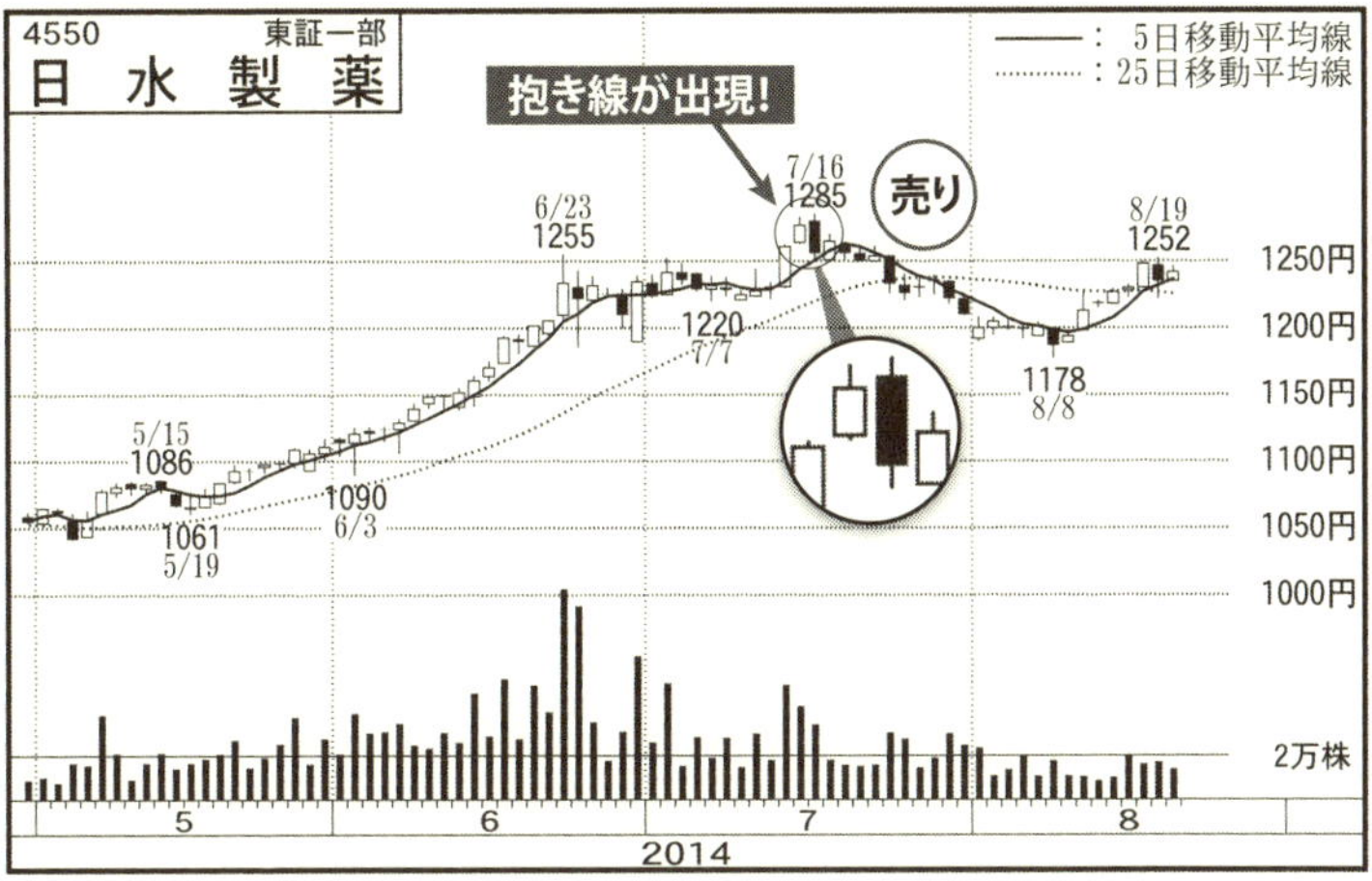

▼はらみ線の例

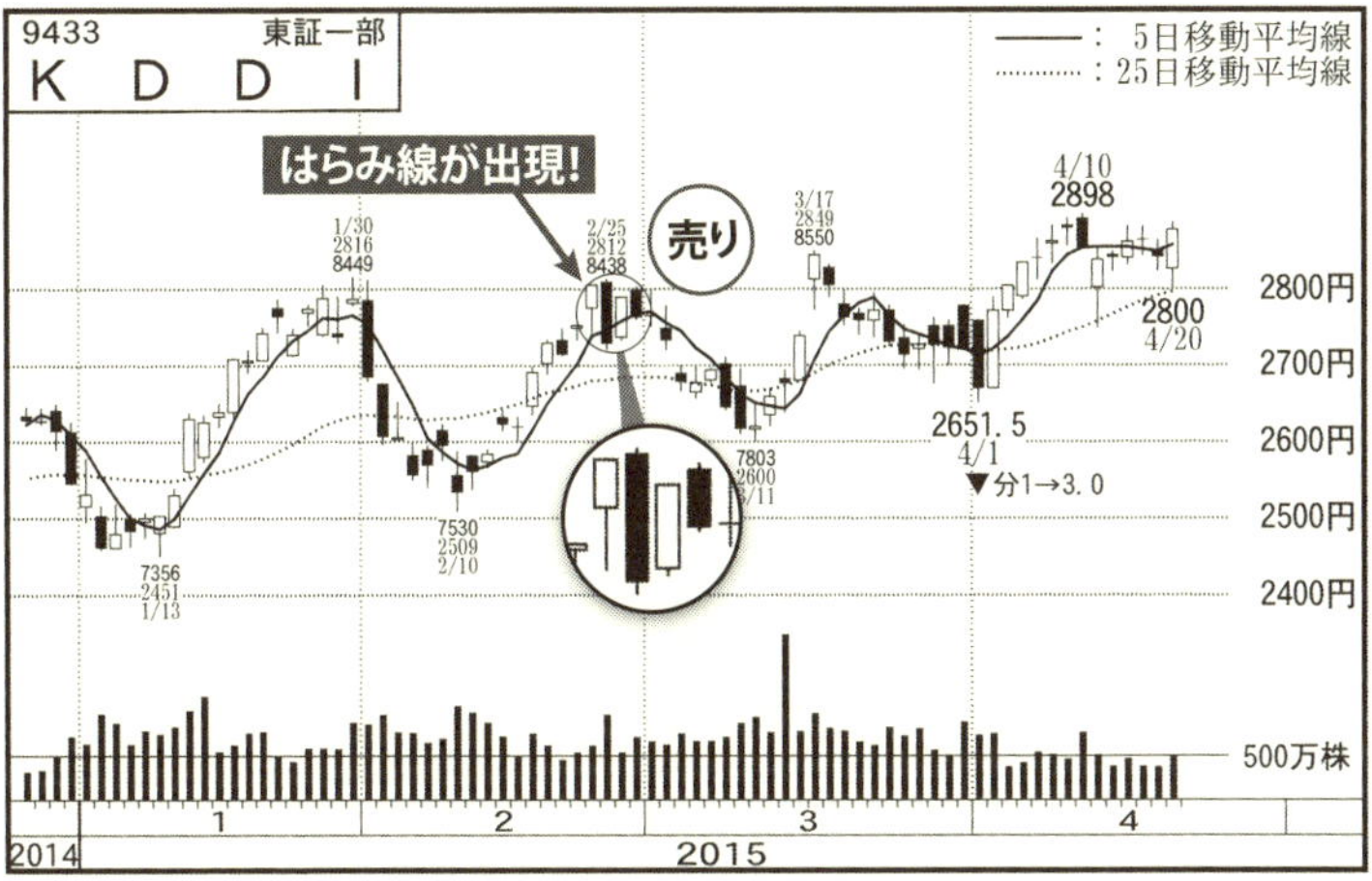

9 移動平均線による売りシグナル①

■移動平均線のデッドクロス、下降転換で売ってみる

先に160～161ページでも触れましたが、移動平均線による売りシグナルで最もポピュラーなのはデッドクロスでしょう。大底をゴールデンクロスで確認して買い出動するのに対し、売りはデッドクロスで天井を確認してから行ないます。

デッドクロスはゴールデンクロスとは逆に、短期の移動平均線が中・長期の移動平均線を上から下に交差する（突き抜ける）現象です。

次ページ上段のチャートはコムシスホールディングス（1721）の週足です。長期上昇を続けましたが、2014年11月第3週に移動平均線がデッドクロスしました。すなわち、13週線が26週線を下に突き抜けたのです。

同じく下段のチャートはNIPPO（1881）の日足ですが、2015年1月14日に25日移動平均線が下げに転じました。ご覧のとおり、両銘柄ともその後、値を崩しました。ただ、移動平均線のデッドクロス、および下降転換による売りは遅行性がネックとなり〝ダマシ〟となるケースもありますから注意が必要です。

●移動平均線の遅行性

先にも記したように、チャート分析において移動平均線の果たす役割は極めて重要だが、弱みもある。それが遅行性で、1本のローソク足が示す〝情報〟より、スパン（対象期間）が長ければ長いほど移動平均線が示す〝情報〟は遅くなる。

移動平均線のデッドクロスと下降転換

▼デッドクロスの例

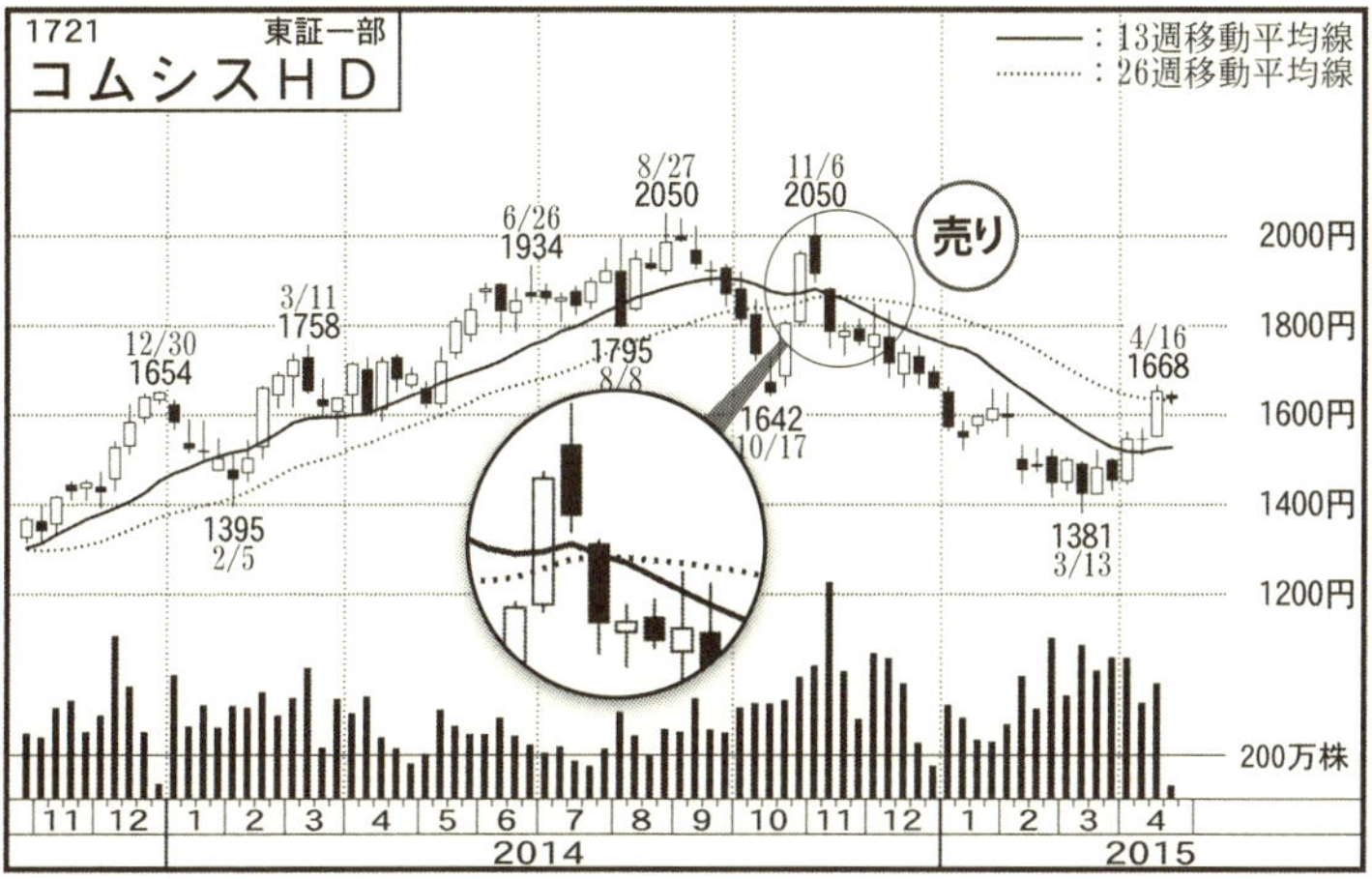

▼下降転換の例

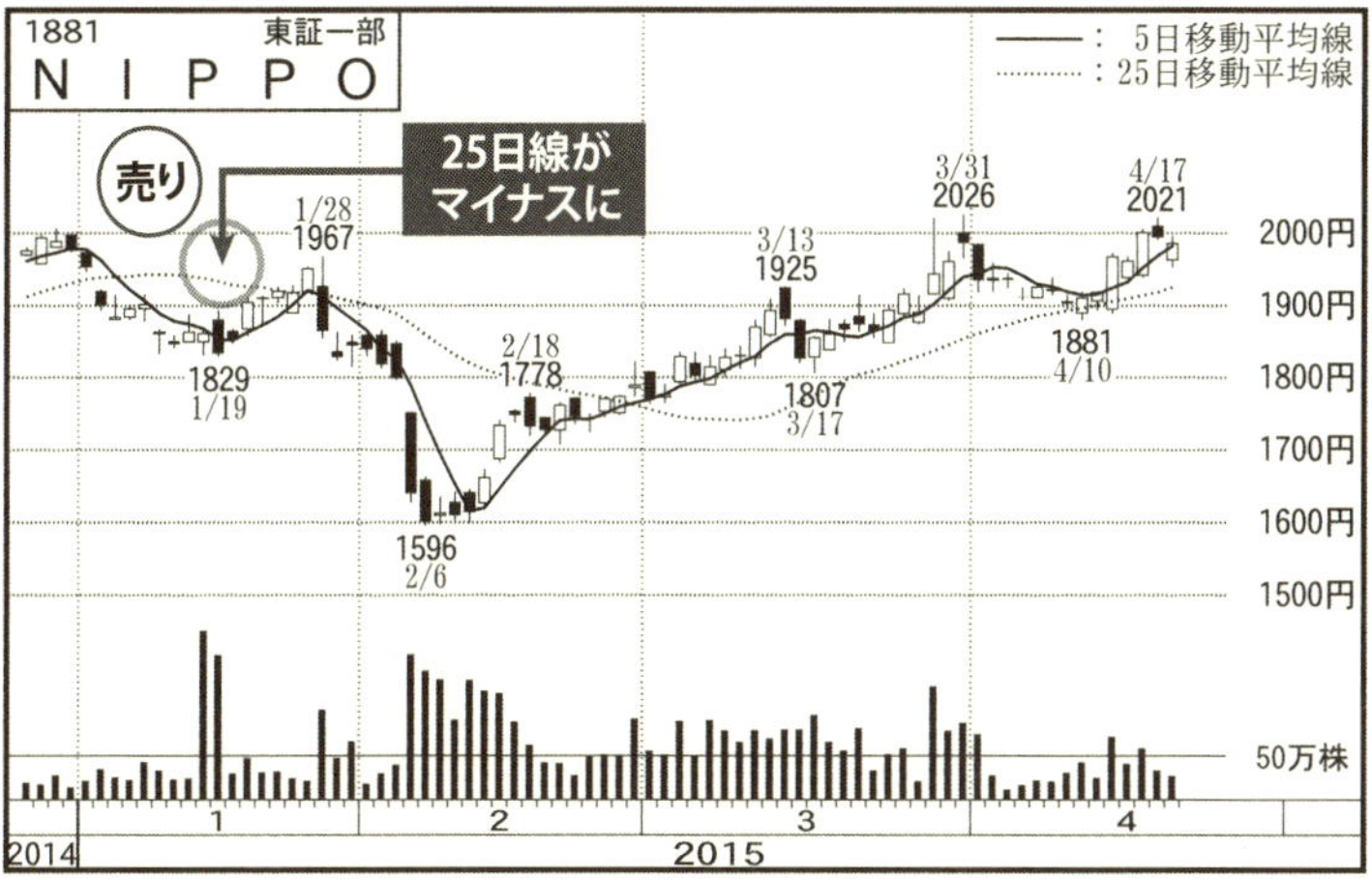

⑩ 移動平均線による売りシグナル②

■大幅プラスかい離からの急反落

移動平均線の上昇中に株価が急騰し、移動平均線の水準を上に放れることをプラス（順）かい離の状態といいますが、その水準から株価が急反落すると売りシグナルになります。

さらに、株価が移動平均線を大きく下回ると完全な崩れ足となるケースがありますから、持ち株は基本的に売りとなります。大幅プラスかい離は、162〜163ページで説明した大幅マイナスかい離と真逆のパターンです。一般的に20％程度のプラスかい離が売りのメドとされますが、好材料が出現したり仕手が介入した場合は50％を超えるような〝異常値〟になることもあります。注意が必要です。

次ページのチャートはヒロセ電機（６８０６）の日足です。この銘柄は、株価と25日移動平均線が10％以上プラスかい離すると反落する傾向にあります。２０１５年３月16日に年初来高値をつけましたが、株価と25日移動平均線が13％強プラスかい離しました。翌日、その高値を超えられず、株価は急反落しました。

●**大幅かい離**

株価の位置と移動平均線の位置が、大きく離れた状態のこと。株価が移動平均線より上に大きく離れていれば「大幅プラスかい離」、逆に株価が移動平均線より下に大きく離れていれば「大幅マイナスかい離」という。一般的にかい離率が10％を超えると、そのように呼ばれるケースが多い。

移動平均線と株価が大きくかい離するケース

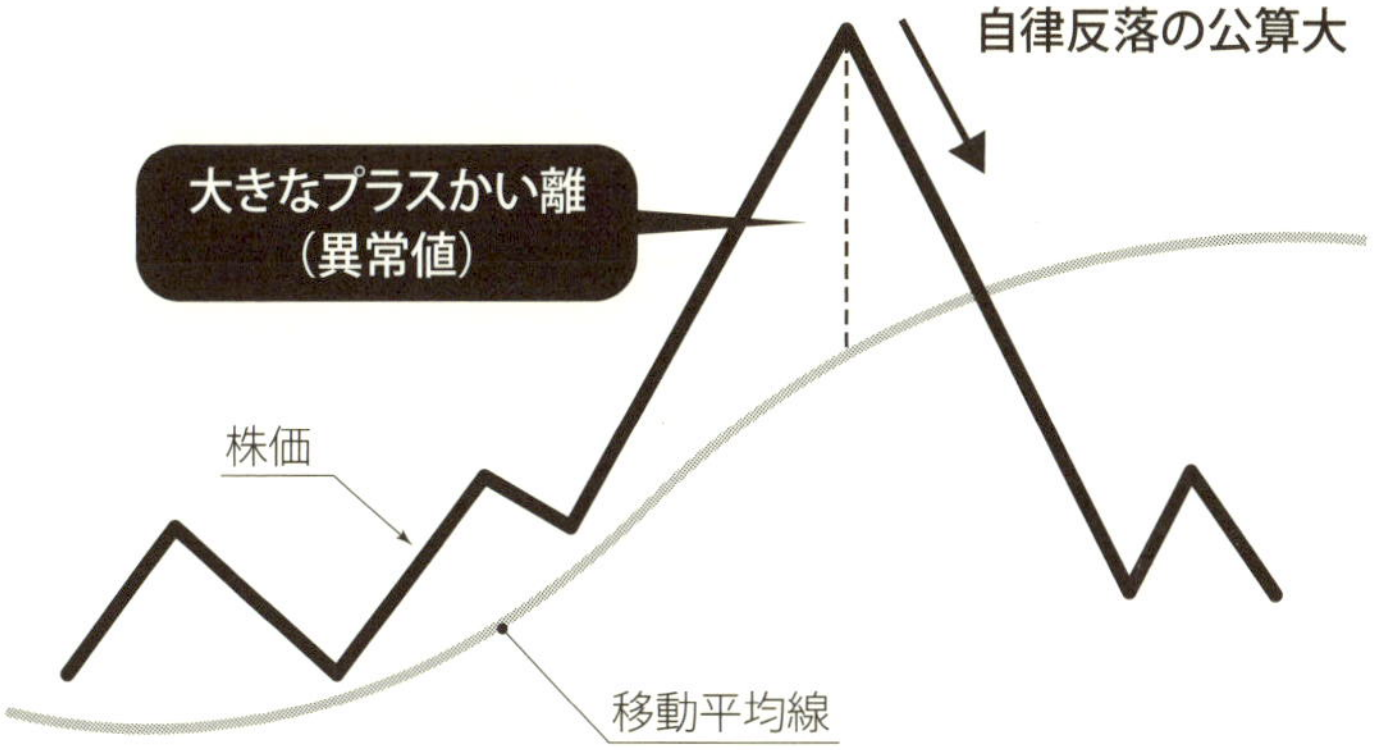
自律反落の公算大
大きなプラスかい離
(異常値)
株価
移動平均線

▼大幅プラスかい離の例

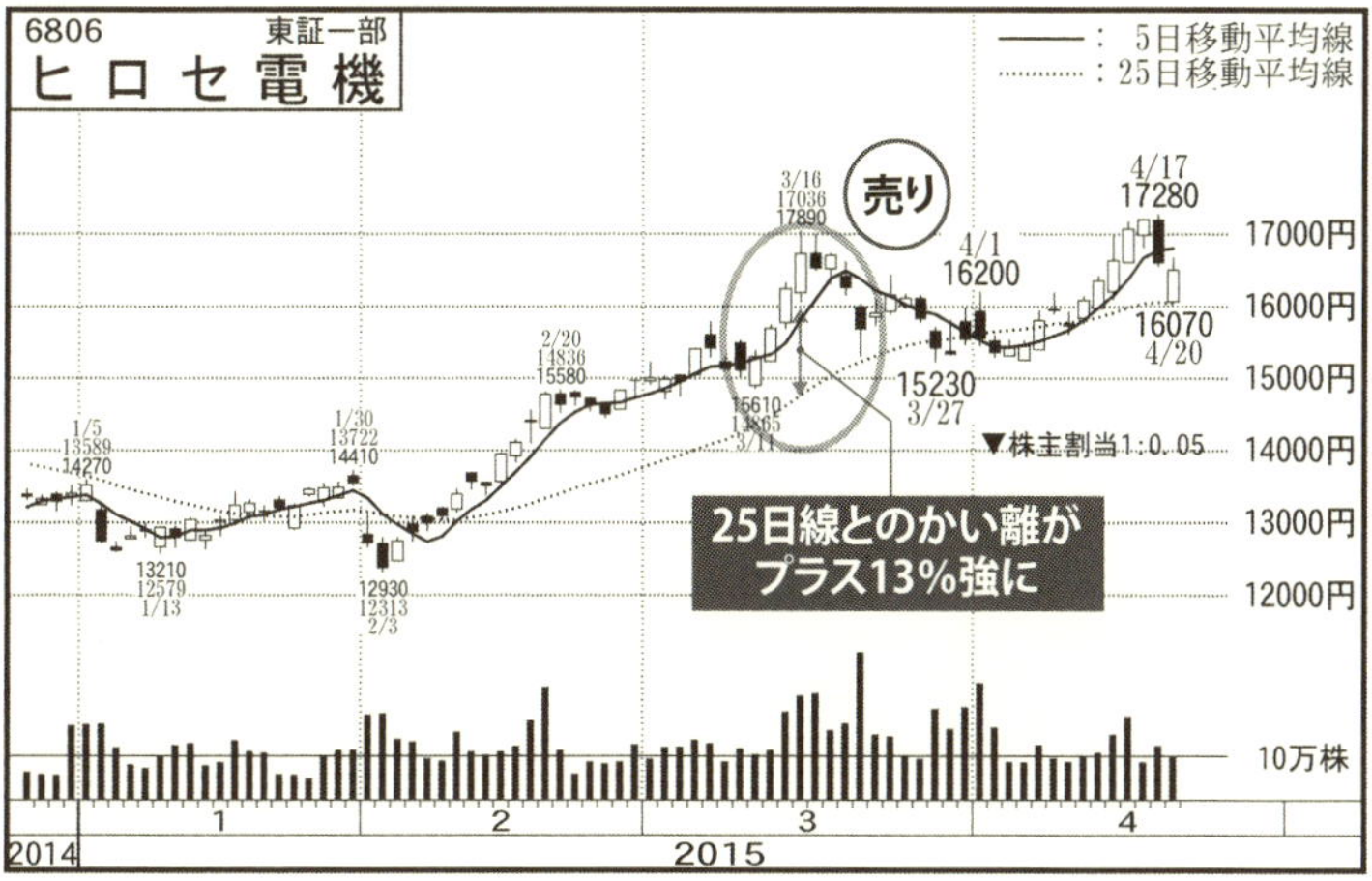
6806 東証一部
ヒロセ電機
5日移動平均線
25日移動平均線
売り
25日線とのかい離が
プラス13%強に
▼株主割当1:0.05
17000円
16000円
15000円
14000円
13000円
12000円
10万株
2014
2015

COLUMN 杉村富生のブレイクタイム

上場来高値銘柄のその後

大幅プラスかい離からの自律反落は別にして、短期投資の基本は順張り銘柄を徹底して攻めることです。

株式市場でよく話題になる上場来高値銘柄は、この順張り銘柄の最たるものといえるでしょう。すなわち、チャートの上から時価（終値）→短期移動平均線→中期移動平均線→長期移動平均線の順に並んでいる銘柄です。

2015年3月31日の上場来高値銘柄は、日経平均株価が前日比204円安の1万9206円で引けたにもかかわらず、東証一部だけで27銘柄ありました。このうち、陽線で引けた銘柄は6銘柄しかありませんでしたが、何と5銘柄がその後も順調に上場来高値を更新しています。

具体的にはキユーピー（2809）、すかいらーく（3197）、富士通ゼネラル（6755）、鈴木（6785）、トラスコ中山（9830）です。なかでも、すかいらーくは翌4月1日の始値1548円が1788円（4月28日＝上昇率15.5％）、富士通ゼネラルが1541円→1789円（4月27日＝上昇率16.1％）と短期急騰しました。

一方、6銘柄のうち唯一そこが目先の天井となり反落した銘柄はカナレ電気（5819）でした。同社株は翌日のローソク足が始値2656円→終値2578円（下げ幅78円）の陰線となりましたが、この始値2656円は前日の終値と同値（2656円）でした。つまり、「毛抜き天井」だったのです。

▼第7章

週足から選んだ好チャート銘柄 厳選10

（注）198 ～ 207 ページに掲載した 10 銘柄の直近株価およびデータは 2015 年 4 月 24 日時点でのものです。また、本書に記載された内容は情報の提供のみを目的としています。実際の投資に際しては自己責任で行なってください。

週足チャートから妙味銘柄を見つける方法

■日足では買えなくても週足なら買える銘柄

第3章で同じ銘柄を月足→週足→日足の順に見ていく重要性について述べました。こうすると大勢的なトレンドを見誤ることなく、妙味株の売買タイミングをつかむことが可能になるからです。そして、実際に売り買いするときは投資期間でチャートの種類を選ぶことが大切です。

次ページの上段は日産化学工業（4021）の日足、下段は同銘柄の週足チャートです。それぞれ足の本数は78本ですが、見た印象が随分違うと思います。直近の日足は株価が25日移動平均線の下にあり、短期的な視点では買えません。しかし、週足を見ると右肩上がりのトレンドが継続中で、株価は13週移動平均線を割り込んでいません。中期的な視点では、打診買いを入れてもいいと判断できます。

もちろん、銘柄発掘に際してはジャッジメンタル・アプローチ、ファンダメンタルズ・アプローチ、テクニカル・アプローチなどがあり、これを組み合わせて使うと効果的です。偏《かたよ》ってはいけません。最終的にはトレンドを読むこと――これに尽きます。

用語解説

●大勢的なトレンド
目先的な上げ下げではなく、長い目で見た株価の方向性のこと。株式投資で成功するためには、短期勝負であっても常に大勢的なトレンドをつかんでおくことが求められる。

▼日産化学工業の日足

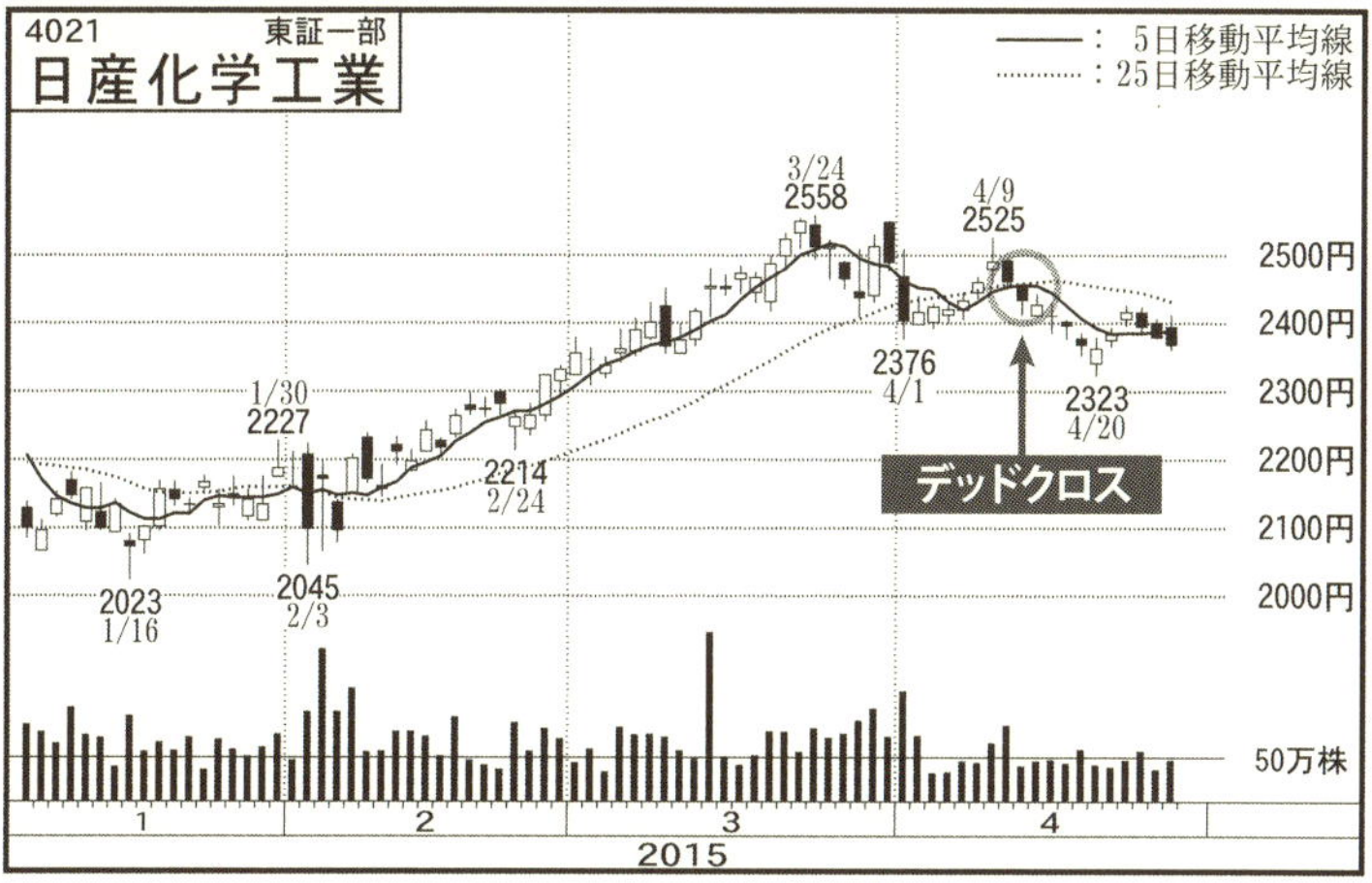

▼日産化学工業の週足

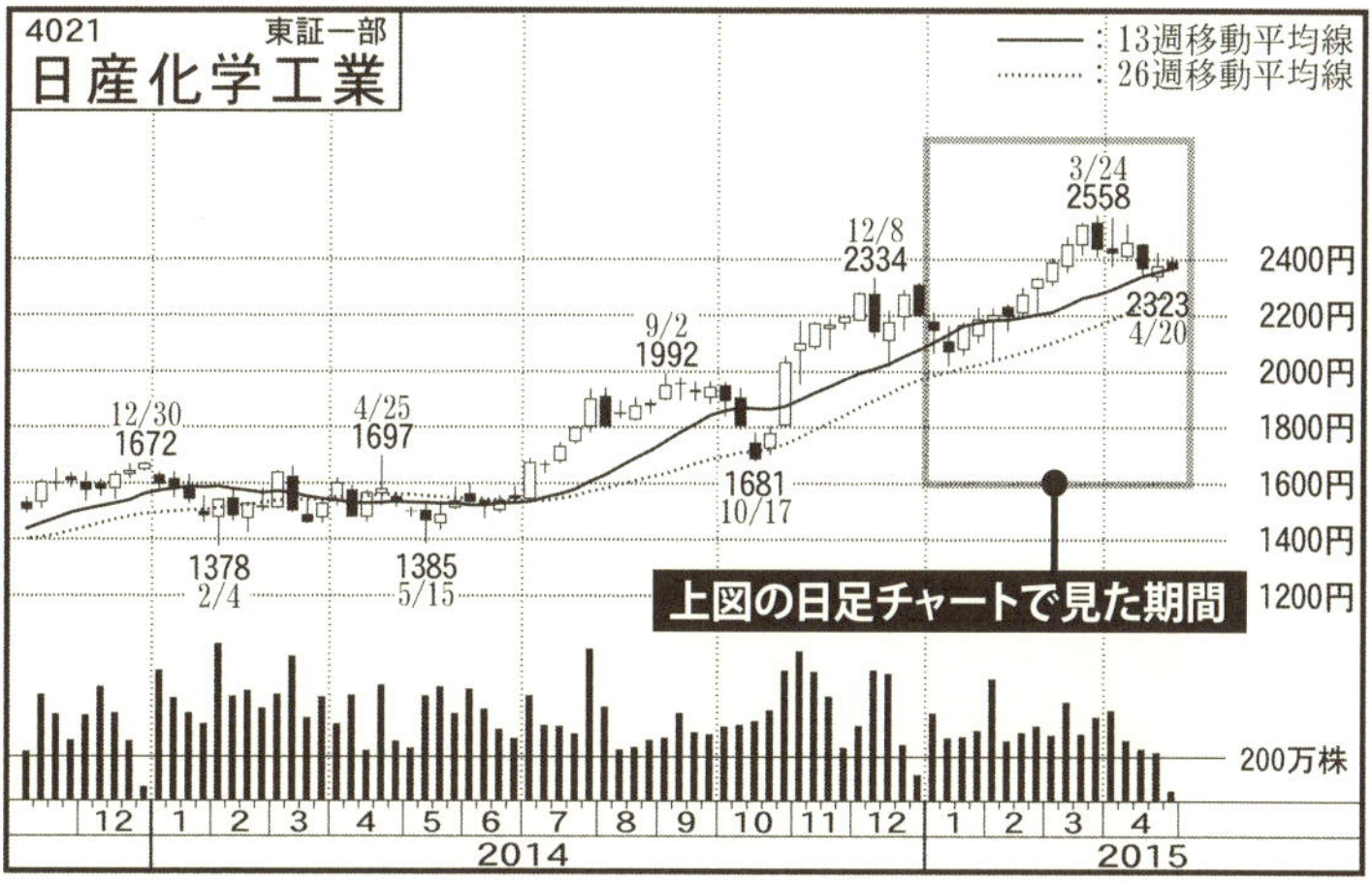

三井住友建設

〈1821〉 売買単位100株

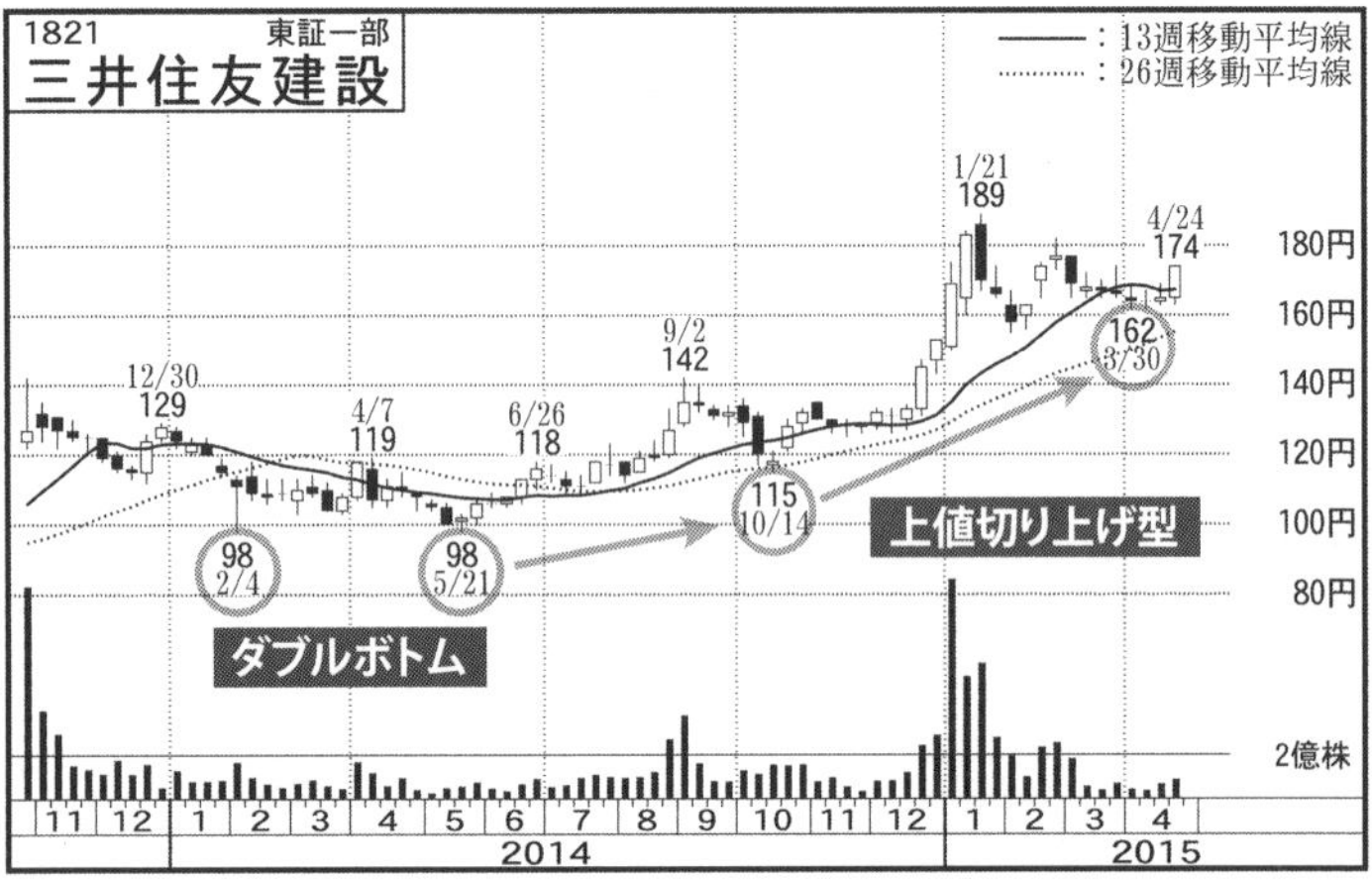

三角もみ合いからの上放れ機運高まる

◎日足ではダブルボトムを形成　2015年1月21日に189円の高値をつけたあと調整している。週足のパターンとしては"三角もみ合い"の形。日足では3月30日に162円、4月7日に162円の安値をつけ、ダブルボトム（二点底）を形成した。26週移動平均線は2014年の8月第1週よりプラスに転じているが、直近株価の過熱感はない。

株価データ

▶2005年以降の高値＝1240円　▶2005年以降の安値＝42円
▶2015年の高値＝189円　▶直近株価＝174円
▶13週移動平均線＝167.3円　▶26週移動平均線＝155.3円

中期目標株価＝190円　長期目標株価＝300円

日医工

〈4541〉　売買単位100株

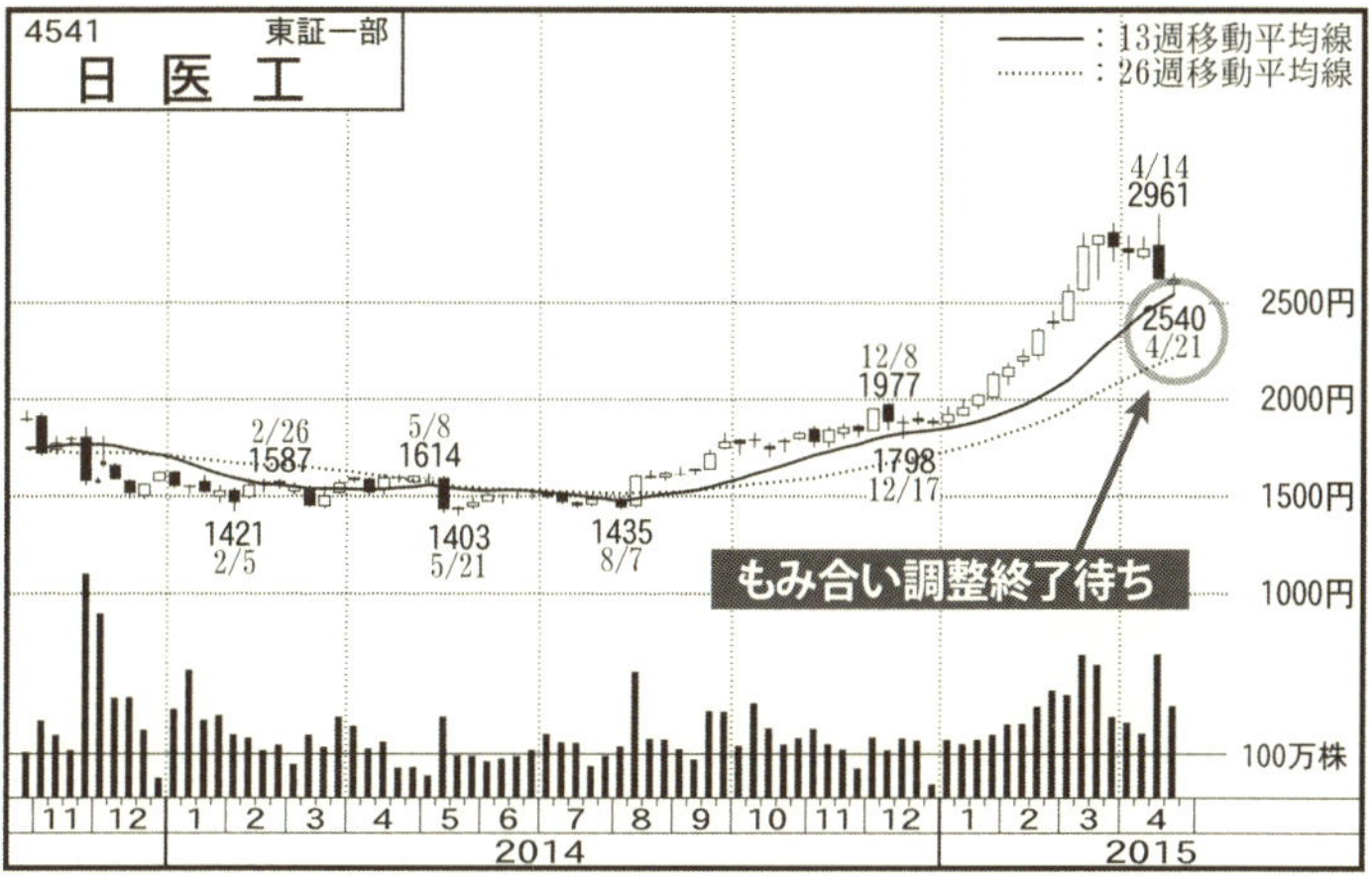

中期的に上場来高値更新を狙う

◎移動平均線に支えられジリ高の展開　2015年4月14日に2961円の高値をつけている。その後調整しているが、13週移動平均線がサポートラインになっている。4月の第3週に大陰線（陰の寄り付き坊主）が出現したが、チャート的には崩れていない。もみ合い調整終了後はジリ高の展開が期待できる。

株価データ

▶2005年以降の高値＝2978円　▶2005年以降の安値＝1403円
▶2015年の高値＝2961円　▶直近株価＝2620円
▶13週移動平均線＝2543.6円　▶26週移動平均線＝2215.1円

中期目標株価＝ 2960 円　長期目標株価＝ 3530 円

三洋化成工業

〈4471〉 売買単位1000株

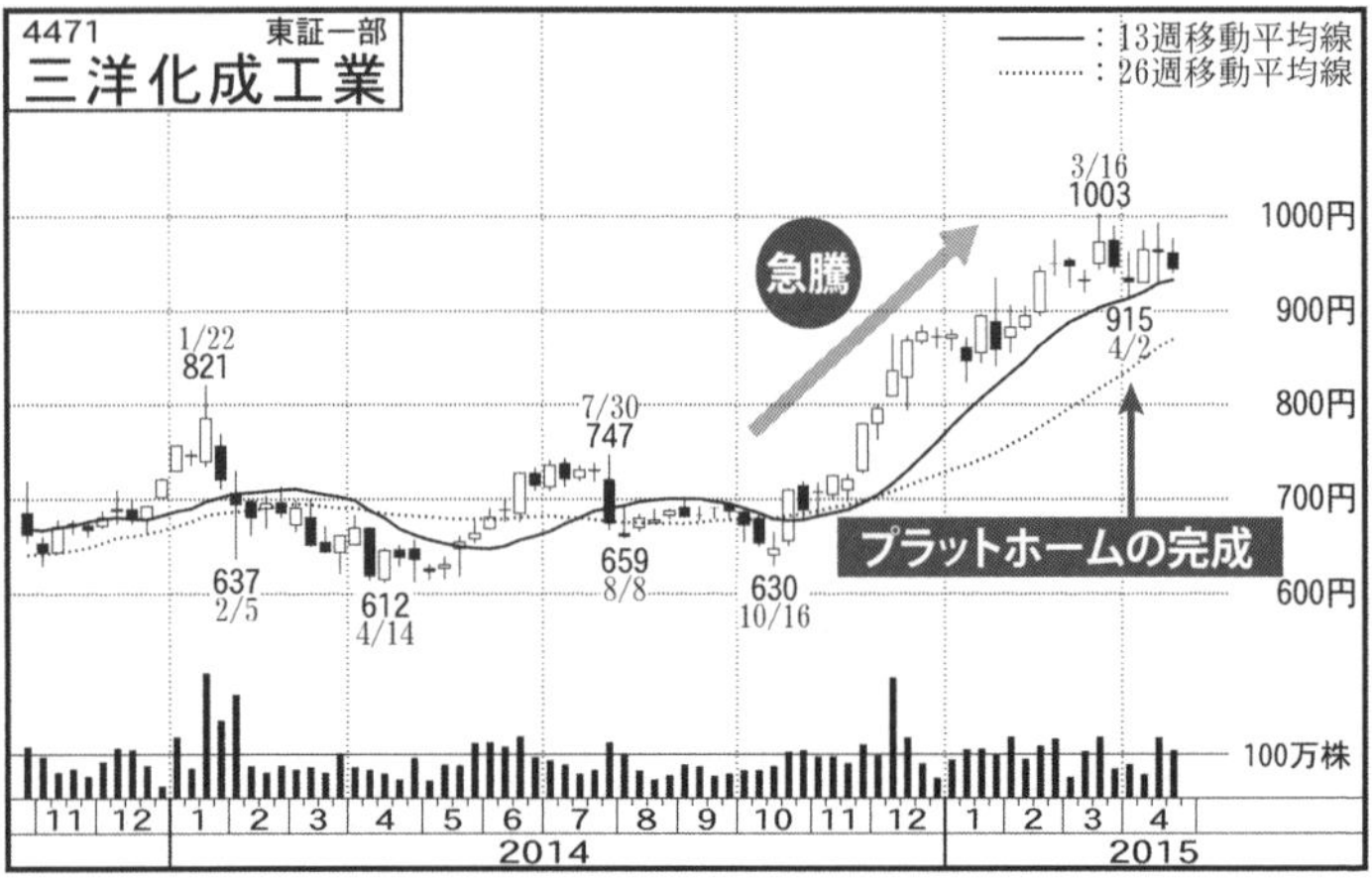

急騰後のもみ合いから一段高へ

◎900円台前半は下値限界　2015年3月16日に1003円の高値をつけたあと、基本的にもみ合いの展開となっている。しかし、4月2日につけた915円で底打ち確認、このあたりの水準は下値限界と判断できる。急騰後のもみ合いを「プラットホーム」と形容する。いずれ、この銘柄にも発車のベルが勢いよく鳴るだろう。

株価データ

▶2005年以降の高値＝1218円　▶2005年以降の安値＝400円
▶2015年の高値＝1003円　▶直近株価＝944円
▶13週移動平均線＝932.9円　▶26週移動平均線＝869.8円

中期目標株価＝ 1100 円　長期目標株価＝ 1300 円

富士フイルムホールディングス

〈4901〉 売買単位100株

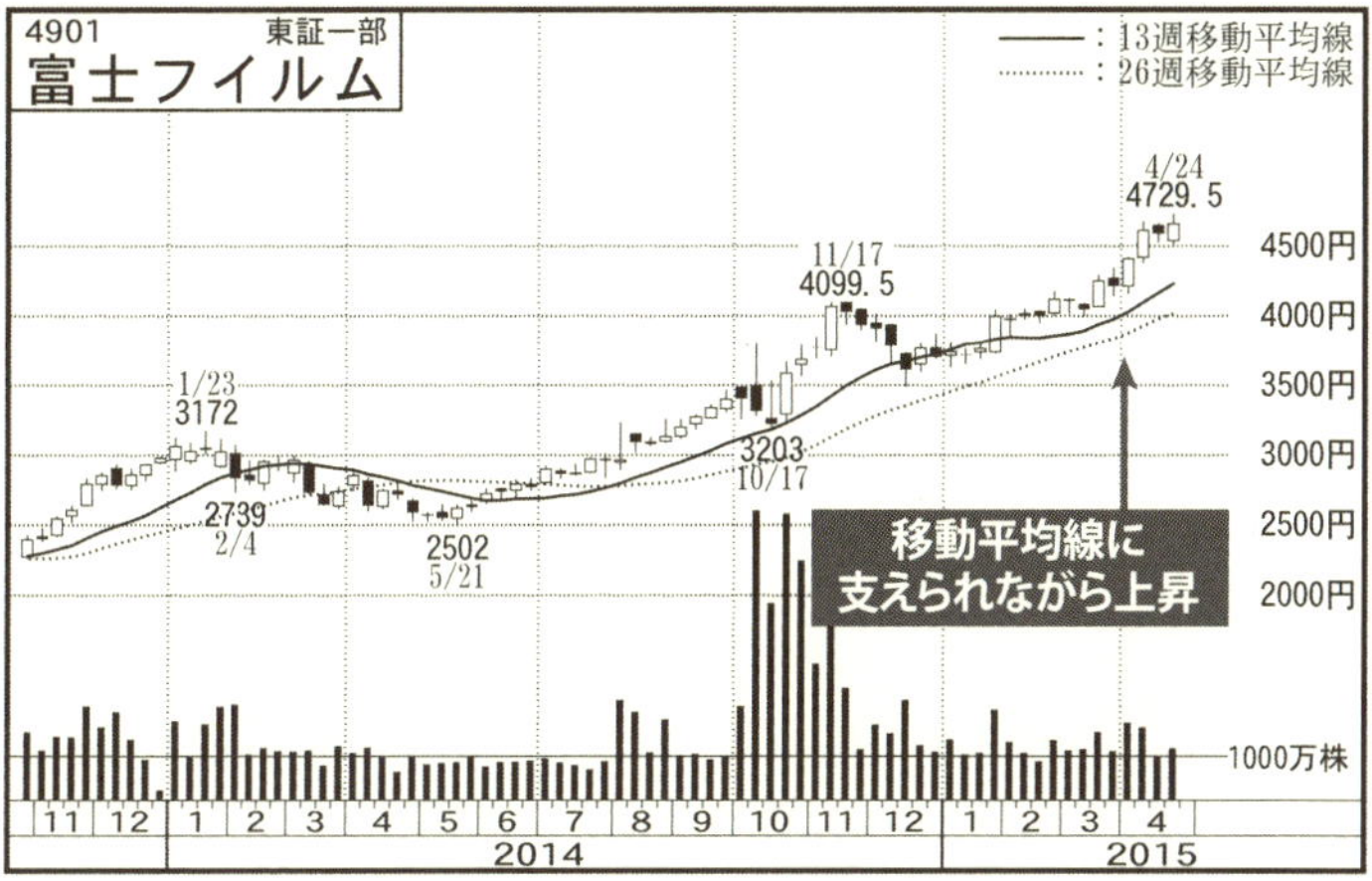

理想的な上昇波動を描く

◎押し目を入れながら続伸に次ぐ続伸 2014年5月21日の2502円を安値に、右肩上がりの力強い上昇波動を描いている。この銘柄も移動平均線が下値をサポート、上昇トレンドが継続中。2014年11月の高値4099.5円を突破してから株価の勢いが増した。典型的な順張りパターンの銘柄である。

株価データ

▶2005年以降の高値＝5710円 ▶2005年以降の安値＝1240円
▶2015年の高値＝4729.5円 ▶直近株価＝4659円
▶13週移動平均線＝4231.7円 ▶26週移動平均線＝4019.4円

中期目標株価＝5560円 長期目標株価＝6710円

富士機械製造

〈6134〉　売買単位100株

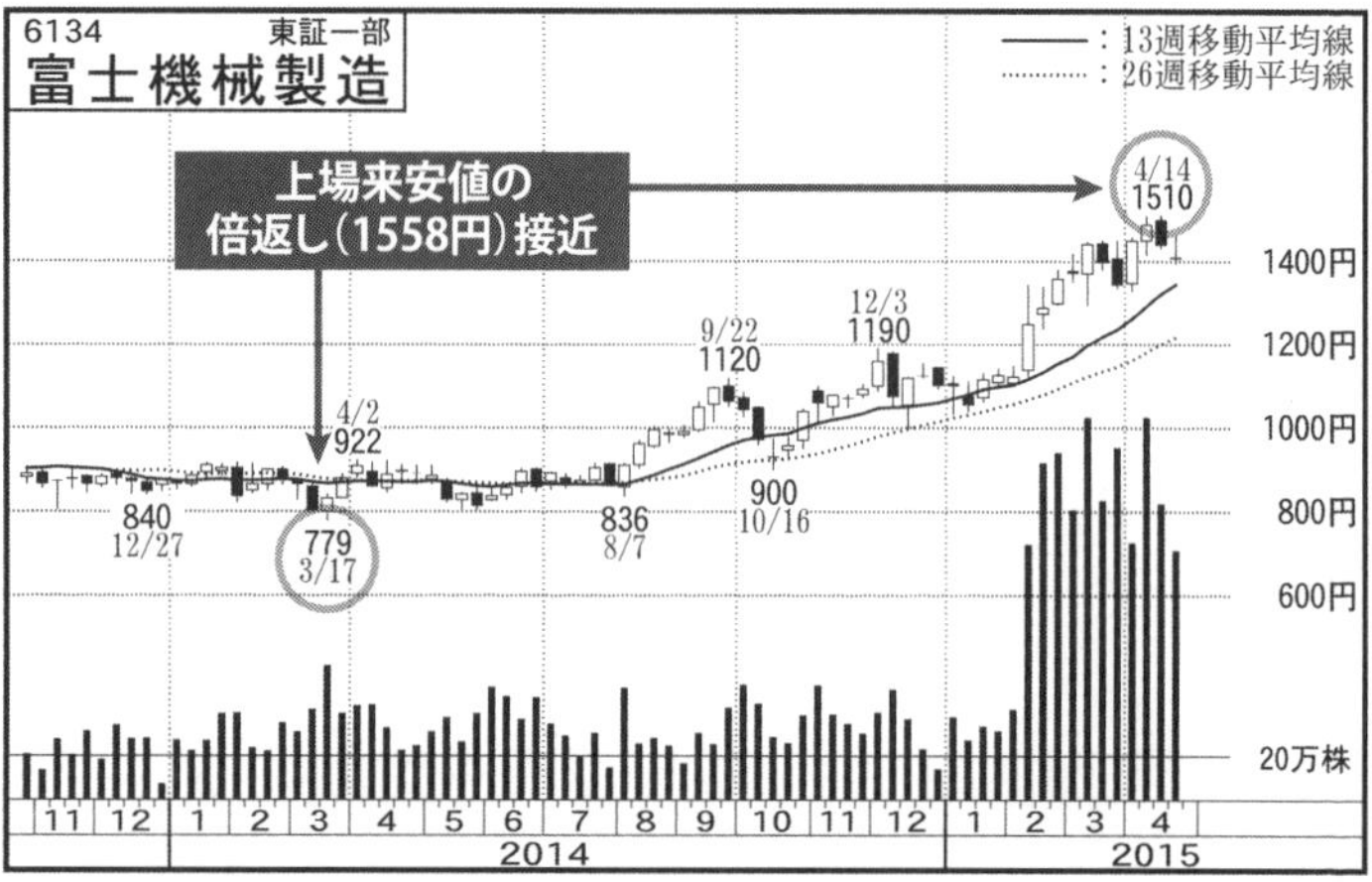

上場来安値の倍返し達成から上値追いへ

◎定石どおりの上放れ　13週移動平均線に沿って着実に上昇している。定石どおり2015年1月の第3週から小陽線が3本連続したあと大陽線が出現、大上放れとなった。非常に強い足だ。2014年3月につけた上場来安値779円の倍返し（2倍値）は1558円だが、テクニカル的には1700～1800円がらみの水準を目指している。

株価データ

▶2005年以降の高値＝1510円　▶2005年以降の安値＝779円
▶2015年の高値＝1510円　▶直近株価＝1407円
▶13週移動平均線＝1345.3円　▶26週移動平均線＝1218.4円

中期目標株価＝ 1560 円　長期目標株価＝ 1800 円

NTN

〈6472〉 売買単位1000株

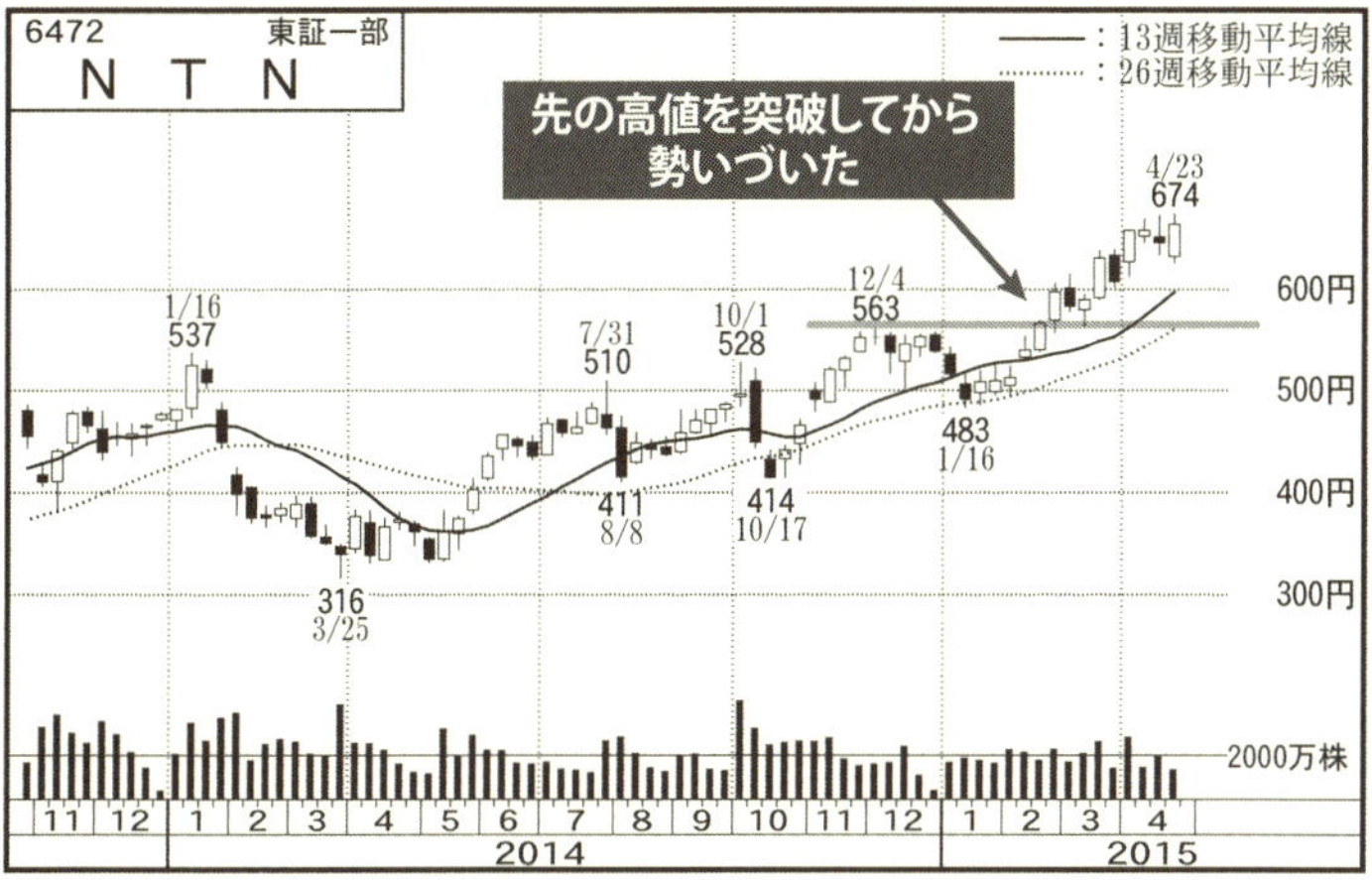
6472 東証一部
N T N
──── : 13週移動平均線
········ : 26週移動平均線
先の高値を突破してから勢いづいた
4/23
674
12/4
563
1/16
537
7/31
510
10/1
528
411
8/8
414
10/17
483
1/16
316
3/25
600円
500円
400円
300円
2000万株
11 12 1 2 3 4 5 6 7 8 9 10 11 12 1 2 3 4
2014
2015

4ケタ台で活躍した株、上値余地大

◎水準訂正高の動きが継続　適当な押し目を入れつつ、上値を追っている。理想的な押し目買い銘柄のパターンといえる。この銘柄の場合、瞬間的に13週移動平均線を割り込んだところが好買い場となっている。直近株価は2007年7月の高値1137円に対してまだ58%水準であり、中期的な上値のメドは800円がらみの水準となる。

株価データ

▶2005年以降の高値＝1137円　▶2005年以降の安値＝131円
▶2015年の高値＝674円　▶直近株価＝664円
▶13週移動平均線＝597.2円　▶26週移動平均線＝560.4円

中期目標株価＝770円　長期目標株価＝1130円

パナソニック

〈6752〉 売買単位100株

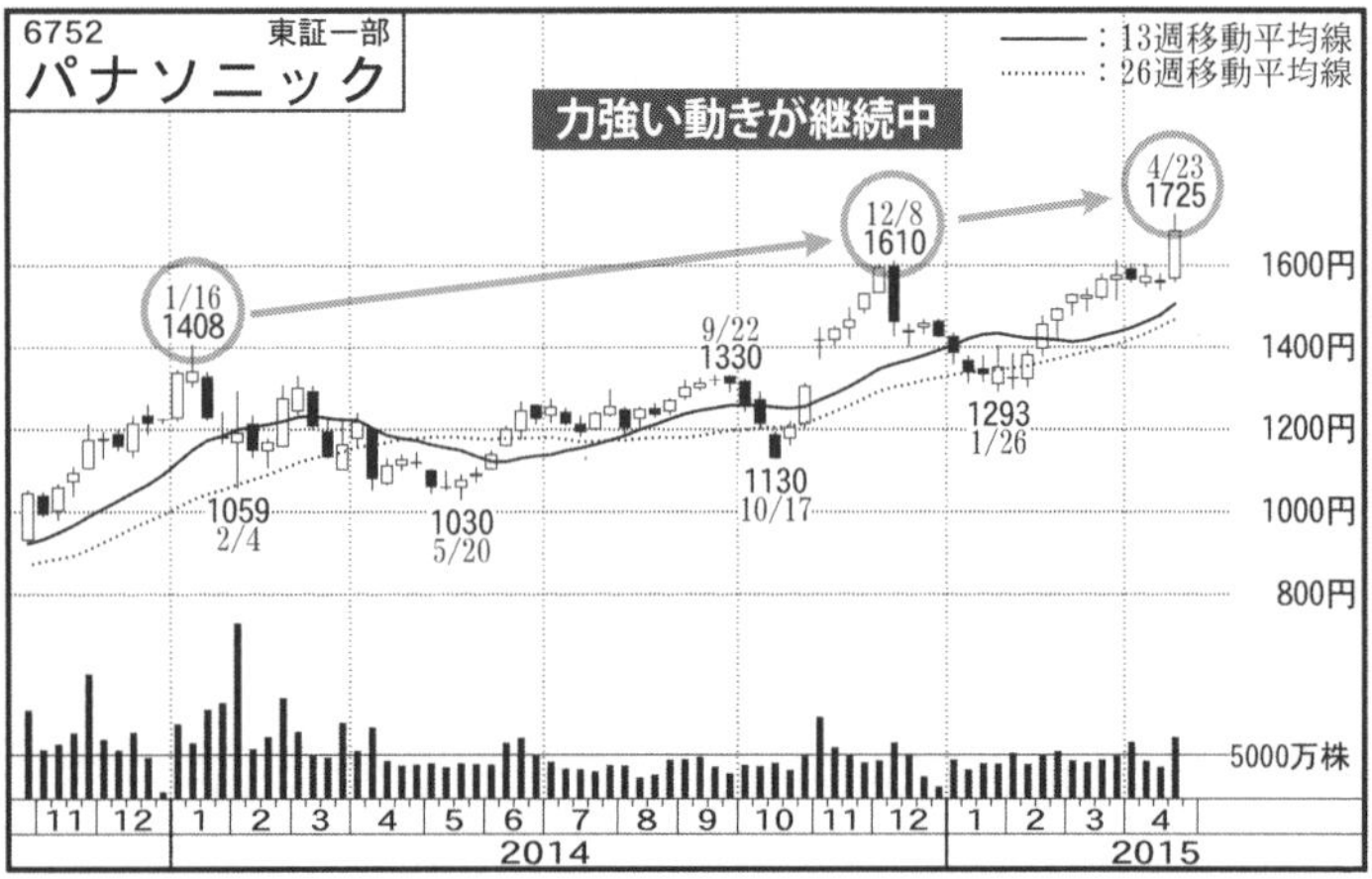

猛烈な切り返し、2000円大台回復が濃厚

◎長期では3000円乗せ　2012年11月6日には376円まで売り込まれた。歴史的な400円割れである。しかし、そこを底値に猛烈な切り返しをみせている。かつて、2003年4月の860円から2006年4月には2870円まで戻した銘柄である。次の目標は2000円大台乗せ、その次は3000円大台奪回となる。不可能な話ではない。

株価データ

▶2005年以降の高値＝2870円　▶2005年以降の安値＝376円
▶2015年の高値＝1725円　▶直近株価＝1685円
▶13週移動平均線＝1507.2円　▶26週移動平均線＝1469.5円

中期目標株価＝ **2000** 円　長期目標株価＝ **2870** 円

兼松日産農林

〈7961〉 売買単位1000株

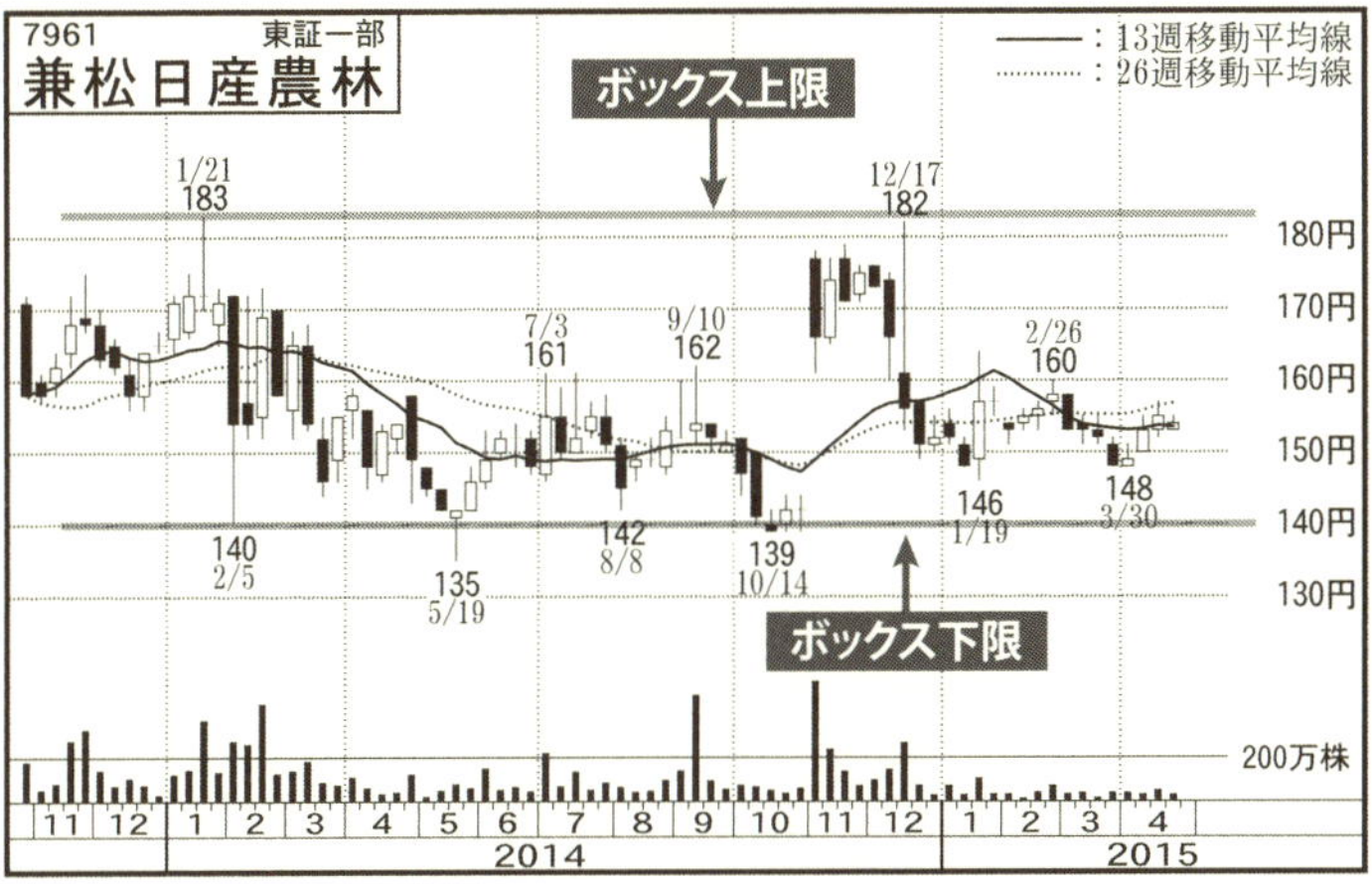

150円がらみを拾って吹き値を待つ

◎往来相場続くが意外性を秘める　基本的にボックスゾーンの動きが続いている。下値は130～140円、上値は160～180円となっている。直近の安値は2015年3月30日の148円。従って買いのメドは150円がらみの水準となる。2014年の12月には182円をつけており、中期的な売りのメドは2割高水準の180円がらみとなる。

株価データ

▶2005年以降の高値＝317円　▶2005年以降の安値＝43円
▶2015年の高値＝164円　▶直近株価＝154円
▶13週移動平均線＝153.5円　▶26週移動平均線＝156.8円

中期目標株価＝180円　長期目標株価＝230円

アクリーティブ

〈8423〉 売買単位100株

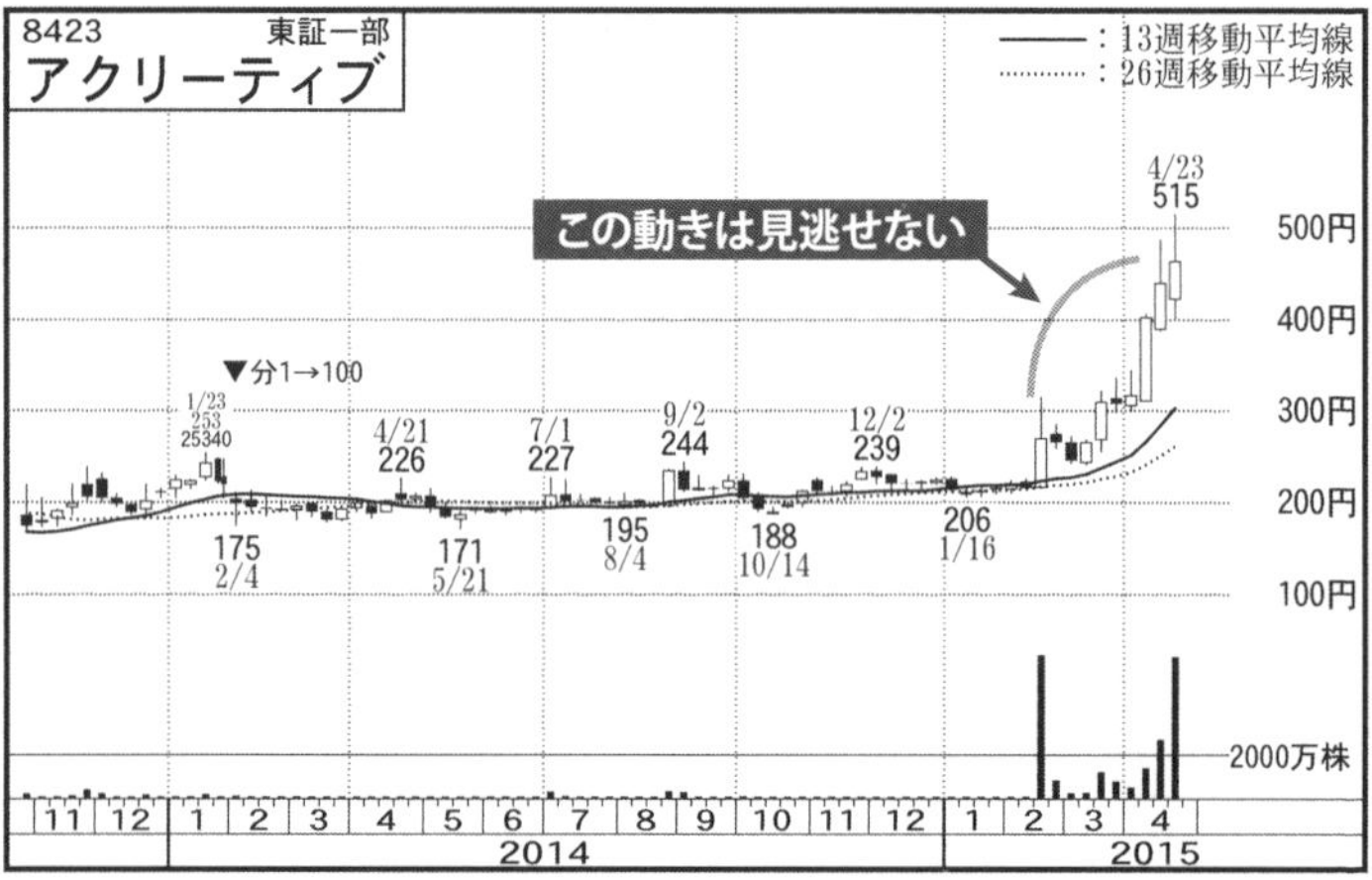

注目の急動兆、新たな買い手が出現

◎水準を大きく変える　久しく200円台前半中心のもみ合いを続けていたが、2015年3月になって急動兆をみせた。4月になってもその勢いは増すばかりで、4週連続の陽線引けだ。この動きは注目に値する。これはマーケットの評価が一変、新たな買い手が出現したことを物語っている。見逃すことはできない。

株価データ

▶2005年以降の高値＝6033.3円　▶2005年以降の安値＝30.6円
▶2015年の高値＝515円　▶直近株価＝464円
▶13週移動平均線＝303.3円　▶26週移動平均線＝261.0円

中期目標株価＝600円　長期目標株価＝800円

KNT-CTホールディングス

〈9726〉 売買単位1000株

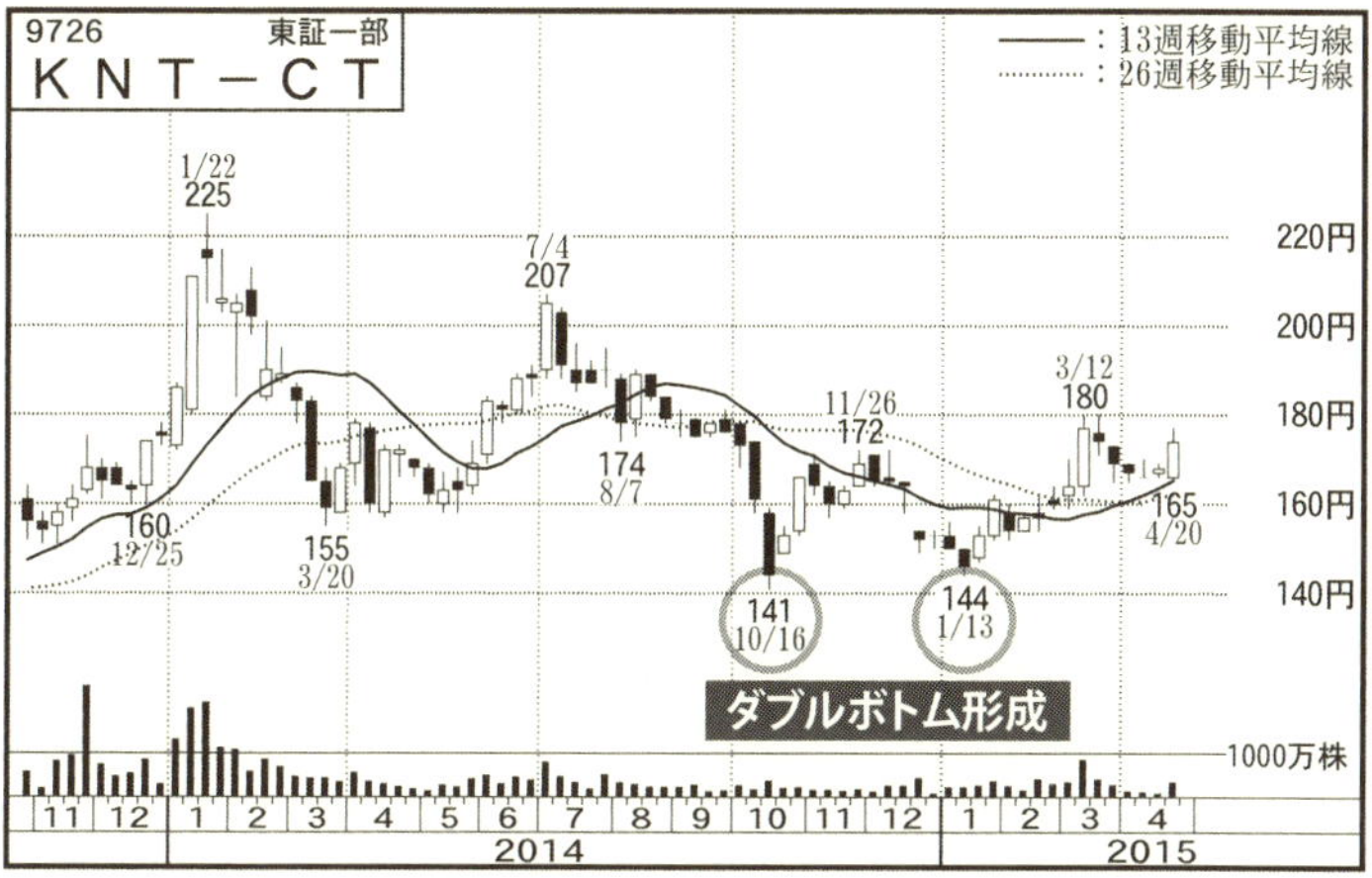
9726 東証一部
ＫＮＴ－ＣＴ
——：13週移動平均線
………：26週移動平均線
1/22
225
7/4
207
11/26
172
3/12
180
174
8/7
160
12/25
155
3/20
165
4/20
141
10/16
144
1/13
ダブルボトム形成
220円
200円
180円
160円
140円
1000万株
11 12 1 2 3 4 5 6 7 8 9 10 11 12 1 2 3 4
2014
2015

底練り期間十分、再騰待ち方針

◎値動きの軽さが魅力　基本的に底練りの動きが続いている。ただ2014年10月16日に141円の安値、2015年1月に144円の安値をつけ、ダブルボトムを形成した形になっている。その後、3月12日に180円の高値まで買われたが、直近株価は165円前後まで下押している。動き出せば値動きは軽く、その点妙味が大きい。

株価データ

▶2005年以降の高値＝675円　▶2005年以降の安値＝57円
▶2015年の高値＝180円　▶直近株価＝174円
▶13週移動平均線＝165.3円　▶26週移動平均線＝162.2円

中期目標株価＝210円　長期目標株価＝270円

▼第8章

月足から選んだ好チャート銘柄厳選10

（注）212～221ページに掲載した10銘柄の直近株価およびデータは2015年4月24日時点でのものです。また、本書に記載された内容は情報の提供のみを目的としています。実際の投資に際しては自己責任で行なってください。

月足チャートから妙味銘柄を見つける方法

■目先の動きにこだわっていては〝巨利〟を得られない

月足チャートは長いスパンでの投資に不可欠のツールです。日経平均株価の月足を見る限り、現在の上昇相場は「数年間続く」だろう、と予測しています。従って、長期・逆張りの投資作戦では3～4年先を見据えて行動しなければなりません。すなわち、この場合は目先の日足とか中勢波の週足では対応できません。

長期的な投資を考えるなら、頼りになるのはやはり月足チャートです。これは大きな流れをとらえることができます。たとえば、みずほフィナンシャルグループ（8411）は2006年4月19日に1030円の史上最高値があります。日足、週足を眺めていると、株価は過熱しているように見えます。

しかし、月足ではまだ底値ゾーンです。なにしろ2015年4月24日現在、史上最高値1030円に対し、4分の1水準にすぎません。

そう、月足から妙味株を探すには「長期的な視点」が必要なのです。あまりに目先の動きにこだわっていては〝巨利〟を得ることができません。

用語解説

●長期的な視点

株式投資で資産を増やすためには、短期・順張りと長期・逆張りをそれぞれの投資家の考え方によって使い分ける必要がある。短期・順張りは欲張りすぎない「腹八分目投資」、長期・逆張りは大幅利食いを可能にする「長期的な視点」が不可欠となる。

▼みずほフィナンシャルグループの日足

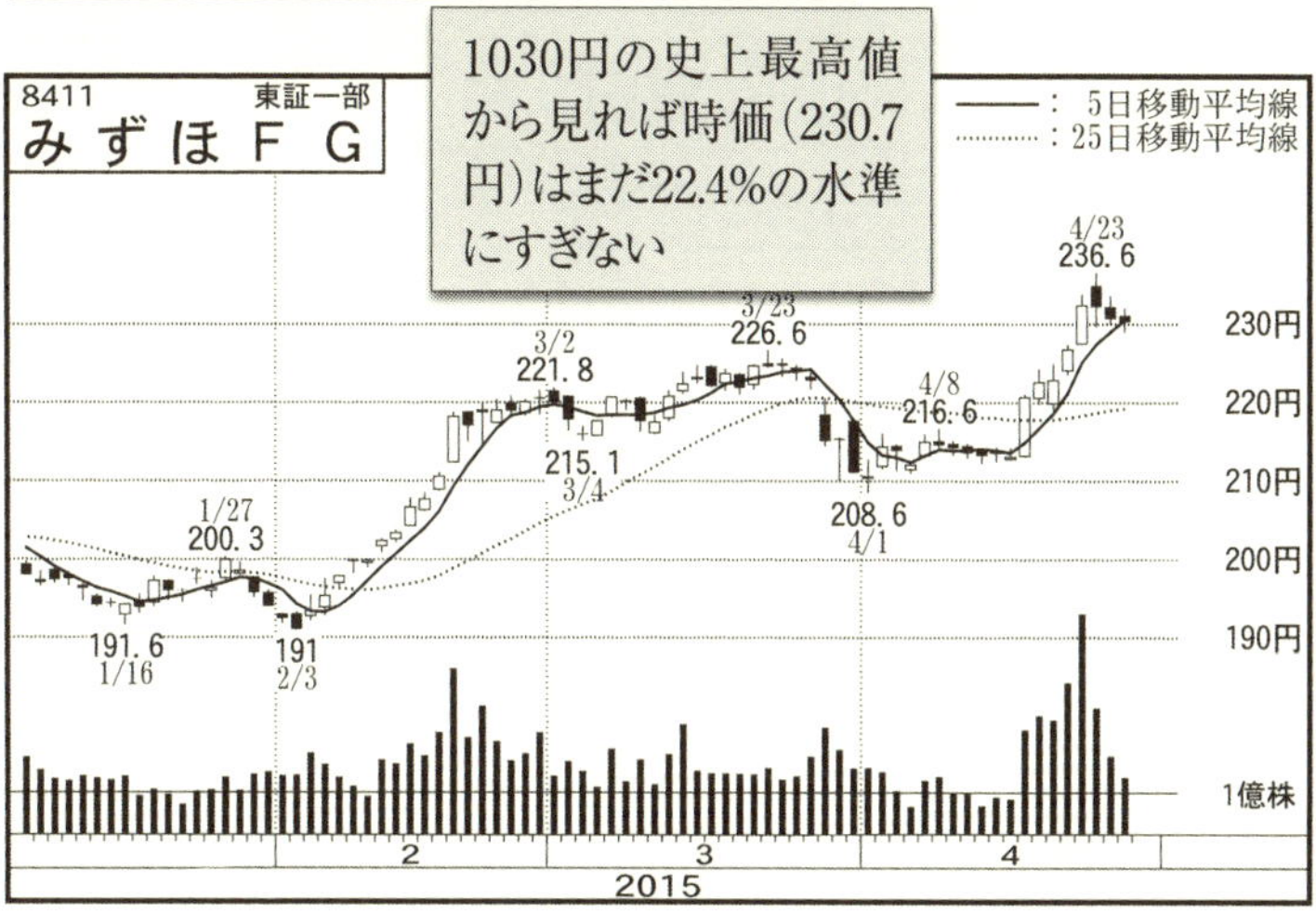

▼みずほフィナンシャルグループの月足

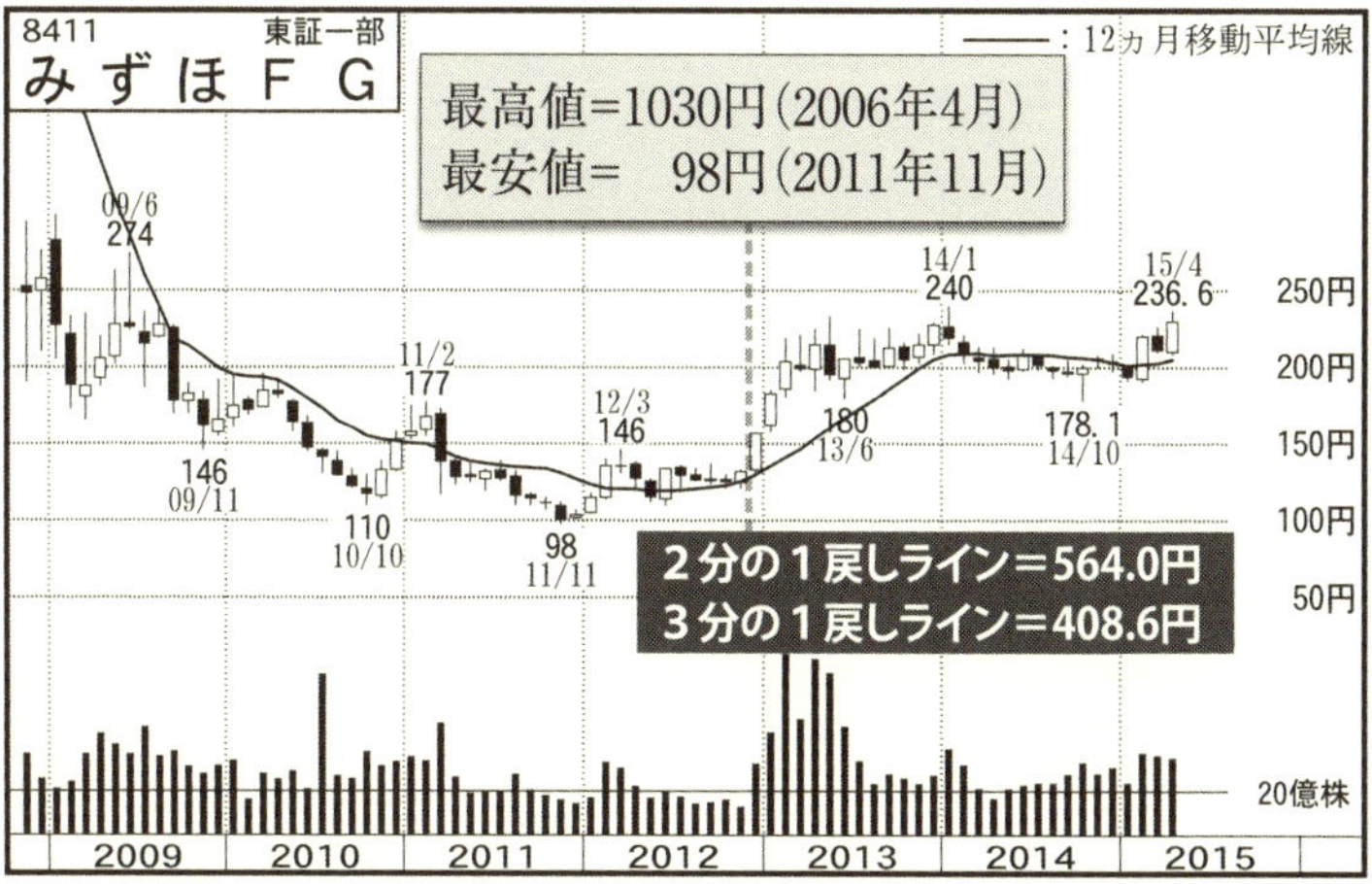

双日

〈2768〉　売買単位100株

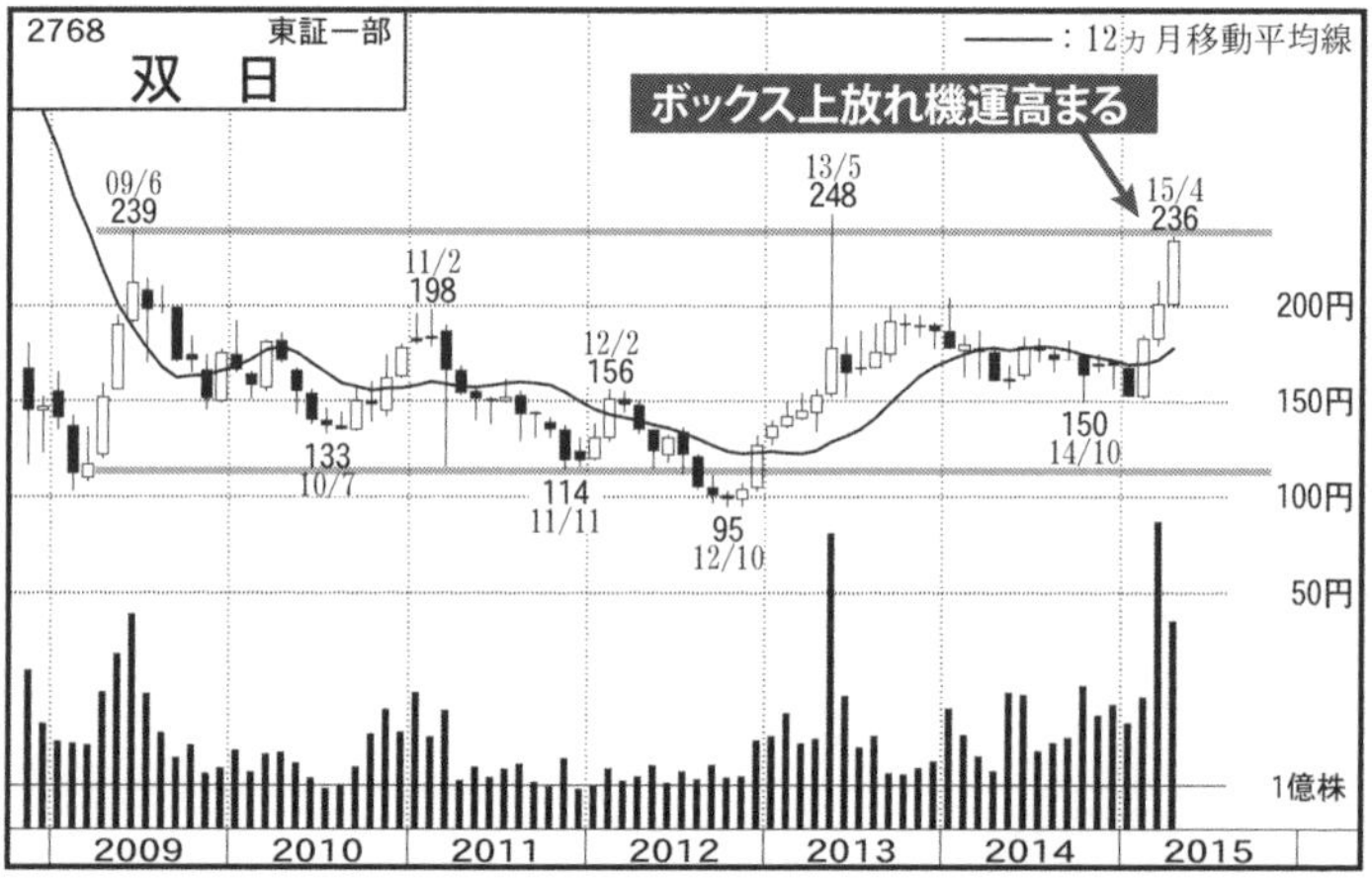

ボックス上放れ、400円がらみを目指す展開

◎2013年5月の248円が視野に　2009年以降、基本的に100～230円ゾーンでのもみ合いを続けている。しかし、最近の商いを伴っての上昇は、ボックスゾーン上放れの期待を抱かせるのに十分な展開だ。2015年は2月から3カ月連続の月足陽線が立ち、2013年5月につけた248円が見えてきた。長期400円がらみの水準が見込める。

株価データ

▶2005年以降の高値＝766円　▶2005年以降の安値＝95円
▶2015年の高値＝236円　▶直近株価＝234円
▶12カ月移動平均線＝178円

中期目標株価＝280円　長期目標株価＝400円

味の素

〈2802〉　売買単位1000株

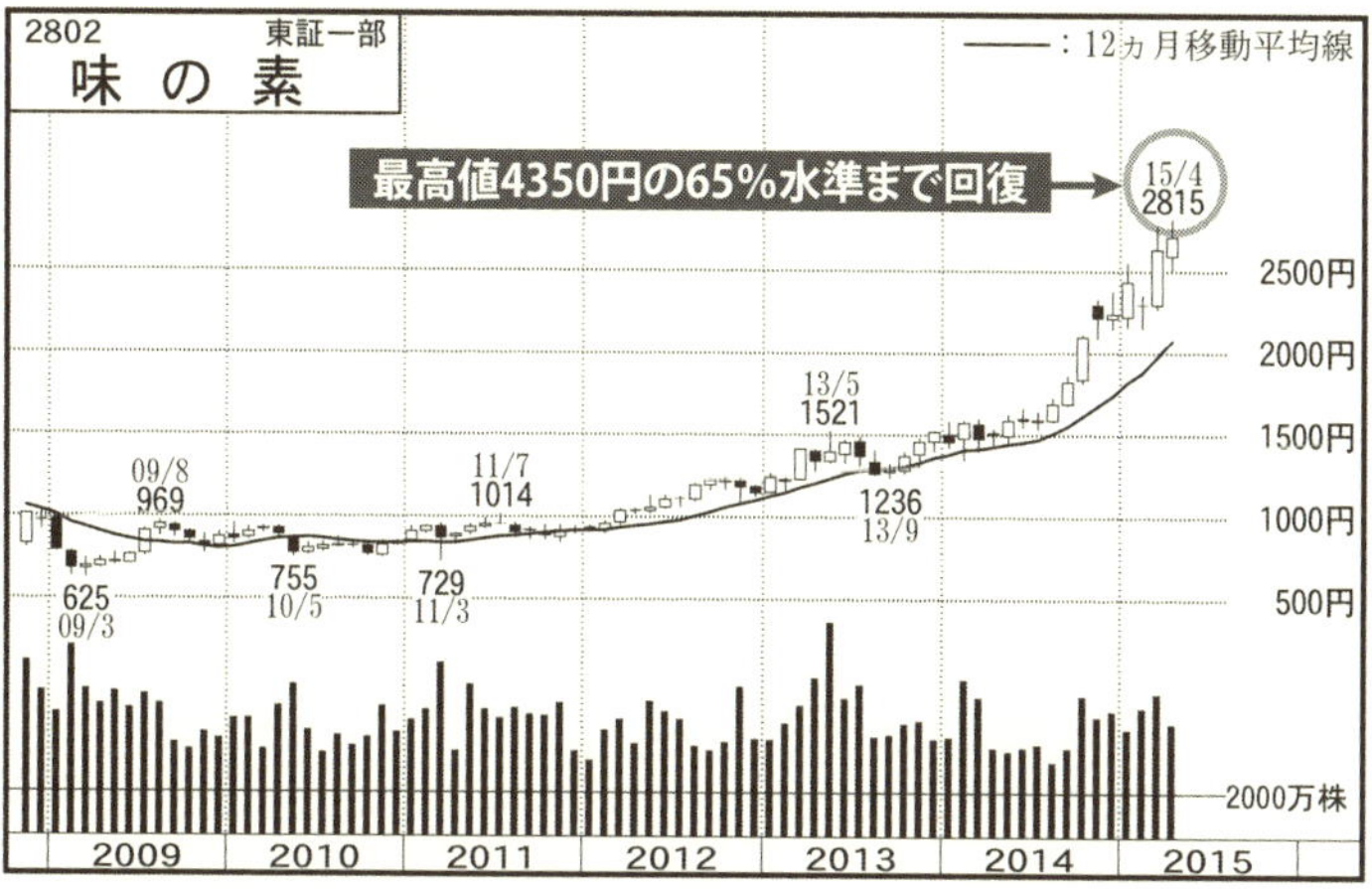
2802　東証一部
味　の　素
――：12ヵ月移動平均線
最高値4350円の65%水準まで回復
15/4
2815
13/5
1521
11/7
1014
09/8
969
1236
13/9
625
09/3
755
10/5
729
11/3
2500円
2000円
1500円
1000円
500円
2000万株
2009
2010
2011
2012
2013
2014
2015

長期では史上最高値4350円への挑戦も

◎調整場面を仕込む　2012年初めにもみ合いゾーンを放れ、その後は順張りパターンに転じて、力強い波動が続いている。2015年2月17日の安値2155.5円から4月9日には2815円まで急騰（上昇率30.6%）した。目先的には調整が必要だが、いずれ1987年3月30日の史上最高値4350円に挑戦するのではないか。

株価データ

- ▶2005年以降の高値＝2815円　▶2005年以降の安値＝625円
- ▶2015年の高値＝2815円　▶直近株価＝2711.5円
- ▶12カ月移動平均線＝2077.6円

中期目標株価＝3100円　長期目標株価＝3850円

セントラル硝子

〈4044〉 売買単位1000株

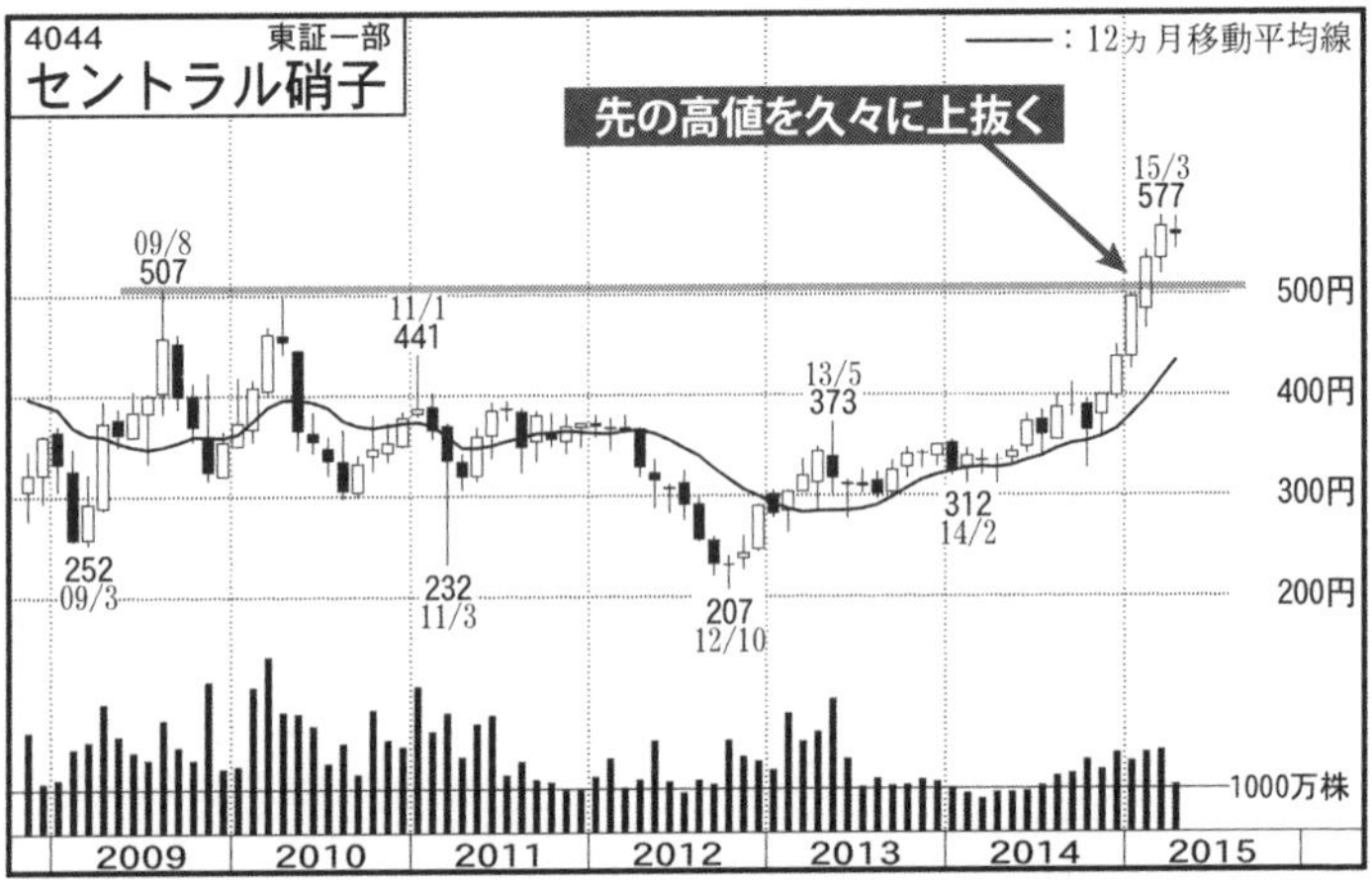

もみ合い上放れ、一段高の好展開続く

◎水準訂正高の動き鮮明　2015年初頭から続いた300～400円ゾーンでのもみ合いを上放れ、一段高が見込める展開となった。今後、株価水準を切り上げていくだろう。2004年6月28日には924円の高値（史上最高値は1989年4月の1220円）がある。2007年5月の高値869円に対しても、直近株価はまだ64%の水準にすぎない。

株価データ

▶2005年以降の高値＝869円　▶2005年以降の安値＝207円

▶2015年の高値＝577円　▶直近株価＝558円

▶12カ月移動平均線＝434.1円

中期目標株価＝800円　長期目標株価＝920円

リゾートトラスト

〈4681〉 売買単位100株

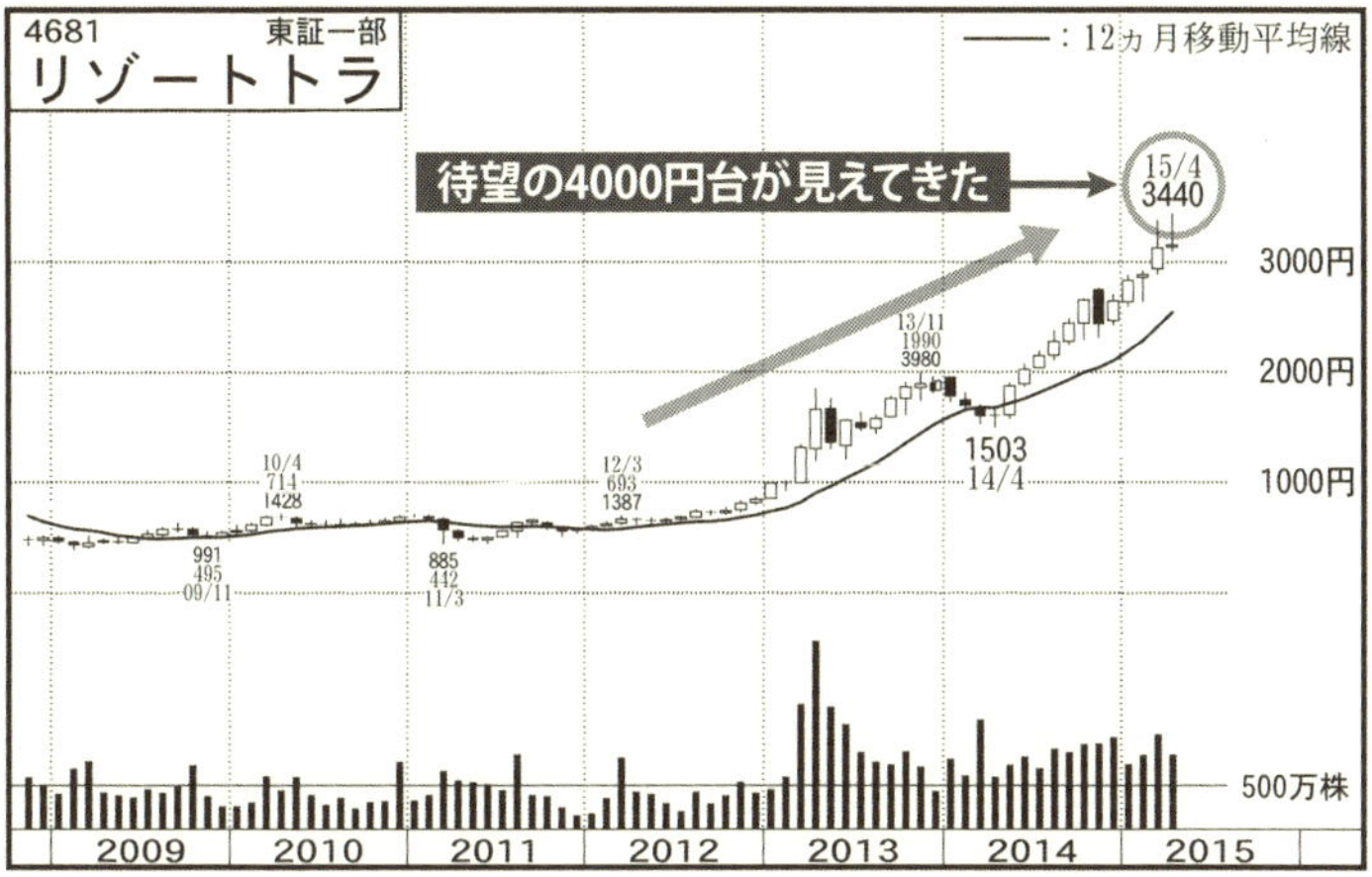
4681 東証一部
リゾートトラ
——：12カ月移動平均線
待望の4000円台が見えてきた
15/4
3440
3000円
2000円
1000円
13/11
1990
3980
1503
14/4
10/4
714
1428
12/3
693
1387
991
495
09/11
885
442
11/3
500万株
2009
2010
2011
2012
2013
2014
2015

株高の恩恵受け、上場来高値更新続く

◎4000円大台乗せを目指す動き　力強い上昇波動を続けている。小幅の株式分割を繰り返しており、株価の連続性が失われているが、"右肩上がり"のパターンはまったく崩れていない。同社はリゾートクラブの国内シェアが7割以上のトップ企業で、株高による資産効果など切り口は多彩である。4000円超の水準が見込める。

株価データ

▶2005年以降の高値＝3440円　▶2005年以降の安値＝345.5円
▶2015年の高値＝3440円　▶直近株価＝3155円
▶12カ月移動平均線＝2544.5円

中期目標株価＝4000円　長期目標株価＝5000円

ダイフク

〈6383〉　売買単位100株

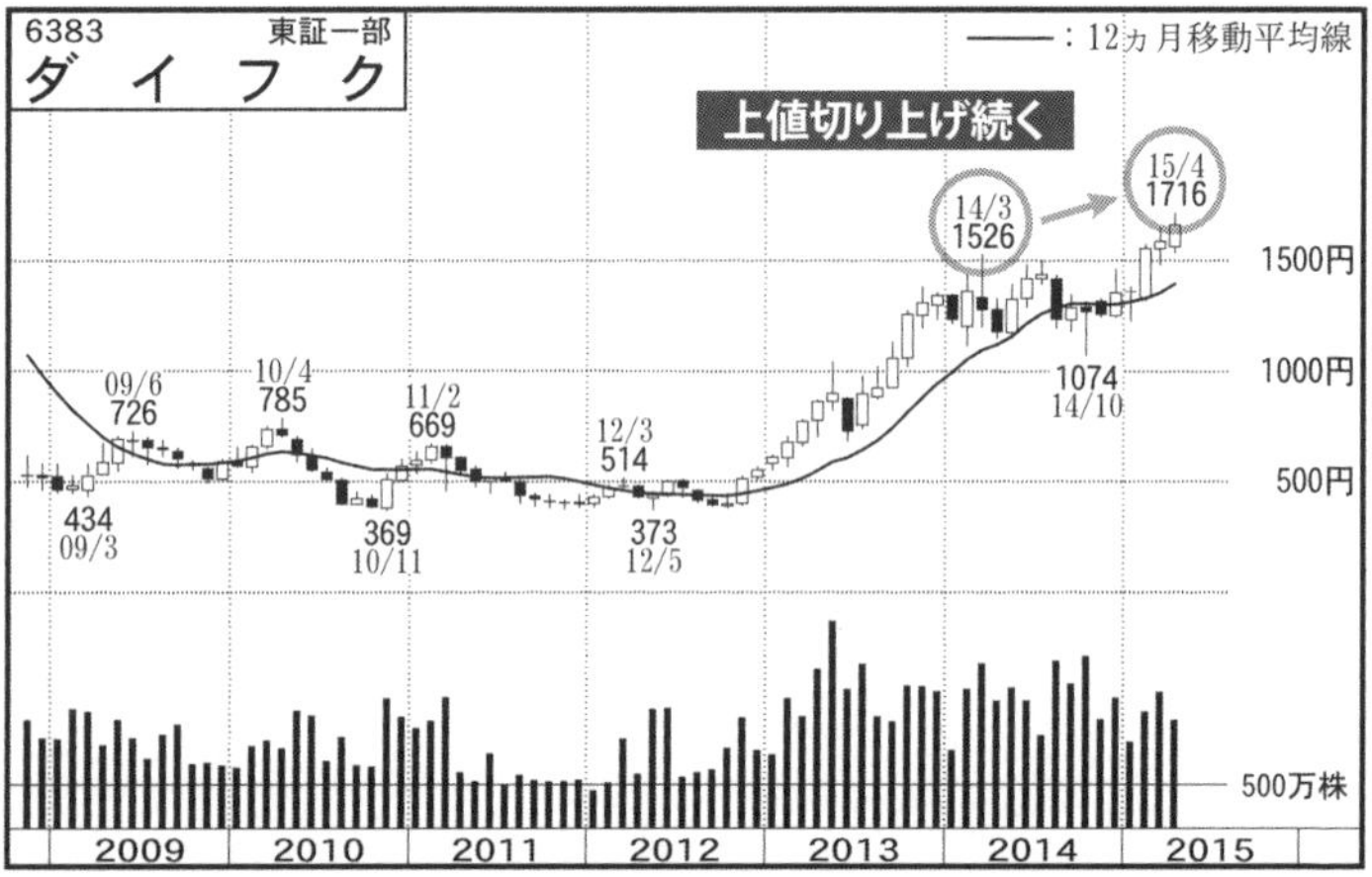

2006年2月の高値2365円を目指す動き

◎上値切り上げ型の展開　2012年5月14日の373円で底値を確認（ダブル底を形成）、反発に転じている。2014年3月11日の1526円→2015年4月23日の1716円と上値を着実に切り上げている。とりあえず2006年2月6日の高値2365円挑戦が期待できそうだ。なお、史上最高値は1990年8月21日の2970円である。

株価データ

▶2005年以降の高値＝2365円　▶2005年以降の安値＝369円
▶2015年の高値＝1716円　▶直近株価＝1662円
▶12カ月移動平均線＝1396円

中期目標株価＝2000円　長期目標株価＝2360円

日本電気

〈6701〉 売買単位1000株

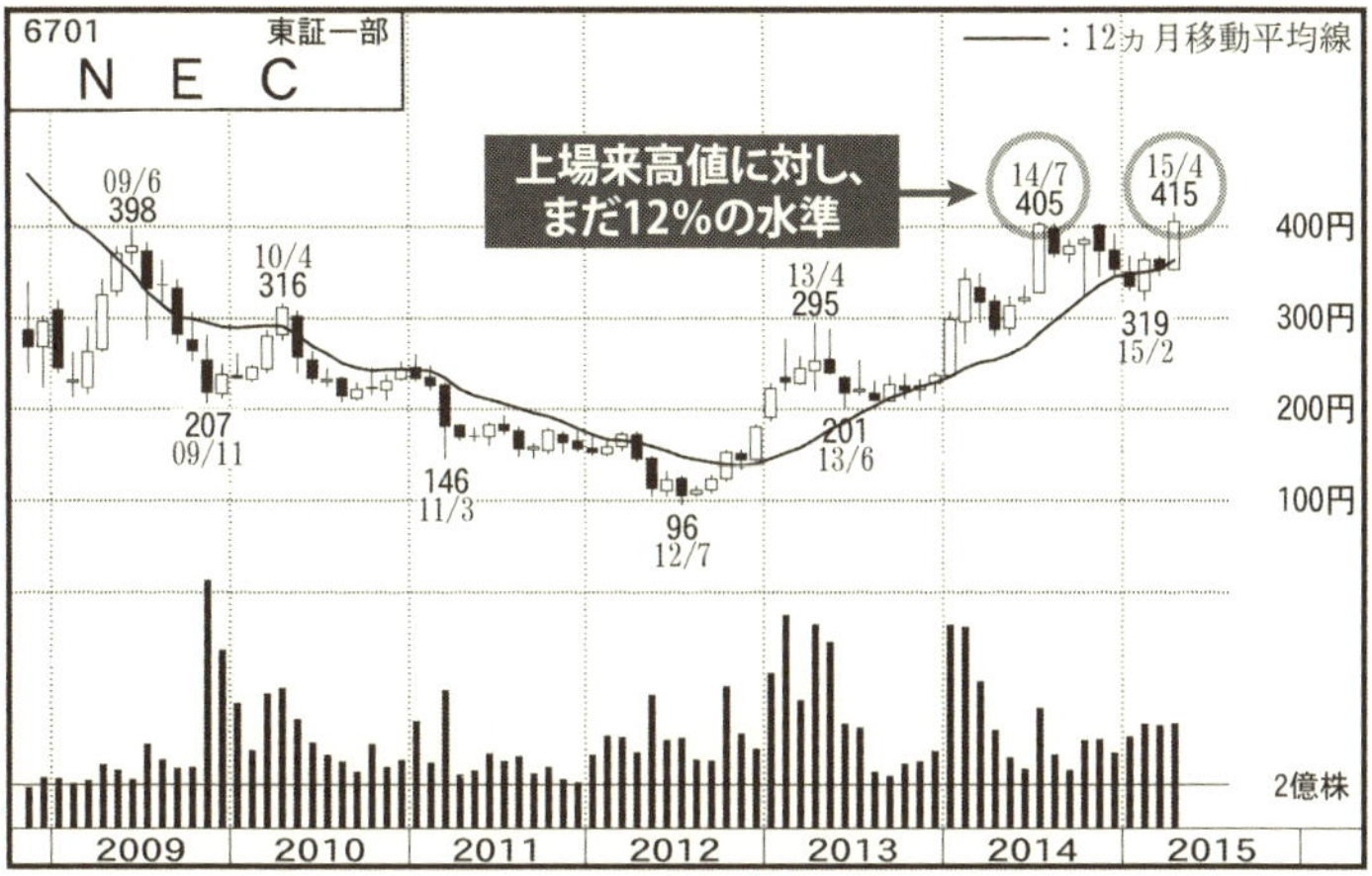

6701 東証一部
N E C
——：12ヵ月移動平均線
上場来高値に対し、まだ12%の水準
09/6 398
10/4 316
207 09/11
146 11/3
96 12/7
13/4 295
201 13/6
14/7 405
15/4 415
319 15/2
400円
300円
200円
100円
2億株
2009
2010
2011
2012
2013
2014
2015

出遅れ訂正高の公算大

◎上値余地の大きい出遅れ銘柄　月足チャートは底練り（スネークチャート）終了。ここで直近のもみ合いを上放れてくると、2008年6月の608円を目指す理想的なパターンとなる。2012年7月の安値96円を底に、2014年7月の405円→2015年4月の415円と上値追いの動きを鮮明にしており、その可能性は高いといえそうだ。

株価データ

- ▶2005年以降の高値＝920円　▶2005年以降の安値＝96円
- ▶2015年の高値＝415円　▶直近株価＝406円
- ▶12カ月移動平均線＝363.1円

中期目標株価＝600円　長期目標株価＝800円

タムラ製作所

〈6768〉 売買単位1000株

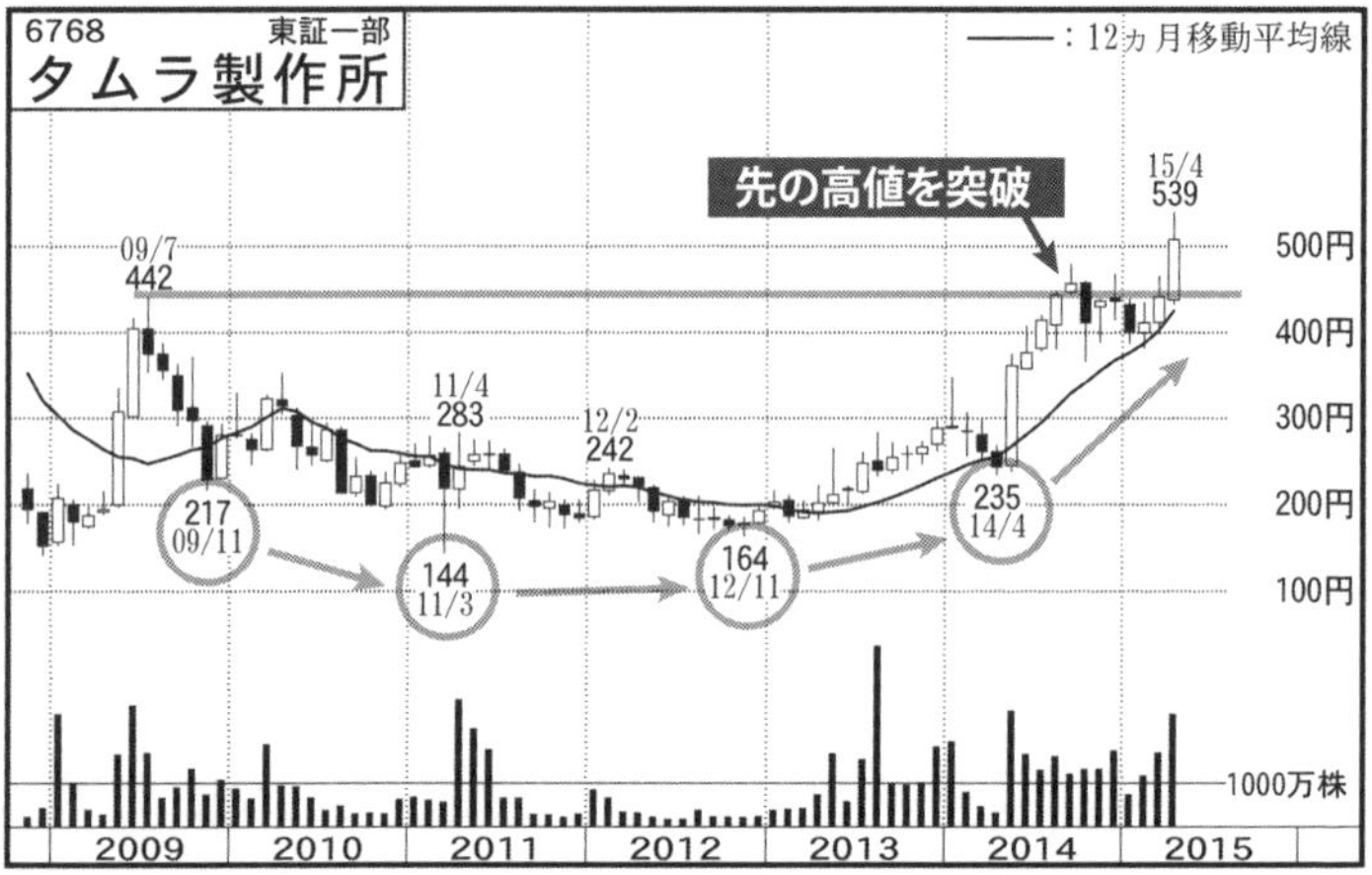

2007年の713円超えから4ケタ挑戦へ

◎ターゲットライン抜け有望　底練り(ソーサー型のボトム形成)を離脱、一段高に買い進まれている。2014年5月に始値245円→終値362円(上昇率47.8%)の大陽線が出現、ここから直近高値の539円まで上値を切り上げてきた。テクニカル的には2007年7月13日の713円がターゲットになる。ここを抜ければ、次は4ケタ挑戦となろう。

株価データ

▶2005年以降の高値＝713円　▶2005年以降の安値＝142円
▶2015年の高値＝539円　▶直近株価＝508円
▶12カ月移動平均線＝425円

中期目標株価＝ **710** 円　長期目標株価＝ **820** 円

任天堂

〈7974〉　売買単位100株

もみ合い後の大直り、水準訂正高続く

◎上値余地大きく残す　2007年11月1日に73200円の高値をつけている。以来、ひたすら下げ続け、2012年7月25日には8060円の安値まで売り込まれた。その後、約3年間のもみ合い（底練り）を経ての大直りである。月足は2015年2月から4月まで3カ月連続の陽線引け。直近株価は高値に対し、まだ28%戻しの水準だ。

株価データ

▶2005年以降の高値＝73200円　▶2005年以降の安値＝8060円

▶2015年の高値＝21055円　▶直近株価＝20750円

▶12カ月移動平均線＝13315.8円

中期目標株価＝ 23000 円　長期目標株価＝ 27000 円

三菱UFJフィナンシャル・グループ

〈8306〉 売買単位100株

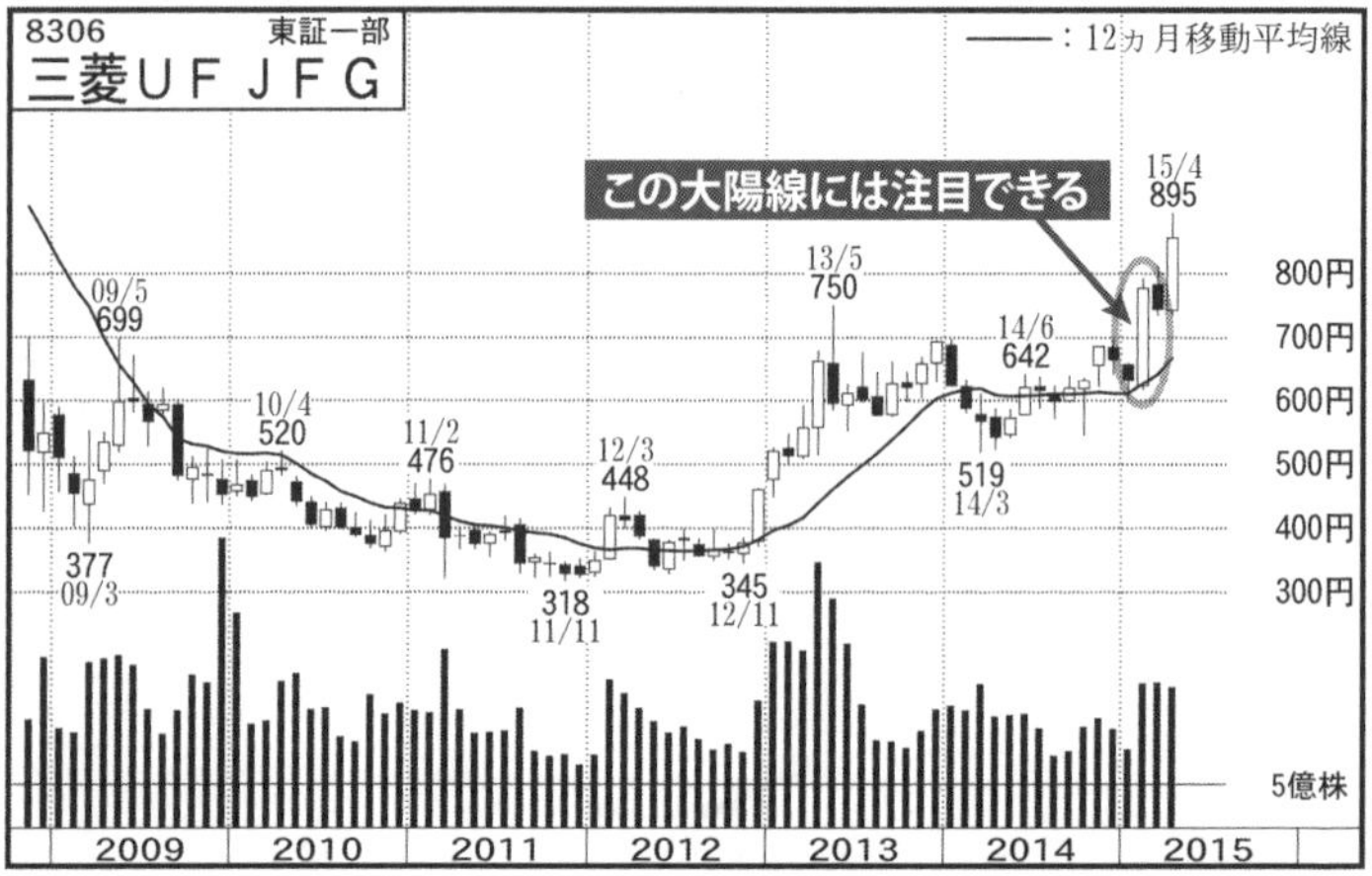

2006年高値1950円の半値水準に接近

◎連日の出来高1億株超え　このところ大商いを演じている。2015年4月は2日を皮切りに、16日から23日まで6営業日連続の1億株以上の出来高を示現した。「出来高は株価に先行する」のだ。2006年4月7日には1950円の高値がある。当時の最終純益は8809億円（2007年3月期）だったが、現在は1兆円を超えている。

株価データ

▶2005年以降の高値＝1950円　▶2005年以降の安値＝318円
▶2015年の高値＝895円　▶直近株価＝856.8円
▶12カ月移動平均線＝668.4円

［ **中期目標株価＝1000円　長期目標株価＝1950円** ］

東映

〈9605〉　売買単位1000株

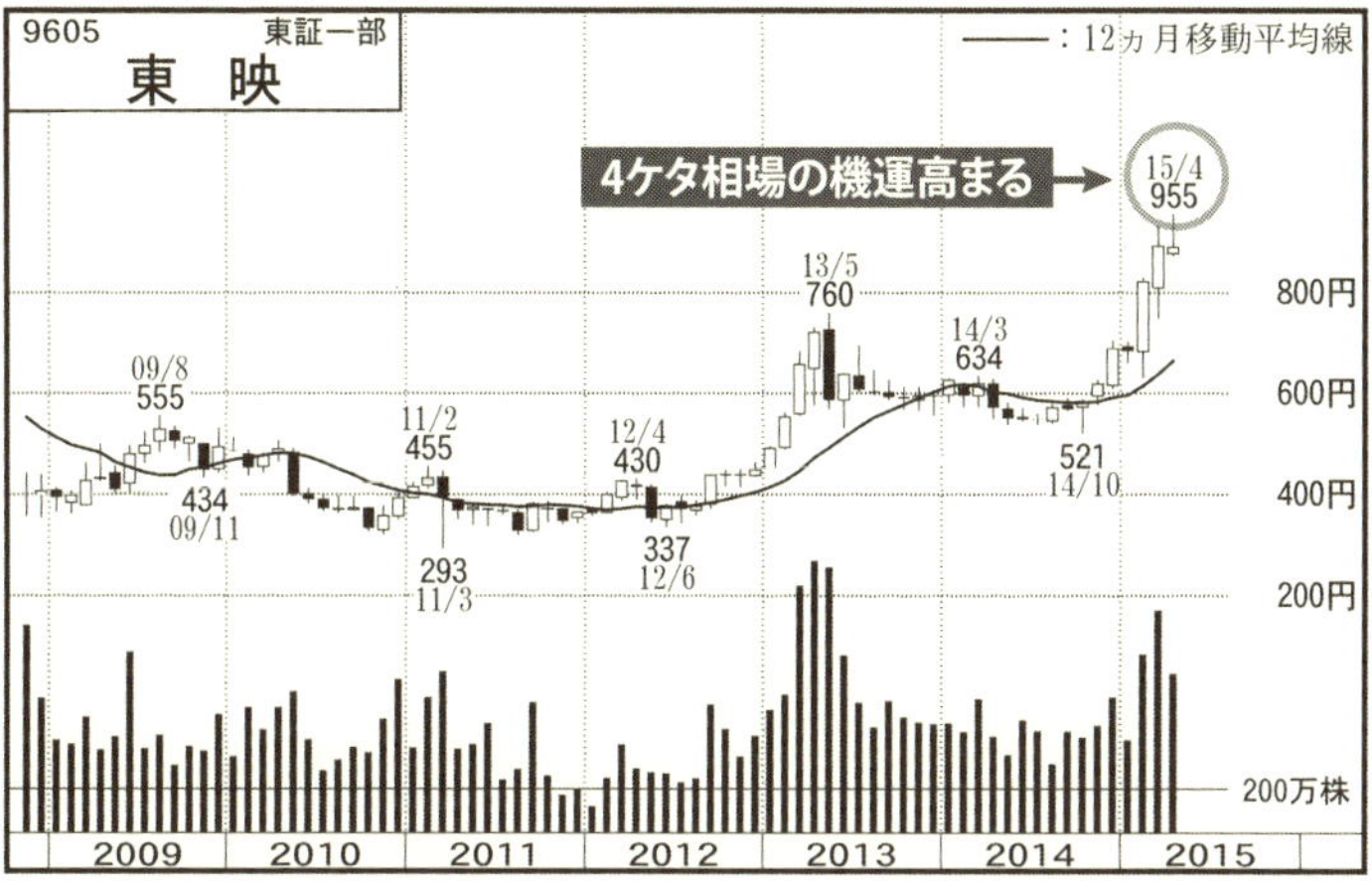

2006年の高値奪回から1200円を目指す展開

◎4ケタ相場の復活は時間の問題　含み資産関連セクターの株価は、2006～2007年に大天井をつけている。同社も例外ではない。2006年4月25日の高値は995円である。2015年に入って株価は急動兆、4月15日には955円まで買われた。先の高値を奪回し、1200円がらみを目指す展開にある。上場来高値は1989年11月の1950円だ。

株価データ

- ▶2005年以降の高値＝995円　▶2005年以降の安値＝293円
- ▶2015年の高値＝955円　▶直近株価＝891円
- ▶12カ月移動平均線＝664.5円

中期目標株価＝ 1200 円　長期目標株価＝ 1350 円

[著者略歴]

杉村富生（すぎむら・とみお）

経済評論家。大正大学客員教授。

1949年、熊本県に生まれる。明治大学法学部卒業。

軽妙な語り口と分かりやすい経済・市場分析、鋭い株価分析に定評がある。

個人投資家の応援団長として、常に「個人投資家サイドに立つ」ことをモットーに精力的な活動を続けており、証券界における銘柄発掘の第一人者といわれている。

ラジオNIKKEI「ザ・マネー」（水曜日午後3時10分より）、「お笑い投資道場」（金曜日午後4時より）などにレギュラー出演中。近著『あなたも株長者になれる39の秘訣』（ビジネス社）、『これから5年 株は買いで決まり!!』ほか著書多数。

株式講演会でも抜群の人気を誇り、ほぼ毎週、全国を飛び回っている。


株長者が絶対にハズさない「売り」「買い」サインはこれだ！

2015年6月1日　第1刷発行

著　者　杉村富生
発行者　唐津 隆
発行所　株式会社ビジネス社
〒162-0805　東京都新宿区矢来町114番地 神楽坂高橋ビル5F
電話　03(5227)1602　FAX　03(5227)1603
http://www.business-sha.co.jp

〈印刷・製本〉中央精版印刷株式会社
〈編集担当〉大森勇輝　〈営業担当〉山口健志

ISBN978-4-8284-1817-9